人力资源管理实战型系列教材

丛书主编：罗　帆　孙泽厚

绩效管理

罗帆 卢少华 主编

科学出版社

北京

内 容 简 介

本书介绍了绩效管理的基本理论与方法，着重介绍了关键绩效指标、平衡计分卡、目标管理及标杆超越等方法与工具，并通过国内企事业单位的真实案例对其应用流程及实施关键进行了具体解析，实践性显著增加；同时，设置了专题对知识型、事务型和管理型三类典型工作任职人员的绩效管理方法、过程、重点和难点进行了深入分析，各类组织都能从中得到启示，实用性大幅提高。本书从团队和组织两个层面探讨了绩效评价和管理的一般方法，并加入了公共部门和供应链系统绩效管理的专题讨论，突破了人员绩效管理的范畴，拓展了人力资源管理人员的思路；最后，简要地介绍了绩效管理信息系统的相关知识，并指出了互联网时代绩效管理技术的发展方向。本书穿插了大量来自社会生活及组织实践的案例及故事，具有很强的可读性。

本书不仅可以作为高等院校人力资源管理相关专业本科生和研究生绩效管理课程的教材，也可以作为各类组织的人力资源管理人员及业务部门经理人员的管理辅助工具，还可以作为广大企事业单位管理人员管理技能培训的参考书。

图书在版编目（CIP）数据

绩效管理 / 罗帆，卢少华主编 . —北京：科学出版社，2016.3

人力资源管理实战型系列教材

ISBN 978-7-03-047285-4

Ⅰ.①绩… Ⅱ.①罗…②卢… Ⅲ.①企业绩效 – 企业管理 – 高等学校 – 教材 Ⅳ.① F272.5

中国版本图书馆 CIP 数据核字（2016）第 025427 号

责任编辑：张　宁　刘英红 / 责任校对：马显杰
责任印制：赵　博　　封面设计：蓝正设计

科学出版社 出版

北京东黄城根北街 16 号
邮政编码：100717
http://www.sciencep.com

北京市金木堂数码科技有限公司印刷

科学出版社发行　各地新华书店经销

*

2016年3月第　一　版　　开本：787×1092　1/16
2025年1月第三次印刷　　印张：19 3/4
字数：468 000

定价：46.00元

（如有印装质量问题，我社负责调换）

人力资源管理实战型系列教材
编 委 会

总　序

二十六年前，当我们开始学习组织行为学时，即被其以人为本的内涵所吸引。虽然，当时国内很少有人关注这一学科，甚至有人批驳它是伪科学，但我们相信，这门由心理学、社会学、人类学、经济学等有关行为的学科组成的交叉学科一定会在管理中有重大的应用价值。

从主讲组织行为学或管理心理学课程，到探讨其在劳动人事管理中的应用，我们默默地耕耘，直到五十而知天命。随着劳动人事管理向人力资源管理方向发展，武汉理工大学形成了工商管理专业人力资源管理方向，毕业生受到了人才市场的欢迎。九年前，我们创办了人力资源管理专业，毕业生就业率一直在本校名列前茅。2005 年，我们的教学研究成果获得了湖北省教学成果一等奖；2008 年，"人力资源管理"被评为湖北省精品课程；2013 年，"组织行为学"被评为湖北省来华留学生品牌课程。我们主编的《人力资源管理——理论与实践》和《组织行为学》教材，深受社会各界好评。一路走来，充满艰辛，我们付出了许多心血，也获得了无限喜悦。

人力资源管理是蓬勃发展的新兴专业，实践性非常强，教材建设是专业建设的重要组成部分，是教学质量工程的建设重点。为此，在科学出版社的支持下，我们精心策划，联合有关高校的师资力量，组织企事业单位的人力资源管理人员，共同编写了工商管理类人力资源管理实战型系列教材，主要面向人力资源管理、工商管理、劳动与社会保障等专业的本科生和研究生 (包括 MBA、EMBA)，也可作为企事业单位在职培训的教材，以及各类管理人员的参考用书。

这套系列教材的特色主要体现在三个方面。

1. 统筹规划的系统性

作为湖北省教学研究项目"人力资源管理专业实践教学体系创新研究"的重要

成，该系列教材经过精心规划和系统设计，涵盖了"绩效管理""薪酬管理""工作分析与职位管理""人力资源风险管理""职业生涯管理""人力资源法""人力资源管理战略规划""人员测评与选拔""人力资源开发与培训""组织行为与人力资源管理实训"等核心课程和特色课程，体系完备，重点突出。同时，该系列教材注重理论教学与实践教学相结合，纸质教材与电子课件、课程网络资源相结合，各种教学方法和手段优化组合，系统性强。

2. 领先前沿的创新性

罗帆、孙泽厚、桂萍、赵富强、卢少华、彭华涛等主编人员具有在美国、英国等发达国家知名大学留学的经历，了解人力资源管理的国际学术前沿和发展动态，将所主持的国家自然科学基金项目、国家社会科学基金项目的最新研究成果纳入教材。《人力资源风险管理》是国内外第一本相关领域的教材，包含人力资源风险预警管理、新生代农民工管理等内容，具有显著的创新性。该系列教材所采用的混合式教学、原创性案例、情景模拟、角色扮演和实训等方法，新颖独到。为了适应互联网＋时代教育信息化的发展趋势，我们在书中插入二维码，读者用手机扫描即可观看关键知识点教学录像、最新案例和阅读材料。

3. 需求导向的实战性

我们在全国范围内针对企事业单位人力资源管理人员、高校人力资源管理教师和学生分别进行了问卷抽样调查，对目前人力资源管理教材建设中的问题进行了诊断，了解了三方对人力资源管理教材的需求和期望，以需求为导向进行人力资源管理教学改革，所编写的教材强调实战性。以《组织行为与人力资源管理实训》为代表，综合反映实践教学创新的成果，致力于提高学生将来从事人力资源管理所需的综合素质，强化人力资源管理的战略视角、业务技能和实际操作能力。

该系列教材的主编主要来自武汉理工大学、中南财经政法大学、华中师范大学、武汉科技大学、湖北经济学院、中南民族大学等高校，是多年教授人力资源管理相关课程的任课教师，积累了丰富的教学研究和实战经验。参编人员还有来自美国明尼苏达大学、日本帝京平成大学、上海金融学院、中山大学、上海交通大学、华南理工大学及企事业单位的人力资源管理人员。人员队伍结构合理，优势互补，不仅在人力资源管理理论研究方面有新突破，而且具有丰富的人力资源管理咨询或实践经验。该系列教材充分体现了集体智慧和多方经验，涉及面广，受益面大。

在编写系列教材的过程中，我们吸收了国内外学者的研究成果以及众多人力资源管理者的实践经验，得到了科学出版社、湖北省教育厅、湖北省人力资源学会、武汉理工大学等高校的大力支持和帮助，在此我们深表谢意！

罗帆　孙泽厚

2016 年 1 月

前　言

　　绩效管理是人力资源管理的核心职能之一，长期以来一直是学者和组织管理者们关注的焦点。目前，绩效管理的理论体系已经形成，相关的专著和教材种类繁多。然而，组织管理者仍然在为如何有效地实施绩效管理而犯愁，形式主义现象比比皆是，绩效管理已被公认为"世界级难题"。

　　早在 2002 年，我们就承担了中国海事局科研项目"海事系统基层执法人员绩效评估研究"，开发了基于 B/S 结构的绩效评估管理信息系统，并在宁波海事局、南通海事局展开试点工作，并取得了明显的成效。后来，我们又陆续承担了"三新书业公司目标与绩效管理体系研究"、"广州咨元公司绩效管理及薪酬体系优化"、"汉得利人力资源诊断及薪酬体系优化研究"和"海事处绩效评价体系研究"等企事业单位的委托项目。我们深深地体会到，对于国内企事业单位来说，如何将来自西方的先进管理理论与管理实践有机结合，已成为绩效管理的关键成功因素，这不仅要求管理者具有先进的管理理念和系统的绩效管理知识，更要求他们具备较强的绩效管理应用能力和实操技巧。

　　在绩效管理课程的教学过程中，我们发现现有教材普遍存在一个问题，就是强调绩效管理理论体系的完整性，更多地是基于"理论介绍"的角度，以引进成熟的绩效管理理论和工具为主旨，很少从"实践"的角度对这些理论工具如何具体应用进行讲解，导致的结果就是，学生虽然对相关理论有了基本的认识，但是由于缺少实践经验，对理论工具的实质缺乏理解，知其然而不知其所以然，在工作之后往往只能生搬硬套理论，工作效果大打折扣。因此，基于我国企业发展和管理的现状、针对我国的社会文化特征，编写更加贴近组织管理实际的绩效管理教材，强调绩效管理理论和工具在不同性质组织中的实施和操作，已成为有效提高教学质量、增强人力资源管理专业学生职场竞争力的必要手段。

　　鉴于此，我们在参考国内外绩效管理理论和案例、整理自编使用多年的绩效管理讲义的基础上，结合近年来我们承担的各类企事业单位绩效管理的咨询实践，编写了本书。在系统介绍战略绩效管理理论体系的同时，结合我国几类典型组织的现状、特性及需求，针对性地剖析绩效管理的实施方法及流程，并为不同类型任职者的绩效管理提供了操作指导与实施建议，力图使学生能够对组织和人员的绩效管理具备切合实际的认识。

　　本书介绍了绩效管理的基本理论，穿插了大量来自社会生活及组织管理实际的案例，增强了本书的可读性。本书着重介绍了关键绩效指标（key performance index，KPI）、平衡计分卡（balanced scorecard，BSC）、目标管理（management by objectives，MBO）及标杆超越（benchmarking）等方法和工具，并通过来自国内真实企事业单位绩效管理的案例，对其应用流程及实施关键进行具体解析，可以供类似组织的绩效管理借鉴，实践性显著增强。同时，针对目前分布广泛的三类典型工作的任职者——知识型员工、事务性人员、管理人员——的绩效管理进行了专题讨论，对其绩效管理的方法、过程、重点和难点进行了深入探讨，各类组织都能从中得到启示，实用性大幅提高。另外，从团队和组织两个层面探讨了绩效评价和管理的一般方法，除了对一般企业的绩效管理解析之外，还加入了公共部门和供应链绩效管理的专题讨论，突破了人员绩效管理的范畴，有效拓展了人力资源管理人员的思路。最后，简要地介绍了绩效管理信息系统的相关知识，指出了互联网时代绩效管理技术的发展方向。

　　本书由武汉理工大学管理学院罗帆教授和卢少华副教授担任主编。罗帆负责设计总体思路和内容框架，负责编写工作的组织协调和部分案例编写，并最终统稿、修改和审定。卢少华负责主要章节的编写或修改，编写了课程设计任务书、指导书，以及各章小结、专业术语和思考题。各章的具体分工如下：第一章由卢少华、赵荔、盛艳负责编写；第二章由盛艳、刘向阳、许丽娟负责编写；第三章由黄冰倩、高明、陈晓倩、花亿林负责编写；第四章由曹婉莹、高兴、答芸、花亿林负责编写；第五章由刘宇璟、卢少华、杨小玉、答芸负责编写；第六章由卢少华、石康、黄冰倩、方正负责编写；第七章由陈晓倩、丰婷、答芸负责编写；第八章由赵贤利、罗帆、陈晓倩负责编写；第九章由唐辛欣、陈晓倩、赵贤利、曹婉莹负责编写；第十章由唐辛欣、罗帆负责编写；第十一章由彭倩、王本涛、唐辛欣负责编写；第十二章由卢少华、石康、王本涛、高明负责编写。部分原创性案例改编自武汉理工大学管理学院梁建华、邱志红、程军、徐双庆、杨光、周洋等 MBA 学员的学位论文。

　　正文中的引导案例、阅读材料及专题讨论等部分内容引用或借鉴了已有的优秀文献，我们都尽可能地标注了出处；部分内容由于出处佚失无法标注，或者由于多次转引而导致出处标注不准确，请原文作者谅解并及时与我们联系，以便在修订版中及时改正。对所有为本书提供了启发、素材和支持的优秀文献作者，我们表示诚挚的谢意！

　　本书的出版得到了科学出版社的领导及责任编辑张宁、刘英红的大力支持和帮助。在本书的编写过程中，武汉理工大学管理学院的领导和同事给予了我们充分的理解、支持与帮助；华南理工大学的刘向阳副教授、中山大学的王晓晖教授、北京航空航天大学的皇甫刚副教授等同行提出了宝贵的建议，在此一并表示感谢。

我们希望本书不仅可以满足人力资源管理专业学生的课程学习需求，同时也能为各类组织管理人员提供参考。由于学识水平及实践经验等方面的限制，书中定有诸多不足，欢迎同行专家、管理实践人员及各类读者不吝批评指正。

罗帆　卢少华

2016 年 2 月

目　录

第一章　绩效管理导论 …………………………………1
　第一节 什么是绩效管理 …………………………… 2
　第二节 为什么要管理绩效 ………………………… 7
　第三节 绩效管理理论的发展历程 ………………… 11
　第四节 中国企业绩效管理中存在的问题 ………… 13

第二章　绩效管理的基本原理 ……………………20
　第一节 绩效管理的理论基础 ……………………… 21
　第二节 绩效评价的原理 …………………………… 33
　第三节 如何构建绩效管理体系 …………………… 39

第三章　绩效管理的流程 …………………………47
　第一节 绩效管理的基本过程 ……………………… 48
　第二节 如何制订绩效计划 ………………………… 52
　第三节 如何进行工作绩效评价 …………………… 57
　第四节 如何进行绩效反馈与改进 ………………… 62
　第五节 绩效管理的导入与应用 …………………… 70

第四章　目标管理与标杆超越 ……………………87
　第一节 目标管理法 ………………………………… 88
　第二节 基于标杆超越的绩效管理 ………………… 94

第五章　关键绩效指标法 …………………………105
　第一节 什么是关键绩效指标 ……………………… 106
　第二节 为什么要设定关键绩效指标 ……………… 109
　第三节 如何设定关键绩效指标 …………………… 111
　第四节 如何应用关键绩效指标法 ………………… 122

第六章　平衡计分卡方法 …………………………136
　第一节 应用平衡计分卡的指导思想 ……………… 137
　第二节 什么是平衡计分卡 ………………………… 138
　第三节 平衡计分卡的指标体系和流程 …………… 142
　第四节 组织、部门、个人平衡计分卡的设计 …… 146

第七章　知识型员工的绩效管理 …………………159
　第一节 知识型员工的概念与特点 ………………… 160
　第二节 如何管理知识型员工的绩效 ……………… 162

第八章　事务性人员的绩效管理 …………………178
　第一节 事务性人员的概念与特点 ………………… 179

第二节 如何管理事务性人员的绩效 ………………………………… 181

▶ **第九章 管理人员的绩效评价** ……………………………… **188**

第一节 管理人员与管理人员绩效 ………………………… 189

第二节 如何评价管理人员的绩效 ………………………… 192

第三节 管理人员的绩效反馈与激励 ……………………… 195

▶ **第十章 团队绩效评价技术** ………………………………… **202**

第一节 团队绩效与部门绩效 ……………………………… 203

第二节 如何评价团队绩效 ………………………………… 210

第三节 知识型团队的绩效评价 …………………………… 215

▶ **第十一章 组织绩效评价** …………………………………… **223**

第一节 组织绩效评价体系 ………………………………… 224

第二节 企业的绩效评价 …………………………………… 231

第三节 公共部门的绩效评价 ……………………………… 234

第四节 非营利组织的绩效评价 …………………………… 242

▶ **第十二章 绩效管理信息化** ………………………………… **254**

第一节 绩效管理与信息化 ………………………………… 256

第二节 绩效管理信息系统的功能结构 …………………… 258

第三节 企业绩效管理信息化的新趋势 …………………… 263

▶ **参 考 文 献** ……………………………………………………… **269**

▶ **附录:"绩效管理"课程设计** ……………………………… **274**

附录 1 "绩效管理"课程设计大纲 ……………………… 274

附录 2 "绩效管理"课程设计任务书 …………………… 277

附录 3 "绩效管理"课程设计指导书 …………………… 279

附录 4 "绩效管理"课程设计案例材料 ………………… 281

第一章

绩效管理导论

引导案例

　　JX公司是一家位于珠三角的机械加工企业。创业初期，降低成本、提高产量成为公司的总目标。公司的总经理王总兼任人力资源经理，由于业务繁忙，没有制定一套正式的、完整的绩效评价（performance appraisal）制度，只是采取了一些临时措施。例如，他会不定期地对工作业绩好的员工提出表扬，并给予物质奖励；对工作态度不积极的员工提出批评；一旦部门的生产业绩或销售业绩连续下滑，他会找员工谈心，找缺陷，补不足，鼓励员工积极进取。

　　这几年，JX公司发展非常迅速，已经由最初的几十人发展到上千人。随着规模的不断扩大、管理人员和一线员工的增加，问题也出现了，如人员的流失率一直居高不下，产销脱节，员工的士气不高。王总不得不考虑，是否应该制定一套正式的、完整的绩效评价制度，以及如何对管理人员评价等问题。由于自己力不从心，他打算外聘具有人力资源管理经验的张琦担任人力资源经理，推进绩效评价等人力资源管理相关工作。

　　思考题：

　　1. 你认为JX公司是否应该制定一套正式的、完整的绩效评价制度？

　　2. 如果你是张琦，将如何设计科学合理的绩效评价制度？

　　3. 在实施绩效评价制度的过程中，应注意哪些问题？

第一节 什么是绩效管理

一、绩效的概念

经济全球化、竞争国际化已成为所有组织与个人不得不面对的客观现实。现代组织日益感受到绩效在生存竞争中的决定性作用。能否以尽可能低的资源消耗获得尽可能高的成果和效率，已经成为组织管理成功与否的一个基本评价标准。为了提高竞争能力和市场适应能力，各类组织都开始积极寻求提高生产力和改善绩效的有效途径。各种新型的管理理念和经营实践，从扁平化组织、学习型组织，到基于共赢的供应链联盟，逐渐成为组织管理人员竞相施用的手段与工具。

然而，绩效到底是什么？应该如何衡量与评价？如何通过有效的管理而最终实现绩效提升？是否存在标准化的绩效评价与管理流程？是不是采用了当前流行的绩效管理（performance management）系统和工具就能从根源上解决绩效不佳的状况？到目前为止，以上这些问题仍没有统一的答案，甚至对"绩效"的概念范畴也没有形成一致的定义。例如，在经济管理活动方面，绩效可以是指社会经济管理活动的结果和成效，或者是项目或活动的投入产出比；在人力资源管理方面，绩效可以是指人员的态度、行为表现和劳动生产率等情况；在公共部门中衡量政府活动效果方面，绩效显然又是一个包含多元目标的更广泛的概念。

事实上，绩效是一个多维结构，观察和测量的角度不同，其结果也就不同。从字面意思分析，绩效就是"绩"与"效"的组合。其中，"绩"就是业绩或成绩，是对主体的行为结果的总结；而"效"则为效率、效益或效果，是对主体经营和行为过程的总体描述。对这两个方面强调的力度不同，直接导致了对绩效概念的两种基本理解，而对行为主体持续获得高绩效的能力的关注，使"素质"也被当做绩效的内容之一。

1. 绩效就是工作结果

一种普遍认同的观点认为，绩效就是结果，是组织或个人的工作成绩的记录。例如，伯纳丁（Bernardin）和贝蒂（Beatty）认为，绩效是"在特定的时间内，在特定的工作职能或者活动上产出的结果记录"，因为这些工作结果与组织的战略目标、客户满意度及所投资金的关系最为密切；也有学者认为，绩效"是一个人留下的东西，这种东西与目的相对独立存在"。用以表示绩效结果的概念通常有职责（accountabilities）、结果（results）、责任，任务及行动（duties, tasks and activities）、目的（objectives）、目标（goals or targets）、产出（outputs）、关键成功因素（critical success factors），等等。

然而，以结果来定义绩效的观点始终面临一系列的质疑，如"成王败寇"一定就是合理的吗？产出结果在很多时候的确关乎一个组织的生死存亡，但在更多的时候，工作的结果往往受到很多方面因素的影响，其中许多因素是与工作人员无关

（或不可控）的，单纯以成败论英雄就不一定合理了；而且，如果过度关注结果，势必使人们忽视重要的过程和人际因素，公平性将无法保证，或导致短期行为等不良后果。也就是说，如果产生结果的过程无法控制与评估，那么基于结果对工作进行评价就难以令人信服了。

2. 绩效是工作过程中的行为组合

由于绩效结果论的片面性，另一种观点得到普遍接受，即"绩效就是行为"。这里，绩效是"行为"，但并不排斥"目标"和"结果"。例如，Murphy 认为，绩效"是与一个人所在组织或组织单元的目标有关的一组行为"。Campbell 指出，"绩效是行为，应该与结果区分开，因为结果会受系统因素的影响"，其后他更进一步强调，绩效"是人们实际采取的行为，并且可以被观察到……绩效不是行为的后果或结果，而是行为本身"。Borman 和 Motowidlo 更进一步提出了绩效的二维模型，他们认为行为绩效包括任务绩效（task performance）和周边绩效（contextual performance）两个维度，前者是指所规定的行为或与特定的工作熟练有关的行为，而后者则是指自发的行为或与非特定工作熟练有关的行为。

在当前的管理实践中，"行为论"和"结果论"两种观点已经逐渐融合，绩效已经普遍被理解为对工作目标相关行为的全方位、全过程的描述与总结。

3. 绩效是任职者的工作能力

随着知识经济的到来，知识性工作和知识型员工给组织绩效管理带来了新的挑战。越来越多的组织发现，从行为和结果两方面评价人员的绩效都难以做到客观有效。例如，由于工作的复杂性不断提高、团队工作方式得到广泛应用，很多工作的结果根本就无法量化衡量，个人的贡献很难被明确定义和区分，很多员工的行为过程无法观察；还有很多员工整天忙碌，但其工作产出与投入似乎不成正比。基于这一现实，越来越多的组织重新定义了绩效的概念，将员工"素质"列入考察范围，认为"素质"其实是一种潜在的绩效，并由此开始关注员工的潜在能力，重视员工素质与高绩效之间的关联。

实际上，基于素质的绩效管理自古就有之。据说尧16岁即位，在位70年，有心让四岳替代自己，四岳认为自己不够条件，如替代尧，有辱帝位。于是尧在所有贵戚、疏远、隐匿者中间选拔继任人。大家说民间有个叫虞舜的人可以作为继任人。四岳介绍了舜能以孝道处理父母兄弟之间的关系等情况，尧表示可以试试看。在以后的三年中，尧经种种试验，认为舜确实具备很强的素质能力，让他摄行政事。这时，舜把"四凶族"首领的罪行报告给尧，在尧同意之后，把他们流放到边远地区，以惩戒做坏事的人。尧知道自己的儿子丹朱不成材，所以就把天下传给舜去治理。尧死后，舜为让位于尧子丹朱，自己迁居到都城南边。但是，诸侯不朝拜丹朱而朝拜舜，打官司不找丹朱而找舜，人们不讴歌丹朱而讴歌舜，在此情况下，舜不得不接替了尧的职位，称"帝舜"。舜继尧位后，通过部落联盟议事会，进行了改革。他知人善任，按照素质能力方面的长处，任用高阳氏才子"八恺"管教化、高辛氏"八元"管土地、商朝始祖契管人民、皋陶作刑、禹治洪水等,使部落联盟出现了新气象。

总之,在实际应用中,绩效已经不再是一个单一的概念,而是行为过程、产出结果及素质能力三方面的综合,并且随着组织的不同发展阶段、不同经营环境而呈现出不同的组合状态,如表1-1所示。

表1-1 不同绩效定义的适用场合

绩效含义	适用的对象	适用的组织或阶段
结果(完成任务)	基层员工;体力劳动者;事务性、例行性工作者	高速发展的成长期企业;强调快速反应,注重灵活、创新
行为		发展相对缓慢的成熟企业;工作流程明确、管理规范
素质、能力	高层管理人员;服务型岗位、职能部门岗位	—
过程(行为+结果)	所有人员	所有企业;所有阶段
发展潜能(结果+素质)	知识工作者;中层管理者	—

资料来源:付亚和,许玉林.绩效管理.上海:复旦大学出版社,2007

由以上叙述可知,"绩效"是一个复杂的概念,具有多因性、多维性、动态性等典型特征。多因性是指绩效状况受多方面因素的影响。例如,人员绩效的影响因素主要有四方面,即技能(技能是指个人的天赋、智力、教育水平等个人特点)、激励(员工工作的积极性,员工的需要结构、感知、价值观等)、机会(承担某种工作任务的机会)和环境(工作环境包括文化环境、客观环境等)。多维性是指需要从多个不同的方面和维度对绩效进行考评分析,不仅要考虑工作行为还要考虑工作结果。例如,在实际工作中我们不仅要考虑员工完成产量指标的情况,还要考虑其出勤、服从合作态度、与其他岗位的沟通协调等方面,综合性地得到最终评价。动态性是指影响绩效的因素处于不断变化中,因此绩效也会不断发生变化,这就进一步涉及绩效考评的时效性问题。

二、绩效管理的概念

"绩效"概念的复杂性决定了与之相关的绩效评价与管理必然是多角度、多方位和多层次的。一项调查表明(Kevin,2007),8%的被调查者认为绩效管理过程显著提高了个人绩效,47%的员工不能确定绩效管理对提高个人绩效的效果,只有约40%的员工接受了较为合理的绩效评估。从这个调查数据可知,绩效管理的难度可见一斑。

绩效管理的概念于20世纪70年代由美国管理学家Aubrey Daniels正式提出。之后,人们对其展开了系统而全面的研究。由于论述的角度与切入点不同,对绩效管理的定义也各不相同。一些学者认为,绩效管理是管理组织绩效的系统,其核心在于确定和监控组织战略的实现状况,通过组织结构、业务流程、技术等方面的调整与控制,实施组织战略并保证其实现,因此,绩效管理更多地体现为战略规划/计划管理,而个体人员的行为过程与结果控制并不在主要考虑范围之内。战略管理、经营卓越、全面质量管理等相关研究与实践都可以归入这一范畴。与之相反,也有很多学者认为，绩效管理是管理员工绩效的系统，是组织对个体关于其工作成绩及发展潜力的评估与奖惩，且往往体现为周期性过程，而这也是人力资源管理的核心内容。基于以上两种观点，又出现了第三种描述，即绩效管理应该既强调组织的绩效，又要关注人员的绩效，即绩效管理是管理组织和员工绩效的综合系统。

然而，不论是哪一种观点，都一致认同绩效管理是一个闭环的过程，即为了达到组织的目标而制订绩效计划、持续进行绩效辅导与沟通、定期开展绩效评价、合理应用绩效测评结果、有效提升绩效水平的持续循环过程。绩效管理的目的是持续提升个人、部门和组织的绩效。

本书将主要从人力资源管理的角度讨论绩效管理。因此，将绩效管理定义为组织与员工就工作目标的设置与实现达成共识，并帮助员工成功地实现这一目标的一系列管理方法及管理过程，具体包括绩效计划、绩效辅导、绩效评价、绩效反馈和绩效改进等基本环节，如图1-1所示。在这个过程中，持续的、开放的沟通扮演着重要角色。通过对有利于组织目标实现的行为的强化，来最终实现组织所期望的利益与产出结果。

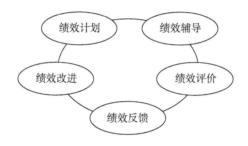

图 1-1　绩效管理的基本过程

由此可见，绩效管理的目的在于提高员工的能力和素质以改进与提高组织的绩效水平。在此，强调三个基本问题：①绩效管理的基础是就设置目标及如何实现目标达成共识；②绩效管理的内容不是简单的任务管理，其特别强调沟通、辅导和员工能力的提高；③绩效管理不仅强调结果导向，而且重视实现目标的过程。

绩效管理是一个系统的、复杂的过程，所涵盖的内容很多，它所要解决的问题主要包括如何确定有效的目标，如何使管理者和员工一致认同这一目标，如何引导和激励员工朝着正确的目标发展，怎样对组织和员工的目标实现状况进行有效监控与评价，在日常工作中如何基于绩效现状对组织的经营和员工的工作活动进行有效调节以实现总体绩效的改进，等等。

三、绩效管理与绩效评价的区别和联系

在员工的职业生涯发展中，绩效管理是外部管理活动与员工内在心理活动交互作用的过程，具体表现为管理者在与员工达成目标共识后，采取有效方法帮助员工实现工作目标、提升个人能力素质的生涯历程。

绩效评价也称绩效考核或绩效考评，是指评价主体基于预先确立的工作目标或

绩效标准，采用特定的方法与手段，对评价对象（组织、部门或人员）的职责履行情况、工作过程效率及发展潜能或趋势进行评价的过程。

显然，绩效评价是绩效管理闭环过程中的一个环节。相对于绩效管理，绩效考评或绩效考核是组织管理者更易于接受的一个概念，但对其的理解仍然各不相同。大致来说，对于"绩效评价是什么"，存在以下几种不同的描述：①对组织中成员的贡献进行排序；②为客观评价员工的能力、工作状态和适应性的一系列程序、规范与方法的总和；③是人事管理系统的组成部分；④定期考评和考察个人或团队的工作业绩的一种正式制度。

基于以上描述，结合绩效评价的概念界定，绩效评价可以从以下三个方面来理解。

（1）绩效评价旨在检验组织目标的实现情况，并促进其最终实现。组织经营目标是绩效评价的基本出发点，绩效评价应与人力资源管理其他职能相结合，推动企业经营目标的实现。

（2）绩效评价是日常人力资源管理核心的活动之一，包括一系列制度性规范、程序和方法的选择、设计及具体运用。

（3）绩效评价是对员工的工作进行考察与核验，是以事实为依据，多方面收集数据对员工在日常工作中所表现出的能力、态度和工作结果进行评价。

绩效评价是绩效管理的一个环节，是抽象的、持续的绩效管理的一个具体的、阶段性的总结活动。实际上，绩效评价与绩效管理存在实质性的区别，前者是后者的一个重要组成部分。

第一，绩效管理是一个完整的管理过程，其注重过程的管理；而绩效评价只是这个系统中的一个环节，重在判断与评估；第二，绩效管理以组织战略为导向，具有前瞻性，能帮助企业和管理者前瞻性地看待问题，有效规划企业和员工的未来发展方向，而绩效评价则是回顾过去一个阶段的成果，是一个阶段性的总结；第三，绩效管理有着完善的计划、监督和控制的手段与方法，而绩效评价只是其中的手段之一；第四，绩效管理注重能力的培养，而绩效评价只注重过程的效率和成绩的大小；第五，绩效管理强调管理者与员工建立绩效合作伙伴关系，使管理者与员工站在一起，而绩效评价则使管理者与员工处于对立状态，这也是很多组织的"绩效管理"难以为继的主要原因之一。可见，绩效管理并非简单的任务管理，而是强调管理者启发、沟通与辅导的教育过程；绩效管理不仅强调目标和结果的实现，而且重视员工能力和素质的提升。绩效评价必须与绩效管理的其他环节相联系，以战略为导向，促进组织战略目标的实现。

美商宏智国际顾问有限公司台湾分公司亚太区顾问李宗祐以健康管理作比喻，"企业体犹如人体，绩效管理也可以视为一种组织的健康管理。如同人人都希望健康与长寿，组织也必须要健康、均衡发展，才可能永续经营。现代人对健康观念早从单纯每年做一次健康检查，看完报告后再来决定该怎么应变（观察投药或开刀切除），进步到平日就开始注重饮食养生与运动健身，随时追踪体态与体能表现，有小问题就马上调整改善；同样的，企业也不能只冀盼通过每年一次的'健康检查'

（绩效考核），视其结果好坏再做奖惩或更激烈的处置（降职裁员）以儆效尤。一时剧烈改变，恐怕带来的伤害更甚过当初希望健康的目的。所以，平日各级主管就要做好单位内的'绩效管理'，随时追踪动态循环，才能持续发展并可预期年度绩效目标的达成"。

绩效管理与绩效评价的区别和联系对比见表 1-2。

表 1-2　绩效管理与绩效评价的区别和联系

绩效管理	绩效评价
一个完整的管理过程	绩效管理过程中的局部环节和手段
与企业战略紧密关联	处于战术层面，为实现战略提供依据
侧重信息沟通与绩效提高，强调绩效指导	侧重判断和评估，强调事后的评价
强调过程管理	注重结果控制
伴随着管理活动的全过程管理，实时发生	只出现在特定的时期，或定期进行

资料来源：武欣.绩效管理实务手册.第二版.北京：机械工业出版社，2005

第二节　为什么要管理绩效

一、绩效管理的重要性

对于很多人来说，绩效管理或绩效评价会给自己带来很多不利方面。但是，绩效管理对于组织和员工来说仍是必不可少的，因为通过持续的绩效管控，可以有效地发现和解决工作过程中实时出现的各种问题，为组织、部门及员工自身带来很多益处。

1. 组织为什么需要绩效管理

实践证明，组织是绩效管理的直接受益者。组织的经营决策是需要参照的，而最基本的参照就是其战略目标。组织需要实时有效地评估其经营状况与战略目标之间的差距，从而动态地调整相关经营决策，以确保战略目标的高效实现。通过目标管理等方法，组织的经营目标被逐层分解为各部门和各岗位的工作目标。各岗位任职者工作目标的实现，保证了部门和组织更高层目标的最终实现。也就是说，员工的工作目标完成情况或绩效状况对组织的绩效具有根本性的影响。

H 机械厂是一家国有老厂，主要生产各类大中型起重机械，在计划经济时代一直是当地的支柱企业，每年的生产任务和利润指标都能按照上级要求完成，各部门员工基本上按部就班地工作。然而，进入市场经济之后，该厂却出人意料地快速衰退，最终被一家民营机械企业收购。新的管理层接手之后首先对原有的部门和人员配置进行了调整，在第一时间内对各部门的年度工作目标和工作内容进行了界定，并发布了不同岗位人员的"工作关注点"、"努力方向"及"考核要求"。一些老员工感慨道："以前很少考虑过工作该怎样做才是最好的，因为工作做得好不好完全是靠领导的一句话。现在好了，大家的工作都可以拿到阳光下比较，想做点事的人也就有积极性去思考工作方法了。"实施绩效管理后，企业进入发展的快车道，经济效益迅速提升。

通常，在组织经营过程中需要解决以下问题，而解决的这些问题也就是绩效管理需要完成的任务。

（1）组织需要做什么，即如何有效分解组织目标，将高度凝练的、抽象的战略目标具体化为部门和业务单元的日常工作任务，并引导和激励相关人员做出与目标方向一致的努力。

（2）组织需要怎样做，即如何有效配置相关的物质资源、人力资源及管理资源，以保证组织的各种经营活动顺利开展，并得到期望的效果。

（3）组织做得怎么样，即如何有效地监控组织内部各个层次、各个业务流程的工作情况，实时发现不正常的活动表现或与组织经营策略相冲突的决策行为，并对其进行合理的干预、调整及有效解决。

事实上，组织经营管理的实质就是绩效管理的过程。将组织作为分析对象，绩效管理过程中的绩效计划、绩效辅导、绩效评价与绩效反馈分别解决了上述"做什么"、"怎样做"和"做得怎样"的问题。

2. 管理者为什么需要绩效管理

管理者在组织中扮演着承上启下的角色，将组织的目标与业务单元及具体的工作目标联结起来。部门和团队的成功要求管理者不仅强调绩效结果及相应的行为过程，更重要的是加强对人员行为的引导，使其明确与理解"应如何工作"、具备且不断提升应有的知识和技能。具体来说，管理者需要在以下方面做出努力。

（1）将组织的目标明确传递给下属。让下属知晓组织的目标，保证他们都能够准确理解并认同该目标，这是部门和团队有效工作的起点，是组织行为一致性的基本保证。

（2）与下属进行充分的讨论与交流。通过讨论与交流，把所承担的分解目标进一步分解给每个员工，将部门／团队的活动进行全面计划并努力实现，以充分调动人员的积极性，做到人尽其才。

（3）让下属熟知工作内容和方法要求。让下属熟知组织的工作内容与要求，以及高效完成工作任务的流程、工具与方法，并使其清楚各自的角色期望，从而可以在一定程度上自主工作，发挥能动性。

（4）关注和了解部门与团队的整体运作情况。通过掌握一些关键信息来评判部门和团队目标的实现预期，一旦出现异常，能够及时发现问题所在，并对相关人员的工作活动进行有效的反馈和干预。

绩效管理可以帮助管理者解决以上问题。通过绩效管理，管理人员很容易就可以完成部门／团队目标的分解，并通过建立绩效指标体系、制订绩效计划，将各个员工的工作内容、工作标准及工作方法都明确下来，并以此作为参照，在日常工作过

程中对部门 / 团队及所有下属人员的工作完成情况进行监控，及时发现员工工作活动与能力素质的不足并给与针对性的解决。

3. 员工为什么需要绩效管理

基层员工在组织的管理体系中通常都是被管理者和被评估者，他们对绩效管理与绩效考评往往存在一定的抵触情绪。然而，这并不能说明员工不需要绩效管理。事实上，科学合理的绩效管理对员工是一种有效的指导与激励，是员工非常需要的。每个人都希望成功，而成功的首要前提是要知道自己应该做什么，其次是能够持续地自我评价并实时调整行为策略。由于对安全和稳定的需要，以及希望获得认可与尊重的需要，员工希望能够明确地了解自己的工作任务和工作目标，希望在工作过程中能够得到实时有效的指导，同时也希望工作成果能够得到恰如其分的反馈和评价。一旦员工认识到自己做出了超过平均水平的成绩，就会产生被认可的需求。组织和管理者需要认识到员工的这些需求，通过明确的绩效计划、全面的绩效评价体系和有效的绩效反馈与激励制度，为员工提供工作指导及激励。当员工通过绩效管理了解了自身能力的不足，会在制度激励下主动学习来提高自己的能力，这样不仅增强了员工自身的胜任力，而且更进一步提高了组织的竞争力。

在推动全员绩效考核过程中，河北省电力科学研究院要求员工每个月都要制订工作计划，每天都要写工作日志，刚开始时部分人员产生了抵触情绪。数月之后，人力资源部负责人发现了一些可喜的变化，大家过去的一些不良工作习惯在悄悄改变。随着编写工作计划的实施，员工们已经开始学会通盘考虑，先把一个月内的工作内容认真安排，做到心中有数，再通过每天的工作日志及时总结分析工作完成情况，这些记录成为绩效考核的重要依据。现在，大家正在逐渐养成一种科学安排工作的习惯，提高了工作效率，取得了良好的效果。

在影响绩效的众多因素中，只有激励效应是最具主动性和能动性的因素，人的主动性、积极性提高了，组织和员工会尽力争取内部资源的支持，同时组织和员工技能水平将会逐渐得到提高。因此绩效管理就是通过适当的激励机制激发人的主动性、积极性，激发组织和员工争取内部条件改善，提升技能水平进而提升个人和组织的绩效。

二、绩效管理与人力资源管理其他环节的关系

随着现代管理思想的发展，对人的重视及对人本管理的广泛认同，人力资源管理在制定和执行组织战略方面的作用日益加强。一项研究以 35 个行业中的 968 个企业为对象，发现了人力资源管理对生产力的促进作用。该项研究考察了这些企业的员工激励计划、绩效管理系统和员工参与决策等情况，结果表明人力资源管理水平与企业的生产力水平之间有着强烈的正相关关系，即企业人力资源管理水平的评估高出一个标准差，生产力水平就会高出五百分点。

一个组织要赢得竞争，归根结底就是要以更低的成本、更快的速度提供比竞争

对手数量更多、质量更好的产品与服务。有效的人力资源管理可以从根本上改变组织的竞争格局，而绩效管理在此过程中处于核心地位。图 1-2 说明了组织的人力资源管理对形成生产力及竞争优势的促进关系。由此可以发现，绩效管理在这个系统中占据核心地位，起到了非常重要的作用。

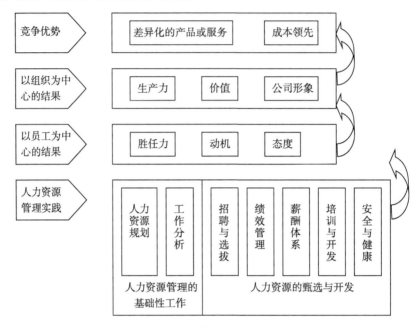

图 1-2　人力资源管理与企业的竞争优势

资料来源：武欣.绩效管理事务手册.北京：机械工业出版社，2002

1. 绩效管理与工作分析

工作分析是人力资源管理其他活动的重要基础。通过工作分析，可以将组织中所有工作的基本职责要求及任职要求都明确化，为任职者的工作过程表现及产出结果提供了有力的指导和有效的绩效评价标准。根据工作分析的结果，组织可以有针对性地制定各个岗位的关键绩效指标和评价标准，并建立相应的胜任力模型对任职者的能力素质进行评测，从而实现合理的人员配置和绩效激励。也就是说，工作分析为绩效管理提供了基本依据。

2. 绩效管理与薪酬体系

职位价值 (position)、绩效 (performance) 和任职者的胜任力 (person) 被认为是确定薪酬的基本依据，绩效对薪酬的作用是显而易见的。虽然在不同的薪酬体系中，绩效所决定的薪酬成分和比例有所区别，但通常来说，职位价值决定了薪酬中比较稳定的部分，绩效则决定了薪酬中变化的部分，如绩效工资、奖金等。将绩效管理与薪酬紧密挂钩，不仅可以更好地实现薪酬机制的激励作用，而且也是绩效反馈与提高的一种根本手段。

3. 绩效管理与招聘选拔

在人员招聘、配置及人员选拔的过程中，通常采用纸笔测试、心理测验、面试及情景模拟等方法，对人员的一些潜在的能力倾向或性格与行为风格特征进行了解，并据此在一定程度上预测其将来的工作绩效。因此可以说，人员甄选与测评是保障和提高团队及组织绩效的一种基本手段，而绩效评价又是人员甄选的一个重要依据。

4. 绩效管理与培训开发

改进与提升绩效，是绩效管理的根本目标。在了解了人员、团队及组织的绩效状况，总结好的工作经验并分析导致绩效不足的原因之后，对不同的管理对象开展针对性的培训与开发就成为理所当然的事情了。通过绩效监控与考评，主管人员往往需要将被评估者的绩效现状、目标及其个人发展愿望进行综合比较，并与被评估者共同制订绩效改进计划和未来发展计划。人力资源管理部门需要整合来自组织内不同部门的培训与开发需求，制订系统的培训与开发计划，并与主管和员工紧密协作，共同保证培训开发工作的顺利开展。

此外，由于目前中国法律法规并未对绩效管理进行明确规定，因此，绩效管理该如何实施，如怎样设定绩效目标、如何认定胜任与否等，都成为组织控制法律风险、减轻运营负担过程中的关注焦点和重要考虑因素（特别是在调岗、调薪、解雇、辞退等过程中）。例如，为专业人士提供信息服务的威科集团（Wolters Kluwer）中国区总部发布的《2013 年 HR 最关注的十大劳动法合规话题》报告显示，绩效管理在调岗、调薪、解雇、辞退中的应用是在华企业人力资源管理者们最为关注的问题之一。

第三节　绩效管理理论的发展历程

组织在不同的阶段有着不同的管理模式，绩效管理的理论与实践也随着管理模式的转变而实时发生变化。在不同的生产模式下，组织有不同的经营模式；而在不同的经营模式下，组织又有不同的绩效管理模式。

组织绩效管理，从最早的财务指标、投入产出计算到现在的平衡计分卡等战略绩效管理，是伴随组织需求的变化一步一步地发展起来的。随着组织经营模式的调整和转变，绩效管理的发展也经历了相应的发展和进步。总体来说，组织绩效管理的理论与实践大致经历了观察性绩效评价、成本绩效评价、财务绩效评价、财务与非财务结合评价、战略绩效管理，以及全面绩效管理等发展阶段，而绩效管理所关注的主体也由单纯的组织逐渐扩展到部门、团队及个人。而随着人力资源管理逐渐受到重视，对人员绩效管理的关注也与日俱增，人员绩效管理与组织战略紧密相关联的理念也已深入人心。

国际上最早的、比较系统正式的绩效评价体系可追溯到 14 世纪复式记账的产生。较之流水式的单式记账，复式记账能全面反映企业经济活动的来龙去脉，为单独评价各项活动提供可能。

19 世纪工业革命以后，企业规模日趋扩大，产权关系日渐复杂，绩效评价的必要性开始显现。企业主开始关注如何提高生产效率以尽可能多地获取利润，出现了较为复杂的成本计算和绩效评价。合理地设计标准成本、监控标准成本的执行情况、分析差异结果，成为这一时期经营业绩评价的主要工作。

1903 年出现的杜邦财务分析系统确立了以投资回报率（return on investment，ROI）为主的财务绩效驱动因素分析框架，之后，陆续出现了一系列的财务评价体系，如沃尔分析法、标准成本分析法等。这类分析方法通常选取企业经营者重点关注的若干财务指标进行跟踪和分析，进而了解企业的总体经营状况，评估可能的风险，同时为投资者、债权人及政府评价企业提供依据。一旦监控指标发生异动，经营者能及时查明原因并加以修正。

20 世纪 30 年代，日本结合自身实际，提出了雷达图评价法，以图形的形式，形象地将企业的经营状况通过收益性、安全性、流动性、生产性和成长性五类财务指标显示出来，对企业的综合财力进行评估。这种图形显示方法是绩效可视化的初期尝试。

从 20 世纪 50 年代开始，日本的企业认识到质量管理的重要性，并由此迅速在全球取得竞争优势。1951 年，日本创立了戴明奖（Deming Prize）体系，在全面质量管理的基础上，建立了经营卓越（business excellence）企业的评价标准体系。随后，美国、欧洲也基于质量管理分别于 1987 年和 1991 年建立了各自的经营卓越企业评价体系。经营卓越企业标准体系的评价涵盖企业的人、财、物、产、供、销等方面，不仅为企业的经营（尤其是质量管理）绩效提供了一个有效的评价标准，而且也为广大企业提供了绩效评价与管理的有效标杆，实际上是标杆管理（Benchmarking）思想的萌芽，至此开始进入全面绩效管理阶段。

20 世纪 80 ～ 90 年代，随着新的生产组织方式的出现，传统的管理理念与新兴的管理思想发生了激烈的碰撞，企业绩效研究的内容更加注重战略机会选择、核心竞争能力和可持续发展等因变量与企业治理结构、环境适应性和资源合理配置等自变量的关系，评价的内容也更加强调战略的预控与经营过程的管理，强调多方位评价的重要性。国际学术界先后提出了三套企业竞争力评价体系，即世界竞争力评价体系（34 项指标）、全球竞争力评价体系（18 项指标）和波特（Porter）的微观竞争力指数（46 项指标），分别从企业生产率要素及企业家作用的竞争力、企业员工激励、时间、速度上的竞争力，以及企业经营、战略与微观经济环境的角度对企业竞争力进行了细化。这些指标体系的构建，对创新和开拓企业评价理论起到了积极的推动作用。

20 世纪末到 21 世纪初，出现了许多各具特色的、融入非财务指标的绩效评价系统，将企业绩效的研究由绩效评价提升到绩效管理，并将绩效管理与企业战略紧密结合。具有代表性且影响较大的有 Hall 的四尺度模型、Lynch 的业绩金字塔模型、

Kaplan 和 Norton 的平衡计分卡，以及 Neely 与安达信（Anderson）咨询公司联合开发的绩效棱柱模型。这些理论模型的出现，标志着企业绩效研究上升到战略层面。这些理论与关键绩效指标方法相结合，在实践中获得了广泛应用，其中又以平衡计分卡应用最为广泛。

组织绩效评价与管理理论研究发展示意图，如图 1-3 所示，从中我们可以看出企业绩效管理从粗到细、从低级向高级的发展历程。

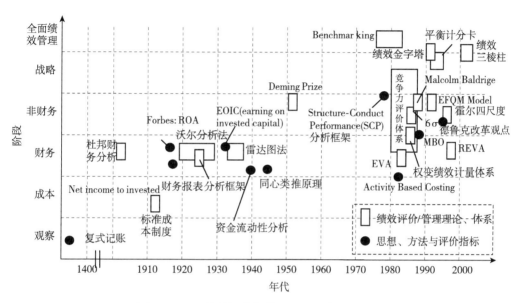

图 1-3　组织绩效评价与管理理论研究发展示意

第四节　中国企业绩效管理中存在的问题

绩效管理作为现代企业人力资源管理的一种重要工具和手段，在战略实现、人才开发及员工管理工作等方面发挥着重要的作用，许多企业都在实施或者准备实施绩效管理。然而，在已经实施绩效管理的企业中，许多企业在绩效管理方面做了大量的工作，却并未取得预期的理想效果。在对绩效管理进行尝试并失败之后，有些企业就浅尝辄止，维持现状，不再继续探索改进绩效管理；还有些企业则知难而退，不了了之，不再实施绩效管理。

桂林的一个装饰公司是一家民营企业，在推行绩效管理的过程中，设计了出勤率的考核指标。为了保证员工准时上下班，实行打卡制度，每天打卡三次，早上八点半之前打卡一次，中午12点至下午1:30打卡一次，下午5:30之后打卡一次。早上8:30至9:00打卡为迟到，前三次迟到不扣工资，之后依次累加；中午到了而忘记打卡，前三次每次扣5元，之后从30元依次累加。小肖由于工作繁忙经常忘记打卡而导致扣掉部分工资，但实际情况是他当天准时在工作岗位工作。经调查，公司有不少员工都因为忘记打卡而被扣工资，引起了员工的不满，导致工作效率明显下降甚至出现跳槽现象。面对这种情况，公司经理开始对推行绩效管理的必要性产生怀疑。

目前，我国企业绩效管理中存在的问题可以归结为两个方面：首先是观念上的问题，即对绩效管理的本质没有正确的认识，对绩效管理的目的与意义的理解存在偏差，绩效管理与组织战略相脱节，各级管理者和员工的参与度低，无法形成积极的绩效管理文化；其次是操作方法与技巧方面的不足，主要体现为缺乏绩效管理体系、考核指标脱离实际、绩效评价无法客观、绩效反馈渠道不畅等，导致员工产生逆反心理，甚至出现人才流失的问题。

具体来说，当前我国绩效管理中存在的问题主要表现在以下方面。

1. 将绩效评价与绩效管理混为一谈

很多企业的管理者没有真正理解绩效管理的真实含义和最终目的，没有系统的思想和方法，缺乏全系统、全方位、全过程管理的观念，而是简单地认为绩效管理就是绩效评价。事实上，绩效管理是管理者和员工持续的双向沟通的一个过程，以确立明确的工作目标为起点，以及时发现和解决经营过程中出现的问题为手段，以提高组织绩效为最终目标。绩效评价只是绩效管理的一个环节，只是对组织、部门和人员的工作进行的阶段性总结与评价，而此前的绩效计划及其后基于评价的绩效改进更是体现出"管理"思想的活动。以绩效评价替代绩效管理的一个直接后果就是"为了考核而考核"，最终导致管理的迷失，使"考核"本身也流于形式，成为管理者不愿、员工反感的一种"鸡肋"活动，不仅对组织和个人毫无裨益，而且也会浪费企业资源、打击员工士气，造成双输的结果。

2. 缺乏绩效导向的企业文化

在企业的组建与发展过程中，必然会形成一种被所有成员共同接受的思维模式、价值观念和行为规范，并对工作方式与工作绩效产生根本性影响，这就是所谓的企业文化。优秀的、积极向上的企业文化可以极大地提高个人、团队和部门的绩效，进而对组织的绩效产生积极影响，有强大的生命力和发展动力。对于我国企业来说，企业文化的概念是一种舶来品。虽然一些大中型企业开始意识到积极的企业文化的重要性，但对如何凝练和发展企业文化仍缺乏深刻的认识，真正建立绩效导向企业文化的企业更是少之又少。目前，这种高绩效导向企业文化只是在一些大型企业中初步出现，还没有完全形成气候。

江夏区供电公司的年终考核开始了。客户服务中心稽查班共有9人，除班长不参加员工绩效考评外，其余8名稽查人员需要"评出"等级。

1月19日，在该班组的绩效考核会上通过全员投票，8名稽查员不是被评为A级就是B级。班长将评选结果上报给上级部门，却被上级部门"退回"，因为按照绩效考核的要求，8人中A、B、C的名额分别为2人、3人和3人。

于是，稽查班在周日（1月20日）临时再次开会，商议绩效考核评定方案。"大家的工作都还可以，谁也不会投出C票，更无人甘当C级！"大家在一起议论时，有人向其他单位"取经"，得知可以通过抓阄化解难题，班长同意了。副班长小潘和稽查员小许当天没有上班，他们委托同事代为抓阄，同事为了避嫌也事先约定，左手和右手分别代表谁，结果小潘和小许双双戴上了"C级"的帽子。

前日，小许接受采访时说，通过抓阄将他的年度考核评为C级，这对他来说是一种"耻辱"，因为他自我感觉上年的工作做得较好。小许还称，C级的评价还将影响到他今年的绩效工资，可能每月比A级要少300元左右。

作为稽查班的副班长，小潘被多名稽查员认为业务精湛、工作业绩突出，他在这次抓阄中被评定为C级。有员工问他，将来业务上遇上什么难题，他会不会再知难而上。对此，小潘淡淡一笑，他表示还会继续像以前一样工作，只是认为这个抓阄是"最茗"的办法。稽查员小全是班上的骨干，他表示长期在一线工作的稽查人员就两三人，他们的工作量明显要大一些，如果票决不出A级、B级、C级，班长就应不怕得罪人，根据实际做出客观评价。记者就此采访稽查班的班长时，他显得比较为难，不愿对此做出评价。

用抓阄的方式评定员工绩效等级，令人啼笑皆非的同时，也让人反思企业绩效管理中存在的突出问题。

资料来源：楚天金报，2013-01-25

3. 管理者与被管理者之间没有签订明确的绩效管理契约

绩效契约是组织中各级员工对各自工作的内容、要求及评价标准进行讨论与确认之后形成的规范性文档，是日常的绩效监控与绩效考评的重要依据之一。绩效契约的制定过程，就是员工明确自己的工作任务、理解工作要求，并承诺努力实现工作目标的过程。然而，目前很多组织都忽视了绩效契约的重要性。多数组织都缺少签订绩效契约的环节，或者只是在组织层面下达一个统一的绩效任务书（或目标责任书），对每个具体的岗位目标、责任与要求仅仅是通过口头说明或心理契约来约定。在日常工作中，员工对各自的工作任务与目标要求并不能保持清醒的认识，管理人员在绩效考核时也缺少确定性的依据，最终只能是通过填写一堆"标准化"的表格了事，导致绩效管理流于形式，甚至出现因为双方理解不一致而造成矛盾冲突。

4. 绩效指标体系缺乏科学性

绩效指标的合理设置是绩效管理工作的重点和难点，也是所有开展绩效管理的组织最为头疼的一个难题。绩效指标的实质就是组织中各类工作的监测点，通过监测这些变量，可以实时了解组织、部门及各级人员的工作完成情况，从而使适时、适度的调控与干预成为可能。因此，保证绩效指标体系科学合理的一个基本前提就是对组织的战略、部门的职能及各岗位的职责要求都有深刻的认识，并且对组织的关键业务流程具有明确的了解。现实情况是，很多组织的管理者往往并不能做到这一前提条件，一方面是因为许多组织的战略并不清晰、部门分工及岗位设置并不合理，人力资源管理的基础薄弱；另一方面则源自这些管理者在能力、态度等方面的不足，结果就是设置绩效指标体系的目的不清晰，甚至是为了考核而考核；指标的具体性和可操作性都不能得到保证，且随意性强、随着管理者的意志而变动频繁，失去应有的严肃性和指导性。指标体系的不科学已成为国内众多企事业单位的一个通病。

5. 绩效管理过程违反公平、公正、公开性原则

公平、公正、公开是人力资源管理的一个基本原则。绩效管理的目的是有效提升绩效，必须真正做到"对事不对人"，严格按照事先约定的绩效目标和标准，对组织的各项工作进行持续的引导与调控，做到程序公平。这些标准、要求及相关的程序都必须得到相关人员的确认，形成最终认可的标准化文档公之于众，以有效规范绩效管理各环节的活动。同时，人员的绩效评价结果及其应用都应该向其公开，甚至在更大范围内进行公示，以有效规避人为的不确定性因素。事实上，绩效管理是一项需要较强管理技能和较高职业素养的管理活动，要求管理者（考评者）严格执行既定的绩效标准，避免个人好恶等主观因素的影响，做到过程公正。然而，由于长官意志与家长式管理等原因，以及中国文化中无处不在的"人情"关系，多数组织在绩效管理中都没有做到真正坚持"三公"原则，这也是导致绩效管理失效、绩效评价流于形式的一个重要原因。

6. 绩效管理过程中缺少持续沟通

沟通是绩效管理的重要手段和要求，贯穿于绩效管理的全过程，有效的绩效计划的制订离不开各级人员的参与、交流与确认，实时的绩效监控是一个基于信息收集、反馈与控制的动态调整过程，阶段性的绩效评价也不是一个仅由考评者单方面贴标签的活动，而基于监控与考评的绩效激励与改进更是需要多方人员沟通讨论与协作才能完成。

由于思想意识、管理理念及管理水平方面的相对落后，当前我国很多组织的管理者更多地偏向于"经济人"假设，对员工的需求结构及主观能动性的认识存在偏差，在管理中更多的是强调自上而下的指令下达，而较少关注自下而上的反馈，从而导致在绩效管理中出现上级根据自己的想法给下属下达任务、依据自己的观察和理解考评奖惩员工，而下属被动接受计划与考评结果的情况，与绩效管理的精髓背道而驰。沟通环节缺失、沟通渠道不畅，必然导致理解的偏差，从而出现错误的指挥与控制，不仅会严重影响组织的绩效，而且也会使员工满意度降低、能动性消失，为组织的长远发展带来隐患。

➤ 本章小结

绩效是一个多维结构，可以从过程、结果及发展潜力等方面进行界定。"绩"就是业绩或成绩，是对主体的行为结果的总结；而"效"则为效率、效益或效果，是对主体经营和行为过程的总体描述；而对行为主体持续获得高绩效的能力的关注，使"素质"也被当做绩效的内容之一。"绩效"概念的复杂性决定了与之相关的绩效评价及管理必然是多角度、多方位和多层次的。

绩效管理是一个闭环的过程，即为了实现组织的目标而制订绩效计划、持续进行绩效辅导与沟通、定期开展绩效考核与评价、合理应用绩效测评结果、有效提升绩效水平的持续循环过程。绩效管理的目的是持续提升个人、部门和组织的绩效，而绩效考评是绩效管理的一个环节，是抽象的、持续的绩效管理的一个具体的、阶段性的总结活动。

绩效管理是人力资源管理的一个核心职能，对组织生产力及竞争优势的形成具有重要的促进作用。有效的绩效管理，可以使组织明确其战略目标、运营策略、工作重点并实时监控经营效果，解决"做什么"、"怎样做"和"做得怎样"的问题；可以使管理者正确分解团队工作目标、合理制订工作计划、高效配置各类资源，实现有效的指导与控制；可以使员工准确理解其工作内容与要求、正确选择工作方法与工具，并得到持续的激励以保持高昂的士气。

组织的绩效管理理论，从注重财务指标发展到关心产品质量，再发展到从战略层面全方位、全过程的绩效管理，是伴随着组织需求的变化而逐渐发展的。总体来说，绩效管理的相关研究与实践一般基于事前预控、事中控制、事后反馈三个不同定位，从公共管理、所有者和经营者三个视角，在组织、部门和人员三个层次中展开。

虽然我国企业普遍认识到绩效管理的重要性与必要性，然而大多数企业的绩效管理并未取得预期效果。企业需要正确认识绩效管理的本质，加强绩效管理的方法与技巧，将绩效管理与组织战略结合、绩效指标与工作内容要求结合、绩效评价与人员激励结合，提高各级员工的参与度，营造积极的绩效导向企业文化。

➤ 专业术语

绩效	performance
绩效管理	performance management
绩效评价	performance appraisal / evaluation
绩效测量	performance measurement
任务绩效	task performance
周边绩效	contextual performance
职责	responsibility/accountability
责任	duty
任务	task
事务	activity
关键成功因素	critical success factor

➤ 阅读材料

中国企业应适度使用绩效管理

绩效管理已经被大多数企业视为加强管理、提升经营效果的利器。然而，专业咨询服务机构韬睿惠悦咨询公司（以下简称韬睿惠悦）发布的《2012-2013年全球人才管理与奖酬》调研发现，员工的压力日益攀升，已成为中国企业不可忽视的问题，而绩效管理中过度的指标化很可能已经成为员工压力攀升的重要原因之一。韬睿惠悦的专家认为，企业过分注重硬性指标与薪酬奖金的挂钩，而忽略人才职业发展及员工的"软"感受，很可能导致员工承受的压力濒临极限，对公司的贡献力停滞不前。因此，企业需要从员工角度出发，建立驱动员工可持续敬业度的机制，提高他们的工作产出，最终达到企业的业绩目标成长，与员工"共赢"。

一、企业与员工对"压力山大"看法不一

调研发现，30%的中国员工在过去三年中没有完全使用规定的假期或年假，43%的员工表示在工作中经常感到过多的压力。然而企业对此却并不认可，仅有25%的雇主认为自己的员工在超时工作，并且18%的雇主在未来三年中期待员工超时工作。可见，员工感觉面对压力而无法喘息，企业却并未予以重视，更未采取相应的压力管理措施。

韬睿惠悦人才与奖酬咨询中国区董事总经理袁凌梓表示，中国正处于经济快速发展阶段，巨大的市场与潜力使之成为世界瞩目聚焦的中心。因此，旨在追求公司优异业绩表现的高压力被中国企业转为量化的绩效指标，并通过绩效管理传导到员工层面，用这种方式来激励、衡量员工表现，实现企业目标。员工"被期望"的不断攀升与他们承受的极限形成对立，因此仅靠这一方式追求企业业绩，其有效性仍有待讨论。

二、绩效主义过度使用是"元凶"

通过调研发现，企业与员工之间对于绩效管理、压力管理的不同看法有可能源于中国企业对绩效管理的过度使用及方法不当。"我们称它为'绩效主义'，绩效管理强调企业和个人目标的一致性，关注双方同步成长，最终形成共赢。而绩效主义的效果有悖于此，它过分强调了量化的硬指标。"袁凌梓表示。

从调研结果来看，中国企业的"绩效主义"主要表现在以下两个方面：首先，过多关注薪酬与奖金的因素。79%的中国企业认为绩效管理要联结薪酬的增长，67%的企业认为绩效管理要和奖金挂钩，这些数据远远高于全球及亚太地区的水平。企业在绩效管理中过于强调薪酬和奖金，却忽略了绩效评定、潜力评估及员工职业发展的重要因素。此外，中国企业在绩效管理中使用胜任力考核的比例也是最低的。其次，过度使用强制分布。据此次调研结果显示，全球26%的企业表示会使用"强制分布"，而在中国这一数字高达57%。袁凌梓认为，如果过多地使用"强制分布"，容易使人感觉企业缺乏"人情味"，而倾向于无情的"法制"，从而导致员工丧失信心和被认同感，也会给他们带来过大的压力，降低敬业度。当目标或压力超过员工所能承受的最大负荷时，员工往往会通过消极对待甚至离职的方式解决问题，反而对公司实现绩效目标起负面作用。此外，在"强制分布"实施中，鉴于人才稀缺、中国"面子"文化等原因，企业有时又不得不做出让步，最终使"强制分布"的效果大打折扣。

三、优化组织环境才能增加员工敬业正能量

中国的企业在追求目标业绩增长过程中，大多仅将目光聚焦于最浅显的绩效管理上，一味以数字、"硬指标"来衡量。它虽看似公平、可以激励员工实现绩效目标，但单纯依靠利益的刺激却忽略了员工的软性感受，忽略了企业最核心的、提高公司业绩的重要精神凝聚力——可持续员工敬业度。

"在中国，我们发现让员工保持可持续敬业度的驱动因素包括持续的沟通、授权、工作压力的平衡、工作生活的平衡、工作压力的释缓等等。"袁凌梓认为，为了让绩效管理不停留在"只是发

奖金"这一层面，中国企业要关注以下几点，以通过提升员工"正能量"，提高企业绩效，形成共赢局面。

第一，建立支持员工持续敬业度的人力资源管理体系，包括让员工了解组织目标，持续进行价值观的教育，同时关注制度体系的公平合理。第二，面对目前大量新生代的员工，企业应该着重明确员工的工作职责，同时给予他们充分的授权，让员工有一个展示自我的舞台。同时，也要让公司整体的职业发展体系和流程更加顺畅，帮助员工提升自我能力。第三，通过平等、持续和有效的沟通，培养员工的"主人翁"意识，并且让他们有参与企业管理的机会。

"只有持续敬业的员工，才会有持续的企业绩效"，袁凌梓提醒企业千万不要陷入绩效管理的"误区"。绩效管理不是为了"年底发奖金"，而是为了推动企业绩效持续向前，"企业与员工的双赢局面是达成这一结果的必要条件。"

资料来源：东方网

思考题：

1. 企业进行绩效管理是必要的吗？绩效管理为什么会成为加重员工压力的重要原因？

2. 什么样的绩效管理才是适度的？

➤ 思考与讨论

1. 绩效是什么？请分别从组织、部门和人员三个层次进行描述。

2. 什么是绩效管理？绩效管理与绩效评价有何联系与区别？

3. 请简要叙述绩效管理的基本内容与流程。

4. 绩效管理在人力资源管理中的作用是什么？与人力资源管理其他职能之间存在哪些关联？

5. 索尼前董事长天外伺郎曾经感慨"绩效管理毁了索尼"，认为绩效主义遏制了"挑战精神"和"团队精神"，导致"激情团队"的消失，使索尼从创新先锋沦为落伍者。对此，你如何理解？

6. 请结合自己的学习工作实际，并根据自己的体会，就我国目前绩效管理中存在的问题及可能的改进方向展开讨论。

第二章

绩效管理的基本原理

　　黑熊和棕熊喜食蜂蜜，都以养蜂为生。它们各有一个蜂箱，养着同样多的蜜蜂，有一天，它们决定比赛看谁的蜜蜂产的蜜多。

　　黑熊想，蜜的产量取决于蜜蜂每天对花的"访问量"，于是它买来了一套昂贵的测量蜜蜂对花的访问量的绩效管理系统。在它看来，蜜蜂所接触的花的数量就是其工作量。每过完一个季度，黑熊就公布每只蜜蜂的工作量；同时，黑熊还设立了奖项，奖励访问量最高的蜜蜂。但它从不告诉蜜蜂们它是在与棕熊比赛，它只是让它的蜜蜂们比访问量。

　　棕熊与黑熊想得不一样。它认为蜜蜂能产多少蜜，关键在于它们每天采回多少花蜜——花蜜越多，酿的蜂蜜也就越多。于是它直截了当地告诉众蜜蜂：它在和黑熊比赛看谁产的蜜多。它花了不多的钱买了一套绩效管理系统，测量每只蜜蜂每天采回花蜜的数量和整个蜂箱每天酿出蜂蜜的数量，并把测量结果张榜公布。它也设立了一套奖励制度，重奖当月采花蜜最多的蜜蜂。如果某一个月的蜜蜂总产量高于上个月，那么所有蜜蜂都会受到不同程度的奖励。

　　一年过去了，两只熊公布比赛结果，黑熊的蜂蜜不及棕熊的一半。

　　思考题：

　　1.请分别评价黑熊和棕熊的做法，并说明理由。

　　2.请简述这则故事中包含的绩效管理的思想。

第一节　绩效管理的理论基础

绩效是组织期望的结果，是组织为实现其目标，对各层级部门和员工的产出成果提出的一种期望；同时，绩效也是员工对组织的承诺，体现组织与员工之间的一种心理契约；而且，绩效还是员工工作成果所代表的价值的表现，反映员工产出的各类产品与服务对组织内外部客户的价值。

绩效管理是现代组织管理中的重要内容，是激励理论、委托代理理论、产权理论等管理理论在组织管理中的具体应用，是战略管理、组织管理、财务管理、人力资源管理、运营管理多方面工作的综合，是推动组织业绩增长、保障安全运营的有效措施。相应地，这些理论为有效的绩效管理提供了基础。本节将就激励理论、委托—代理理论、系统评价理论进行简要介绍。

一、激励理论

所谓激励，顾名思义，就是激发和鼓励的意思。激发是对人的动机而言的，鼓励是指对人的行为趋向加以控制。人的行为来自人的动机，而人的动机又产生于人的需要。需要是人的一种必不可少的主观心理状态，是生活与实践中各种相关事物在人头脑中的具体反映。动机是对需要的满足程度，是由需要引发的内在动力。而行为是人在动机支配下的外在表现。如果说行为的产生是靠激发内在动机的话，那么行为的保持和巩固，就需要强化内在动机，没有强化，一个行为就很难持续到底。所谓员工激励，简单讲就是一个激发和强化的过程，也就是在绩效管理过程中，采用激励的理论和方法对工作人员的各种需要给予不同程度的满足或限制，以此引起他们心理状况的变化而达到激发动机、引起行为的目的，再通过正反两方面的强化，对行为加以控制和调节。

激励理论主要包括内容型激励理论（content theories）、过程型激励理论（process theories）和行为改造型激励理论（behavior modification theories）。

1. 内容型激励理论

内容型激励理论着重研究激发人们行为动机的各种因素。马斯洛（Abraham H. Maslow）的需要层次理论（hierarchy of needs theory）、奥尔德弗 (Clayton Alderfer) 的 ERG 理论 (EKG theory)、赫茨伯格 (Herzberg) 的双因素理论 (two-factor theory) 及戴维·麦克利兰（David McClelland）的成就需要理论是最为典型的内容型激励理论。

1）需要层次理论

需要层次理论最早见于 1943 年美国心理学家马斯洛的《人力激励的一种理论》一书。他认为人有五个层次的需要，如图 2-1 所示。

马斯洛的需要层次理论认为，人的五种需要按层次从低到高像阶梯一样逐级递

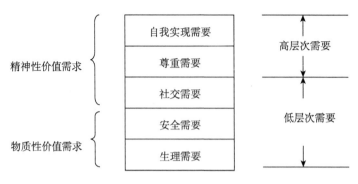

图 2-1　马斯洛的需要层次模型

升，但这种次序并非固定不变的。一个人在某一时期可能同时有几种需要，但总会有一种需要占支配地位。各层次的需要相互依赖和重叠，高层次的需要得到满足后，低层次的需要仍旧存在，只是对行为影响的程度大大降低。

1954 年，马斯洛在《激励与个性》一书中又把人的需要层次发展为七个，在尊重需要和自我实现需要之间增加了求知需要和审美需要两个层次。求知需要包括好奇心、求知欲、探索心理及对事物的认知理解；审美需要是指由追求匀称、整齐、和谐、鲜艳、美丽等事物而引起的心理上的满足。马斯洛进一步将七种基本需要分为高、低两个层级，其中低级的需要通过外部条件得到满足，高级的需要是从内部使人得到满足，但是永远不会感到完全满足。人的需要结构是动态的、发展变化的，高层次的需要比低层次的需要更有价值。低层次的需要刚性大、激励保健性强、持续性差；高层次的需要弹性大、激励空间大、持续性强。因此，通过满足职工的高层次的需要来调动其生产积极性，具有更稳定、更持久的力量。

2）ERG 理论

ERG 理论是奥尔德弗于 1969 年提出的一种新的人本主义需要理论。他在大量实证研究的基础上，对马斯洛的需要层次理论进行了修正。奥尔德弗认为，生存（exis-tence）的需要、相互关系（relatedness）的需要和成长发展（growth）的需要是人们的三种核心需要，形成一种递进的层级结构。

ERG 理论中，生存的需要与人们基本的物质生存需要有关，它包括马斯洛提出的生理需要和安全需要；相互关系的需要是指人们对于保持重要的人际关系的要求，与马斯洛的社交需要和尊重需要中的外在部分是相对应的；成长发展的需要表示个人谋求发展的内在愿望，包括马斯洛的尊重需要中的内在部分和自我实现需要中所包含的特征。与马斯洛的需要层次理论不同的是，奥尔德弗并不认为各类需要层次是刚性结构。他认为，多种需要可以同时对人的行为起作用，当需要得到满足后，其强烈程度不仅不会减弱，还可能会增强，此时，个体可能会去追求更高层次的需要，也可能不会去追求更高层次的需要；相反，如果高层次的需要并未得到有效满足，那么人们对较低层次需要的渴望会变得更加强烈，即存在一个"受挫—回归"

的过程。

依据 ERG 理论，管理者应该随着人的需要结构的变化而调整管理措施，并根据每个人不同的需要制定出相应的管理策略，将满足员工需要所设置的目标与企业的目标紧密结合起来；应特别注重员工较高层次需要的满足，以防止"受挫—回归"现象的发生。

3）双因素理论

双因素理论，又称激励保健理论，由美国行为科学家赫茨伯格提出。该理论将引起人们工作动机的因素分为两类，即保健因素和激励因素。其中保健因素只能消除人们的不满，不会带来满意感，只有激励因素才能给人们带来满意感，如图 2-2 所示。

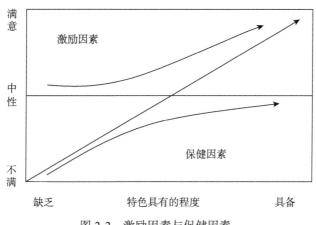

图 2-2　激励因素与保健因素

保健因素是指可能造成员工不满的因素，如公司政策、工作环境与条件、工资报酬、工作关系、个人生活等方面的因素。如果保健因素得不到有效满足，员工将表现出不满，甚至严重挫伤其积极性，出现消极怠工或更激烈的对抗行为；然而，保健因素的满足只能防止员工产生不满情绪，很难激发员工更多的工作积极性。

激励因素是指能促使员工感到满意的因素，如工作成就、社会认同、工作责任、个人成长与发展、工作本身特性等方面的因素。激励因素的改善，往往能给员工以很大程度的激励，产生工作的满意感，有助于充分调动员工的积极性。但是，与保健因素不同，即使组织在激励因素方面不给予满足，员工往往也不会因此感到不满意。

双因素理论对于绩效管理的指导意义在于管理者在激励员工时必须区分激励因素和保健因素。保健因素不能无限制地满足，而应当更多地从激励因素入手。此外，在绩效管理过程中需要采取有效措施，将保健因素尽可能地转化为激励因素，从而扩大激励的范围。

4）成就需要理论

成就需要理论由美国哈佛大学教授戴维·麦克利兰于 20 世纪 50 年代在一系列文章中提出，又称"三种需要理论"。

麦克利兰认为，人类的许多需要都是来源于环境、经历和培养教育的社会性需要。一旦人们的生存需要基本得到满足，三种平行的需要就成为必需，即成就需要 (need for achievement)、归属需要 (need for affiliation) 和权力需要 (need for power)。其中，成就需要是达到标准、追求卓越、争取成功的需要；归属需要则体现为建立友好亲密的人际关系的愿望；权力需要即影响或控制他人且不受他人控制的欲望。三者之中，成就需要的高低对人的成长和发展起到特别重要的作用。在大量研究的基础上，麦克利兰对成就需要与工作绩效的关系进行了十分有说服力的推断，指出高成就需要者和低成就需要者的不同之处在于：他们渴望把事情做得更完善、更喜欢能充分发挥自己能力的工作环境，并渴望立即得到关于工作绩效的反馈信息，弄清工作结果。

如果说需要层次理论和 ERG 理论普遍适用于大多数人的话，那么成就需要理论则更适合对企业家或知识型员工的研究。成就需要理论告诉管理者，在进行绩效管理时，应充分发掘和培养员工的成就需要，给员工安排具有一定挑战性的工作和任务，从而使员工具有内在的工作动力。

2. 过程型激励理论

过程型激励理论是研究人的动机如何导致最终行动的理论。有效地将员工的行为与需要联系起来，会使员工表现出企业期望的行为。典型的过程型激励理论包括弗鲁姆（Victor H.Vroom）的期望理论（expectancy theory）、海德（F.Heider）的归因理论（attribution theory）和亚当斯（John Stacey Adams）的公平理论 (equity theory) 等。

1）期望理论

期望理论是由美国的心理学家弗鲁姆提出。该理论认为，一种行为倾向的强度取决个体对于这种行为可能带来的结果的期望强度及这种结果对行为者的吸引力。人们之所以采取某种行为，是因为他觉得这种行为可以有把握达到某种结果，并且这种结果对他有足够的价值。

期望理论认为，人总是被一定的需要驱动，并设法实现一定的目标。当目标尚未实现时，表现为一种期望，可以激发个人的动机（M）；而目标价值（效价，V）和期望概率（期望值，E）决定了这个激发力量的大小。换言之，人们采取某项行动的动力取决于其对行动结果的价值评价和预期达成该结果可能性的估计，用公式表示为 $M = E \times V$。

对于如何更好地激发个体的潜力，弗鲁姆提出了人的期望模式，如图 2-3 所示。

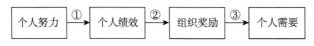

图 2-3　期望理论的基本模式

在期望模式中需要兼顾三个方面的关系，包括个人努力和个人绩效的关系、个人绩效与组织奖励的关系、组织奖励和个人需要的关系。依据期望理论，在绩效管理系统中，首先要给员工制定切实可行的绩效目标，其次要及时将绩效信息反馈给员工，帮助其调整行动以实现绩效目标。

2）归因理论

归因理论是当代以认知的观点看待动机的一系列理论和方法的总称，侧重于研究个人用以解释其行为原因的认知过程，即研究人的行为受到激励是"因为什么"的问题，并在理解这些信息的基础上进一步预测和控制其随后的相关行为。归因理论把人看做理性的，在对行为和现象的归因上是进行因果分析的。

最早的归因理论是由社会心理学家海德于1958年提出的，他认为人具有理解世界和控制环境的两种需要，而这两种需要得到满足的最根本手段就是了解人的行为的原因，并预言人将如何行为。行为的原因或者在于环境，或者在于个人。如果把行为的原因归于环境，则个人对其行为结果可以不负任何责任；如果把行为的原因归于个人，则个人需对其行为结果负一定的责任。

在此基础上，许多学者对人类行为的因果关系进行了更为深入的探索。琼斯（Jones）和戴维斯（Davis）提出了对应推论的归因理论，在海德的排除原则基础上发展了归因理论。此后，社会心理学家洛特（Rotter）根据"控制点"(locus of control) 把人划分为"内控型"和"外控型"。内控型的人认为自己可以控制周围的环境，不论成功还是失败，都是由于个人能力和努力等内部因素造成的；外控型的人感到自己无法控制周围环境，不论成败都归因于他人的压力及运气等外部因素。凯利（Kelley）提出三维归因理论，他认为归因过程是"个体对他的世界进行归因"，把海德所开创的归因研究推向了高潮。最为著名的归因理论家维纳（Weiner）在吸收前人研究理论的基础上对行为结果的归因进行了系统探讨，从个体的归因过程出发，探求个体对成败结果的归因与成就行为的关系，对影响行为结果的可觉察的原因特性、原因结构及原因归因和情感的关系、情感反应的激励作用等都提出了创造性的见解。

3）公平理论

公平理论是由美国心理学家亚当斯于1965年首先提出来的，该理论主要讨论报酬的公平性对人们工作积极性的影响。人的工作积极性与两个因素有关，一是个人实际报酬的多少；二是人们对报酬的分配是否感到公平。其中第二个因素更为主要，因为人们习惯将自己的付出及所得与他人进行比较，并对公平与否做出主观的判断。这种比较可以用以下的公式来说明：

$$Q_p \div I_p = Q_o \div I_o$$

式中，Q_p 为自己所获得的报酬；I_p 为自己的投入；Q_o 为参照系所获得的报酬；I_o 为参照系的投入。

如果个人和他人的比率相等，个人会觉得报酬是公平合理的，从而收到较好的激励效果；反之，如果个人觉得自己的报酬相对较低，则会产生不公平感，此时他会要求增加报酬以消除这种不公平；如果要求得不到满足，就会减少自己的付出。如果个人的报酬水平高于别人，个人可能会因自己占了便宜而产生负疚感，进而努力工作，但这种效果不会持久，最终他会在心理上进行自我调节而恢复工作常态。

亚当斯的公平理论受到了广泛认同并得到了众多学者的深入发展，形成了一个理论体系。公平理论研究的成果之一在于公平感的维度及各个维度影响的差异性。对于公平感的内在结构研究，有单因素理论、双因素理论、三因素理论和四因素理论。其中双因素理论认为公平感存在分配公平和程序公平两个维度；三因素理论认为公平由分配公平、程序公平和互动公平组成；四因素理论把公平的维度拓展为分配公平、程序公平、人际公平和信息公平。分配公平主要影响具体、以个人为参照的效果变量；程序公平主要影响与组织有关的效果变量；互动公平主要影响与上司有关的效果变量。

公平理论的意义在于，管理者要实施具有公平性的报酬体系，真正做到内部公平、外部公平和自我公平，使员工感觉劳有所获、多劳多得。只有员工感到公平了才会保持相当的工作积极性。

3. 行为改造型激励理论

行为改造型激励理论的重点在于研究如何改造和转化人们的行为，变消极为积极，以期达到预定的目标。强化理论（reinforcement theory）是最典型的行为改造型激励理论。

强化理论由美国心理学家斯金纳（Burrhus Frederic Skinner）提出，该理论只讨论刺激和行为的关系，几乎不涉及主观判断等内部心理过程。强化理论反映在循环学习的过程中，描述过去的行为结果对未来行为的影响机制，如图2-4所示。

图 2-4　强化理论模型

强化理论认为，人的行为是对其所获刺激的一种反应。人会趋向于重复对他有利的行为，而减弱或放弃对他不利的行为。因此，为了更好地实现组织目标，管理者可以通过强化的手段，使成员的行为符合组织的期望。

一般情况下，组织可以采用以下三种基本的强化策略。

（1）正强化，即人们采取某种行为时，能从他人那里得到某种令其感到愉快的结果，这种结果反过来又成为推进人们趋向或重复此种行为的力量。例如，企业用某种具有吸引力的结果（如奖金、休假、晋级、认可、表扬等），以表示对职工努力进行安全生产的行为的肯定，从而增强职工进一步遵守安全规程进行安全生产的行为。

（2）负强化。其是指通过某种不符合要求的行为所引起的不愉快的后果，对该行为予以否定。若员工能按所要求的方式行动，就可减少或消除令人不愉快的处境，从而也增大了员工符合要求的行为重复出现的可能性。例如，企业安全管理人员告知工人不遵守安全规程，就要受到批评，甚至得不到安全奖励，于是工人为了避免出现此种不期望的结果，而认真地按操作规程进行安全作业。惩罚是负强化的一种典型方式，即在消极行为发生后，以某种带有强制性、威慑性的手段（如批评、行政处分、经济处罚等）给人带来不愉快的结果，或者取消现有的令人愉快和满意的条件，以表示对某种不符合要求的行为的否定。

（3）自然消退。自然消退又称衰减，是指对原先可接受的某种行为强化的撤销。由于在一定时间内不予强化，此行为将自然下降并逐渐消退。例如，企业曾对职工加班加点完成生产定额给予奖酬，后经研究认为这样不利于职工的身体健康和企业的长远利益，因此不再发给职工奖酬，从而使加班加点的职工逐渐减少。

管理者应将工作的重点放在积极的强化而不是简单的惩罚上。惩罚虽然会产生较快的效果，但持续时间短，且易对员工的心理产生副作用。需要注意的是，负强化和自然消退对员工行为也有明显的影响，应根据实际情况选择最合适的方法或组合使用几种方法。

4. 综合型激励理论

综合型激励理论试图将各种激励理论归纳起来，克服各种理论的片面性，全方位地理解人的行为激励问题。勒温（Kurt Lewin）的早期综合激励理论、波特（Lyman W.Porter）和劳勒 (Edward E.Lawler) 的综合激励理论是影响较大的综合激励理论。

1）勒温的早期综合激励理论

最早期的综合激励理论是由心理学家勒温提出来的，称作场动力理论，用函数关系可以表示为

$$B=f(P\times E)$$

式中，B 为个人行为的方向和向量；f 为某个函数关系；P 为个人的内部动力；E 为环境的刺激。

根据勒温的理论，外部刺激是否能够成为激励因素，还要看内部动力的大小，两者的乘积才能决定个人的行为方向。如果个人的内部动力为零，那么外部环境的刺激就不会发生作用；如果个人的内部动力为负数，外部环境的刺激就有可能产生相反的作用。

2）波特和劳勒的综合激励理论

美国学者波特和劳勒于 1968 年提出了一种综合激励理论，综合考虑了个人努力、绩效、能力、环境、认知程度、奖酬和满足等变量，并将其相互关联描述如图 2-5 所示。

综合激励模型包括员工努力程度、工作绩效、工作奖励、满足感四个变量，其基本关系为激励导致努力，努力产生绩效，绩效导致满足。

（1）员工努力程度，即员工由于激励而发挥出来的力量，取决于员工对目标价值的看法及通过努力实现目标的可能性的主观估计。报酬价值的大小决定激励程度的高低。员工每次行为得到的满足会反过来影响他对这种报酬的价值估计。同时，努

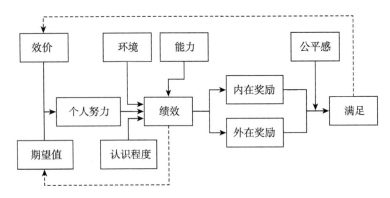

图 2-5　波特和劳勒的综合激励模型

力程度与经过努力得到报酬的可能性大小也成正比，员工每一次行为所形成的绩效
也会反过来影响他对这种可能性的估计。

（2）工作绩效。工作绩效不仅取决于员工的努力程度，还取决于环境、员工自
身的能力及他对所需完成任务的理解程度。

（3）工作奖励。工作奖励包括内在奖励和外在奖励，它们和员工主观上的公平
感一起影响着员工的满足感。

（4）满足感。其大小取决于所得到的报酬同所期望得到的结果之间的一致性。
当实际报酬大于或等于预期时，满足感强；反之，员工则会产生不满。

波特和劳勒在期望理论的基础上，将双因素理论、公平理论及强化理论整合起
来，强调了激发员工工作动机的重要性，指出需要对员工的工作绩效给予公平合理
的奖励；公平导致的满足感将成为新的激励因素，进一步激发员工的工作动机，促
使员工更努力的工作，以此实现良性循环。

二、委托-代理理论

17 ～ 18 世纪，英国要把大批囚犯流放到澳大利亚，船只都是租用私人的。为了
赚到更多的钱，船老板都尽可能多地装运囚犯，并克扣他们的伙食费用等。恶劣的
生存条件使不少囚犯死于途中，即使逃过此劫，未死的囚犯还得躲避被船老板推下
海之难。这样一来，真正能运到澳大利亚的囚犯只剩下不到 20%。残酷的现实令英
国政府大伤脑筋，虽然想了很多办法但都没收到好的效果。后来，有人发现了问题
的症结所在，便提出了一种新的结算方式：不再按上船的人头付费，而是按运到目
的地的人头付费。此举果然奏效，押运囚犯的死亡率由原来的 80% 以上降低到 1%。
由此可以看出，委托人和代理人之间的契约设计直接影响绩效。

委托-代理理论是制度经济学契约理论的主要内容之一，重点研究利益相冲突和
信息不对称环境下的最优契约设计。

1. 委托-代理的概念

委托-代理理论研究的委托-代理关系是指一个或多个行为主体根据一种明示或
隐含的契约，指定或雇佣另一些行为主体为其服务，同时授予后者一定的决策权利，

并根据后者提供服务的数量和质量对其支付相应的报酬。授权者就是委托人，被授权者就是代理人。仅当委托人和代理人的目标与利益相一致时，才可能实现整个委托-代理系统的绩效最大化。委托-代理关系随着社会分工而出现，随着"专业化"的发展而受到关注，代理人由于具有相对优势而代表委托人进行行动。例如，现代管理制度下，企业所有权与经营权的分离就形成了典型的委托-代理关系。

2. 委托-代理理论的基本模型

非对称信息博弈是委托-代理理论的基础。非对称信息是指在交易过程中，参与人所具备的与决策相关的信息不一致，存在两种情况：一是信息获取的时间不一致，二是信息的内容有差异。例如，信息不对称性可能发生在当事人签约之前，也可能发生在当事人签约之后，分别称为事前非对称和事后非对称。研究事前非对称信息博弈的模型称为逆向选择模型，研究事后非对称信息博弈的模型称为道德风险模型。另外，信息不对称可能来源于某些参与人的行为 (action)，研究此类问题的模型可称为隐藏行为模型；也可能来源于某些参与人隐藏的知识 (knowledge)，研究此类问题的模型被称为隐藏知识模型。委托-代理理论的基本模型如表 2-1 所示。

表 2-1　委托-代理理论的基本模型

信息获取时间	隐藏行动	隐藏知识
事前		逆向选择模型 信号传递模型 信息甄别模型
事后	隐藏行动的道德风险模型（行动和知识都不对称）	隐藏信息的道德风险模型（行动可见，知识不可见）

1）隐藏行动的道德风险模型

在这个模型中，签约时双方信息是对称的；签约后，代理人选择行动（努力工作或不努力工作，或者决定努力的程度）、"自然"（nature）选择"状态"，代理人和自然状态一起决定可观察到的结果，而委托人只能观察到结果，不能观察到人的行动和自然状态。此模型中，委托人需要设计一个有效的激励合同或机制，以诱使代理人从自身利益出发选择对委托人最有利的行动。典型的情况如雇主和雇员的关系。

2）隐藏信息的道德风险模型

这里，签约时双方信息是对称的；签约后，"自然"选择"状态"（如代理人的类型），代理人观察到"自然"选择，然后选择行动；委托人观察到代理人的行动，但不能观察到"自然"的选择。这时委托人面对的问题是设计一个激励合同，以诱使代理人在"自然"的状态下选择对委托人最有利的行动。常见的情况如企业经理和销售人员的关系。

3）逆向选择模型

"自然"选择代理人类型，代理人知道自己的类型而委托人却并不知道；委托人和代理人签订合同形成委托-代理关系。常见的买者（委托人）和卖者（代理人）关系属于此种类型。

4）信号传递模型

"自然"选择代理人类型，代理人知道自己的类型而委托人并不知道。为了显示自己的类型，代理人选择发送某种信号，委托人观测到信号后与代理人签订合同。与逆向选择模型不同的是，在信号传递模型中，委托人会根据代理人的信号来修正对代理人的主观概率，然后签约。企业所有者（股东）与经营者（经理人）属于这种关系。

5）信息甄别模型

"自然"选择代理人类型，代理人知道自己的类型而委托人不知道；委托人会提供多个合同供代理人选择，代理人根据自己的类型选择一个合同，并根据合同规定来选择相应的行动。保险公司和保险人的关系就属于这种情况。

3. 代理人的激励

由于委托人与代理人的利益不一致，双方的契约是不完全的，信息是不对称的，必然会产生代理成本。为了降低代理成本，就必须建立完善的代理人激励约束机制。

在对称信息情况下，委托人可以观察到代理人的行为，并据此对代理人实行奖惩。此时，系统可以很容易地达到帕累托均衡，即代理人选择对双方都是最优的努力水平，从而实现对双方都最优的风险分担。

在非对称信息情况下，委托人不能或不能完全观测到代理人的行为，只能通过相关变量来推测代理人的行动，但这些变量并不完全由代理人的行动所决定，它们还与其他外生的随机因素相关。委托人不能强制代理人的行动，只能通过合理的激励来引导或诱使代理人自发地选取委托人期望的行动——在代理人责任承担能力的范围内。于是，需要解决的问题就是设计一个既符合代理人的参与约束又具备"自动依从"效果的激励合同，以在最大化委托人的期望效用的同时，使代理人的期望效用也达到最优，即实现"双赢"。

代理人的目标函数是个人效用最大化，其效用函数可以记为 $u=f(x_1, x_2, \cdots, x_i, \cdots x_n)$，其中，$x_i$ 为代理人的个人收入、职位消费、工作成就感、社会地位和声誉感等效用要素，在激励机制的设计中应尽量兼顾所有这些变量。

常用的激励手段包括物质激励和非物质激励两类。其中，物质激励可以有短期激励和长期激励两种，前者主要用于满足代理人的基本需求，包括基本工资（通常相对固定）、奖金（通常是变动的，且有较大的弹性）及补贴与福利（特殊的物质鼓励）；而后者则旨在让代理人拥有部分的剩余索取权，从而产生相对较大的激励效果，常见的有年薪制、股票期权、分享制等。

非物质激励是指不以物质利益为形式的激励措施，如职位消费激励和精神激励等。职位消费激励是指代理人因其所在职位而享受社会和企业给予的各种优厚待遇，包括社会地位、对权力的行使、舒适的办公环境、高档专用轿车、住房补贴、出国旅游度假等。职位消费激励与职位绑定，如果代理人离职，则自动失去。而精神激励主要包括社会地位、个人尊重和自我成就感等内容，其理论基础是马斯洛的需要层次理论，即人们在物质需求得到满足后，精神需求将成为新的激励因素；对于企业的经营者而言，当物质和职位需求得到满足后，精神方面的需求便成为其继续努力的动力。例如，精神激励可以通过以下方式实现。

（1）对经理人进行定期考核，确定其任职资格，使其产生作为职业经理人的自豪感。

（2）对业绩良好，表现卓越的人员可以晋升职务或赋予更大的权力，作为对其人力资本价值和管理才能的肯定。

（3）设立专门的荣誉称号，对企业经营者给予认可与宣传，使其产生与世界著名企业家并驾齐驱的感受。

（4）辅助优秀的人员进行职业生涯规划，拓展其在组织内的职业通道。

事实上，正如前文指出委托人也存在道德风险一样，在激励代理人使其目标"正确化"的同时，也有必要对委托人进行一定的激励。马尔科森（Malcomson）证明，类似于锦标（tournament）制度的激励合同是解决委托人道德风险的一个有效的办法。例如，在采用计件薪酬策略时，企业完全有积极性对最努力的个人支付更多的计件工资，因为这样可以在不增加额外成本的情况下激励工人更努力地工作。

4. 代理人的约束

如果说对代理人进行有效激励是必要的，那么对其进行适度的约束则是必需的。如图 2-6 所示，激励机制的关键在于"诱"，使人员产生获取更高绩效的动力；而约束机制的关键则在于"逼"，保证人员的行为过程与结果符合组织的需求。

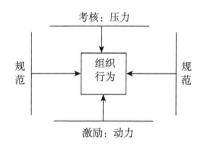

图 2-6 绩效管理：激励与约束的共同体

从公司治理结构看，委托人对代理人的约束包括内部约束机制和外部约束机制两个方面。内部约束机制主要体现为组织的一系列制度，包括经营决策制度、财务控制制度、内部监督制度等。

（1）经营决策制度包括决策主体、决策范围、决策程序、决策责任和风险防范等。对不同层级人员的权力进行详细的、定量的规定，形成权力合理分配，互相制衡的机制。

（2）财务控制制度包括各项经费开支规定，分级审批、财务审计等，财务负责人应直接由董事会任免，并对董事会负责，以形成对经理人员的财务监督。

（3）内部监督制度包括公司董事会、监事会、企业财务总监事，分工检查和监督各项规章制度内的执行情况，防止经理人员做出有损于公司的行为。

外部约束机制则主要是指来自组织的经营外部环境的制约，可以归结为人、财、物三个方面。

（1）经理市场。这是一种特殊的要素市场，使在职者不敢懈怠，以保持其职位；也使替代者更加努力，以竞争代理人之职。

（2）资本市场。其对企业经理的约束表现为两个方面。当企业经营不善时，资本所有者则"用脚投票"，债权人也可能向公司提出清偿的要求，从而使企业缺乏必要的资本；如果是上市公司，一旦企业经营不善，股东将实行"两票制"：一方面股东"用脚投票"，致使股价陡落；另一方面，股东通过股东大会"用手投票"改造董事会，并通过董事会罢免总经理。

（3）产品市场。这是检验企业绩效的基本标准之一。如果企业生产的产品不能适销对路，或者产品成本太高，那么企业就会缺乏竞争力，生产率下降，经营萎缩，这对企业经理来说将是一个很大的压力和约束。

存在委托—代理关系就无法避免监督问题。然而，监督所需的信息及其获取是有成本的，因此，选择最优的监督力度又成为另一个需要解决的问题。例如，生产线上工人的产量容易监督，而产品质量的监督却有难度；基层人员的工作相对容易监督，而高层管理人员的工作则很难监督。

古典经济学家认为，工资取决于员工的边际生产率。但发展经济学家的观点却正好相反：边际生产率取决于工资，这种情况在发展中国家尤其明显。索罗（Solow）、夏皮罗（Shapiro）和斯蒂格里茨（Stiglitz）认为，因为企业无法完全监督员工的行为，工资是对员工的一种激励，用于防止员工偷懒怠工，且工资额与激励力度成正比。另外，代理人的边际生产率越高，监督带来的边际收益越高，委托人监督的积极性也越高；代理人努力的边际成本越高，他在相同激励力度下付出努力的意愿就越低，监督的边际收益也越低，委托人监督的积极性也越低；此外，监督越困难，监督的边际成本越高，委托人监督的积极性也越低。这就为日常工作中选择有效的绩效监控方式和监控力度提供了理论基础。

委托–代理理论的应用广泛，如企业投资人（或股东）对职业经理人的管理、管理者对下属员工的管理、选民对公务员的监督都是委托–代理理论的适用领域。因此，寻求激励的影响因素，设计最优的激励机制，将会越来越广泛地被应用于社会生活的方方面面。

三、系统评价理论

系统评价理论是把评价对象看做一个系统。评价指标、评价权重、评价方法均应按系统最优的方法进行运作。

系统评价理论认为，世界上的万事万物，都构成了大大小小的系统，大系统由许多子系统组成，而每个子系统则由更小的子系统组成。通过对系统之间和系统内部的分析，使许多国家纷扰复杂的问题层次化、简单化，从而达到解决问题的目的。以系统评价理论来分析绩效评价问题，对提高评价质量是很有益处的。

所谓系统是指由若干要素组成的互相联系又互相制约，为实现一个共同的目标而存在的有机集合体。企业组织存在着目标，把成员联系在一起，是一个系统；某个职位的存在由于其存在的意义，也是一个系统。

任何系统都是一个转换机构，即把一定的输入转换为一定的输出，再进一步反馈到输入，如此反复运转，如图 2-7 所示。这样，系统的全部活动归结为输入、处理、输出和反馈四个部分。其中，输入是指环境对系统的作用，即环境向系统输入物质、能量和信息的过程，是系统运转的前提。处理是指系统内部对接受的物质、能力和信息进行加工、处理或改造，使之转换成新的形式的物质、能量和信息。输出是将系统转换后的物质、能量和信息送出去，向环境进行反输入并作用于环境，这个环节才是系统存在的目的，系统的效率或对目标的实现程度就反映在输出结果上。反馈则是把系统的输出结果对环境的反作用的状况作为新的信息输入系统中，开始系统新的运转循环，通过反馈作用，使系统成为开放的、闭环的回路，能自我调节，达到最佳的平衡。

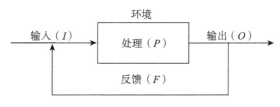

图 2-7　系统结构

对系统的综合评价是按照系统整体性原理来评价系统的输出，而不是仅仅评价工作成果的某个方面或某些部分，因为输出的结果是既定过程的结果，具有相对稳定性，而转换活动过程存在着许多不可控制的因素，特别是人的活动更具有灵活多变的特点。要达到同样的目的，可以使用不同的方法和手段。所以，对输出进行评价提高了评价工作的可操作性。另外，输出结果受系统环境和系统内部状态两方面因素的影响，而起决定作用的是系统内部状态，即决定于系统内部对输入的转换能力和水平，并最终决定结构的优化程度。这样，通过对输出的评价，也间接评价了转换工作的各种具体活动，达到评价工作的目的。

根据系统优化原理，最优个体的总和不等于系统的最优，最优化的结果是建立好各要素的最佳结合，并是系统的整体效益大于各部分效益的代数和，这就要求全面的综合评价过程。

第二节　绩效评价的原理

一、有效绩效管理需要解决的问题

系统的绩效管理理论与实践从 20 世纪 90 年代才真正被引入中国企业，目前中国企业实行的绩效管理依旧处于一个相对低端的阶段。在各类组织管理实践中，虽然绩效管理的重要性得到了普遍的认同，但是，真正深入开展绩效管理，并获得较好的成效的却并不多。绩效管理为何被披上神秘的面纱，它到底有哪些核心问题，以及这些问题应当如何解决，成为组织绩效管理实务者迫切了解的问题。

有效的绩效管理需要解决以下四个方面的问题。

1. 什么是绩效

什么是绩效也就是组织、部门、岗位三个层次绩效的界定问题。不同类型的组织、一个组织内部的不同部门，以及同一部门内部的不同岗位，其业务性质、工作内容及环境条件等方面都存在差异，其绩效结构也就各不相同。如何有效识别各管理对象的绩效要素，并对各要素的重要性进行合理排序，在保证精简易行的前提下，实现对管理对象的工作过程、结果及持续发展潜力等各方面进行准确的判断和全面的管理，是有效绩效管理需要解决的首要问题。在组织的人力资源管理中，岗位绩效的界定是一个难点，对于同一岗位的绩效往往是仁者见仁、智者见智，且很多情况下都是由管理者根据自己的理解决定，科学合理性难以得到保证。以组织的战略规划为依据，结合岗位的工作分析，应用目标分解的方法来建立各层次管理对象的绩效结构模型，是比较合理有效的途径。

2. 为什么要管理绩效

对绩效进行有效管理，最终的目标是改善和提高绩效。然而，不同的组织发展阶段、不同的内外部环境下，绩效管理应该实现具体的目的，如组织行为塑造。另外，绩效管理的核心活动，即绩效评价，其结果可以反馈到人力资源管理的各个方面，如人力资源培训、开发、激励等。但在特定的时期和环境条件下，评价结果如何与其他这些管理活动进行衔接，也是组织管理人员感觉比较茫然的一个问题。组织必须在实施绩效管理之前，系统地进行规划，明确绩效管理与评价活动的目标定位及结果应用的方向与方法，将绩效管理与组织其他经营管理活动无缝集成。

3. 何时开展绩效管理

何时开展绩效管理，即判断组织是否具备了开展绩效管理的基础，其可以从需求分析和可行性分析两个方面进行分析。需求分析包括三个方面：①判断组织当前的经营状况是否符合战略规划要求，如果组织整体业绩不佳，则需要加强绩效管理；②判断对员工进行评估、奖惩、选拔、淘汰的依据是否充分而且可靠，如果这些工作缺乏客观的事实依据支撑，则需要开展绩效管理；③判断员工的士气、工作积极性、工作能力、工作效率是否达到了期望，如果没有，则需要启动或加强绩效管理。可行性分析则需要从以下四个方面进行：①公司的战略和业务策略是否达到了相对稳定的状态。如果战略一直摇摆，业务策略不清，则难以将其落实到各个部门和岗位，上下之间、公司和个人之间，难以在目标、计划和行动上保持一致，需要在深入的战略分析之后再开展绩效管理。②公司的基本业务流程和组织架构是否明确。

如果基本的跨职能业务流程不清，则难以把上层的经营目标和计划分解落实到下层，难以区分跨部门职能的职责分工，难以理清跨部门的业务协作规则，从而导致各个岗位的工作本身混乱，此时不宜立即开展绩效管理。③典型岗位的设计是否明确。这方面内容涵盖汇报关系、岗位职责、任职资格、工作基本规范等，是开展绩效管理最直接的基础条件，工作本身不清晰，绩效管理便无法开展。④组织的管理层，尤其是高层领导，是否具备基本正确的绩效管理理念和技能。如果高层管理者不具备基本正确的绩效管理理念和技能，不要正式大面积推行绩效管理。

4. 如何管理绩效

如何管理绩效，即设计合理的绩效管理流程，建立合理可行的评价体系与评价标准，并做好绩效管理活动的过程管理。要做好绩效管理，首先必须建立规范的管理模式及评价标准，并对组织进行全方位的诊断式研究，做出自我诊断的自评报告，找到差距，根据各标准的要求进行改进和提高。同时，组织的绩效管理不是一个独立的系统，必须与其他管理活动，如质量管理、环境管理、组织文化建设等工具体系方法相结合，以巩固绩效改进的效果，不断提升管理水平。

在组织管理中，设计一个有效的绩效管理系统并在实施过程中达到预期的效果，需要多方努力，组织中的高层管理者、业务单元的运作者、直线经理、员工及人力资源部门都应了解其在绩效管理体系中扮演的角色。

二、绩效评价的原则

绩效评价是绩效管理的核心内容与关键环节，其科学合理性直接决定了绩效管理是否有效。对绩效进行合理评价必须兼顾评价对象（系统）的运作过程和结果，因此，必须合理选择和设置评价内容，有效管理评价过程，并遵循相应的原则。

1. 绩效评价的内容性原则

进行绩效评价之前，必须对需要评价的内容进行明确界定与规划。对于每一个待评价对象或系统，要从纷繁的工作活动中合理选取评价点，有效反映被评价者的绩效状态。开展绩效评价时必须注意以下几点。

（1）评价内容与企业文化和管理理念相一致。评价内容实际上包括员工的工作行为、态度、业绩等方面，它是员工行为的导向，是企业组织文化和管理理念的具体化和形象化。在评价内容中必须明确组织鼓励什么、反对什么，须给员工以正确的指引。

（2）考评要有侧重。绩效评价指标不可能涵盖一个岗位上的所有工作内容。为了提高绩效评价的效率、降低评估成本，并且让员工清楚工作的重点，应选择该岗位工作的主要职责内容作为考评重点。

（3）考评内容要有相关性。绩效评价不应考评与任职者工作无关的内容，而是对员工主体工作的考评。对不影响工作的其他任何事情都不要进行考评，如员工的生活习惯、行为举止等内容不宜作为评价内容。而且，绩效评价的内容必须是任职者可控的，由于环境、工作条件、管理资源变化等原因导致的绩效波动应该被排除在考评范围之外。

2. 绩效评价的过程性原则

绩效评价是一项很复杂的工作，要提高评价工作的质量，达到预期的效果，应坚持以下原则。

（1）客观原则。绩效评价应尽可能科学地进行评价，使之具有可靠性、客观性和公平性。应根据明确的考评标准、针对客观考评资料进行评价，尽量减少主观性和感情色彩。这就要求评价内容要由用科学方法设计的一系列指标来反映。在指标的设计过程中，要尽量采用客观尺度，使评价指标不仅内容准确、具体，而且应尽可能量化。

（2）评价方法可行原则。评价使用的方法要为人们所接受并能较长期使用，并且针对组织不同层次的人员采用不同的评价方法。这一点对于评价能否真正取得成效至关重要。另外，要明确评价方法的目的和含义，使人们自觉接受和配合评价工作的进行。

（3）评价经常化、制度化原则。为使评价的各项功能得以有效发挥，组织应制定一套科学的评价制度体系，将评价工作落实到具体部门。应进行经常性的评价，尽可能多地获取有关员工的实际资料，加强评价的效果。

（4）多层次评价原则。员工在不同的时间、不同的场合有着不同的表现，这给员工绩效的客观评价带来了困难。因此，应从多方收集信息，从多个角度进行评价；应综合运用多种方法进行评价，扬长避短，以保证评价的客观性、全面性和系统性。

（5）反馈原则。绩效评价结果一定要反馈给被评价者本人，这是员工得到有关其工作绩效表现反馈信息的一个主要渠道，一方面有利于防止评价过程中可能出现的偏见和误差，以保证评价的公平与合理；另一方面可以使被评价者了解自己的缺点和优点，使绩优者再接再厉，绩差者心悦诚服、奋起直追。

另外，绩效评价还应该做到公平、公开、开放沟通、及时反馈，并纳入组织的常规管理流程。应明确绩效评价的基本目的是促进人员和团队的发展与成长而不是惩罚，不仅要让被考评者了解绩效评价的程序、方法和时间等事宜，以提高评价的透明度，而且也应为各级各类人员提供畅通的沟通反馈渠道，并及时调整评价策略与方法，增强评价结果的信度与效度。

三、绩效评价的基本原理

绩效评价是绩效管理的一个环节，在整个绩效管理体系中，起着承上启下的作用。有效的绩效评价能够为决策者提供重要的参考依据，为组织发展提供重要的支持，为员工提供一面有益的"镜子"，为确定员工的工作报酬、评价员工潜能及相关人事调整提供依据。

为使绩效评价在整个绩效管理过程中发挥正面积极的作用，绩效评价环节需要遵循和应用相应的原理，如职位差异原理、结构-功能原理、人岗匹配原理、测量-评定原理、静态-动态原理等。

1. 职位差异原理

职位差异，即不同岗位之间的非一致性，它是对企事业单位内部所有岗位，按照工作性质、责任轻重、难易程度、所需资格条件等因素进行区分的结果。

古希腊著名哲学家苏格拉底认为，个人的工作总有差异性，不同的岗位其要求也不同，应让人们从事其最适合的工作，以取得最高的工作效能。

随着社会化大生产的发展，社会分工越来越细，不同的工作岗位之间虽有千丝万缕的联系，但各自的工作内容、工作责任、工作范围及工作性质都是不尽相同的，岗位间存在着较大的差异。因而，在绩效评价过程中，要考虑职位的差异性，根据职务内在的要求选择合适的绩效评价指标及衡量标准，从而保证绩效评价的科学性和有效性。

2. 结构-功能原理

结构决定功能是一条基本的科学原理。客观事物都有自身的结构，任何结构都由一定的要素构成。任何一个要素的功能都由它的结构所决定，并对结构具有反作用。组织内部的部门设置、岗位设置及人员配置决定了该部门具有的功能。反过来，应依据不同的职能要求确定相应的组织部门结构。对一个组织而言，不同部门的结构和功能是不一样的，这就决定了进行绩效评价时，必须充分考虑不同结构及由此而导致的功能上的差异。

组织的绩效评价指标体系是一个具有特定结构和功能的系统。例如，评价指标体系通常包括"德""能""勤""绩"四大子系统，将素质结构、能力结构、态度结构和业绩结构有机结合起来。这些子系统体现出功能的各个评价要素指标，又反映了不同员工绩效的不同功能，如素质结构中的各项评价指标反映了员工的思想品质功能，能力结构反映了员工的实际能力或特殊能力的功能，业绩结构则反映了实际工作效果的功能等。

3. 人岗匹配原理

一根木棒在劳动者手里就是劳动工具，拿在罪犯手里就是凶器。人才用得好就可以产生"1+1＞2"的效果；反之就会造成人才浪费，得不偿失。用人之道的妙处就在于怎么用，如何找到人才与工作的最佳结合点，从而发挥出最大的效能。

所谓人岗匹配就是按照人适其事、事宜其人的原则，根据个体间不同的素质和不同的需求将其安排在各自最合适的岗位上，保持个体素质与工作岗位要求的同构性，保持个体需要与工作报酬的同构性，从而做到人尽其才、物尽其用。这也是人力资源管理的一个基本原理。

每一个工作岗位都对任职者的素质有各方面的要求。只有当任职者具备了这些要求的素质并达到规定的水平，才能更好地胜任这项工作，获得最大绩效。因此，人岗匹配程度越高，组织越容易获得高绩效。反之，绩效评价能够为组织人岗匹配状况提供一种实证与补充，对人岗配置的优劣进行科学的检查。

4. 测量-评定原理

绩效评价的基本要求是客观准确地测量部门和员工的工作业绩，并在此基础上按照一定的评价标准对不同部门和人员的工作业绩进行评定。显然，客观准确地测量是准确评定的前提，没有测量也就无从评价，没有科学合理的标准也就无法恰当地评定。评价与评定是测量的目的，测量与评定不科学，绩效评价就会成为一句空话。

因此，绩效评价是一个有机的整体，测量是基础，评定是关键。首先，为保证测量的公正性，企业应进行系统的、规范的工作分析，建立完善的工作说明书体系，明确各类工作的工作职责和任职要求，同时准确地界定绩效评价子系统的各项指标，以增强绩效评定的科学合理性。其次，选择适当的评价方法，使用的方法要为人们所接受并能较长期使用。这一点对于评价能否真正取得成效很重要。评价项目的数量应适中，既不太多、过于繁杂，也不太少、过于简单，并且针对组织不同层次的人员采用不同的评价方法。因此，测量是评定的前提，但同时，员工绩效评价的实施，也可以为进一步补充和调整上述规范化文件，提供有价值的参考依据。

5. 静态-动态原理

系统是动静结合的矛盾体，其静态是相对的，动态是绝对的。因此，科学合理的绩效评价应该从静动两方面结合进行。所谓静态是指一定阶段内绩效评价等要素处于相对稳定的状态，静态评价就是对系统绩效的阶段性表现进行总结与评测；而动态则是指评价要素在一定的时间、空间和情景序列上是持续变化的，动态评价就是要反映这些评价要素的过程性动态变化。从根本上说，员工的能力绩效状态也具有动态性和过程性，组织既要依据静态的工作说明书，又要经常性地更新绩效考核表，用以记录员工在工作说明书之外所做的创新性工作或关键事件的业绩，从而动态地评价员工的能力绩效。

依据静态-动态原理，组织应在相对稳定的工作说明书的基础上，将评价要素在各项制约的条件下予以简化，并把评价的标准和尺度维持在相对稳定的条件下。当然，在建立相对稳定的评价要素系统和评价标准系统的基础上，为使绩效评价的各项功能得以有效发挥，组织应制定一套科学的评价制度体系，将绩效评价工作落实到具体部门。同时企业应进行经常性的评价，尽可能多地获取有关员工的实际信息，从一些关键行为和事件中评价员工的业绩和能力，加强评估的效果，从动态评价的角度完善员工的工作业绩。

第三节 如何构建绩效管理体系

前文已对绩效管理的基本内容做了初步的介绍，但由于大多数组织中的管理者对组织绩效管理的认识是片面的，并没有形成一个系统化的思想，因此，有必要再次提出绩效管理体系（performance management system，PMS）的思想。

一、绩效管理体系的定义及意义

绩效管理体系是一套有机整合的流程和系统，其核心功能是建立、收集、处理和监控绩效数据，以有效增强组织的决策能力，并通过一系列综合平衡的测量指标来帮助组织实现其经营目标。

通过绩效管理体系，组织得以将其战略转变为全体员工的行为，以打通从战略到绩效实现的通路，使全体人员的行为都切实地与组织战略关联起来，从而为组织战略的实现做出一致性努力。高效的绩效管理体系是联系组织策略、外部竞争环境和每个员工个人表现的纽带，这条纽带使每个在具体工作岗位上的员工看到个人的付出对组织成功与失败的因果关系。

成功的绩效管理体系必须要能有效衡量组织在策略、流程、组织文化和信息技术等方面的表现，而不局限于财务方面。如果没有建立一套完善的绩效管理体系，组织就不能准确获知员工的绩效目标，就无法督促经理帮助员工提高绩效，更无法准确衡量员工的贡献，而最终的结果就只能让绩效评价流于形式。

二、绩效管理体系的构成

战略性绩效管理体系以组织的战略目标为牵引，以组织运行、流程规范为基础，以绩效管理技术和手段为工具，通过绩效管理的实施和激励保障措施的实现来促进组织战略目标实现。绩效管理体系的主要内容包括绩效目标体系、绩效管理的过程体系、绩效管理的制度体系、绩效管理的组织保障体系等。

具体地，绩效管理体系由以下八方面组成：①组织愿景与战略；②组织目标；③绩效计划；④绩效评价流程与评价管理机制；⑤绩效辅导与绩效改进；⑥绩效评价结果的应用；⑦绩效优化机制；⑧绩效文化。

1. 绩效目标体系

绩效目标体系由组织年度经营目标、战略业务单元年度经营目标、职能部门管理目标和个人岗位目标组成，是对组织的战略目标的分解和映射。通过目标的层层分解，组织战略目标被转换为各个部门和员工的具体绩效目标。

首先，组织的战略目标被分解成一系列分子目标，分配给相应的责任对象，并进一步制定出各个分子目标的阶段性目标（milestone），形成一个"目标阵列"；其次，针对目标阵列中的各个目标要素，分析影响其成败的关键因素，即关键成功因素（critical success factor，CSF）；最后，对每一个关键成功因素，分别设置若干个量化的监控点，以便在日常工作中对该因素的状态进行实时的监控，这就是组织层面的关键绩效指标。如此，对各个业务单位、职能部门及具体岗位所负责的分解目标重复上述过程，便可以得到部门、团队及岗位层级的绩效目标和绩效指标，从而建立起基于组织战略的绩效目标体系，将组织的战略目标落实为所有员工的日常工作行动。

制定组织的战略地图是建立绩效目标体系的有效方法之一。组织的总体战略可以分解为业务战略和职能战略，通过战略地图，业务战略被转化为具体的经营目标，职能战略则转换为管理目标和学习发展目标。经营目标相对明确和量化，可以通过经营规划和年度计划的形式分解到各战略业务单元（如车间、事业部、子公司），再进一步分解到对应的业务部门。各级经营指标可以通过全面预算体系确定。管理目标通常与部门职能、岗位职责相关联，可以基于组织的关键业务流程及部门分工分解到各职能部门和业务单元，再在内部将其与岗位的工作目标、岗位职责联系起来，建立岗位目标，最终形成组织的绩效目标体系。

2. 绩效管理的过程体系

绩效管理的过程体系是绩效管理体系有效运行的基础。绩效管理的过程体系由绩效计划的制订、绩效实施与监控、绩效评估、绩效反馈与改进四个基本环节构成。持续的绩效沟通贯穿绩效管理的全过程。通过组织上下级间持续不断的双向沟通，高层的绩效目标得以分解，下级的绩效目标得以达成，具体的绩效标准体系得以建立，实时的绩效状况得到反馈和确认。通过定期的绩效评估与绩效反馈，绩效管理体系运行过程中的问题被发现和处理，部门与人员的业务能力和工作绩效得到有效提升，组织的战略目标得到最终实现。同时，通过绩效过程管理，绩效目标分解与实施中出现的偏差可以迅速被发现和调整，从而保证组织战略不会在执行层面出现断层或真空。

3. 绩效管理的制度体系

必须建立与绩效管理相配套的管理制度。绩效管理的制度体系是绩效管理能够得以实施并落到实处的基本保障，包括组织各级绩效评价相关管理规范、个人岗位绩效考评管理规定、员工个人绩效申诉制度、绩效面谈与绩效辅导制度、绩效评价结果应用制度等。绩效管理的制度体系使绩效管理制度化、流程化，为绩效管理工作提供依据与工具，也保证了绩效管理工作的顺利实施。

4. 绩效管理的组织保障体系

组织的各项管理活动都离不开来自组织体制与结构各方面的保障与支持。需要强调的是，绩效管理是典型的"一把手工程"，需要组织高层的重视、推动与参与；同时，绩效管理与组织经营管理的其他方面是相得益彰的，业务部门的支持也至关重要。为了保证绩效管理的有效推行，可实施以下措施：①高层管理者组建战略决策委员会，负责组织战略的制定和执行，并定期对组织战略进行分析和探讨；②组织定期召开会议，分析绩效管理的运行情况及存在的问题，提出解决措施；③人力资源部门负责绩效管理体系的日常运行和维护工作；④各部门配合人力资源部门做好本部门人员绩效的监控、评价和反馈沟通工作。

三、绩效管理体系的构建流程

绩效管理体系的构建需要从目标、过程、制度及保障四个方面循序渐进。首先要明确战略、识别和分解组织的重点工作；其次分析实现组织战略的关键成功因素，绘制组织的战略地图，将关键成功要素转化为不同方面的关键绩效目标，并据此明确各部门的使命、落实各级部门的绩效目标；最后，制定完备的指标要素体系，对各级绩效目标的实现情况进行实时的监控与评价。

具体地，绩效管理体系的构建包括六个基本步骤，即确定组织战略、绘制战略地图、明确部门使命、建立因果关系分析表、落实部门与岗位的绩效指标、完善绩效管理配套措施。

1. 确定组织战略

组织实施绩效管理，首先要进行战略梳理。确定组织战略，主要包括以下工作。

（1）组织任务系统陈述。组织任务系统的基本要素包括使命、愿景、核心价值观、战略总目标。组织使命回答"组织为什么存在"的问题，明确了组织的基本角色定位，即在社会、经济发展中担当的角色和所负担的责任，具有相对稳定性。愿景也叫远景，回答了"组织希望自己未来是什么样"的问题，描述了组织对未来的期望和追求，指引和激励组织永远为之奋斗。核心价值观就是组织判断是非的标准，即组织赞同什么，反对什么的标准，是组织所有员工工作行为的基本准则。战略总目标则是组织使命的具体化，描述了组织追求的较大目标。

（2）发展战略诉求主题。发展战略也称为集团战略、组织战略，是组织对自身经营发展的一种长远的规划，主要描述组织的业务范围、现有业务组合及经营发展策略，如拟进入哪些领域，采取何种发展战略，产品、地域和客户的选择是采取单一业务还是多元化业务，是采取相关多元化还是无关多元化等。

（3）竞争战略诉求主题。竞争战略也称业务单元战略，主要描述各业务单元如何开展竞争，如根据战略优势和市场范围，是采取低成本、差异化的竞争手段，还是集中化的竞争手段。

（4）职能战略诉求主题。职能战略主要描述通过哪些方面的努力来增强竞争力，如在财务、营销、人力资源、物流、生产、研发、采购等方面采取何种措施来支持和协同组织战略与业务战略。职能战略更强调具体性和可操作性。

一个组织的任务系统具有长期稳定性，通常会对组织的长远发展起到定位、定向与激励作用；发展战略具有相对稳定性，会在相当长的时间中保持不变；竞争战略则与外部竞争环境有关，一般需要随着市场竞争状况的变化随时进行调整；而职能战略则是支持和协同组织战略与业务战略所采取的具体措施，在其他战略的指导下随内部经营环境的变化而有所变动。

2. 绘制战略地图

明确了组织的战略目标之后，可以进一步分析实现战略所需的前提条件、影响因素及可能的相互影响关系，将其描述为一系列因果关系链，并据此绘制战略地图。战略地图绘制的思路就是将组织的战略目标按照从上到下的逻辑关系进行层层分解，是将组织战略目标及具体工作行为之间内隐的因果关系进行可视化表示的方法。典型的战略地图绘制工具就是因果关系图，它把一个组织不同的衡量性目标纳入一个因果关系链（网）内，从而将组织希望达到的结果与这些结果的驱动因素联系起来。

组织战略地图的绘制还可以采用平衡计分卡等工具进行，可以从组织战略目标的不同维度或者经营过程控制的不同阶段进行描述。

3. 明确部门使命

根据组织的战略地图，结合组织层次的关键业务流程，可以分解得到各相关部门的使命与工作目标。需要注意的是，部门使命着重于描述部门存在的价值、意义、定位与核心职能，体现该部门对组织战略的支撑，因此必须紧密围绕组织的目标，且能高度概括部门的工作内容与职责，而不是部门所有职责的简单叠加。

明确部门使命需要组织高层管理者与各部门主管主动参与，并反复磋商研讨。部门使命必须让每个部门主管心悦诚服，并真正明确其实质内涵，因为他们是落实组织及各部门目标、制订部门和岗位的工作计划并监控实施的核心力量。

在明确部门使命的同时，还需要对组织的关键业务流程进行整理与优化，并据此对组织架构进行梳理。明确部门使命、业务流程优化、组织架构梳理往往是同时进行的。

4. 建立因果关系分析表

分离出组织的关键业务流程、明确各部门的使命与目标之后，需要分析业务流程与战略主题之间、业务流程各关键环节／各相关部门工作目标之间的因果逻辑关系，从而列出组织战略地图中的衡量性目标、对应的关键绩效指标及驱动这些指标的关键业务活动。

进行因果关系分析最合适的工具就是价值树模型。在这里，需要通过价值树模型描述的内容有战略主题、能够衡量战略主题的关键绩效指标、关键驱动流程、关键流程的大致绩效衡量指标。之后，还要明确哪些指标应该放到组织层面监控、哪些指标需要放到部门层面考察。一般而言，结果性指标（也称为滞后性指标）往往放到组织层面，而过程性指标（也称为驱动性指标）则放到部门层面。

5. 落实部门与岗位的绩效指标

部门是实现组织战略的承接主体，组织的战略目标及核心业务流程的关键活动都必须要明确地落实到各个相关部门，并通过相关的衡量指标对其状态进行监控。

在设计部门指标时，对组织战略实现的结果和过程需要给予同等的关注，分年度指标与月度指标（也可能是季度指标、半年度指标）进行综合设计。

实现组织战略所需要完成的任务最终都必须由基层具体岗位来承担，因此，具体岗位的指标要素设计就成为构建战略绩效管理体系的重中之重。岗位指标的设计必须根据组织层级和职位序列，与组织战略、部门职责、岗位职责和业务流程充分结合，同时确保这些指标是岗位任职者通过努力可以达成和实现的。

落实部门与岗位的绩效指标不仅包括建立绩效要素体系，还包括绩效指标的重要性、目标值、评价标准等相关内容。

6. 完善绩效管理配套措施

绩效管理的配套措施包括绩效管理配套制度的制定、相关人员的培训、绩效管理所需的人、财、物及管理资源的配备、绩效管理信息系统的建设等内容。在这里必须再次强调，组织高层管理者的关注与全程参与是绩效管理成功的关键，而各级各类人员对绩效管理的理念、目的及目标的认同及积极参与则是绩效管理成功的基本前提。

➤ 本章小结

绩效管理是现代组织管理中的重要内容，是激励理论、委托-代理理论等管理理论在组织管理中的具体应用，是战略管理、组织管理、财务等理、人力资源管理、运营管理多方面工作的综合，是推动组织业绩增长，保障安全运营的有效措施。

有效的绩效管理需要回答四个方面的问题，即绩效是什么、为什么要管理绩效、何时开展绩效管理、怎么管理。绩效评价是绩效管理的核心内容与关键环节，必须兼顾评价对象（系统）的运作过程和结果，因此，必须合理选择和设置评价内容、有效管理评价过程，坚持客观性、反馈性原则，保证评价内容与企业文化和管理理念相一致、评价指标与工作相关且有侧重、评价方法有效可行、评价过程公平公开，形成一套科学的评价制度体系，将评价工作落实到具体部门。

绩效管理体系由组织愿景与战略、组织目标、绩效计划、绩效评价流程与评价管理机制、绩效辅导与绩效改进、绩效评价结果的应用、绩效优化机制、绩效文化八个方面构成，其核心功能是建立、收集、处理和监控绩效数据，以有效增强企业的决策能力，并通过一系列综合平衡的测量指标来帮助企业实现经营目标。绩效管理体系的构建包括六个基本步骤，即确定组织战略、绘制战略地图、明确部门使命、建立因果关系分析表、落实部门与岗位的绩效指标、完善绩效管理配套措施。

➤ 专业术语

激励理论	incentive theory
内容型激励理论	content theories
过程型激励理论	process theories
委托-代理理论	principal-agent theory
系统评价理论	system evaluation theory

需要层次理论	hierarchy of needs theory
ERG 理论	existence-relatedness-growth theory/ERG theory
双因素理论	two-factor theory
成就需要	need for achievement
归属需要	need for affiliation
权力需要	need for power
期望理论	expectancy theory
归因理论	attribution theory
公平理论	equity theory
强化理论	reinforcement theory
绩效管理体系	performance management system
信度	reliability
效度	validity

案例讨论

上海家化：让绩效为战略服务

上海家化股份有限公司（以下简称上海家化）的发展目标是"致力于成为时尚消费品的中国代表企业"。

2002 年以前，葛文耀一人主管上海家化的所有事宜——他并非是一个独裁的人；相反，葛文耀曾试图放权，只是高管团队和中层领导人员中没有人习惯为他分担更多事务。2002 年，由于公司对市场判断不准确、营销变革少，上海家化出现了有史以来第一次的增长趋缓。葛文耀开始意识到仅凭一己之力很难确保公司的发展，流程化、标准化的管理模式才是保证公司可持续发展的关键要素。于是，他开始在公司推行一项名为"OGISM"的管理体系。

OGISM 对应五个不同的维度，分别为目标或思维框架（object）、分量目标（goal）、课题（issue）、策略（strategy）和衡量标准（measurement）。"下面的人拿到这 5 个维度的同时，也了解了高层的战略意图。5 个维度中，O、G 是针对高管层的，I、S 和 M 主要是针对中层的。"上海家化副总经理王茁说。

"OG 表"是实行 OGISM 体系的重要工具，由专门的部门负责推广实施。这张表上分别列出了哪些是定性目标、哪些是定量目标。从公司最高管理层到各业务部门都被要求填写这张表格。年初，总经理会写一个公司层面的"OG 表"，各部门在此基础上，依照相对应的五个不同维度撰写本部门的"OG 表"。部门经理将撰写好的"OG"表上报总监，由总监判断该指标是否和公司战略匹配。公司每半年反馈一次各部门完成"OG 表"的进度情况，年底作为考核部门和负责人的依据。

绩效管理分为三个阶段。首先在制定绩效目标后要及时与相关人员进行沟通，确保他们了解绩效目标；其次在执行过程中要能够感知偏差，及时纠偏；最后要检查结果的实践程度，以此为依据制定来年的战略目标。完整的 OGISM 体系包含了"三段论"中的每一阶段。上海家化在撰写"OG 表"之前，会让被考核人员从公司角度分析将来可能遇到的机遇和危险、本部门的优势和劣势。为保证执行过程不出现偏差，上海家化实行月度经营分析报表体系、经营分析会议体系、季度经济活动分析会议和半年一次的"OG 表"跟踪反馈，保证整个公司战略都能在 OGISM 体系下执行。

"有了这些，我觉得我们的绩效管理体系基本完整，但还不是十分完善。"王茁认为 OGISM 是一个战略沟通工具，"战略思考的成果用它来沟通，更确切说是一个战略思考过程的记录工具"。

但 OGISM 体系并非无懈可击。"虽然 OGISM 让我们在绩效管理的沟通上有了一定的标准，但在战略及绩效目标的制定上，仍然得依靠上下层级互动、讨论得出，它对于我们如何进行战略性的思考并没有太大帮助。"王茁说道。

现在上海家化长期战略和年度增长幅度更多的是依赖于高管层的集体智慧，区域性的战略或某些产品的增长趋势则要由事业部来定。"目标的设定最后还要取决于人而非工具，以平衡计分卡为例，它只是一个应用的工具，运用的好坏取决于人的技能水平。"

可以看出，OGISM 体系其实只是基于绩效目标的设定，而绩效目标则必须在战略的基础上得出。目标设定的优劣完全取决于管理者的个人水平，所以这对部门经理人的战略思考能力提出了更高要求，"目前还没有找到基于经理人层面的更好的战略思考工具。"

从外部市场的角度来看，上海家化之所以在 2002 年决定实施绩效管理，更多是基于战略层面的考虑，让公司战略比较明确和易于沟通，也为了让考核有一个预先的约定，改变以往无预先约定、只在事后进行评估的局面。在王茁看来，"无论是绩效管理还是绩效考核，都是一个长期的过程，上海家化当初推行这套 OGISM 体系也并非立竿见影，连续做了 3 年后才有效果"。

上海家化的优势就是组织结构扁平化，工作效率相对较高，这就使"OGISM"体系所发挥的作用相当明显。员工常会提到，吸引自己留在上海家化或来上海家化工作的重要理由是工作的丰富性，你能参与和影响的领域比较大。当然，代价是要照顾到很多方面的因素，如做产品销售的要兼顾品牌、市场等工作，做产品研发的要参与市场分析的工作……

基于宏观市场的战略是随时有可能发生变化的，所以，部门经理人对战略的思考能力被王茁一再提起。在他看来，"在类似上海家化这样的竞争性国企中，战略的体现比外企和民企更为明显，因为外企的战略是由总部决定的，民营企业的战略更多集于老板一身。而对于上海家化来说，从广告创意的产生到投放，需要多个部门经理人协作才能完成"。

目前除跨国企业外，上海家化是国内最大的化妆品上市公司。在过去的 3 年时间里，这家公司的增长速度一直保持在 15%。所以，对于当前的上海家化来说，提高产品的质量和时尚性是重中之重，这就对人才、观念有了更高的要求。这些战略层面的思考看似很宏观，事实上却和绩效管理有着千丝万缕的关联。

资料来源：CHO，程海涛于 2008 年 12 月

思考题：

1. 请分析上海家化"OGISM"管理体系具有什么特点？

2. 结合上海家化的"OGISM"管理体系的作用与应用流程，谈谈绩效管理在实现战略目标中的作用。

➤ 思考与讨论

1. 有效的绩效管理应该解决哪些问题？如何评判绩效管理是否成功？

2. 一个运行良好的绩效评价体系，应该遵循哪些基本原则？

3.完整的绩效管理体系由哪些基本构成要素?

4.请结合自己的工作或学习实际,描述构建一个绩效管理体系的基本流程。

5.请基于激励理论、委托-代理理论及系统评价理论,分析影响绩效管理过程和效果的因素,并以自己所在的组织为例,讨论应如何实施更有效的绩效管理。

第三章

绩效管理的流程

引导案例

小林是一家高科技企业的客服经理，有着双学位的学历背景和较好的客户资源，但是个性较强，常常是公司各种规章制度的"钉子户"。果然，在公司新的绩效考核办法推行的过程中，小林又一次撞到枪口上。

公司所推行的新的绩效考核办法是根据每个员工本月工作的工时和工作完成度对其进行考核，考核结果与工资中的岗位工资和绩效工资挂钩，而效益工资和员工创造出的相关效益挂钩。该公司有良好的信息化基础，工时是根据员工每日在信息化系统中填写的工作安排和其直接上级对员工工作安排工时的核定来累计的，员工的工作完成度也是上级领导对员工本月任务完成情况的客观反映。上月月末，绩效考核专员根据信息化系统所提供的数据，发现小林上月的工时离标准工时差距很大，而且工作完成度也偏低，经过相关工资计算公式的演算，小林这个月的工资中的岗位工资和绩效工资要扣掉一部分。

拿到工资后的小林，面对工资数额的减少非常激动，提出了如下几点质疑：①工时没有完成并不是他的错，因为上级朱某没有及时下达任务；②没有完成相关的经济目标责任也不应该完全由他承担，因为这和整个公司的团队实力有关；③和他同一岗位的同事相比，他认为自己的成绩比别人好，而拿到手上的工资却比同事低得多，这太不公平。

思考题：

1.该公司的绩效考核方法是否科学？请简述理由。

2.如果你是人力资源部的同事，该如何处理小林的抱怨？

第一节　绩效管理的基本过程

绩效管理本质上是基于组织战略的一个连续不断、循序渐进地对绩效进行累积、改进和提升的过程，是典型的动态管理；其各个环节构成一个封闭的绩效管理循环，如图 3-1 所示。只有有效整合绩效管理的各个环节才能保证绩效管理最终目标的实现。

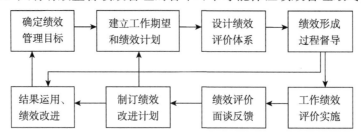

图 3-1　绩效管理基本流程

一般来说，完整的绩效管理系统应该包括确定绩效管理目标、建立工作期望和绩效计划、设计绩效评价体系、绩效形成过程督导、工作绩效评价实施、绩效评价面谈反馈、制订绩效改进计划、结果运用绩效改进这八个基本过程，形成一个计划（plan）、执行（do）、检查（check）、处理 / 调整（action）的逻辑循环。

一、绩效管理基本过程步骤

1. 明确绩效管理目标

组织的所有管理活动都是为实现其战略目标服务的。因此，明确组织的目标指向，将有助于实现目标、凝聚员工，使员工们体验目标实现的成就感。此外，管理者要意识到，没有目标、没有计划，也就谈不上绩效。一般而言，绩效管理的目标主要包括三个方面，即战略性目标、行政管理性目标、开发性服务目标。

1）战略性目标

战略性目标是指将员工的绩效目标与组织绩效目标紧紧相连，组织通过绩效管理，将明确的、具体的目标和任务层层分解与传递，由中高层直至基层员工，从而使各分支机构、各职能部门、各工作团队和员工的活动与组织的战略和目标保持一致。这一目标是绩效管理与以往绩效评估相区分的一个重要方面，充分体现了基于战略的绩效管理，使组织的愿景、战略目标具有可行动性。

2）行政管理性目标

行政管理性目标主要是指绩效管理为与绩效相关的薪酬管理、人员晋升、调动、保留、辞退和解雇、奖惩等人事管理决策的制定提供决策支持与行动依据。这一目标也是绩效结果应用的方面。

3）开发性服务目标

开发性服务目标是指绩效管理服务于员工培训、员工职业发展咨询、员工绩效改进等，强调未来导向和开发功能。通过绩效管理，肯定和激励员工在工作中取得成绩和进步，发现员工在工作中存在的不足或缺点，并给予更多的关注和帮助，鞭策员工改进工作绩效，同时根据组织需要对员工提出工作期望，讨论员工的职业成长。开发性服务目标作为绩效管理目标，是对绩效评估中的相关内容进行强化。

总之，一个绩效管理体系服务的目标是一个还是多个，最终取决于组织的实际情况和所处环境。例如，S 公司是一家专业从事机械、汽车底盘润滑系统及车辆部件研发、生产、销售与服务的现代高科技企业。随着公司从传统的生产经营管理向战略管理的转变，出现了企业人才缺乏、公司管理薄弱、创新效率低下、沟通成本增加、差异化营销滞后等诸多症状。对此，公司将其战略目标调整为"通过技术和服务的不断创新，控制成本管理，发展主营业务，5 年内成为中国润滑元件行业的引领者"。该公司现有人员 1 000 多人，其中专业技术人员比例超过 50%，70% 以上具有大专以上学历，且平均年龄在 35 岁左右，是一家具有活力的高科技企业，高素质人才队伍是该公司决胜市场的核心竞争力之一。在这种背景下，S 公司建立的绩效管理目标是提高公司及其团队、员工的绩效，为生产管理提供有用的信息支持，关注员工的创新意识发展，并帮助员工实现自我发展。根据此绩效管理目标进行绩效的实践活动。

2. 制订绩效计划

绩效计划是绩效评估双方根据已设定的绩效管理目标，对被评估者的绩效构成、在考核期内所要完成的考核内容和绩效衡量标准达成的一致协议。绩效计划的制订过程主要包括准备、沟通及审定和确认三个步骤。

1）准备

在绩效管理工作开展之前，准备工作是十分必要的。绩效计划的执行需要始终以组织的绩效目标为核心，此外，一个科学高效的绩效计划应该建立在完整的信息基础之上，因此，在准备期间，除了需要将组织的绩效目标进行精准的理解与传达之外，还需要充分了解相关历史数据与现状信息，主要信息包括企业层次的信息、部门层次的信息及岗位层次的信息。

2）沟通

绩效计划是通过上下级员工充分参与、有效沟通而得到的，制订绩效计划的过程其实就是一个双向沟通的过程，绩效计划的沟通阶段也是整个绩效计划的核心阶段。在这个过程中，双方必须就绩效结构、绩效目标、评价标准与评价方法、绩效的实现途径等问题进行协商，以保证绩效计划的合理可行性。绩效计划会议是制定过程中进行沟通的一种普遍方式。

3）审定和确认

这是制订绩效计划的最后一个步骤。在这个过程中，必须确定关键成果领域和关键绩效指标、明确绩效实现期限，就双方在任务执行中享有的权限达成共识，并商榷具体的实施计划的实际行动，最终形成绩效计划的书面报告。管理者与员工都必须对绩效计划进行确认，并各持一份，同时提交一份至人力资源部门备案。

3. 绩效辅导与促进

绩效辅导与促进是管理者和员工以绩效目标为依据，实时了解绩效状况、调整相关工作行为，并动态更新绩效目标的过程，又称绩效执行或绩效监控。这一阶段管理者要对员工的工作进行指导和监督，对发现的问题及时给予解决，探讨为实现绩效目标所需要改善的方面，辅导和帮助员工实现工作目标，并根据需要对绩效目标进行更新和调整。同样，员工也应该承担自身职责，根据考核结果与管理者及时进行沟通，用以更好地完成各自的绩效目标根据绩效考核的结果和管理者的建议不断思考与改善。

4. 绩效考核与评价

经过一定的工作周期，组织应该在人力资源部门的协调下，根据预先制订好的计划，对相关部门和人员的对应时期的绩效状态进行阶段性的考核评价。

在绩效考核与评价过程中，组织要根据绩效评价目标、绩效评价对象和评价内容，选择合适的评价方法，同时要确定合适的绩效评价人员。通常可能成为评价者的人员有直接主管或部门经理、较高层管理者、被评价者、同级同事、下属、客户、受过训练的独立观察者等。其中，独立观察者一般是专家或外请的资深管理人员。

绩效评价是人们最为熟悉、最受关注的绩效管理工作，但也是实际工作中矛盾和问题最多的、令管理者束手无策的绩效管理环节。在实际的绩效评价工作中，各方当事人往往陷于一系列心理博弈僵局，如员工焦虑、主管顾虑、评价者偏误、人力资源管理者尴尬等，这可能与绩效测量本身的复杂性、绩效评价的主观判断性及组织氛围等多种因素有关。如何在实际操作层面改进评价技术和方法，提高绩效评价结果的准确性，是绩效管理工作者需要研究解决的一个核心课题。

5. 绩效结果应用

绩效评价与管理是人力资源管理的核心职能之一，不仅能够更加有效地对员工进行考核，提升员工整体素质，在组织层面，也能够有效地提升组织的管理水平，为组织的科学决策保障合理持续的信息输入。因此，绩效评价与管理的重要性不容忽视，组织应该充分利用好这把利剑。如果让绩效评价仅仅流于形式，员工不在乎评价结果，评价结果无法得到合理应用，这样势必造成组织资源的浪费，不利于员工整体素质与士气的提升和组织科学管理的有效运行。

S. Thomas 和 R. Bretz 在 20 世纪 90 年代初曾对"财富"100 家公司的绩效评价进行研究，发现绩效评价的信息主要应用于 16 个方面，按其重要性进行排列如表 3-1 所示。

表 3-1 "财富"100 家公司的绩效评价信息应用的重要性排序

序号	绩效评价信息的应用方面	序号	绩效评价信息的应用方面
1	改进工作绩效	3	对员工的工作期望提出建议
2	管理绩效工资	4	评议员工

续表

序号	绩效评价信息的应用方面	序号	绩效评价信息的应用方面
5	制定晋升决策	11	更有效地分配工作
6	激励员工	12	制定转岗决策
7	评估员工潜力	13	制定辞退和解雇政策
8	识别培训需求	14	协助人力资源长期规划
9	改善工作关系	15	提高聘用程序的有效性
10	帮助员工设立职业发展目标	16	为其他管理行动提供证据

从表3-1中可知，绩效评价结果可以应用于组织人力资源管理的各个方面。概括而言，绩效评价结果可以为组织的人力资源规划、人力资源配置、员工关系管理、人员培训与开发及人员激励等工作提供有效的决策信息与支持。

以武汉钢铁集团公司中层管理人员的绩效管理为例。作为大型的国有企业，武汉钢铁集团公司曾经长期未能严格按照制度进行绩效评价，评价过程缺乏控制和过程沟通，大部分单位很少对评价结果进行认真细致的分析，评价结果的应用一般仅体现为薪酬的小幅变化或者一定的奖惩。经过改革，武汉钢铁集团公司将绩效评价的结果应用于：①报酬的分配和调整。将绩效结果按一定比例与科级干部的年薪或风险奖金等报酬挂钩，以实现奖先罚后的作用。②作为晋升的依据。对考核优秀的人员，作为正职或更高一级干部的人才储备。③优化人岗配置。通过绩效评价可以识别和确认每个中层管理干部的优点与缺点，从而通过职位的调整，使他们从事更加适合的工作，达到扬长避短的作用。④培训和发展计划。通过绩效评价的结果，可以知道中层管理干部哪些方面做得好，哪些方面仍然有进步空间，从而可以合理地采取培训与开发措施。⑤作为中层管理干部授予各种荣誉称号和表彰奖励的主要凭证。

二、人力资源部门在绩效管理过程中的职责

要做好绩效管理工作，逐步落实绩效管理各个流程，必须在组织层面上做好一系列配套建设工作。首先，要建立一套公平、公正、公开的绩效管理制度，营造一种积极向上的文化氛围和宽松适宜的管理环境；构建起基于关键绩效指标战略管理框架，将绩效管理与人员招募、收益分配、人事决策及培训开发等人力资源管理模块有机结合；要明确界定相关部门和人员的职责范围，形成一套分工清楚、责任分明、相互合作、步调一致的绩效监控管理系统。

具体说来，人力资源管理部门在绩效管理过程中的主要职责和主导职能表现在以下方面。

（1）在绩效计划中，要赢得高层领导支持，鼓励全员参与，在广泛互动、民主协商的基础上形成战略绩效计划，确定绩效评价方案和实践方案，上报高层管理机构评审，并召开公众听证会议审议，最终方案要进行存档。

（2）在绩效促进与辅导中，要采取措施保证绩效管理分阶段、按期推行，对绩效管理过程中出现的问题及时处理，定期提醒主管人员与下属进行绩效交流，并提供咨询和服务。

（3）在绩效评价与反馈中，要综合考虑企业战略、工作的性质与特点，选择和设计合理的绩效评价指标体系、评估方法与技术，针对具体的评价对象确定合适的评估者、评估周期，积极帮助主管人员预防考评主管偏误；对出现的问题进行预防性监控，召集日常绩效反馈和定期绩效工作会议。

（4）在绩效结果运用中，要提供客观的数据支撑，及时处理有争议的绩效反馈信息；提供详细的咨询和解疑服务，做好组织层面的绩效面谈和信息反馈工作；正确引导和树立员工关于绩效考核与评价的有关观念，以提高员工整体技能和组织管理能力为最终目标。

第二节　如何制订绩效计划

绩效计划是绩效管理的一个重要部分。作为名词，绩效计划是指管理者与员工之间确立的一种契约，约定在未来的一段时间内，下级将要完成什么样的工作任务、达到什么标准。作为动词，绩效计划是指管理者与员工根据既定的绩效标准共同制订并修正绩效目标及目标的实现步骤的过程，是一个双向的沟通机制，管理者与员工相互沟通，在绩效目标和绩效标准等方面达成一致，并以绩效契约的形式明确下来。作为绩效计划的实施主体，员工个人的心理动机在绩效计划管理活动中应受到更多的关注。

一、制订绩效计划的过程

绩效计划不是一个静态的过程，它更应是一个动态的沟通过程；它不仅仅局限于绩效目标设定的初期，更贯穿于组织内员工全面参与管理、履行职责、完成任务的全过程。典型的绩效计划制订过程包括绩效计划的准备阶段、绩效计划的沟通阶段和绩效计划的审定确认阶段三个基本环节，如图 3-2 所示。

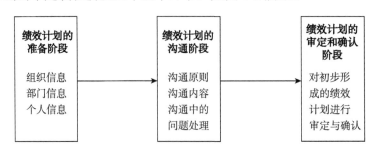

图 3-2　绩效计划制订的基本环节

1.绩效计划的准备阶段

工欲善其事，必先利其器。为了使绩效计划合理可行，事先必须充分收集与绩效计划制订相关的信息和拟采用的沟通方式等。

1）信息准备

（1）关于组织的信息。其主要是对组织目标进行重温和再提高、再认识。为了使员工的绩效计划能够与企业的目标有效结合，管理人员与员工将在绩效计划会议中就企业的战略目标、公司的年度经营计划进行沟通，并确保双方对此完全理解，没有任何歧义。

（2）关于部门的信息。部门是联结组织与岗位的枢纽，在绩效计划中扮演着承上启下的作用。一方面，组织的目标要层层分解成部门的目标，继而进一步分解至每名员工；另一方面，员工个人的绩效计划又必须与部门乃至组织目标始终保持一致。例如，公司的整体经营目标首先是将市场占有率提升至60%；其次，实现产品的不断创新升级；最后，严格控制预算，降低管理成本。那么，人力资源部作为一个业务支持性部门，在上述的整体经营目标之下，就可以将自己部门的工作目标设定为：①构建激励机制，鼓励客户拓展、创新性、降低成本的行为；②在人员招聘方面，更加注重具有开拓性、创新精神和成本意识等核心胜任素质较强的候选者；③加大客户开发、创造力提升、预算管理和成本控制等诸多方面的培训等。

（3）关于个人的信息。需要关注被评估者两个方面的信息：一是所在岗位的信息，如工作描述；二是上一个绩效期间的评估结果。在工作描述中，通常规定了任职者的主要工作职责，以工作职责为出发点设定工作目标可以保证将个人的工作目标与职位的要求联系起来。工作描述需要不断地修订，在设定绩效计划之前，要对工作描述进行回顾，重新思考职位存在的目的，并根据变化了的环境调整工作描述。

2）沟通方式准备

在绩效计划执行过程时，沟通是核心环节之一，需要结合企业的文化氛围、员工特点及所要达到的工作目标等因素进行选择。员工需要知道的绩效信息包括绩效计划会议上要完成的内容、管理人员及员工要提供的消息、绩效会议上要做出决策和达成的共识、员工的准备等，主管人员可以选择召开员工大会或者单独交谈，也可以选择迂回战术或单刀直入，但重要的是让员工能有正确的绩效理念，管理者应该更加注重双方在绩效管理方面的沟通，更加强调绩效管理的过程和目的是提升员工整体素质与技能，以及组织整体的科学管理程度，管理者不能过于强调有关绩效考核的内容，否则容易诱发员工的紧张与抵触情绪，导致绩效管理实质目的的偏移。

2. 绩效计划的沟通阶段

绩效计划的沟通阶段是整个绩效计划的核心阶段，是指管理者与员工在共同工作的过程中，就各类与绩效相关的信息进行充分交流与分享，以对员工在本次绩效期间内的工作目标和工作步骤达成共识的过程。

绩效计划会议是绩效计划制订过程中进行沟通的一种普遍方式。但是绩效计划的沟通过程并不是千篇一律的，在进行绩效计划会议时，要根据公司和员工的具体情况进行修改，主要把重点放在沟通上面。讨论具体职责之前，先回顾一下已经准备好的信息，然后将绩效目标具体化，明确规定出结果的时限和资源使用的限制，使每个目标符合 CAKE 原则，即上下一贯的（consistent）、协商一致的（agreed）、关键的（key）、个人具体的（each）原则。同时还应制定衡量的标准，方便度量其成果，并讨论计划实施的困难及需要提供的帮助，明确每项任务或计划目标的重要性级别，考虑授权。绩效计划会议后可能会有很多后续的会议，要随时沟通新的想法或问题。

1）注重沟通的氛围

在绩效管理计划开展之前，需要管理者和员工对此次绩效计划进行沟通与了解。沟通准备工作需要注意两方面的问题。一方面，此次沟通需要充裕的时间，能够让管理人员和员工在无他事打扰的情况下，专心地进行沟通；另一方面，沟通的环境应该是安静轻松的不要让员工觉得有压力包袱，能够畅所欲言地进行沟通探讨的地方。

2）沟通的原则

（1）平等沟通原则。管理人员和员工在沟通协调中应该撇开日常工作、生活中的上下级关系，营造相对平等轻松的氛围，因为沟通是为了绩效计划中业务单元的成功而设置的，应该尽量让管理人员和员工顺畅沟通。

（2）仔细聆听原则。针对管理人员而言，员工具有对应工作领域更多的技能，因此从经验上，员工比管理人员更加了解对应职位的要求和技能标准，因此在绩效考核的处理过程中，管理人员应更多地参考员工的看法，不仅能够更加科学合理地规划绩效计划，而且能够发挥员工的主动性。

（3）合理把控原则。管理人员应该对绩效计划具有全局的视野，不仅需要参考更多的信息、担当更大的责任，他们应该将重心放在如何实现绩效计划上，在考虑员工个人因素的情况下，让员工的个人工作目标与整个业务单元的目标完整的结合在一起，此外，还需要积极协调员工之间的关系，让组织能够有序健康发展。

（4）共同决策原则。绩效计划目标的制订及考核的标准应该参考各方人员的意见，是上下级共同商讨得出的结果，这也意味着，绩效计划是群体决策产生的结果，而非一家之言。员工在绩效计划准备阶段的决策参与程度大小对于绩效管理成功的可能性有着直接影响的能力，员工参与程度越高，给出的建议越多，绩效管理实施过程也就越顺畅，也就越容易成功。

3）沟通过程

（1）回顾相关信息。在进行绩效计划沟通时，往往需要回顾一下已经准备好的各种信息，包括组织的经营计划信息、员工的工作描述和上一个绩效期间的评价结果等。

（2）选定关键绩效指标。在充分了解组织经营目标的基础上，各个部门和员工需要根据以组织目标为核心，设定自己对应的工作目标。

（3）讨论主管人员需要提供的帮助。主管人员需要提前考虑执行绩效计划过程中可能遇到的困难、障碍等问题，未雨绸缪事先做好准备，以便在绩效计划实施过程中能够及时给予有效的帮助、适时提供所需的管理资源等。

（4）结束沟通。在即将结束绩效计划沟通会谈时，双方还需要约定下一次的沟通时间。

3.绩效计划的审定和确认

在经过了周密的准备并且与员工进行了详细的沟通之后，绩效计划就已经初步形成了。主管与员工必须就绩效内容规定的各个方面达成共识，确认绩效计划能达到以下结果。

（1）员工的工作目标与公司的总体目标紧密相连，并且员工清楚地知道自己的工作目标与组织的整体目标之间的关系。

（2）员工的工作描述符合组织的经营环境，可以反映本绩效期间的主要工作内容。

（3）上下级双方对员工的主要工作任务、各项工作任务的重要程度、完成任务的标准、员工在完成任务过程中享有的权限等细节都已经达成了共识。

绩效计划是双方协商讨论的结果，最终必须以标准化文档的形式确定下来，这就是绩效契约。在绩效契约中，必须明确员工的工作目标、实现工作目标的主要工作结果、衡量工作结果的指标和标准、各项工作所占的权重等基本要素，并且由经理人员和员工双方在该文档上签字确认。

表 3-2 所示的是一份具体的绩效计划（绩效契约）样例。

表 3-2　绩效计划（绩效契约）样例

受约人	李汉	职位	大客户部经理	直接主管	市场部总经理
绩效时间：2015 年 7 月 1 日至 2015 年 12 月 31 日					
绩效目标	具体指标	完成期限	衡量标准	评估来源	权重
完善《大客户管理规范》	修订后的《大客户管理规范》	2015 年 8 月底	1. 大客户管理责任明确 2. 大客户管理流程清晰 3. 大客户的需要在管理规范中得到体现	主管评估	20%
调整部门内的组织结构	新的团队组织结构	2015 年 9 月 15 日	1. 能够以小组的形式面对大客户 2. 团队成员的优势能够进行互补和发挥	主管评估；下属评估	10%
完成对大客户的销售目标	1. 大客户数 2. 销售额 3. 客户保持率	2015 年 10 月底	1. 大客户数量达到 30 个 2. 销售额达到 2.5 亿元 3. 客户保持率不低于 80%	销售记录	50%
建立大客户数据库	大客户数据库	2015 年 12 月底	1. 大客户信息能全面准确地反映在数据库里 2. 数据库具有与公司管理信息系统的接口 3. 数据安全 4. 具有深入的统计分析功能模块	主管评估	20%
受约人签字：		主管签字：		时间：	

注：本绩效计划若在实践过程中发生变更，应填写绩效计划变更表；最终的绩效评估以变更后的绩效计划为准

资料来源：武欣.绩效管理实务手册.第二版.北京：机械工业出版社,2005

二、设计绩效评价指标

绩效评价指标，通常是对绩效进行评价的维度，如产品的质量、成本、销售额等。评价指标是由指标标准和指标权重共同构成的，其设计、选择与组合，既要符合企业管理的实际要求，同时又要满足统计学、测量学等学科的要求。

1. 绩效评价指标的原则

设置的绩效评价指标应该符合 SMART 原则，即具体（specific）、可衡量（measurable）、易获取（attainable）、与工作职责和组织目标相关（relevant）并有时间限制（time-bound）。除此之外，绩效评价指标还应该具备以下主要特征。

1）与企业战略相一致

当一个组织的战略目标确定后，就要依靠评价指标来引导员工的工作行为。绩效评价指标要与企业战略相一致，强调的就是绩效评价指标对企业所有员工的引导作用，从而能使员工以主人翁的意识，为企业的成功做出贡献。若企业战略发生改变，绩效评价应及时调整，体现战略转移后对员工新的要求。

2）高效度

绩效评价指标内容应该反映所要求绩效的所有方面，避免出现缺失或者污染。所谓指标的污染就是指绩效评价指标要求考核与工作无关的方面。

3）高信度

信度是指绩效评价指标自身的稳定性、一致性及可靠性程度。如果让两个评价者对同一员工的绩效进行评价，两个评价者均了解评价对象的工作内容和特点，且严格按照指标要求进行评价，得出的结果就应该一样或者近似；或者，如果在不同的时间点对同一评价对象特定时期的绩效状况进行重复评价，评价结果应该相同或者相近。

4）精炼性

精炼性，即在保证评价指标考评质量的前提下，评价指标的数量宜精不宜繁，宜少不宜多。评价中只选择那些对工作影响较大的关键价值驱动指标，这些指标最能反映员工绩效的核心特征，且能较快被员工接受。

2. 评价指标的类型

1）根据绩效评价的内容分类

根据绩效评价内容可以分为三大类指标，即业绩指标、能力指标及态度指标。业绩指标是指员工的工作结果，通常包括完成工作的数量、质量、效率、销售额等。业绩指标容易量化，可以与组织目标形成很强的关联，因此在企业的应用范围比较广。能力指标是指员工完成工作所必需的才能和技能，它是员工获取高绩效的条件。员工能力的高低在某种程度上决定了其绩效产出，对能力的考评能够及时发现员工的不足，为培训与开发提供依据。态度指标是指员工对待工作的主观倾向，这种倾向的表现是员工的心理征兆，是一个员工主观值的反映。态度决定行为，它有利于监控员工的工作业绩。

绩效评价的内容也可以分为经济（economic）、效率（efficiency）、效果（effectiveness）及公平（equity）四个指标，即 4E。经济指标关心的是投入的资源，以及如何使投入的资源做最经济的利用；效率关心的是手段问题，简单地理解为投入与产出的比例关系，经常以货币的形式加以表达和比较；效果关心的是"目标或结果"，是指产出符合目标的程度；公平关心的是目标群体的主观心理感受，一般难以界定。

2）根据评价对象分类

根据评价对象可以将评价指标分为组织指标、部门指标和员工指标。组织可以分为生产性组织、技术性组织、管理性组织和服务性组织等。生产性组织以客观物质产出，即最终的工作结果来衡量，也考虑其工作方式、组织气氛等；技术性组织应兼顾工作过程和工作结果两方面，对于管理性组织和服务性组织，主要考评其整体素质、工作效率、出勤率、工作方式、组织气氛等。其主要根据部门的目标和部门的性质来设定评价指标，这是组织内部分权管理的需要。一般情况下，可根据岗位分类分级的结果，分别对各类各级人员制定出相应的绩效考核指标。

3）根据是否反映财务内容分类

按照是否反映财务内容，可以将评价指标分为财务指标和非财务指标。财务指标主要包括财务收益状况指标（如净资产收益率、总资产报酬率、智力资产收益率）、资产运营状况指标（如总资产周转率、现金流量净额）、偿债能力状况指标及发展能力状况指标（营业收入增长率、资本积累率）。非财务指标主要包括质量指标、顾客满意度指标、顾客保持度指标、市场份额指标、人力资源指标等。

第三节 如何进行工作绩效评价

绩效评价是组织依照预先确定的标准和一定的评价程序，运用科学的评价方法、按照既定的评价内容和标准，对评价对象的工作能力、工作业绩进行定期和不定期的考核与评估，是人力资源管理中技术性最强的环节之一，也是众多人力资源管理者最为关心的内容。

一般地，一个有效的绩效评价体系应具备七个基本特征：①与工作相关的标准；②畅通的申诉渠道；③明确的绩效期望；④标准化；⑤公开交流；⑥合适的评价者；⑦让员工了解评价结果。有效的绩效评价体系具备的特征如图 3-3 所示。

图 3-3 有效的绩效评价体系具备的特征

在确定了绩效评价指标体系之后，绩效评价工作主要包括评论者的选择、评价方法的选择、绩效数据的收集与分析、考评输出结果四个基本内容。

一、评价者的选择

由于现代企业中的岗位设置和专业分工日益复杂，因此仅凭个人的观察和评价很难对员工做出全面准确的判断。由于不同的评价主体具有不同的特点，在评价过程中承担不同的评价职责和管理责任，因此，选择不同的评价主体不仅是绩效管理的需要，也是组织整体协同和员工激励的需要。绩效评价主体主要来自五个方面，如图 3-4 所示。

图 3-4　绩效评价主体

1. 上级考评

由于员工的直接上级最熟悉下属的工作情况，而且比较熟悉评价内容，因此在大多数组织中，上级考评是最常用的评价方式。据研究表明，目前大约有 98% 的组织将绩效评价视作员工直接上级的责任。上级承担着管理与监督下属的责任，赋予其考评权力有利于行使职务权力。

但是直接上级对员工工作的观察未必是全面的和客观的，有可能存在偏见而感情用事或受时间限制导致评价缺乏准确性和公正性，因此，在员工的直接上级进行绩效评估后，一般还要由直接上级的上级对评价结果进行复核。

2. 同级评价

同级评价是由被评估者的同级同事对其进行评价。这里的同级不仅包括被评价者所在团队或部门成员，还包括其他部门成员。对一些工作而言，有时上级与下属相处的时间与沟通机会，反而没有下属彼此之间多。在这种上级与下属接触的时间不多，彼此之间的沟通也非常少的情况下，上级要对下属做绩效评估也就非常困难。但相反的，下属彼此之间在一起工作的时间很长，所以他们相互间的了解反而会比上级与下属之间多。此时，他们之间的互评，反而能比较客观。而且，下属之间的互评，可以让彼此知道自己在人际沟通方面的能力。

但由于同事关系密切，彼此间存在着某种利益的牵连，容易存在人际风险，导致同级考评难以有效进行，从而影响考评的准确性。

3. 下级评议

随着知识经济的发展，有越来越多的公司让员工评估其上级主管的绩效，此过程称为向上反馈。而这种绩效评估的方式对上级主管发展潜能上的开发，有一定的价值。管理者可以通过下属的反馈，清楚地知道自己的管理能力有待加强的地方。若自己对自己的了解与下属的评价之间有太大的落差，主管亦可以针对此落差，深入了解其中的原因。因此，一些人力资源管理专家认为，下属对上级主管的评估，会对其管理才能的发展有很大的裨益。但由于许多利益是由上级决定的，这使参与考评的下级会充满顾虑而不能真实反映情况，甚至出现信息误导的可能。

4. 本人自评

本人自评，是指让员工针对自己在工作期间的绩效表现，或根据绩效表现评估其能力并据此设定未来的目标。班杜拉（Albert Bandura）的自我强化理论指出，许多人都了解自己在工作中哪些做得好，哪些是需要改进的。当员工对自己做评估时，通常会降低自我防卫意识，充分了解自己的不足，进而愿意加强、补充自己尚待开发或不足之处。本人自评的形式通常是写一份个人小结，或者将小结以表格的形式呈现。

5. 客户评价

由于客户满意度已成为企业成功的关键因素之一，因此将客户作为评价主体来引导员工行为可以促进员工更好地为客户提供服务。这里的客户是指被考评者服务的对象，包括外部客户和内部客户。外部客户中，最常见的做法是选择目标消费者和供应商；内部客户因工作服务对象不同而不同，如对于采购部人员而言，其服务对象便是生产部人员。

二、评价方法的选择

绩效评价方法的选择是绩效评价及绩效管理的重点与难点，对于公正的、客观的评价结果来说，评价方法的选择是一个技术层面的保障。目前绩效评价工具或称为考核方法的有几十种，可以大致分为非系统的评价方法与系统的绩效管理方法两大类。根据企业的实际情况和需要选择与设计绩效评价方法，是获得有效评价的基础。这里对各种绩效评价方法的类型和基本情况进行简要介绍，在本书的后续章节会有绩效评价方法的重点描述。

1. 非系统的绩效评价方法

传统的绩效评价方法大多都是非系统的方法。所谓"非系统"，是指这一类型的方法大多是着眼于被评价的对象（如部门、岗位人员），而不是从组织整体出发，较少考虑不同评价对象之间的关联性。常用的非系统的绩效评价方法包括以下几种。

1）与预期目标相比的评价方法

这类方法把实际工作绩效与预期目标相比进行评估，是普遍使用的一种绩效评价方法。一般情况下，组织、部门及个人都会预先制订一定时期的工作计划，布置相应的工作任务并设定预期目标，然后定期检查被评价对象的工作目标完成情况，完成绩效评价。工作目标的设置有很多方式，但随着目标管理思想的推广应用，越来越多的组织开始基于组织的战略来对内部各部门、各岗位的工作目标进行系统的分解和规划，因此，该类方法逐渐开始具备系统性。

2）与工作标准相比的评价方法

这类方法通常是事先设计好工作标准、职能标准或者行为标准，将工作者的实际表现与预设标准相对照，以评价出绩效分数或者等级。此类评价方法比较常用的有图尺度评价量表法、关键事件法、行为锚定等级评价法、混合标准尺度法和评价中心法等。

3）不同个体相互比较的评价方法

不同于一般的绩效评估的比较方法，该类方法主要是要求评价者拿一个人的绩效去与其他人的绩效进行比较，而这种方法通常是对所有人的绩效进行全面评价，并设法把在同一个工作部门的人排出一个顺序。将不同个体的绩效互相比较的方法大致有三种，即排序法、强制分布法和配对比较法。这类方法最致命的缺点在于无法找出绩效差距的原因，因而也就无法对员工进行有效的绩效辅导以促使其改进。

依据统计学上的"二八法则"，在强制分布法的基础上形成了末位淘汰制。当年，通用电气的首席执行官杰克·韦尔奇通过绩效评价将员工分为三类，即 20% 是 A 类员工，70% 是 B 类员工，10% 是 C 类员工，在公司内部实施"活力曲线"。通用电气用了 10 年的时间来做配套的绩效文化塑造，让员工明白，这是为了企业更好地发展，那些不适合某些岗位的员工通过转岗，可能会有更好的发展空间。然而，随着时间的推移，这种方法的局限性已显现出来。

2. 系统的绩效管理方法

所谓系统的绩效管理方法是将组织绩效作为一个整体系统，充分考虑各层级各部门的绩效联系，将组织战略与部门、岗位及具体人员的工作行为紧密联结的一类方法，代表了系统管理的理念，在组织中得到运用的时间相对较短。这类方法主要包括 360 度考核、关键绩效指标法、平衡计分卡方法、EVA 评价法等。

1）360 度考核

360 度考核也称 360 度反馈，即对被考核人员的 360 度全方位的评价，涉及的人员不仅有被评价者自身，还有被评价者的上级、同级、下级和（或）内部客户、外部客户等，这些人员都会成为评价信息的来源。通过从相关人员处采集对被评价者的看法意见，得到的全方位评价结果，并将其通过反馈程序反馈给被评价者，以达到改善被评价者工作行为、提高绩效的目的。因此，360度考核实质上是一种多元信息反馈的评价系统。

2）关键绩效指标法

在这种评价方法中，绩效考核指标均源自对组织及其运作过程中关键成功要素的提炼和归纳，其目的是建立一种机制，借以将组织的战略转化为内部过程的活动，使组织全体成员了解组织的战略方向，明确自己的目标任务，并把绩效考评建立在量化的基础之上，从而起到落实战略目标和传递公司价值的作用。

3）平衡计分卡方法

平衡计分卡方法从财务、客户、内部流程、学习和创新四个角度出发，应用一系列绩效评价指标描述企业经营活动行为。它促使高层管理人员从这四个角度平衡定义组织战略，分析它们的相关性及其链接，根据对目标值结果的跟踪分析，尽早发现问题，及时调整战略、目标和目标值，建立战略实施的架构以确定工作重点和改善方向。

4）EVA 评价法

EVA（economic value added，即经济增加值）是指企业资本收益与资本成本的差额，即企业税后营业净利润与全部资本（借入资本和自有资本之和）成本的差额。EVA 绩效评价体系是由评价目标、评价对象、评价指标、评价标准、评价方法和分析报告六个要素组成。现代企业的根本目标是为股东创造价值，因此，企业是否为其股东创造价值是业绩评价的主要目标；主要着眼于对核心管理层的评价，评价指标主要包括企业目标层指标和关键价值驱动杠杆指标（财务、客户、过程和研究与开发），常用评价标准有年度预算标准、资本预算标准及竞争对手标准等。在 EVA 基本比较的基础上，围绕 EVA 采用综合评分法进行综合评价，最终形成结论性文件，即绩效分析报告。

在管理实践中，应该根据组织发展阶段和实际情况选择绩效管理方法，组织在各个不同的阶段所使用的绩效管理模式和方法应该不同。在组织不断壮大的过程中，每个发展节点都需要强有力的绩效管理。创业期领导带领大家往前冲，靠的是梦想、态度和激情，即使不用绩效管理大家也会努力工作，而当组织发展成熟趋于稳定时，人的惰性开始显现，"游戏"变得不公平，这就需要绩效考评的激励，进促进组织更快更好地成长。以九牧王股份有限公司的绩效管理为例：九牧王在发展初期就开始推行目标管理法，对绩效评价指标进行量化，并放手让下属努力去完成既定目标；随着公司规模的壮大，九牧王又导入关键绩效指标进行绩效管理，将关键绩效指标当做评估标准，把员工的绩效与关键绩效指标进行比较；再后来，九牧王又引入了平衡计分卡绩效管理方法，将绩效管理与财务指标有机结合，解决企业长期目标与短期目标的矛盾，成功地驱动了企业的高速发展。

三、绩效数据的收集与分析

在绩效监控阶段收集的数据一般是零散的，绩效评价的一个主要目的是把管理从依靠直觉和预感转变为以准确的数据和事实为依据。及时、准确地收集绩效信息对于绩效评价的有效开展是必不可少的。收集绩效信息不仅能为绩效评估提供事实依据，而且还能作为争议时的重要证据。

绩效数据收集的内容主要包括工作目标或任务完成情况的信息、来自客户的积极的和消极的信息、工作绩效突出的行为表现、绩效有问题的行为表现等。而合适、有效的信息收集方法不但能使收集工作事半功倍，而且还能保证信息的有效性、可用性。常用的绩效数据的收集方法主要有观察法、工作记录法、他人反馈法等。

由于绩效评价结果往往与各种物质、非物质的利益挂钩，如果实施不当，则可能引起各种利益冲突和内部矛盾，进而影响企业的工作效率。因此，主管尽可能地避免绩效评价过程中可能出现的种种偏差，具体应用评价方法确定被评价者的评价结果，并采取相应的对策，以保证绩效评价正确、高效地实施。

例如，高层管理人员的主要评价指标是围绕战略的实施展开的相关关键绩效指标和管理状况；另外，要建立绩效评估申诉制度，保持评估者与员工的不断交流，创建一个公开、畅通的双向沟通环境，为员工提供一个获得公正待遇的途径。

得到绩效数据与信息之后，必须运用各种评价方法对信息进行重审，并收集其他信息以进行综合的分析比较，形成最终评断，确定被评价者的评价等级。

四、考评输出结果

评价结果不仅仅是进行简单的绩效分数排名，更重要的是要找出绩效优秀或者落后的具体原因。得出绩效评价结果不是目的，而是要将结果运用到实际工作中，以找出问题，提高员工的工作效率，只有详细的绩效评价输出结果才能为绩效反馈和绩效结果的应用提供合理的依据。

第四节　如何进行绩效反馈与改进

绩效反馈是绩效管理过程中的一个重要环节。它主要通过考核者与被考核者之间的沟通，就被考核者在考核周期内的绩效情况进行面谈，在肯定成绩的同时，找出工作中的不足并加以改进。绩效反馈的目的是让员工了解自己在本绩效周期内的业绩是否达到所定的目标，行为态度是否合格，让管理者和员工双方达成对评估结果一致的看法；双方共同探讨绩效未合格的原因，并制订绩效改进计划，同时，管理者要向员工传达组织的期望，双方对绩效周期的目标进行探讨，最终形成一个更新的绩效合约。由于绩效反馈在绩效考核结束后实施，而且是考核者和被考核者之间的直接对话，因此，有效的绩效反馈对绩效管理起着至关重要的作用。

一、绩效反馈的原则

绩效反馈最重要的实现手段就是管理者与员工之间的有效沟通，其特定内容和目的也决定了管理者在进行绩效反馈时还应注意一些特殊的沟通技巧。

有效的绩效反馈必须遵循以下基本原则。

1. 经常性原则

绩效反馈应当是持续的、经常性的，而不应当是一年一次。首先，管理者应该持续监控部门和人员的工作状态，一旦意识到员工在绩效中存在缺陷，就有责任立即去纠正它。如果员工的绩效在 1 月时就低于标准要求，而管理人员却非要等到 12 月再去对其绩效进行评价，那么这就意味着企业要蒙受 11 个月的生产率损失。其次，绩效考评过程是否有效的一个重要决定因素是员工对于评价结果能否基本认同。因此，考核者应当向被考核者提供经常性的绩效反馈，使他们在正式的评价过程结束之前就基本知道自己的绩效评价结果。

2. 对事不对人

人力资源管理与其说是管人，不如说是管事，绩效管理更是如此。在绩效反馈面谈中，双方应该讨论和评估的是工作行为与工作绩效，也就是工作中的一些事实表现，而不是讨论员工的个性特点。员工的个性特点不能作为评估绩效的依据，如个人气质的活泼或者沉静。但是，在谈到员工的主要优点和不足时，可以谈论员工的某些个性特征，但要注意这些个性特征必须是与工作绩效有关的。例如，一个员工的个性特征中有不太喜欢与人沟通的特点，这个特点使他的工作绩效因此受到影响，这种关键性的影响绩效的个性特征还是应该指出来的。

3. 员工参与

在绩效反馈的过程中，管理者可以在以下三种方法中选择，鼓励员工积极参与其中。第一种方法是"讲述—推销法"，即管理者告诉员工自己对他们做出了怎样的评价，然后再让他们接受自己对他们做出这种评价的理由。第二种方法是"讲述—倾听法"，即管理者告诉员工自己对他们做出了怎样的评价，然后再让他们谈一谈对自己的这种评价持怎样的看法。第三种方法是"解决问题法"，即管理者和员工在一种相互尊重和相互鼓励的氛围中讨论如何解决员工绩效中所存在的问题。尽管研究已经证明了"解决问题法"的效果是最为突出的，但是大多数管理者却仍然选择"讲述—推销法"。

4. 正激励为主

绩效反馈的目的是通过向员工准确反馈其绩效状况以最终有效提升其绩效，因此，反馈过程中应该包括对不良绩效的排查和对有效绩效的认可。管理者需要注意的是，不管员工的绩效结果是好是坏，一定要多给员工一些鼓励，至少让员工感觉到，虽然我的绩效考核成绩不理想，但是我得到了一个客观认识自己的机会，我找到了应该努力的方向，并且在我前进的过程中会得到主管人员的帮助。赞扬员工的有效业绩有助于强化员工的相应行为，它清楚地表明管理者只是在寻找员工绩效不足的同时增加了绩效反馈的可信程度。正激励原则也意味着尽量减少负激励，要让员工客观认识自己并找到努力的方向，使其有积极向上的态度。

5. 着眼未来

绩效反馈的重点内容之一是对员工的历史绩效进行回顾、总结和通报，但这并不等于说绩效反馈不需要讨论未来。谈论过去的目的是要据此总结出对未来发展有用的东西。因此，绩效反馈的核心目的是制订未来发展计划和具体的绩效改善目标，然后确定检查改善进度的日期。研究表明，目标的制定有利于提高员工的满意度、激发员工改善绩效的动力及实现绩效的真正改善，但是必须确定达到目标绩效要求的进展情况进行审查的具体时间。

6. 制度化

从绩效面谈到绩效改进，绩效反馈所有的内容、流程、标准与方法都应该科学规范化，因此必须建立一套绩效反馈制度。只有将其制度化，才能保证它能够持久的发挥作用。

二、绩效反馈的内容与策略

1. 绩效反馈的内容

绩效反馈是考核公正的基础，与员工的利益息息相关；绩效反馈是绩效改进的保证，需要管理者就考核的过程进行全面详尽的内容介绍，特别是要根据员工的不同情况，针对绩效考核过程对员工进行详细的分析说明，指明员工的优点及有待完善的地方；绩效反馈也是传递组织期望的手段，在与员工讨论目标的过程中，可以将组织愿景与期望贯穿其中。因此，绩效反馈的内容主要包括以下四个方面的内容。

1）告知员工当期绩效考核结果

绩效反馈的首要任务就是管理者需要告知员工其绩效考核结果，毕竟每个员工都有了解自己考核结果的义务。当然，对于管理者而言，应该选择恰当的方式，使员工知晓其考核水平在整个组织中的大致位置，以及从组织层面来看，此绩效水平能够被组织接受的程度。此外，管理者需要对其所付出的努力给予认可，并激发其努力完善绩效水平的意愿。在这一过程中，除了指明员工仍需加强的地方之外，管理人员需要将重点放在肯定员工的优点上，了解员工的实际情况、需求信息及对当期绩效考核的意见与建议，并在后续的工作计划或新的绩效指标体系中满足他们的合理要求。

2）分析员工绩效差距并商谈完善措施

绩效管理的目的是通过提高每一名员工的绩效水平来最终实现企业整体绩效水平的提升。因此，帮助员工改进绩效是每一名管理者必须承担的责任。绩效改进措施是否合理可行，与员工绩效差距分析的准确性有很大程度上的关系。所以，每位管理者在对员工进行过程指导时要记录员工的关键行为，按类别整理，分成高绩效行为记录与低绩效行为记录。通过表扬与激励，维持与强化员工的高绩效行为。还要通过对低绩效行为的归纳与总结，准确地界定员工绩效差距。在绩效反馈时反馈给员工，以期得到改进与提高。

3）协商制订后续工作计划

绩效反馈在绩效管理中处于承上启下的位置，它既是前一周期绩效管理循环的逻辑结束，也是下一循环的逻辑起点，与下一周期的绩效考核计划紧密相连。因此，在总结前一期绩效计划现状、发现绩效相关问题、找准改善方向和制定相关策略之后，需要由主管与员工共同协商后续绩效考核计划的工作重点、制订具体有效的工作计划，并汲取本周期绩效管理过程中的不足之处，及时调整和优化绩效目标和指标体系。必须要指出的是，在完善绩效体系的过程中，双方的共同参与和协商是尤为重要的，管理者的缺失容易造成绩效管理工作目标上的方向性偏差，而员工的不参与也容易造成绩效指标不清晰或绩效目标的实现力度不高。另外，在确定绩效指标的时候一定要紧紧围绕关键指标内容，同时考虑员工所处的内外部环境变化，而不是僵化地将季度目标设置为年度目标的四分之一，也不是简单地在上一期目标的基础上累加几百分比。

4）合理配置资源

总结现状，着眼未来是绩效反馈的基本要求。而保证未来绩效计划得以顺利实施的一个重要前提是提供合理、充足的各项资源。在明确绩效工作目标、绩效标准及行动计划的同时，需要充分了解各阶段的物质资源和管理资源需求状况与供给状况，并给出科学合理的资源获取与配置计划方案，这样不仅可以帮助员工解决绩效考核中所需要考虑的后顾之忧，而且也有利于组织的整体经营规划，帮助管理者做好财务预算、降低管理成本。

2. 绩效反馈的策略

绩效反馈有三种基本策略，即正面（积极型）反馈、负面（消极型）反馈和综合（改进型）反馈。正面反馈侧重对人员的积极的绩效表现进行肯定，负面反馈则侧重对不符合要求的绩效（行为）表现进行强调和确认，而综合反馈则在全面描述行为和结果的同时，强调对问题解决措施的讨论。

1）正面反馈

正面反馈并不等同于简单地表扬人员的突出贡献。这里有三点需要特别注意：①真诚。绩效反馈者对员工的表扬应是真诚的，让员工真切感受到自己的工作得到认可。只有这样，员工才会把表扬当成激励，在以后的工作中更加努力。②具体。在对员工进行反馈时一定要具体，反馈的内容应是员工具体负责的工作，要有针对性地对具体活动及其积极结果进行肯定，而不只是笼统地对员工的整体工作进行总评。③建设性。在强化员工的正面表现的同时，也要给员工提出一些建设性的改进意见和建议，以帮助员工获得更大的提高和改进。

2）负面反馈

负面反馈就是否定员工不恰当的绩效表现。但是，否定并不等于简单的批评，因此在负面反馈中要注意以下几点：①对事不对人。否定的内容是员工具体工作中不足和不妥的地方，而不应该包含对员工自身的主观判断。在负面反馈中，切忌对员工个人能力或品行做出感性判断。②要客观、准确。不能夸大负面反馈的内容，不能过分指责或批评，应本着阐述事实的原则对已有的不恰当表现进行反馈。③学会换位思考。必须聆听员工本人的看法，从员工的角度去理解员工的行为，一味的教导只会取得事与愿违的效果。④着眼未来。绩效反馈的目的不仅在于合理传达对员工绩效的评价结果信息，其重点在于与员工商讨下一步的改进措施，帮助员工提升绩效。负面反馈尤其如此，商讨确定的改进措施需要形成书面内容，经双方签字认可。

三、绩效改进过程与方法

绩效考评和反馈结束了，并非整个绩效管理就结束了，往往这个时候是绩效管理非常关键的时刻，因为绩效究竟做得如何、差距在哪里、原因是什么，这些问题不弄清楚，就无法去制定绩效改进方法，也就无法为下次绩效的提高做准备。绩效改进是指确认工作绩效的不足，查明这些差距产生的致因因素，提出有针对性的改进方案，制定并实施这些方案策略，不断提高员工和组织整体竞争优势的过程。通过绩效改进可以有效提升绩效管理水平。

1. 绩效改进的基本步骤

通常情况下绩效改进需要经过三个步骤，即分析绩效差距、查明产生差距的原因及实施绩效改进计划。绩效改进的过程如下：首先，分析员工的绩效考核结果，找出员工绩效不佳的原因；其次，针对存在的不足制订科学高效的改进完善方案，以不断提高员工的竞争优势。因此，绩效改进的基本流程如图3-5所示。

图3-5 绩效改进的基本流程

1）绩效诊断与分析

绩效诊断与分析是绩效改进过程的第一步，也是最基本的环节。在绩效面谈中，管理者和员工通过分析与讨论评价结果，找出关键绩效问题和产生绩效问题的原因，这是绩效诊断的关键任务。要快速有效地诊断绩效问题，分析工作差距找出问题，可以采用目标比较法、水平比较法、横向比较法。目标比较法是指将考评期内员工的实际工作表现与绩效计划的目标进行对比，寻求工作绩效的差距和不足的方法；水平比较法是指将考评期内员工的实际业绩与上一期的工作业绩进行比较，衡量和比较其进步或差距的方法；横向比较法是指在各部门或单位间，各员工间进行横向比较的方法。由于绩效多因性特征，也可以从绩效的影响因素着手。根据学者的研究，通常可以采用四因素法（即知识、技能、态度、环境）或三因素法（即员工、环境、管理者）两种思路。

为使分析更加全面，管理者需要在和下属充分交流的情况下，对产生绩效不良的原因达成一致意见，如表 3-3 所示。

表 3-3　绩效诊断表示例

影响绩效的维度		绩效不良的原因	备注
员工	知识		
	技能		
	态度		
主管	辅导		
	其他		
环境	内部		
	外部		

2）明确绩效改进要点

通过绩效诊断与分析，可以发现员工需要改进的地方。导致员工绩效不佳的原因是多方面的，有些容易改进，而有些却根深蒂固不易改进。如果同时改进，可能由于压力过大而导致失败，因此，这种情况下就存在进行绩效改进要点选择的问题。一般选取一项时间紧急且容易进行的重要的改进要点率先开始。如果此时要点较多，就应该综合考虑每个拟定项目所需的时间、精力和成本因素，选择用时较短、精力花费较少及成本较低的项目，同时争取员工的同意。

在绩效改进的挑选的问题上，可以应用赛默·勒维提出的选择方法（表 3-4），综合考虑每个拟待改进的项目要素所需的时间、精力和成本因素，选择重要性较高，但用时较短、精力花费少、成本较低的项目作为首要改进点。

表 3-4　选择绩效改进项目的方法

绩效	不易改变	容易改变
急需改进	将其列入长期改进计划，或者与绩效薪酬一同进行	最先做
不急于改进	目前暂且不去操心	选做第二目标，或选择其他更困难的改进项目

3）选择绩效改进方法

经过绩效诊断与分析环节，选择了绩效改进要点并对影响的因素有了比较清晰的认识后，就要考虑解决问题的途径和方法，这些会在本节后面进行详细的介绍。

4）制订绩效改进计划

通常来说，制订绩效改进计划需要经历以下几个过程：①尽量收集资料，包括员工基本情况、直接上级的基本情况及该计划的制订时间和实施时间；②员工与主管人员进行绩效评估的沟通，明确与上个绩效周期结果相比，需要改进的地方；③明确需要改进和发展的原因，一般应附上上个评价周期该员工在相应评价指标上的得分情况和评价者对该问题的描述或解释；④双方根据未来工作目标的要求，选取员工目前存在的工作能力、方法或工作习惯中最迫切需要改善的方面作为个人发展项目；⑤具体的行动方案的制订需要双方共同的参与协商，确定员工个人发展项目的期望水平、目标实现的时间范围及绩效改善的行为方式；⑥列出改善个人绩效发展项目所需的资源，包括物质资源和信息资源等，并指出哪些资源需要主管人员提供帮助。

5）实施绩效改进计划

制订计划后，还应该通过绩效监控和沟通实现对绩效改进计划实施过程的控制。这个控制的过程就是监督绩效改进计划是否能够按照预期的计划进行，并根据在绩效改进和评价过程中的实际工作情况，及时修订和调整不合理的改进计划。

6）评价绩效改进结果

绩效改进计划作为绩效计划的补充，同样需要评价和反馈。绩效改进计划开始于上一个绩效评价周期的结束，结束于下一个绩效周期的开始。其完成情况体现在员工前后两次绩效评价中得到的评价结果，如果前后两次分数有显著的提高，在一定程度上说明绩效改进计划取得了成效。

2. 绩效改进措施与方法

在找到绩效差距及造成这些差距的原因之后，需要有针对性地制定改进措施。一般地，组织和人员的绩效不理想往往可能是由于目标制定/分解不合理、组织制度和流程未及时更新、人员内外部激励不到位等原因造成的，因此，绩效改进通常可以从以下几个方面入手。

1）制定合理的绩效目标

针对目标过高问题，对工作标准进行衡量和评估，制定一个合理的目标。

2）重新审视组织运行机制

首先要优化组织的流程体系，确保流程顺畅，建立定期的沟通机制，确保组织内部同事间的配合；其次要对组织结构进行优化，促进组织的高效运转；最后，基于优化的流程与组织结构，梳理岗位职责，明确设岗目标。

3）建立和完善奖惩机制

做到赏罚分明，促进真正有业绩的员工能得到奖励，对那些违反组织规定的员工进行及时的制止和惩罚。

4）建立人才合理流动的机制

对于组织的人员根据其能力进行岗位的调动，允许部门之间岗位的轮换与调动，让真正适合某一岗位的人到该岗位上去。

5）建立起组织的人才培养机制

定期通过分析绩效差距，从绩效差距中提炼培训需求，组织员工培训，起到切实改善员工绩效的目的。

在实际工作中，组织的绩效改进主要从两个角度出发，即系统的绩效改进和个人的绩效改进。其中，系统的绩效改进着眼于改进组织的整体绩效，其实质是加强组织的经营管理体系建设；而个人的绩效改进则注重工作的有效实现，主要从人员的工作能力提升和工作方法配备入手。

1）系统的绩效改进方法

广义上说，组织采取的一切经营手段的优化都可以看做绩效改进手段。这里只简要介绍组织中常用的几种系统的绩效改进方法，如六西格玛管理、标杆超越、质量认证体系建设等。目前规范流行的创建"学习型组织"的理论与实践，也是一种着眼于组织整体的绩效改进方法。

（1）六西格玛管理。六个西格玛可解释为每一百万个机会中有 3.4 个出错的机会，即合格率是 99.999 66%。六西格玛管理源自品质管理领域，其核心依据为数据，即通过数据来显示管理中的问题，通过统计方法给出解决方案。六西格玛管理的本质就是一个数学模型，该模型涉及输入变量和输出变量，通过对输入变量的不断变化与分析，进而优化输出变量的特性。

（2）标杆超越。以在某一项指标或某一方面实践中竞争力最强的企业或行业中的领先企业或组织内某部门作为标杆，将本企业的产品、服务管理措施或相关实践的实际状况与这些标杆进行定量化评价，分析这些标杆企业竞争力强的原因，在此基础上制定、实施改进的策略和方法，并持续不断反复进行的一种管理方法。

（3）质量认证体系建设。ISO 质量认证体系是一个产品（服务）符合性模式，企业通过建立这样一个完整的、标准化的过程体系来对绩效进行管理，以实现绩效的不断改进。基本原则包括以顾客为关注焦点、领导作用、全员参与、过程方法、过程的系统方法、持续改进、基于事实的决策方法、与供方的互利关系。

2）个人绩效改进的方法

从组织角度来看，个人绩效改进主要是通过提升人员的职业素质与工作能力，使其能够更好地表现出组织所需的工作行为，从而得到组织期望的绩效产出。人员激励与培训是个人绩效改进的常用方法。

（1）运用强化。从本质上讲，绩效改进就是鼓励员工执行符合标准和期望的行为，减少或消除不符合要求等不希望出现的行为。所以，强化是实现绩效改进的方法之一。强化分为正强化和负强化。正强化是当一个人的行为符合社会的需要时，通过奖赏的方式来鼓励这种行为，以达到持续和发扬的目的；负强化是当一个人的行为不符合社会的需要时通过制裁的方式来抑制这种行为，以达到减少或消除的目的。管理者需要通过循序渐进的方式指导个体的学习、塑造个体的行为，使个体逐渐趋近理想的反应。

（2）在职培训（on the job training，OJT）的运用。在职培训是指培训员工时，除了派遣员工参加公司内外举行的训练课程外通常会以在工作中训练的方式进行教导的方法。常用的方法有教练法、工作轮换、工作辅导、特殊指派、责任强化及示范等。

第五节　绩效管理的导入与应用

一、绩效管理导入的培训计划

1.为什么要进行绩效管理培训

作为人力资源管理的核心工具和方法之一，绩效管理对于企业管理的重要性是不言而喻的。如果企业不能把握住绩效管理的导入时机，没有酝酿好绩效管理的实施条件，那么导入绩效管理这项工作往往会适得其反，在企业内部产生新的矛盾和纠纷，破坏组织原有的和谐和稳定。绩效考核就像一把"双刃剑"，需要相应的管理支持。

组织对主管人员和员工进行绩效管理方面的培训，通常包括以下三方面。

1）树立绩效管理的正确理念

在实际工作生活中，针对绩效管理的目的与手段方面，员工和主管人员往往存在一定理念上的偏差，甚至是冲突和对立，给绩效管理的实施带来巨大的阻碍。偏差的形成与员工和组织两方面均有关系。员工可能误认为绩效考核管理是管理者有意找茬或"念紧箍咒"，从而对绩效管理产生反感；而有些员工则认为绩效管理行为是管理者定期会进行的"管理运动"从而漠然视之；更多员工则认为绩效管理过程中的公平性不足而抵触绩效管理的相关活动。另外，在管理人员方面，一些主管人员将绩效管理作为控制下属、惩罚异己的一个工具，导致职权滥用，部门工作气氛不良，部门员工士气低落；有些管理者则认为这是一个展现自己"政绩"从而向上级邀功的手段，拉拢下属、浮夸业绩，出现部门考核成绩优而实际组织成绩差的情况。

为了尽量消除上述偏差的存在，组织需要对双方人员说明绩效管理的目的和意义，对双方人员分别进行对应的绩效管理培训。通过相关的培训，使相关员工从思想上消除抵触情绪，正确理解绩效管理的目的与意义，具备必要的绩效管理知识，了解绩效管理的基本流程，提高组织的整体管理效率。

2）提高员工操作技能

绩效管理是一个复杂的过程，包含了一定的专业技能，关键操作技能的掌握程度对绩效管理成效有着直接的影响，然而并不是所有员工都具备对应的知识和技能。许多关键专业操作，如设定绩效指标和标准、收集绩效信息、评价员工绩效、反馈绩效结果、协商绩效改进策略等都需要对应专业技能的娴熟掌握。为了顺利达到绩效管理的目的，合理有效的绩效管理评估方法与工具及有效的绩效沟通技巧都应该被各级人员所掌握。

3）培养员工责任感

绩效管理是一项从组织战略目标着手，以提高组织的总体绩效为最终目标，对员工和组织整体绩效进行计划、监察、调控和改善的过程。研究证明，组织在员工个人内心和组织内部树立强烈的负责精神可带来收益，会令员工更多地投入工作，以改进自身、业务部门及整个企业的业绩。通过绩效管理培训，培养管理者与员工的责任感，这种责任感是有效实施绩效管理的必要条件。

2.　如何计划绩效管理导入培训

类似于其他培训，绩效管理培训也必须制订详尽系统的计划。绩效管理培训计划主要涉及确定培训对象与培训方式、选择培训时机、设计绩效管理培训内容和规划绩效管理个性化培训的流程等多方面要素的安排与管理。

1）确定培训对象与培训方式

理论上讲，组织的全体员工都应该接受绩效管理的相关培训。然而在实际工作中，确定培训对象需要考虑实际的培训需求和培训费用这两大因素。组织应该更多满足对培训有需求的员工，在特定时期和特定情境下规划好培训需求与成本情况，确定哪些人员需要哪些培训。培训的关键在于有的放矢，针对不同的培训对象进行适当的培训设计。

根据不同的培训内容，绩效管理培训方式也有多种方式，如可以采取课堂教学、案例分析、角色扮演、分组讨论、情景模拟等方式，组织可基于自身实际情况有针对性地进行选择，关键在于鼓励学员积极参与，增强培训的互动性。通常情况下，集中进行的绩效管理培训往往是绩效管理活动的启动信号，象征意义更多一些；相关人员更多的是通过分组讨论、个别辅导、自学等方式来了解和熟悉在绩效管理中自己的角色任务及技能要求。

2）选择培训时机

组织的绩效管理培训应该是一个持续的活动，所以最理想的情况是将绩效管理相关培训融入日常的管理经营工作之中。但是，在实际工作生活中，阶段性的、集中的培训也是十分必要的。通常情况下，组织选择培训时机可以有以下三个选择方案：①绩效管理正式启动时。这也是最佳的培训时机，重点在于让员工对于绩效管理思想认识产生一致性。此时，向全体员工说明绩效管理的目的、基本流程及所需的知识技能，可以最大限度地降低阻力、提高效率。②边实施边培训，即在绩效管理过程中定期开展绩效管理培训。这类培训多是短期培训，主要针对一个阶段内工作流程中积累的具体问题展开，以介绍绩效管理方法工具、解决具体操作问题为主要内容。③绩效循环结束时。此时的培训属于问题导向性培训，重点在于对上一期绩效管理结束的分析与总结，并探讨和确定后续的工作计划与要求。需要强调的是，绩效管理的方法技能提升、工作目标体系的调整，以及绩效体系优化等都可以成为绩效管理的培训内容。

3）设计绩效管理培训内容

绩效管理培训通常由人力资源部负责，主管人员和员工共同参与来完成。一般来说，绩效管理的培训包括广泛层面培训和操作技能层面的培训。

（1）绩效管理广泛层面的培训。从绩效管理广泛层面的培训来看，主要有：①绩效管理的理念培训，让高层管理人员认识到绩效管理是组织管理的战略伙伴，而不仅仅是人力资源部门的一项例行工作；让中层管理人员认识到绩效管理是帮助他们更好地完成管理工作的有力工具，而不强加给他们的一项负担；让人力资源管理人员认识到要从战略的、专业的角度来看待和规划绩效管理，而不仅仅是一些简单的、重复的日常工作；②绩效管理制度的培训，通过培训，使员工从理论意义上知晓企业推行绩效管理制度的重要性和必要性，不仅能够了解企业绩效管理的流程与步骤，更能清楚企业绩效管理所采用的技术和方法及绩效管理对于企业、部门乃至个人的意义和作用，改进计划的制订与实施等，只有明确这些问题，员工才会给予广泛支持；③绩效沟通培训，让人员掌握和习惯应用各种沟通的主要方法，包括书面报告、网络传递、会议、一对一面谈等正式沟通方法，以及走动式管理、开放式办工、工作间歇的交流，团体活动等非正式沟通方法。

（2）绩效管理操作技能层面的培训。绩效管理是一种理念，更是一种日常管理活动。无论是管理／考评者还是员工／被考评者，都必须明确绩效管理的基本内容、流程及相关的方法，从而使绩效管理过程变得轻松自然，真正体现绩效管理整体改善与提升的主旨。要实现这一目标，离不开操作技能层面的培训。操作技能层面的培训包括以下基本内容：①绩效考核指标培训，让考核者和被考核者熟悉在考核过程中将使用的各个绩效指标，了解它们的真正含义；②绩效标准的培训，向考核者和被考核者提供考核时的比较标准或者是参考的框架，这是实现绩效管理程序公平的前提条件；③绩效考核方法培训，使考核者充分掌握在实际进行考核时需要采用的各种操作方法，填写表格的注意事项等，以充分发挥该考核方法所具有的优势，并使考核者对考核方法得到认同和信任感，有助于考核结果得到管理者与所有被考核者的认同；④绩效信息收集与处理方法的培训，根据考核者和被考核者的不同情况有针对性地进行，一般以讲座的形式进行，也可以通过生动的录像进行现场的演示或练习；⑤考核者误差培训，告诉考核者在考核过程中可能会产生的考核误差都有哪些，以及如何减少这些误差；⑥绩效反馈和面谈培训，提高考核者与被考核者的沟通反馈技能。

4）规划绩效管理个性化培训的流程

绩效管理培训内容和培训方式在不同的企业应该是有差别的，而不应该是千篇一律的。即使是针对同一企业，在不同的时期其绩效管理培训模式也应该存在差异。企业应该根据自身实际的特点及当时所处的内外部环境来设计恰当的绩效管理培训流程，一般来说，个性化的培训流程设计应该包括七个步骤，如图3-6所示。

第一步，明确绩效管理培训预期要取得的效果及评价要求。绩效管理是基于企业真实需求而设计的，一定要避免流于形式。因此，在绩效管理培训实施之前，作为绩效培训整体工作的基石，一定要让被培训方明确此次绩效管理培训的目的、预期要达到的效果，以及此次培训结果的评估标准，这一步的顺利开展往往能减少后期活动可能产生的阻力。

第二步，设计绩效管理培训所需的教学工具及配套教材。现代化的培训，早已脱离传统黑板加粉笔似的培训，为了能够提高培训的效率和效果，现代化的培训要充

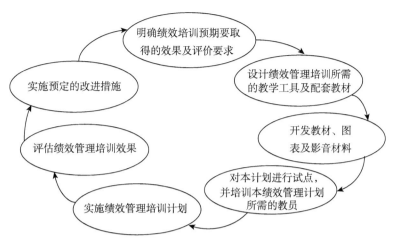

图 3-6　绩效管理的个性化培训流程

分利用各种现代化的教学工具。需要指出的是，这些教学工具的设计选择与使用应该充分考虑企业的实际情况和被培训群体特点，量体裁衣，往往能取得更好的效果。

第三步，开发教材、图表及影音材料。类似于第二步，这一步也是准备、设计和选择与此次绩效培训相关所需要的硬件材料，当然，为了充分调动参与者的积极性，此步骤中也应该体现个性化的特点。

第四步，对本计划进行试点，并培训本绩效管理计划所需的教员。不同于第二步与第三步，此步骤更加偏向于选择此次绩效管理培训的软件设施。一旦绩效管理培训计划制订完成，立即付诸使用是比较不明智的抉择，比较科学的方法是对该绩效管理计划进行试点，一方面试验已经制订好的绩效计划是否合理；另一方面试验培训教员的能力是否足够开展此次培训。若培训计划直接开展却发现无效的话，从人力或是财力方面，这都将会给企业带来较为严重的损失。此外，若培训教员能力不够，即使绩效管理培训计划制订的再好再完美，也是很难达到预期效果的。因此，绩效管理培训试验对绩效管理计划整体培训的顺利实施与开展尤为重要。

第五步，实施绩效管理培训计划。此步骤是整个绩效管理培训流程最为核心的阶段，也就是绩效管理培训计划的具体实施阶段。有两方面的内容在实施绩效管理培训计划需要特别注意。第一，若企业内外部环境没有发生太大变化，则应该保证按事先制订的计划推行培训过程；第二，随时监控绩效管理计划的实施效果，一旦出现不利现象，应该立即采取措施予以纠正，不要等到不良事态恶化以后再进行遗漏补缺。

第六步，评估绩效管理培训效果。培训是涉及培训方和被培训方的过程，因此，在培训方关于绩效管理培训周期结束后，双方还需要对此次绩效管理培训的效果进行及时的评估，评估方法有很多，主要方法有如下三种。第一，被培训方自身对培训进行积极反馈；第二，观察被培训方的实际工作绩效是否得以提升；第三，观察绩效管理工作的推行难易程是否有所改善。例如，管理工作若是推行得比培训前更为顺利，或是能得到更多员工的赞成与拥护，都能说明此次绩效管理培训取得了较好的成果。

第七步，实施预定的改进措施。如果已实施的绩效管理培训计划或培训反馈效果不甚理想，应该及时根据培训现状进行问题诊断，提前做好风险预警，找出培训失败的原因，提出解决方案和采取完善措施，有必要的话，可以考虑重新制订绩效管理培训计划。

3. 如何设计绩效管理培训课程

下面用一个实例来说明绩效管理培训计划的整个过程，该实例所涉及的培训包括八项主题，这八项主题在内容、形式、时间等各个方面都是不同的，表3-5～表3-8详细地阐述了这八项主题培训的课程设计。根据这八项主题来评价绩效管理培训计划的实施成果，指导绩效管理导入的效果。

表 3-5 绩效管理培训的课程设计（一）

课程主题 / 课程设计	绩效管理入门	评估者的主要责任
培训目标	使受训者了解绩效管理的目的和操作方法，使员工接纳绩效管理活动	使评估者了解自己对绩效管理过程的影响，以便更好地实施绩效管理
行为性目标	1. 了解组织关于绩效管理的政策和程序题目绩效管理的介绍 2. 了解自己在绩效管理中的角色 3. 了解评估者和被评估者在绩效管理中的互动关系 4. 列出绩效评价信息的用途 5. 了解有效绩效管理应注意的事项	1. 讨论正确进行工作描述和较好的定义绩效标准的重要性 2. 识别评估者的错误和偏差 3. 掌握如何减少评估误差
授课者	咨询顾问、专业培训师等	专业培训师、咨询顾问等
授课时间	1~2 小时	8~14 小时
受训者	参加绩效管理的所有员工	参加绩效管理的评估者和审核者
授课形式	讲授与问答	讲授、案例分析、团队互动
受训者准备	阅读员工绩效管理基础手册	预习资料"绩效评价中常见的误差"
辅助材料	视听设备、投影仪	视听设备、投影仪、案例
课程基本内容	解释组织为什么要使用绩效管理系统，它的目的是什么，有什么用途，以及组织中现在要使用的是一套什么样的绩效管理系统等	学习目前绩效评价中存在的影响准确性的因素，包括绩效评价方法的选择、工作描述的准确性和绩效标准设定中的问题等；通过实际操作性的活动使学员学会如何做出好的工作描述

表 3-6 绩效管理培训的课程设计（二）

课程主题 / 课程设计	关键绩效指标的设定	对行为施加积极的影响
培训目标	使学员了解关键绩效指标的定义、内容，学会设定关键绩效指标	使评估者了解员工绩效中出现的问题和障碍，并学会怎样克服它们
行为性目标	1. 讨论设定关键绩效指标的重要性 2. 了解关键绩效指标的 SMART 原则 3. 学会建立客户关系示图和定义工作产出 4. 学会设定关键绩效指标和标准	1. 识别员工存在的绩效方面的有关知识和技能、兴趣、动机、努力程度等方面的问题 2. 掌握针对各种具体问题如何给予督导和帮助
授课者	咨询顾问、专业培训师等	专业培训师、咨询顾问等
授课时间	5~7 小时	4~5 小时

课程设计 \ 课程主题	关键绩效指标的设定	对行为施加积极的影响
受训者	参加绩效管理的所有员工	参加绩效管理的评估者和审核者
授课形式	讲授、案例分析、分组讨论	讲授、角色扮演、小组练习
受训者准备	阅读预习资料"什么是关键绩效指标"和"客户关系示图"	回顾和识别自己在为下属提供指导和咨询时所遇到的问题
辅助材料	投影仪、案例、讲义	案例和关于教学问题的讲义
课程基本内容	学习与讨论目前绩效指标设定中的问题；通过实际操作性的活动使学员学会如何运用客户关系示图的方法定义工作产出和关键绩效指标	使学员了解下属在绩效方面存在问题的可能原因，以及如何给下属提供一些指导和帮助

表 3-7 绩效管理培训的课程设计（三）

课程设计 \ 课程主题	如何使用评估工具	记录工作现场的行为
培训目标	使评估者了解绩效评价中常用的评估工具，学会正确使用这些评估工具	使评估者了解如何识别和记录实际工作现场中的行为
行为性目标	1. 描述评估工具的设计 2. 解释如何将被评估者的行为对应到评估量表中 3. 了解不同评估者评估的差异	1. 如实地记录工作现场中的行为 2. 如何存储和提取行为记录
授课者	咨询顾问、专业培训师等	专业培训师、咨询顾问等
授课时间	7~9 小时	2~3 小时
受训者	参加绩效管理的评估者和审核者	参加绩效管理的评估者
授课形式	讲授、个人演说、小组练习	讲授、角色扮演、团队互动
受训者准备	回顾当前的评估工具，识别它们存在的问题、优势和不足	预习材料"记录工作现场行为的必要性"
辅助材料	评估工具	视听设备、角色扮演脚本、案例、讲义、工作表现记录表
课程基本内容	通过讲解、练习等方法使评估者正确掌握评估工具的使用，并了解评估者对评估结果的影响	通过讲解、练习等方法使评估者正确掌握如何在工作现场记录员工的工作表现

表 3-8 绩效管理培训的课程设计（四）

课程设计 \ 课程主题	如何准备绩效反馈面谈	实施绩效反馈面谈
培训目标	使评估者了解如何有效地准备绩效反馈面谈	使评估者了解如何有效地实施绩效反馈面谈，提高面谈技巧
行为性目标	1. 列出绩效反馈面谈中要做的活动 2. 计划绩效反馈面谈的时间	1. 对照有效的和无效的绩效反馈面谈技巧 2. 描述非语言行为在绩效反馈面谈中的作用 3. 掌握如何控制面谈的过程使之不偏离预期的轨道
授课者	咨询顾问、专业培训师等	专业培训师、咨询顾问等
授课时间	2~3 小时	9~15 小时
受训者	参加绩效管理的评估者	参加绩效管理的评估者
授课形式	讲授、问答、个人作业	讲授、角色扮演、团队互动
受训者准备	预习绩效反馈面谈准备检核表	预习材料"如何实施绩效反馈面谈"
辅助材料	案例绩效评价工具、绩效管理政策和程序手册	视听设备、案例、角色扮演脚本、幻灯片、投影仪、录像设备、讲义

课程主题 课程设计	如何准备绩效反馈面谈	实施绩效反馈面谈
课程基本内容	通过讲解、练习等方法使评估者正确掌握如何准备绩效反馈面谈，预期在面谈中可能出现的问题，以及如何计划时间等	通过讲解、练习等方法使评估者正确掌握如何实施绩效反馈面谈，掌握面谈中的各种技巧，以及如何建立双向沟通关系、如何利用非语言交流等

除了上述各表所涉及的项目之外，课堂游戏也是常用的培训方式之一。根据这些培训课程的设计，能清晰地了解绩效管理导入中培训的脉络，从而有利于导入过程的顺利实施。

二、强化绩效管理导入效果

国内的大部分组织对培训计划的重视度偏低，都是参考外部培训机构设定的培训课程依样画葫芦来制订本组织的培训计划，不考虑组织实际的培训需求，只是把培训计划当做一次必须完成的任务来做，而这样制订出来的培训计划往往与直线部门的发展计划相关程度不高；此外，直线部门对培训工作的重视程度和参与程度也偏低，他们往往认为绩效管理工作只是形式上的例行公事，而对组织与工作业务无实质作用，不仅不会带来任何效益，反而会对组织资源造成浪费，甚至很多直线部门在业务任务紧张时会首先取消培训计划。

造成上述局面的主要原因有三个。第一，从组织战略的层面上而言，大部分组织尚不具备成熟的战略绩效管理思想，让绩效管理仅仅处于行政事务性阶段，组织的绩效管理工作还未与组织战略计划紧密联系在一起，绩效管理还未有机会表现其对组织战略的强大支撑作用，导致整个组织对绩效管理工作的重视程度不够。第二，从绩效管理的角度而言，目前很多组织的绩效管理体系缺乏系统性，仍然是零散的、非制度化的，也没有动态调整机制，很难将绩效管理计划与组织整体经营发展计划紧密联系起来。第三，从培训管理的角度来说，大部分组织缺乏系统的绩效管理培训流程，对绩效管理培训需求分析、绩效管理培训的组织实施及绩效管理培训效果评估等工作都无法提供持续有效的支持。

若想提高绩效管理导入工作的针对性和效果，也可以从以下三个方面入手。

（1）需要自上而下的树立关于绩效管理有关理念的正确认识。只有企业摆正绩效管理在组织中的地位，员工都意识到绩效管理的重要性，理解绩效管理与组织战略管理之间的紧密联系，才能更加顺利地推行企业内部的绩效管理制度。

（2）绩效管理自身的效果决定了绩效管理培训是否值得开展及绩效管理培训是否有效。因此，绩效管理培训得到重视的前提必然是加强绩效管理体系的建设与优化，有效规划和管理绩效管理活动，并着眼于改善工作绩效和提高绩效管理活动技能而设计和开发完善的培训课程体系。

（3）必须建立起系统、规范的培训管理流程，具体工作包括培训需求评估、确定培训计划、培训计划变更优化、培训效果反馈、培训效果评估、培训经验总结等各个环节的流程规范。这些是有效开展绩效管理培训的关键因素。

首先，收集绩效管理培训需求信息。这是制订培训计划的第一步。人力资源部需要定期收集各业务部门对于培训的需求信息，业务部门也需要根据各自的工作计划、业务流程及员工的技能和绩效状况，定期向人力资源部沟通协调。人力资源部门也需要建立合理完善的信息沟通反馈渠道，一方面了解组织外部环境变动引发的培训需求；另一方面主动向各业务部门征询各类培训项目的需求情况。

其次，绩效管理培训需求评估。由于信息资源或物质资源的约束，相关培训项目的进展必须经过审核，考察培训需求的合理性、紧迫性及可行性等多重因素。人力资源部汇总各部门的培训需求，培训需求的审核必须有熟悉业务发展战略的高层管理团队参加，制订出既满足培训需求，又符合组织战略规划的培训计划。

再次，绩效管理培训计划变更。当组织或部门的经营目标或内外部环境发生变化，培训计划将发生适应性的变更，以保证绩效管理培训的有效性。此外，由于绩效管理培训计划的变更，绩效管理培训需求也需要重新评估。

最后，绩效管理培训效果评估。这是培训流程中非常重要但又常常被忽视的一个环节。绩效管理培训的目的是使员工通过学习优秀的工作行为，掌握必要的专业技能，最终实现工作绩效的提升和自我技能的提高。因此，绩效管理培训完成之后，应该及时让被培训员工给予反馈，通过被培训员工的反映、态度、行为和绩效四个层次来判断此次绩效管理培训的有效性。通过被培训员工的效果评估，组织可以总结当前培训项目设置、培训方法手段等方面的得与失，从而可以为改善和优化后续绩效管理相关培训提出实际的决策支持。

战略、绩效管理及培训管理三方面是有机的整体，如果组织能够从这三方面系统规划绩效管理的培训体系，那么能在较短时间内提高绩效管理培训的效果，但是考虑到现实情况，组织难以同时在三个方面全面开展工作，那么建立系统的培训管理流程应该是重点，这样也有助于提升绩效管理培训的针对性和目的性，从长远来看，培训效果的提高也是顺理成章的事情。

三、绩效评价结果的应用

秦国商鞅著名的"军功授爵制度"，按照杀敌数量，将爵位分为 20 级，分别对士兵的自由民身份、职位晋升、福利待遇做了明确具体的"挂钩"。该制度规定：秦军士兵斩获敌人两个首级，家人即可获得自由民身份，获得田产。杀敌越多，爵位越高，享受的福利待遇也就越高，并且这种爵位在秦国可以子子孙孙世袭下去。也难怪秦军士兵作战时总是轻装上阵，左手提着俘虏的首级，右手执刃冲锋。秦在统一六国的战争中累计杀敌 160 余万人，最终实现了中华民族历史上第一个统一的国家。然而，同样的"军功授爵"却成为明朝万历年间的百姓之祸。当时，首辅张居正为抵御北部蒙古军队和东部沿海倭寇的袭扰，欲仿效秦军激励机制，实施"军功授爵"制，也是按照杀敌数量，按功论赏，企图打造出一支"国之利器"的明军。但政策实施后，明军官兵却大量捕杀边境的流民；同时，花钱贿赂负责验证杀敌数量的小吏，采取欺骗的手段获得爵位，直至朝廷启用戚继光治军为止。为什么同样的业绩考核体系却出现了两种截然不同的结果？主要原因在于业绩考核过程的失控和考核结果应用的不合时宜。秦国实施耕战政策，士兵常年征战，不但自己食不果腹，家人尚且为奴，能获取保证世袭的爵位，激励作用相当大；而明朝万历年间，士兵已经成为一个混饭吃的职业，何苦还要和蒙古骑兵拼命，再加上明朝的"军功授爵"缺乏秦国时对弄虚作假极为严厉的配套惩戒机制，制度失效也就不足为奇了。因此，绩效评价结果的合理应用非常关键。

在传统意义上，进行绩效考核最主要的目的是帮助企业做出一些薪酬方面的决策。而如今，除了与薪酬联系外，绩效考核还应该和制订企业培训方案、进行人事决策等相联系。

1. 绩效评价结果与人员培训发展

组织建立绩效管理体系，除了要区分出员工绩效的优劣之外，还有一个很重要的功能是通过分析绩效评价的结果来提升员工的技能和能力。通过绩效评价可以发现员工培训和开发的需要，也就是将员工的实际评价结果与职位要求相比较，发现员工在某方面存在不足而导致不能完全胜任工作，并可以通过培训弥补。另外，当绩效评价结果显示员工不具备未来所需技能和知识时，企业也可以进行人才储备，开发员工潜能。

1）基于绩效提升的培训

从组织分析、任务分析和人员分析三个方面着手，构建循环评估模型（Goldstein，1974），如图3-7所示。全面分析培训需求的各个环节——从组织整体到员工个人，有效避免遗漏。然后选择内部培训或培训外包的方式，进行方案内容的培训；专注于柯克帕特里克提出的四层次培训效果评估模型（反应层、学习层、行为层、效果层）中最后一个层次——效果层进行评估。在培训结束后一段时间内对参加培训的员工再次进行考核，对照以往的绩效记录，就可以看出培训的效果，从而进一步优化培训体系。

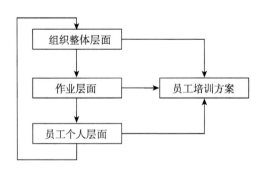

图 3-7　基于绩效的培训需求分析

2）基于绩效考评的个人发展计划

个人发展计划是针对绩效或技能存在短板的员工而制订的自我提升计划，通常是由员工自己来制订，但计划的制订与实施需要管理者的帮助和协调配合。个人发展计划通常包括以下内容。

（1）待发展项目，即在工作能力、掌握技能、使用方法、工作习惯等可能对绩效产生影响的因素中有待提高的方面。这些项目就是前文中所指出的绩效改进要点。

（2）发展这些项目的原因。列入个人发展计划的项目通常是针对员工个人的短板之处，但同时又是完成工作的必要条件之一。

（3）目前已达到水平和计划达到的水平。绩效改进计划需要有明确的目标，要对目前的水平和期望的水平进行分析，才能得出结果。

（4）发展这些项目的处理方式。提升个人能力可能有多种方式，如脱岗培训、自我学习、工作轮换等，但要选择容易实施、效果明显的方法。

（5）达到目标的时间期限。员工要综合自身情况和组织整体要求，合理规划设置待发展项目的时间完成进度安排，并对各个待完成项目的完成情况设定可靠的时间节点，不仅有利于自测自查，也有利于管理者及时介入、检查进度及提供支持与帮助等。

2. 绩效评价结果与薪酬

为了强调薪酬的公平性并发挥薪酬的激励作用，员工的薪酬中都会有一部分与绩效挂钩。目前，企业常用的绩效薪酬制度有以下几种。

（1）绩效工资与绩效调薪。绩效工资是在基本工资中与绩效有关的工资，这部分工资收入是以员工的当期绩效表现为依据计算并一次性发放的，是根据每个评价周期的绩效评价结果进行一次性加薪或减薪；绩效调薪是依据绩效结果对基本工资水平的调整，是根据评价结果（通常是年度评价结果）累积式的对基本工资进行调整。

假设某员工 2011 年基本工资为 3 000 元，绩效工资与绩效调薪对工资增长的影响比较见表 3-9。

表 3-9　绩效工资与绩效调薪对工资增长的影响比较

基本要素	绩效工资	绩效调薪
2011 年的基本工资额 / 元	3 000	3 000
2011 年年底加薪 4%/ 元	获得加薪量：3 000×4%=120 支付总额：3 000+120=3 120	获得加薪量：3 000×4%=120 支付总额：3 000+120=3 120
2012 年的基本工资额 / 元	3 000	3 120
2012 年年底加薪 5%/ 元	获得加薪量：3 000×5%=150 支付总额：3 000+150=3 150	获得加薪量：3 120×5%=156 支付总额：3 120+156=3 276
2013 年的基本工资额 / 元	3 000	3 276
2013 年年底加薪 6%/ 元	获得加薪量：3 000×6%=180 支付总额：3 000+180=3 180	获得加薪量：3 276×6%=197 支付总额：3 276+197=3 473
2014 年的基本工资额 / 元	3 000	3 473
三次加薪后基本工资增加额 / 元	0	473

资料来源：林忠，金延平 . 人力资源管理 . 大连：东北财经大学出版社，2006

（2）绩效奖金。基本工资的刚性特征使企业在实施绩效工资时负担比较重，且它的累积性往往会造成支付成本过高的问题，因此有一些公司考虑取消绩效工资或者调整绩效工资的比例。而绩效奖金通常由企业决定，每次都需要员工竞争来获得奖励，企业的自由度大，因此正在逐渐取代绩效工资。年度的绩效奖金常见形式为利润分享计划，即根据利润或回报的某种衡量标准来确定工资的计划，这种衡量标准包括完全会计利润、经营利润、附加价值率或工资成本产出率及其他可能的回报。

（3）长期激励计划。前面讲到的绩效奖金是个人短期的激励报酬，长期激励计划则关注员工长期的努力成果，即一年以上的绩效周期内的员工绩效，并对这个长期绩效进行考核和奖励。常见的长期激励计划主要有员工持股计划、股票期权计划、团队激励计划等。

3. 绩效与人事决策

绩效管理作为人力资源管理的核心职能之一，其过程信息和结果产出都与组织的人事决策的各个方面具有紧密关联。

例如，通过绩效考核，组织可以发现员工绩效与组织绩效期望的差距，并结合员工的素质能力分析确定企业需要招聘人员的素质能力需求；反之，将新员工实际绩效评估结果与其招聘时的能力素质评价结果进行比较，可以检验招聘甄选的有效性。

绩效评价结果在企业人事决策中的应用主要考虑两个因素，即胜任力和工作绩效。胜任力指员工素质能力与认知岗位所要求素质能力的匹配程度。组织可以借助如图 3-8 所示的人才开发矩阵具体分析进行人事调整的方法。

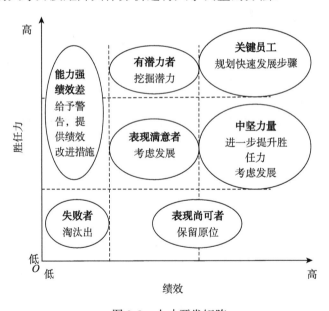

图 3-8　人才开发矩阵

资料来源：武欣. 绩效管理实务手册. 第二版. 北京：机械工业出版社，2005

一般情况下，员工之间的绩效是存在差异的，这些差异的产生主要源于两方面的因素。一方面是员工自身的努力程度；另一方面则是员工所处的工作环境。针对不同绩效考核结果的员工，组织可以采取不同的对待方式。对于高绩效员工，组织可以通过晋升的方式对这些员工提供更大的舞台和更多的机会，使他们可以实现更好的绩效，同时为组织做出更大的贡献。而对那些绩效差强人意的员工，则需管理者从多方面认真分析原因，并给出实际可行的绩效提升方案。而对于那些客观上不作为、主观上不努力的员工可以直接淘汰，但如果员工消极怠工是人岗不匹配的缘故，则可以考虑采用换岗等方式改善人岗匹配程度，以观后效。

阅读材料

界定企业绩效评价模型

通过对"人的评价模型"，可以得出组织的绩效评价模型。借鉴波斯顿矩阵分析法，对组织内部人员的文化认同和绩效产出两个维度进行考核，如图3-9所示，得出全部的绩效分数的排序。根据正态分布原则，排名前20%的员工是企业的优秀员工，他们创造了企业80%的绩效产出；排名中间70%的员工是达成预期目标的员工，是企业维持日常工作的主要组成人员；排名最后10%的员工是企业绩效产出最差的员工。

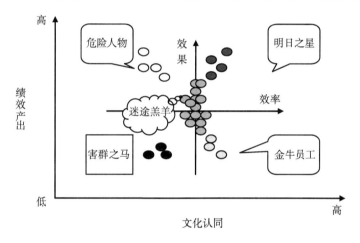

图 3-9　文化认同绩效评价模型

因此，文化认同考核分数和绩效产出考核分数排名都在前20%的员工就是企业的"明日之星"；文化认同考核分数和绩效产出考核分数排名都在最后10%的员工就是"害群之马"；如果文化认同考核分数和绩效产出考核分数排名在前20%，但绩效产出考核分数排名在最后10%，那就是"金牛员工"；而文化认同考核分数和绩效产出考核分数排名在最后10%，但绩效产出考核分数和绩效产出考核分数排名在前10%的则是"危险人物"。企业中大部分员工的绩效评价表现平平，主要集中分布在四个象限当中，也就是灰色圆圈部分，这部分人群被称为"迷途羔羊"。

1. 绩效运用法则

（1）成功月牙。如果绝大部分员工的绩效考核分数排名分布，形成如图3-9所示的月牙状，都集中分布在第一象限的明日之星和第四象限的金牛员工，很少落在第二象限的危险人物和第三象限的害群之马，说明企业员工的绩效整体表现是健康的、积极的。

（2）东北大吉。企业员工的绩效考核分数，在四个象限中，集中趋向于东北方向，也就是第一象限，说明企业的明星员工越来越多，企业的发展就会更加有潜力。反之，员工的绩效分数都向第二象限和三象限集中，说明企业处于经营危险境地。

（3）踊跃移动。保持住明日之星，积极引导迷途羔羊，激活沉淀层，使迷途羔羊向第一象限明日之星或第四象限金牛员工转变，从而优化人员结构。

（4）及时收割。对于危险人物，要及时做出明确判断。道不同不相与谋，这些人是不可能与企业共同成长的，而这种人的业绩产出又非常好，趁着目前还能给企业带来利益，但同时还没有给企业带来威胁和损失时，应该及时收割利益并解除潜在的威胁，或走人或转岗。

（5）果断放弃。对于害群之马，不要有任何的留恋，必须果断处置，以免后患无穷。

2. 绩效结果的运用

（1）明日之星。这样的人是企业最希望得到的员工，也是让管理者最能放心的人，任何事情交给他办，一定会给出符合企业利益最大的结果，而且工作中态度积极努力，认同感强，忠诚度高，能力又强，这样的人一定是企业的骨干。给予提拔，转到更加重要的部门，给予更高的进阶培训，如能一直保持着这样的考核评价结果，与企业共同成长，他就是企业未来发展的明日之星，因此需要给予重点培养。

（2）金牛员工。需要给予在专业技能和专业知识方面的培训，设定明确目标，提升专业技能，指定专人进行一对一的帮助，以促进员工在专业技能方面能够得到明显提升。相对而言，技能方面的培训和提升，是较为容易的，因为在实际工作中可以用到，也是边学边干可以很快得到积累的。

（3）危险人物。将他调离重要岗位，并对他的内在心理进行分析，是什么原因会造成这样的行为，如能得以改进并纠正他的价值观，那么这样的人还是可用的。如不能纠正他的价值观，使其行为与企业所期望的职业素养相匹配，那么这样的人是不能留在公司的，否则一旦得势，将会给企业带来巨大的灾难。

（4）害群之马。要给予积极的引导，树立起积极的人生态度，以及明确的工作目标和职业发展道路，激发起对工作和生活的热情，有了动力和明确的方向，他们的绩效就会向第一象限的明日之星，或第四象限的金牛员工靠拢。

资料来源：http://xianyou.ourarch.com/article/article.php?newsid=1195

四、绩效评价失败的常见原因

在实际操作中，存在绩效评价失败的现象。造成失败的原因有多种，如缺乏高级管理层的信息和有效支持、绩效评价标准不明晰、绩效评价人的不公正及使用绩效评价计划的目的相互冲突等是最常见的几种导致绩效评价失败的原因。由于原因的多样性与复杂性，为保证整个绩效考核工作的顺利实施，对导致失败的原因进行系统分析是十分有必要的。

综合来说，绩效评价失败的原因可能在于以下几个方面：①管理人员对绩效评价不重视，在整体的绩效评价工作中缺乏思想准备和详尽的计划安排；②管理人员绩效评价技能有限，在绩效评价工作中不能全面有效地进行评价活动；③管理人员工作存在漏洞，无法完整获取反映员工实际工作情况所需的信息和资料；④管理人员职业素养欠缺，在绩效评价过程中出现不道德现象，如不诚信、不工作或谋私利等；⑤绩效评价体系构建不完善，绩效评价指标不清晰或不合理、评价标准不明确；⑥配套的绩效激励不当，如出现不能及时、适度地让高绩效者受奖，让低绩效者受罚的行为；⑦绩效结果反馈沟通不及时，采用单方面的评价，不给员工沟通反馈，或反馈不完整、不清晰。

因此，要避免绩效评价的失败，需要做到以下几点。

第一，必须得到高级管理层的支持。绩效管理是一把手工程，高层管理者的支持是绩效评价顺利实施的必要条件之一。高层管理者必须亲自参与绩效评价过程，充分授权给相关的评价人员，并对各类人员在绩效评价过程中的角色、任务、责任及工作权限公开宣布，为绩效评价扫清前期障碍。

第二，必须保证充分、畅通的绩效反馈。绩效反馈必须涉及两方人员，即员工和绩效管理人员，要能够让双方人员持续保持有效的沟通与绩效信息分享。绩效管理人员需要参考员工的实际工作情况，给员工多方面指导，努力帮助其提升绩效；而员工这方面，能更加清楚了解自己的工作情况和工作效率，在实际工作中努力改进自己的不足。持续有效平等的沟通与反馈不仅应该出现在绩效考核与反馈的阶段，更应成为组织日常管理中的一个常态。为保证反馈渠道的持续畅通，应该从组织结构、管理制度及操作流程各层面进行设计。

第三，保证评价系统的公正性。绩效评价的结果往往成为人力资源管理决策的重要依据，这也就意味着绩效评价的结果关系到员工个人的切身利益。因此，绩效评价系统的公正性与员工参与绩效评价工作的积极性呈密切的正相关关系。如果员工认为绩效评价系统是公正的，那么他参与到绩效评价中的积极性就会大大提升，这样绩效评价工作更加可能取得好的成效；反之，员工的积极性大大降低，必然导致整个绩效评价工作的失败。

第四，要保证绩效评价过程中的客观性。在实际工作中，即使绩效评价系统的公正性尚可，但绩效评价者的主观意向仍会给绩效评价结果带来结果偏差。对此，除了切实加强绩效评价者的职业素养之外，对评价指标体系进行持续检查和优化、合理甄选绩效考核技术与工具、增加与完善绩效申诉和调解环节、创建绩效管理信息化都是提高绩效评价客观性的有效举措。提高绩效评价过程中的客观性是绩效评价工作顺利完成的有力保证。

➤ 本章小结

绩效管理是一个由计划、辅导、评价、反馈、改善等环节构成的一个动态的管理过程，形成一个计划、执行、检查、处理/调整的逻辑循环，包括分解绩效目标、制订绩效计划、建立绩效评价体系、开展绩效辅导与促进、实施绩效评价、反馈绩效结果、应用绩效结果等的基本活动。

在绩效管理过程中，要明确界定相关部门和人员的职责范围，形成一套分工清楚、责任分明、相互合作、步调一致的绩效监控管理系统。其中，人力资源管理部门起到主导作用，其主要职责不仅包括赢得高层领导支持、发动全员参与、制订绩效评价体系和实施方案，更需要在绩效管理过程中做好指导、督促与服务工作，并将绩效管理活动与组织的其他经营活动整合起来。

绩效计划是一个动态的沟通过程，其主要任务是回答"什么是绩效"和"怎么管理绩效"等问题。首先，需要对组织的愿景、使命和战略进行重温与再提高，形成一致的、无歧义的理解，以明确组织的战略目标，并将其有效分解为各部门的工作目标和人员／岗位的工作任务；其次，设计科学、具体、可操作的评价指标，以便对组织战略、部门目标及岗位工作的完成情况进行实时描述和跟踪，并对各个指标设置评价标准和期望值，形成绩效评价指标体系和初步实施方案；再次，需要在全组织范围内，就绩效评价指标体系开展充分的沟通和交流，确保绩效目标、评价指标、完成标准及评价实施方案的合理有效性；最后，经过确认的绩效指标体系和实施方案需要提交组织高层审核，成为组织的制度性文档存档并指导后续的绩效管理活动，各部门和人员的工作目标、任务及要求需以绩效计划书的形式下达对应的责任对象。

绩效评价是对绩效计划的完成情况进行阶段性检查的基本手段。对不同的绩效评价对象，需要选择合适的评价者和合理有效的评价方法。对于特定的绩效主体，可以从上级、下级、同事、内外部客户等不同角度收集信息进行绩效评价，而可用的评价方法则很多。绩效评价方法可以根据其着眼点及对组织战略关注程度分为系统的评价方法和非系统的评价方法两大类。比较、排序等传统方法都属于非系统的评价方法，而关键绩效指标法、平衡计分卡方法等基于组织战略的方法则属于系统的评价方法。

绩效反馈是绩效管理过程中必不可少的环节，对绩效管理的成败起着至关重要的作用，其目的是让员工对自己的绩效状况获得客观的了解，对自己的工作目标、任务、标准、要求进行更深入准确的认识，并对工作方法、改进方向及后续的工作计划进行有效调整。

绩效管理的导入与实施是一个复杂的系统工程。组织在实施绩效管理之前，需要在全组织范围内进行深入的培训与宣传，以逐步树立绩效管理的正确理念、提高人员的绩效相关技能、培养人员的绩效管理责任感。在实际操作中，组织高层的持续关注、支持与推动必不可少，绩效管理人员与员工之间充分、畅通的沟通与反馈非常重要，绩效评价系统的公平和公正是基本要求，而绩效评价结果的有效应用则是绩效管理的主要目的之一。

➤ 专业术语

绩效管理系统	performance management system
绩效指标	performance indicator
绩效计划	performance planning
绩效辅导	performance coaching
绩效反馈	performance feedback
绩效契约	performance contract
绩效改进计划	performance improvement plan
图尺度评价法	graphic rating scales

关键事件法	critical incident method
行为锚定等级评价法	behaviorally anchored rating scales
混合标准法	mixed standard scales
评价中心法	assessment center
AMART 原则	SMART principal
CAKE 原则	CAKE principal
PDCA 循环 / 戴明环	PDCA cycle / Deming cycle
绩效工资	performance related pay
360° 反馈 / 考核	360 degree feedback
在职培训	on the job training

案例讨论

全面全员绩效管理制度激活正能量

自全面全员绩效管理系统于 2013 年 5 月正式上线后,国家电网公司杭州供电公司形成了逐级负责、各司其职、分工合作的良好机制,通过管理人员看目标任务、一线员工看工作积分的方式,激励员工创造价值,提升队伍执行力,确保完成企业年度整体绩效目标。

"如今员工队伍活力有很大改观,以前有些工作布置下去,很难推开,现在员工都抢着干,不再只吃'劳保饭'。"变电运维工区副主任任红欣喜地说。

1. 量化考核 激励员工创造价值

"完成一张第二种工作票的许可和终结加 5 分,审核一张倒闸操作票加 0.1 分,设备巡视中发现缺陷加的就多了,有 20 分。"变电运维工区绩效管理员小夏展示了石南变班组工分库的部分内容。这套工分库将员工的工作数量和工作质量结合起来,员工每完成一项工作就可以在工作数量栏目里得到加分,清晰、直接地反映了班组员工的工作量,体现了多劳多得的理念。

杭州供电公司将班组工分制的推行作为全员绩效管理的落脚点。工分制考核明确员工工作标准、考核方法,对不同岗位人员的工作进行量化、细化,遵循分分有制可依,分分有据可查。在日常绩效积分管理上,班组人员均可以实时查询自己的每日积分,对照积分表,核实积分情况,鞭策自身,改进工作绩效。

该公司各生产单位和班组将工分制与薪酬分配挂钩,让工作出色者"名利双收"。作者从石南变电运维班的绩效管理系统 7 月录入信息统计,班组累计登记绩效项目 460 条,单月个人绩效最高为 156.16 分、最低为 72.26 分。根据这些工分计算绩效奖金,差距可以达到 1.5 倍。

在工分制推行过程中,该公司注重人性化管理,让部门负责人和员工代表共同参与考核办法制定,允许工分动态修订,以班组成员的意见为主,不断修正不合理条款。为了完善绩效管理制度,该公司定期对绩效管理工作实施情况进行抽查,并让所有的员工参与到考核的过程当中来,监督考核结果。员工月度绩效考核结果全部公示,做到"公平、公正、公开"。

在绩效考核这根指挥棒下,班组人员的工作积极性显著提高,完成了"要我做"到"我要做"的态度转变,员工努力工作、自觉学习、不断提高的氛围正在形成。现在一上班,班组人员都抢着问班长要活干。这套工分库就像给班组丢了一条鲶鱼,激活了班组的能量,每个员工都在努力创造自己的价值。

2. 绩效应用 提升队伍执行力

杭州供电公司建立完善了从企业到部门，从部门到班组，从班组到个人的三级绩效体系，管理经营的各项目标量化到了具体部门，各专业管理由粗放型向标准化、规范化、流程化转变，各级管理人员转变了思想观念，明确了管理者的角色定位，充分发挥了管理职能，提升了队伍执行力。

绩效管理的体系建设有效推进了该公司各项任务和指标按质按期完成。2012年，国家电网公司对27家大型重点供电企业的业绩对标进行评价，杭州供电公司以第二名的成绩获得业绩标杆单位，连续三年保持标杆单位称号。同年，该公司以第三名的成绩列省内地市局同业对标综合标杆、以第二名的成绩列省内地市局同业对标业绩标杆。

同时，该公司把绩效管理和班组建设两项工作有机集合、相互促进。杭州余杭区公司在星级班组的基础上推行了班组定级奖金制度。该公司将班组定级为标杆班组、A、B、C、未定级五个级别，不同级别享受不同的奖金，这一激励措施使班组成员的利益与班组建设工作紧密联系，提高了班组成员参与班组建设工作的主动性和自觉性，形成了"班组管理人人有责"的良好局面，以个人绩效提升组织绩效。自该措施实行以来，余杭区公司班组QC成果共获得国家级奖项12个，省级奖项7个，市级奖项7个。

此外，推行绩效管理在人力资源流动上起到了良好的导向作用，吸引和鼓励更多技能人才立足生产岗位工作，调动了一线员工的积极性、创造性，促进了各类技能人才的快速成长，员工整体素质逐步提高，也为企业整体目标的实现奠定了基础。通过绩效管理体系的推行，可以将绩效考核结果与岗位调整、动态培训相结合，让工作结果和业绩说话，给"肯干、想干、会干"的员工提供上升的职业通道。

资料来源：中国日报网，2013-08-20

讨论题

1. 有效绩效管理的基本流程是什么？国家电网公司杭州供电公司在各个环节上是怎样做的？

2. 请结合该公司的管理实践，讨论有效的绩效管理是如何支持企业战略的实施和推动企业持续发展的。

3. 其他企业可否借鉴国家电网公司杭州供电公司的全面全员绩效管理制度？

➤ 思考与讨论

1. 绩效管理的基本流程是什么？请列表描述组织内不同部门在绩效管理各环节中的角色和任务。

2. 什么是绩效计划？如何保证绩效计划是有效的？

3. 完整的绩效评价体系包括哪些基本内容？有效的绩效评价体系具备哪些特征？

4. 什么是绩效反馈？常见的绩效反馈有哪些类型？不同类型的绩效反馈分别包括哪些内容？

5. 如何保证组织的绩效管理能够有效导入和应用？成功实施绩效管理的关键在哪里？

6. 结合自己的学习工作实际，思考绩效管理的各阶段应该如何实施，并分析目前组织绩效管理实施过程中普遍存在的问题。

第四章

目标管理与标杆超越

引导案例

当GE公司刚进入中国医疗电子市场的时候，迈瑞在中国的主要竞争对手是飞利浦，然而仅仅3年的时间，GE公司已经迅速打入市场，与迈瑞、飞利浦两家各自占到市场份额20%左右，形成三足鼎立之势。

作为中国境内最大的医疗电子产品生产企业之一，迈瑞从1991年起就致力于高科技医疗电子产品的发展，先后推出了监护、检验、超声三大领域高性价比的产品。GE公司在中国的发展着实让迈瑞吃惊，要知道，迈瑞在产值做到第1个一亿元时用了整整5年功夫，从1亿元增加到2亿元花了将近4年！"飞利浦在中国的发展很'温和'，他们好像对市场短期内的增长要求不是很高，但GE不同，他们的速度为什么这么快？这对我们非常有吸引力。" 迈瑞生物医疗电子股份有限公司副总裁、市场总监感慨道，"迈瑞也处于快速发展阶段，但问题关键是你到底有多快，怎样去寻找参照物。另外，企业人员基数增大后，先前成功的方法还管不管用。例如，我们每年的市场份额增长50%，很想看看别人是怎么规划的。GE的经验对我们有借鉴作用。"

3年来，GE公司起先在中国走高端产品路线，近两年通过并购行为已经逐渐扩展到做中低端市场，与此同时迈瑞也从中低端市场往高端走，双方碰到的机会越来越多。"我们本土公司由小做到大，对市场的细节把握很好。但我们缺少的是战略高度。以前迈瑞的战略基本上是蚕食，一块一块，而不是从上而下的，造成了我们只有局部经验没有整体经验。例如，GE进入中国市场前，对市场潜力的研究投入不是我们国内公司可以比的，他们已经对国内的医疗电子市场有很深刻的研究。这方面我们在借鉴。"

表面上看，迈瑞向GE公司学习并不难。"我们学习的方法是各种各样的，如聘请顾问公司、代理商，另外我们有意识地收集这方面的资料，这个业内透明度还是比较大的，所以这方面的信息很容易得到。"但如何才能学到精髓，而非皮毛？迈瑞的原则是，第一，产品不能比GE差；第二，核心队伍不能比它差；第三，代理商也要和它差不多水平。"只有按照这样来贯彻，才能保证学到真东西。事实上GE也在研究我们为什么可以把中低端做得那么好。我们一点也不隐瞒。GE的网络没有我们大，迈瑞有27个办事处，我们的销售人员是他们的2倍，我们的人均销售额是他们的一半，但是如果GE像我们一样多人的话是撑不下去的。"

思考题：

1.为何GE公司能在短期内取得迈瑞多年来取得的成绩？

2.GE公司与迈瑞在企业发展目标和战略上有何不同，差距在哪里？

第一节　目标管理法

目标管理的概念最早出现在 1954 年彼得·德鲁克的《管理实践》一节中。目标管理是基于行为科学理论和科学管理而形成的一套管理制度，注重员工参与工作目标的制定，通过"自我控制"完成工作目标。对于单个员工来说，其工作目标明确、工作评价标准清晰，因而可以更合理、更客观地评价并激发员工为达到目标而努力的动机。

目标管理制度更加适用于管理人员，又被称为"管理中的管理"，其思想和实践正在更多的组织中得到应用。

一、什么是目标管理

目标就是在一定时间内，行为活动主体对其将要取得的成果的期望，包括应得到的成果、需达到的要求及应该实现的效果。组织的目标是组织使命在一定时期内的具体化，同时也是评测与鉴定组织、部门及个体活动有效性的标准。

部门和员工等要素构成了组织这样的有机系统，这些要素的行为活动是基于各自的目标的，而组织活动则是各要素活动交互作用的结果。唯有当各要素的目标与组织目标一致时，组织的期望才能实现。因而将各部门和人员的目标与组织目标相统一，是组织管理者的理想，而目标管理正是实现这一理想的管理方法。

德鲁克认为工作和目标并不是并存的，有工作并不一定存在目标，而有目标后却能明确具体的工作。德鲁克认为，"企业发展的使命和工作的任务必须转化为明确的目标"。组织的任何经营活动必须设置明确的目标，若某个管理要素没有明确的目标，其涉及的工作活动就一定会被忽视。当目标确定之后，要将目标分解成具体的目标要素，分配给各个部门和岗位，作为其日常工作的引导，并定期将其部门和员工的工作进展与目标设定进行对照，对工作行为进行适时适当的调整。

有人组织了三组人，让他们分别向着十千米以外的三个村庄步行。

第一组的人不知道村庄的名字，也不知道路程有多远，只告诉他们跟着向导走就是。刚走了两三千米就有人叫苦，走了一半时有人几乎愤怒了，他们抱怨为什么要走这么远，何时才能走到。走到一半时有人甚至坐在路边不愿意走了，越往后走他们的情绪越低。

第二组的人知道村庄的名字和路段，但路边没有标记牌，他们只能凭经验估计行程时间和距离。走到一半的时候大多数人就想知道他们已经走了多远，比较有经验的人说，"大概走了一半的路程。"于是大家又簇拥着向前走，当走到全程的四分之三时，大家情绪低落，觉得疲惫不堪，而路程似乎还很长，当有人说："快到了！"大家又振作起来加快了步伐。

第三组的人不仅知道村庄的名字、路程，而且公路上每一千米就有一块标记牌，人们边走边看标记牌，每缩短一千米大家便有一小阵的快乐。行程中他们用歌声和笑声来消除疲劳，情绪一直很高涨，所以很快就到达了目的地。

目标管理的思想十分直观简单，并且逻辑较为清晰，因此一提出就很快地在美国企业中得到应用，同时也被西欧国家的企业和日本的企业效仿，衍生出各种不同的运作模式，但其精髓都是相同的，即强调以组织战略为核心的、自上而下的目标制定与分解，上下级之间的充分沟通和下级的积极参与都起着极其重要的作用，而责权配置则是目标管理取得成功的基本保障。

目标管理的概念可以从以下四个方面来理解。

（1）强调广泛的参与和协商。目标管理强调人的主动性和能动性，强调目标分解和制定中利益相关者的参与度，强调人员的自我管理，强调个人需求和组织目标之间的协调统一。因为目标管理中上下级之间相互尊重、平等互信，共同协商并制定目标，保证了目标体系不脱节，形成"目标—手段"关系链。

（2）强调合理授权。在目标被有效分解和下达之后，上级管理者必须给予下属一定的授权，使其能够获得所需的各类资源。此时相关部门与人员才能够自主采取措施去实现各自的目标，并且根据实际情况灵活管理和控制活动计划与进度。

（3）强调"自我控制"。目标的分解、下达及接受的过程可以看做一个心理契约形成的过程。在合理授权之后，责任者需要自我安排所需的活动，将其承担的分目标按时按质完成。德鲁克认为，员工是愿意对其自身的工作负责的，强调"自我控制管理"的方法能够促使员工的工作自主性提高，同时更能控制自己的绩效表现，这样就使获得高绩效的个人愿景也更高，进而获得更好的激励效果。

目标管理和自我控制假设人们是愿意承担责任、愿意做出贡献、愿意有所成就的，这是一个大胆的假设。对于企业经营者这个层级的人来说，这个假设大致是正确的，很多企业在每年年初给经营者们设立评价指标时经常用到目标管理法。然而由于制度、执行过程控制、企业文化等各方面的问题，很多企业目标管理的效果并不尽如人意，对于一些国有企业更是如此。有一副形象的对联描述了这一怪现象，上联是上对下，层层加码，马到成功；下联是下对上，级级兑水，水到渠成；横批是心照不宣。

（4）注重结果。当目标下达后，组织与部门或员工就形成了一种约定，之后各责任主体只需进行自主、自治的活动。只有在非正常情况下上级管理者才会干预下级的工作活动。上级管理者在关键的时间节点审核事先约定的成果是否产出，以判断工作的成败。工作过程的效率也可能是约定的考察内容，但也体现为阶段性的总结，仍为结果性质。这种注重结果的管理特别适合于对时效性强、不确定性高的工作，在生产管理、项目管理中应用非常广泛。

二、如何实施目标管理

目标管理顺其自然地将个人目标与组织目标进行了有机的结合，在员工实现自身工作目标的同时，也对组织目标的实现产生推进，员工工作活动与组织目标达到了紧密关联；通过检查部门和员工工作目标是否实现，就可以反映出组织目标的进展情况。与之相对应的，当组织目标实现后员工会获得相应的奖励，因为人们都认为"根据个人创造的贡献给予一定的回报"是必然的。

一家暖风机制造厂的员工效率总是很难提高，于是他们找到了管理大师史考伯。史考伯先生仔细考察该工厂后，问陪同的一个白班工人今天生产了几部暖风机。"6部"，工人回答。史考伯不说一句话，在地板上用粉笔写下了一个大大的阿拉伯数字"6"，然后离开。夜班工人上班了，明白了地上"6"的意思后，他们擦掉了"6"字，换上了自己当晚的工作成果"7"，第二天白天，白班工人已完成了生产10件暖风机的工作，"10"字代替了"7"字，就这样，从"6"开始，地板上的数字每天都是往上叠加的，工厂也恢复了以往的生机与活力。

目标管理法的具体操作，可以分为目标的设定、目标实现时间框架制定、目标实现状态检查和目标体系更新四个步骤。

1. 目标的设定

绩效目标的设定，是目标管理的第一步，也是目标管理最重要的步骤。

山田本一是日本著名的马拉松运动员。他曾在1984年和1987年的国际马拉松比赛中，两次夺得世界冠军。记者问他为什么会取得如此惊人的成绩，山田本一总是回答："凭智慧战胜对手！"

大家都知道，马拉松比赛主要是运动员体力和耐力的较量，爆发力、速度和技巧都还在其次。因此对山田本一的回答，许多人觉得他是在故弄玄虚。

10年之后，这个谜底被揭开了。山田本一在自传中这样写道："每次比赛之前，我都要乘车把比赛的路线仔细地看一遍，并把沿途比较醒目的标志画下来，如第一标志是银行；第二标志是一个古怪的大树；第三标志是一座高楼……这样一直画到赛程的结束。比赛开始后，我就以百米的速度奋力地向第一个目标冲去，到达第一个目标后，我又以同样的速度向第二个目标冲去。40多千米的赛程，被我分解成几个小目标，跑起来就轻松多了。开始我把我的目标定在终点线的旗帜上，结果当我跑到十几千米的时候就疲惫不堪了，因为我被前面那段遥远的路吓到了。"

设定目标就是与组织、部门和人员约定期望的产出结果及为达到这一结果而需要采取的方法、过程等方面的要求。目标管理的一个最基本的原则是上下级共同协商制定目标，否则目标管理就是无效的。

1）目标设定的过程与步骤

目标管理最基本的原则是组织中的每项工作都必须以总目标为依据。衡量员工是否称职是以对组织总目标的贡献程度为标准，称职的员工了解组织的目标，并知道组织对其工作产出的期望。

目标设定是从上至下进行的。组织应具有明确的愿景与使命，并制定合理的战略目标作为目标分解的起点。高层管理者需要将组织的战略发展目标进行具体化，依据进度和业务分解成不同的子目标，并将子目标要素分配给相应的职能部门或职能单元；部门管理者将进一步细分的二阶子目标分解并传达到个人（图4-1）。基层人员的目标以行为过程为主，高层的目标以组织期望产出的结果为主。

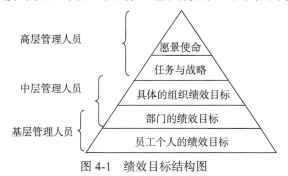

图 4-1　绩效目标结构图

通过四个步骤来获取目标体系：①高层管理者基于战略和内外环境分析预定组织目标；②重新审议业务流程，优化组织结构，明确职责分工，再分解下达部门目标；③梳理工作职责，确立人员工作目标；④逐层级反馈、确认目标的有效性，绘制目标图。目标体系建立时，下级需要充分参与和协商目标的制定；对于目标体系的建立，也要根据下级的反馈进行适当的动态调整。

2009年，北京一家著名的房地产企业由于工期要求很紧，就制定了非常严格的奖罚激励制度，公司从上到下层层实行目标管理，要求必须按时完工，所有人在巨大的压力下，日夜加班加点，总算按时完成了这栋大楼的建设，成功地实现了公司制订的目标管理计划，成了公司成功目标管理的典范。

但是好景不长，半年以后该楼房一侧地基下沉了30厘米，楼体出现了大量裂缝，经技术鉴定是施工单位没有按施工要求施工。事实上，在目标管理的期限内，他们根本不可能用常规施工方法完成地基，再加上冬季施工，所以问题很快就暴露出来了。这栋楼成了这位创业老板挥之不去的一块心病，成了公司难以启齿的败笔；购买了这栋楼房的住户，心里更不是滋味，以各种方式表达他们的愤怒，公司负责这栋楼的一个副总裁的衬衣已被住户撕破了三件，事情还远远未了。

2）目标设置的基本原则与要求

在前面已经强调过，目标通常是管理者与责任人协商后达成的结果，在目标的实现过程中管理者和责任人同样需要进行持续的沟通与合作。因此，对目标描述的准确程度将直接关系到双方对目标认识的一致程度，最终影响目标管理的成功和有效性。设定目标最基本的要求是要符合 SMART 原则。

目标设定还须注意以下三点：①上下级目标必须保持一致。在目标进行自上而下的分解过程中，需要确保组织内部所有工作要素的努力方向都与组织的战略发展方向相同。②目标必须具有挑战性。虽然人的潜能是巨大的，但是人又具有惰性，富有挑战性的目标可以激发员工巨大的潜能。具有挑战性的目标员工必须付出最大努力才会实现，并且必定能够实现的，挑战性与可实现性并不矛盾。③目标的实现情况必须易于评价。对于设定的目标内容，管理者必须明确判断标准和评测方法，从而能够在实际运用中高效率、低成本而且在不影响正常工作进展的情况下获取相关评价数据，保证评测的质量。

有一天，唐僧团队乘坐飞机去旅游。途中，飞机出现故障，需要跳伞。不巧的是，四个人只有三把降落伞。为了做到公平，师父唐僧对各个徒弟进行了考核，考核过关就可以得到一把降落伞，考核失败，就自由落体，自己跳下去。于是，师父问孙悟空："悟空，天上有几个太阳？"悟空不假思索地答道："一个。"师父说："好，答对了，给你一把伞。"接着又问沙僧："天上有几个月亮？"沙僧答道："一个。"师父说："好，也对了，给你一把伞。"八戒一看，心理暗喜："啊哈，这么简单，我也行。"于是，摩拳擦掌，等待师父出题。师父的题目出来，八戒却跳下去了。大家知道为什么吗？师父出的问题是"天上有多少星星？"八戒当时就傻掉了，直接就跳下去了。

过了些日子，师徒四人又乘坐飞机去旅游，途中，飞机又出现了故障，同样只有三把伞。师父如法炮制，再次出题考大家，先问悟空："中华人民共和国哪一年成立的？"悟空答道："1949年10月1日。"师父说："好，给你一把伞。"又问沙僧："中国的人口有多少亿？"沙僧说："13亿。""好的，答对了。"沙僧也得到了一把伞，轮到八戒，师父的问题是，"13亿人口的名字分别叫什么？"八戒当时晕倒，又一次以自由落体结束旅行。

第三次旅游的时候，飞机再一次出现故障，这时候八戒说："师父，你别问了，我跳。"然后纵身一跳。唐僧双手合十，说："阿弥陀佛，殊不知这次有四把伞。"

绩效考核指标和目标的设定要在员工的能力范围之内，员工跳一跳可以够得着，如果员工一直跳，却永远也够不着，那么员工的信心就会丧失掉，考核指标也就失去了原本的意义。

2. 目标实现时间框架制定

目标管理虽然强调结果，提倡过程中的自主、自治，但并不是说完全无视过程管理。相反，目标管理还十分重视目标实现的阶段性、计划性。在确定目标的同时必须制订工作计划、设置阶段性的检查标准；在确定目标之后，需要针对目标的阶段性来确定时间节点，约定各时间节点应该完成的工作内容，以便员工工作的指导和监察。

制定实现目标的时间节点并不意味着剥夺责任人的工作自主权，反而表明目标管理只是一个监控工具。但是，具有错误观念的管理者进行目标管理时会经常出现干预下属工作的情况，或者追求短期的业绩而破坏了组织的可持续发展。对此，将目标分类，将工作按照重要性与紧迫性进行排序是一个有效的办法。

3. 目标实现状态检查

设置目标的目的是实现它。因此，目标实现状态检查的重要性就毋庸赘述。检查主要是基于目标的时间框架中所设置的时间节点或者里程碑事件来进行，完成对目标责任人的绩效评价与反馈工作。

2012年年初，青铜峡市将重点工作全部纳入目标考核范围，实行责任制、限时制。17名市级责任领导和81名责任单位主要负责人通过当地电视台对各自牵头的重点工作进行公开承诺。年中，该市对考评得分90分以上的单位进行通报表扬和奖励；要求得分60~90分的单位限期整改；通报批评了得分60分以下的单位，对负责人等进行诫勉谈话。在市人大、政府、政协换届中，工作业绩名列前茅的数名干部被选拔为副处级领导干部。年终考核结束，该市依据排名任免了政府组成部门负责人，优先提拔重用考核排名靠前单位的干部，免去了全市年度效能目标管理考核排名末尾、未能完成工作任务两位局长的职务。

4. 目标体系更新

目标管理时需要自下而上的反馈与确认，其主要依据就是阶段性的工作结果，反馈结果后要对整体目标和单个目标进行优化与更新。达到绩效考核目标的被评估方可以参与下一轮考核绩效目标的设置过程，而未达标者需要先与其上级进行反馈沟通，找出阻碍目标实现的原因，再制订解决办法和矫正方案，完成之后才可以参与新一轮考核绩效目标的设置。

目标管理的效果在很多的组织中都得到了验证与认可，但其也存在很多现实问题，对于结果和过程方面的关注并不均衡。由于目标管理更加强调结果，这导致忽视了过程中干扰因素的影响，也失去了对实现过程的道德性、合法性的监控；其目标较为单一地追求结果，无法在方法和流程上给予员工有效的指导，也难以对员工的能力素质进行及时的测评，这十分不利于组织的长久稳定发展。对此，可以通过实施多元化的评估来调整，如只将目标管理完成情况的绩效评价权重设为70%，剩余的30%用于考察责任人基本责任的完成状况。

一家快餐连锁店总部决定以目标管理为基础对各分店进行绩效管理。对各分店经理的目标是要比上一年营业额增加某个固定的值。尽管各分店经理都同意了这个目标，可是到了年底，依据这一方案进行绩效评估时却引起了许多分店经理的强烈不满，并导致了工作积极性的下降。

经理们抱怨单一的衡量指标（增加营业额）并不是他们能直接凭努力就能达到的，会有很多外在的客观因素影响目标的实现，如附近其他餐馆的状况、肉的价格、市场情况及总部的广告水平等。这就导致了这样一种后果，有一些经理费了很大力气，却未实现目标，相反有些人未付出很大努力，却轻易地实现了这一目标。

为了解决这一问题，一位管理顾问建议应把营业额同其他与个人技术、知识、能力相关的指标（如人事管理方面、快餐店的卫生环境、员工满意等）结合起来作为评估标准。经理们的抵触情绪因此得以缓和。

第二节　基于标杆超越的绩效管理

一、标杆管理法的产生背景

标杆管理（Benchmarking）产生于20世纪70年代末80年代初美国企业"学习日本经验"的运动中，由美国施乐公司首创，是现代西方发达国家企业管理活动中支持企业不断改进和获得竞争优势最重要的管理方式之一。

美国施乐公司很长时间内一直保持着世界复印机市场的实际垄断地位，但是1976年以后它遭到了来自国内外尤其是日本竞争者的全方位挑战。佳能、NEC等公司以施乐公司的成本价销售产品并且能够获利，同时产品开发周期缩短50%、开发人员减少50%，这样使施乐公司的市场份额从82%锐减至35%。施乐公司面对着竞争者的威胁开始向日本企业学习，开展了广泛而深入的标杆管理。施乐公司通过对比分析寻找差距，调整战略和经营策略并对流程进行了重组。通过一系列的努力后施乐公司取得了非常优秀的业绩，把失去的市场份额重新夺了回来。其后施乐公司开始大范围地推广标杆管理法，并选择了14个经营同类产品的公司进行逐一考察，找出了问题的症结并采取了相应措施。随后，摩托罗拉、IBM、杜邦、通用等公司纷纷仿效施乐公司采用标杆管理法，在全球范围内寻找行业内外管理实践最好的公司进行标杆比较并努力超越标杆企业，它们也成功地获取了竞争优势。此后，西方企业开始把标杆管理法作为获得竞争优势的重要思想和管理工具，通过标杆管理来优化企业实践，提高企业经营管理水平和核心竞争力。

标杆管理法蕴涵着科学管理规律的深刻内涵，较好地体现了现代知识管理中追求竞争优势的本质特性，因此具有巨大的实效性和广泛的适用性。如今标杆管理法已经在战略制定、库存控制、质量管理、市场营销、成本控制、人力资源管理和新产品开发等方面得到了广泛的应用，并不断拓宽新的应用领域。西方管理学界将其与企业再造、战略联盟一起并称为20世纪90年代的三大管理方法。

二、什么是标杆管理法

所谓标杆（benchmark），就是被用来为特定的行为或活动提供参照的人、组织或活动过程，在被人们所关注的某个或者某些方面具有卓越的表现，或者能为关注者提供必要的启发与引导。标杆管理是基于标杆学习的一种管理理念与方法，首先寻求对产品、服务及经营活动的分析诊断，不断寻找和研究优秀组织的最佳实践，并将其作为标准进行创造性的学习和借鉴，进而有效提升绩效、最终超越标杆组织。标杆是学习与赶超的对象，是榜样和基准，所以也可以叫做标杆基准法、标杆超越法或者水平对比法等。标杆管理并不是固定不变的，而是一个不断循环提高的过程；学习最佳标杆并不断变革和应用，是标杆管理的核心。

由标杆管理的定义，不难理解该方法的几个基本特征。

（1）以最优标准或最佳实践为标杆。标杆管理的核心是学习优秀组织的经营管理，并努力使自己也成为优秀组织。因此，需要关注最优秀的目标，无论是组织的理念还是具体工作都需要与目标进行对比，以有效探讨标杆组织成功的原因，探寻适合本组织的改进措施，使自身更加靠近优秀组织并最终超越标杆组织。要注意的是，设定标杆时不能好高骛远，"最佳"的标准应该是"最适合"的，是可以学习、在特定条件下能够超越的最优。

（2）可用、实用是选择标杆的基本标准。选择行业内优秀的组织作为标杆是较为合理的，同时也可以在更广阔的范围内进行选择。标杆管理可以在整个行业内寻找基准，一些具有国际视野的组织可以在全球范围寻找基准，甚至一些特殊的问题可以从其他行业找寻标杆。某些作为标杆的组织可能整体绩效并不优秀，但是在被我们所关注的方面，它们的表现是优异的。可用、实用始终是基础，那些不具备借鉴功能的行为或实践是不可以作为标杆的。

（3）对标杆进行分析和对自身进行反省是同等重要的，能够将标杆消化吸收以适合于自身的情况要好于简单地参考借鉴。标杆管理有两个重要方面：①对标杆进行深入透彻的分析，研究它是怎样获得的核心竞争力，找出其之所以能够成为标杆的"诀窍"；②与自身比照找出与标杆组织之间的差距，分析是否能够学习到标杆组织的"诀窍"，并设计学习标杆组织的方法。仅仅是借鉴学习，并不会起到有效的成果，必须在比较、修订后建立适合自身的管理方法。

（4）灵活的过程、阶段性的改进。标杆管理是针对组织目前亟待解决的问题寻找标杆，选择标杆组织中合适的部分作为参照物，并不一定要全面学习与改造。标杆管理始终是在追赶标杆，在达到目标后就需要再次设定新的标杆，所以组织的绩效变化是持续渐进的过程。值得注意的是，在标杆管理中即使只是学习标杆组织的一个方面，实际也可能涉及组织一系列流程的变化，所以学习的局部性只是相对的。

三、为什么要进行标杆管理

标杆管理是一种新兴且有效的管理方法，标杆管理的适用范围是广泛的。对于组织战略的制定、业务流程的重组、内部问题的解决、组织的学习、观念的更新等方面都可以进行有效处理。我们也可以认为标杆管理是基于比较的思想的扩展应用，是以事实为基础、以市场竞争为目标的系统比较方法，可以更有效地明确组织的社会及市场定位，并适应外部环境的变化。基于标杆超越思想进行关键绩效指标的提取和设置，既能够实现有效评价，又可为组织的长远发展提供正确的指引。

总体来说，将标杆超越的思想用于绩效管理，可以具有以下优势。

1）使绩效评估体系更好地体现能够改善的目标

标杆管理最初的设想就是学习优秀的组织，这样使本组织具备了后发优势。标杆组织实践的合理性已经得到了广泛的认可，只需将其引入组织经营环节就能够预期其效果。在标杆管理中，通过设置"观察点"和"改善点"来发掘、引入标杆组织的经验，设置一系列监控"对比点"来检查学习效果，这样就形成了绩效评估指标体系的主体，也促使各类人员更多地关注组织绩效的改善。

2）使绩效指标体系更多地关注客户的需求

市场竞争日趋激烈，客户及市场满意程度已成为组织能否成功的根本标准。因而组织理应将客户的需求融入绩效指标体系之中。这通常也是标杆组织竞争优势的一个重要因素。标杆组织的成功也离不开对客户和市场需求的关注，这一观念会融入组织日常的管理实践中的各个方面。在对标杆组织进行学习的过程中，这种思想自然也会渗透到本组织之中，使在设置用于学习标杆、改善绩效的学习与改善指标体系时，无论是否刻意去关注客户，都会自然地带有"客户"的影子。

3）有利于激发组织的追赶与超越

与标杆组织逐一对比能使工作目标更清晰，对自身的差距、努力的方向也有更清楚地认识，避免出现组织和员工自负、自大或者停滞不前的情况。如果选择了合适的标杆，目标管理的激励效果就能得到体现。同时，在具备了目标和方向后，当组织和员工感受到自身努力带来的进步与提高后，也随之获得了成就感和喜悦感，并且越接近设定的指标，成就感与赶超意愿就越强烈，这也带来了绩效的持续提升。就如同田径比赛中，当超越了前方的对手后，会产生更加强烈的赶超意愿——当然，前提是在自身的能力范围内。

4）有利于促进组织激励机制的完善

委托代理是现代组织管理模式下阻碍绩效提升的一个重要因素。如何更有效地激励员工（尤其是中高层管理人员）是各种绩效管理方法与工具中最核心也是最难的问题。标杆管理可以看做将目标管理进行推广与深化，标杆管理的"绩效学习对象"对应着目标管理中的"绩效实现目标"，标杆管理的"设置标杆—分析标杆—设置学习/绩效目标—实现绩效目标—设置更高的标杆"循环对应着目标管理的"设置绩效目标—实现绩效目标"。标杆管理既具有目标管理的激励作用，同时又避免了目标管理中可能出现的短视行为，使其成为一种持续有效的激励工具。

由于具有以上优势，标杆管理的思想与方法迅速得到推广，被许多组织有意识或无意识地应用于从组织战略管理到日常经营的各个方面。在管理实践中，标杆管理往往是与其他绩效管理方法配合使用的。

四、如何实施标杆管理

如果将标杆管理当做一项战术管理工具，那么它只不过是一种竞争策略的精确化实现。然而，标杆管理的实质是一种战略管理思想，具有从战略到实现的系统的流程指导。

总体来讲，标杆管理实际上就是组织在对内部经营状况的自我诊断与对外部竞争环境的系统分析的基础上，搜寻和设立标杆并对其进行深入的分析与学习，探寻自身绩效的改善方案，并采取合理的行动最终实现绩效的提升的过程。标杆管理的基本理念在于"学习"与"超越"，因此，虽然标杆管理的重点在于赶超的行动，其成败的关键却在于确定行动方案之前的准备与分析工作，即自我诊断、设立标杆、标杆分析及行动规划，如图 4-2 所示。

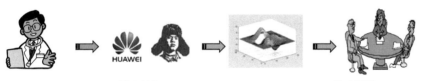

自我诊断
- 组织战略与目标
- 关键业务及流程

设立标杆
- 选择标杆组织

标杆分析
- 竞争优势的来源
- 组织结构
- 业务流程
- 个体行为

行动规划
- 目的、目标与前景
- 绩效目标
- 改进方案

图 4-2　标杆管理的基本内容示意

具体地，标杆管理的流程可以从逻辑上概括为计划、分析、整合、行动及正常运作五个阶段，各阶段的主要工作内容如表 4-1 所示。五个阶段形成一个闭环的逻辑循环。

表 4-1　标杆管理法的基本流程

阶段	工作内容
计划	1. 确定哪些产品、过程或者职能要实施标杆 2. 确定实施标杆的目标 3. 确定对数据和信息的具体要求 4. 怎样使标杆的目标实现得更好
分析	1. 研究把标杆组织的做法应用于本组织的方法与途径 2. 确定未来的趋势和绩效水平
整合	1. 主要负责人交换标杆实施中的情况 2. 建立运作层的工作目标和具体的职能目标 3. 确定具体行动负责人
行动	1. 确定一套对标杆计划和目标进行评审和修改的程序 2. 建立标杆进程的沟通机制
正常运作	1. 在组织中继续坚持标杆活动 2. 坚持绩效的持续改进

那么，在日常工作中如何实现标杆管理这一逻辑流程呢？一般地，组织在实施

标杆管理时，可以参考以下九个步骤。

1. 明确标杆管理目标

标杆管理的思想很通俗易懂，管理效果也令人充满信心。但实际情况从来都不是那么简单理想的。向着标杆和目标去努力就需要改变自身，有时候甚至需要进行变革，这样的阻力是十分巨大的。想要切实达成目标既需要强有力的保障，要求组织和员工有改变的勇气，又需要一个明确的目标作为驱动力和指引。明确标杆管理的目标，就是要确定通过标杆管理取得什么样的效果，而不仅仅是认清标杆是什么。

标杆管理较其他方法是对现有管理秩序一次较大的改进，所以，在绩效持续低迷，而内部又难以改善时使用较为合适。组织出现以下情况时，可以考虑实施标杆管理：①组织总体绩效表现平平，但又找不到根本原因；②组织现行战略效果不理想，需要调整但又缺乏参照标准；③组织制定目标时缺乏信心，或者经营目标难以确定；④组织缺乏与外界的有效沟通，发展方向不明确，成长时机把握不到位；⑤组织缺乏流程管理的数据和经验，难以发现自己的短板。

当管理者认为需要进行标杆管理时，要明确需求的来源有哪些？想要达到什么样的效果？当这些环节被确定后，标杆管理的目标和时机也随之明确了。

2. 组建项目小组

标杆管理会从战略层面渗透到具体工作活动的各个方面，不是个人或单一部门能够完成的，需要组织各个部门共同协作。因而要组建由多部门核心成员组成的项目小组作为项目实施的前提和基础。

这样的项目小组通常由5~10人组成最为合适，小组直接由组织高层来负责，成员需要涵盖研发、生产、市场和财务、服务及其他关键职能管理部门的人员。需要强调的是，项目小组中应有可以提供管理资源和操作层面知识的成员，以保障将标杆组织的实践经验能够最终应用到本组织的业务活动之中。

3. 形成标杆管理计划

标杆管理是一项持久的系统工程，必须从全局进行考虑以制订工作计划。要对工作的目标、内容、时间、资源配置和效果评估等各个方面形成纲领性的安排。

形成标杆管理计划的工作包括下列基本内容。

（1）阐明目的。这是必须清晰阐明的首要内容，包括标杆管理活动的背景、面临的问题、项目的主要目标、实施范围，以及活动全过程所涉及的相关行为规范、规章制度等。

（2）制订工作计划书。应该明确地规划好全程的工作项目、涉及的相关人、财、物、资源及其获取保障、活动的阶段性与最终产出、相关部门与人员的责任、相关活动与流程的进度安排，最后，还必须拟定整个活动相关的财务预算。

（3）专案管理。设计好整个活动各环节相关的报告体系、预先规划好项目的检讨资料、根据进度计划规划好进度报告的时间与内容要求。

（4）变革管理。分析整个活动可能涉及的利害关系人及其权益，并据此做好沟通计划；对可能出现的冲突设计处理预案；最后，还必须规划好整个活动的评估体系框架。

4. 确定标杆管理的范围

标杆管理是以标杆组织作为标准进行改进的。由于每个组织都具有其独特性，在进行标杆管理前就需要对本组织进行分析和诊断，探寻需要改变及需要保留的环节。事实上，一个组织的核心竞争力是无法通过标杆管理被复制的。

为确定标杆管理范围而对本组织进行的自我分析和诊断需要基于组织战略从上而下进行，要对组织的生产、供给、销售、人力资源、财务支持及硬件配置等各个方面都进行全面系统的梳理。需要进行改进的部分应避免遗漏，不需要调整的部分则应减少资源的浪费。

5. 树立内外部标杆

设置标杆是为了对组织管理活动进行实践指导。所以只要标杆能够对组织发展起到指导和参照作用，其选取的范围就不仅仅只限于企业内部或外部。事实上，以组织内部的部门作为标杆通常会有更好的激励效果，内部其他部门会更有信心和动力去赶超标杆部门。

然而，如果组织整体都缺乏好的绩效表现和管理措施，就需要寻求外部的卓越组织作为标杆。是否选择了正确的标杆将直接关系到标杆管理的成败。

外部标杆的选择通常可以基于三个基本标准：①在所关注的方面具有卓越表现的组织，或者发展迅速、经营成功的优秀组织，如国际三大质量奖体系获奖组织、世界 / 全国 500 强企业等；②与本组织有共同特征的组织，如处于相同或相似的行业 / 地域、具有相似的战略定位、组织背景、业务规模、核心业务、发展方向等，但是这些特征相关的管理实践必须是可以模仿和学习的；③直接选取主要的（潜在的）竞争对手作为标杆。

中国海洋石油总公司在开展标杆管理工作时，选择的标杆对象是世界排名第14位的挪威国家石油公司而非壳牌等排名第1位、第2位的企业。

中国海洋石油总公司的总裁傅成玉解释说："这就像赛跑，现在我是第20名，那么我追赶的对象首先不是第1名、第2名，而必须是第19名、第18名、第17名这样往上赶。而且，挪威国家石油公司在发展历史上跟我们有很多相似之处，而我们跟它的差距又很大，有可比性和可学性。"

标杆的选择与确立需要广泛听取多方的意见，是一个群策群力的过程，外部标杆的确定同样需要获得组织内部的支持和认同，由管理层人员与内部的关键部门共同协商，研讨标杆的可行性与可用性。

6. 进行标杆分析与比较

标杆是为组织活动提供行为指导的，需要充分地挖掘和分析标杆组织的工作数据。这些数据的来源是多方面的，既可以来源于组织内部的存档文件、作业记录及信息系统等，又可以来源于政府机构、行业协会、公众媒体、文献报告等方面。为了获取更为有效的数据信息，便于理解、消化和吸收标杆组织的实践经验，就需要建立竞争情报系统。

基于竞争情报系统的标杆分析与比较活动可以从人际层面、信息层面和作业活动层面三个层面进行。人际层面中，关注关键流程及其中各环节间的交互过程，要合理确定权责、公平布置任务并科学配置资源；信息层面中，要明确各业务活动间的信息内容及传递工具与方式；作业活动层面中，则需探究如何加强工作活动的效率，以制定相应的方法工具、制度规范等方面的保障措施。

具备大量有效信息是研究标杆组织所必要的，通常所能够获取的公开信息只能作为一种辅助，真实性和有效性都值得进一步探讨，更多具有价值的信息仍需要从实践中获取。

7. 确定标杆管理指标并分析绩效差距

收集和分析标杆组织的实践数据只是前期工作，必须从这些数据中挖掘具有价值的信息并凝练成行之有效的行动指导。基于标杆对结果进行分析，对数据进行比较，罗列各项工作需要改进的目标，最终确定管理改进指标体系，是标杆管理中最核心的步骤，也是最具挑战性的步骤。

建立标杆管理指标能够很清晰地了解自身与标杆组织的绩效差距，也更便于去探究和分析产生差距的原因，而产生这些差距的原因，正是组织竭力去避免的负面因素 。

标杆管理改进指标在相当长的时期内都是组织经营活动的指南针，也为后续学习改进奠定了基础。因为其指标内容须覆盖所关注的领域，所以要具备代表性和前瞻性。

8. 制订改革计划并实施

执行力是管理的关键所在之一。通过系统的分析与比较并设计得到合理的改进指标体系之后，就需要落实切实可行的实施方案。由于标杆管理可能会对组织运营产生革命性的改变，因而如何制订能够顺利实施的管理方案就成了标杆管理的"画龙点睛之笔"。

改善／改革计划应包含人事、预算、培训、所需资源、评估方法等基本要素，应该能反映小组成员关于"哪个实践活动应最先进行、哪个活动最适于在本公司开展"等判断。

美的电器公司以戴尔的供应商管理库存为标杆进行标杆分析后发现，占供应商总量15%的距离在三天以上车程的远程供应商是影响库存管理的关键。

于是美的在顺德总部建立仓库，再把这些仓库租赁给供应商，库存成本仍由供应商承担。这样美的公司的资金占用率降低了，库存成本也下降了。

9. 评估与重新校标

有效的管理都是强调持续改善、动态发展的闭环循环过程，标杆管理也不例外。在标杆管理中，评估与校标过程就是绩效管理逻辑中的评价与计划调整过程。组织需要持续地监控其学习改善的效果、阶段性地将自己的绩效与标杆进行全面的对照，然后对整个标杆管理活动的安排进行动态的调整。活动的目标及其权重设置、活动的范围、标杆的选择都是评估和调整的内容。组织可以根据各个领域的改进情况，分别调整它们的标杆管理策略。也就是说，在同一时期，不同的业务、不同的部门，可能具有不同的标杆管理目标、不同的标杆设置，以及不同的标杆学习与改善策略。毋庸置疑，标杆管理的评估与校标也是一个全员参与、广泛沟通的过程。

五、标杆管理中的常见问题

标杆管理逻辑清晰、原理简单，适用于几乎所有希望改进绩效的组织。然而，在具体应用过程中，仍然会出现一些偏差，导致难以获得期望的效果。

实施标杆管理的过程中比较常见的问题如下。

（1）高管重视不足。如果管理活动没有受到高层管理者的重视，那么部门与员工更不会积极响应和推动变革的进行，最终整个活动就会无疾而终。此外，一些组织进行标杆管理时未制订完善的计划，导致部门和人员工作没有头绪，不知应该做哪些努力和改变，也是导致高层管理者不重视的重要原因。

（2）对标杆管理的实质理解不清。标杆管理并不是依据标杆"照葫芦画瓢"，更不是"山寨"标杆组织，重点是设置有效的目标体系和改进计划。一些组织仅仅是复制了标杆组织的实践活动，却往往因为组织间的差异，使标杆管理得到的是"橘生淮北终为枳"的效果。也有一些组织害怕暴露自身的弱点，给标杆管理带来了重重阻碍。

（3）标杆确定出现偏差。一些组织对标杆的选择不合理，既有担心失败而过分保守的行为，也存在好高骛远的现象。很多组织将卓越企业及其"核心优势"作为标杆学习的对象，然而自身技术与管理能力远远达不到，或者试图索要卓越企业的敏感信息，必然难以得到期望的效果。目标设定具有偏差，管理活动的过程和结果也必然是无效的。

（4）重数据获取而轻对比分析。获取数据是相对容易的，获取数据只是前期工作，真正对组织的管理实践活动有指导意义的是从数据中挖掘有用的信息。一些组织得到了标杆组织的工作内容、流程结构、工作过程与结果数据之后，认为照搬照抄就可以取得成功，殊不知结果相差甚远。

（5）忽视员工的参与。管理活动是由全体成员参与的，并不是管理者唱独角戏而被管理者被动等待的活动。标杆管理尤其注重将标杆组织的优势进行"本土化"，这就更需要全体员工的参与。在诊断问题、确定标杆管理的目标和范围、分析差距及改善效果动态反馈等环节中，基层员工往往是对组织实际情况最了解的，因此一定要将员工融入标杆管理的全过程中。

标杆管理不是只进行一次的活动，标杆管理活动并不是一劳永逸的，需要通过阶段性的评估对活动目标和过程进行不断的调整，并动态地设置标杆、改善绩效、超越标杆，让绩效得到持续的改进和提升。

➤ 本章小结

目标管理是基于行为科学理论和科学管理而形成的一套管理制度，其基本思想是组织的一切工作者都应从组织战略出发，组织、部门及人员的工作活动都应服务于组织的基本战略，并始终与组织战略方向保持一致。因此，组织经营活动必须设置明确的目标，并被逐层分解为一系列阶段性、条块性的分子目标矩阵，分配给各个部门和岗位，作为其日常工作的引导，且定期将其部门和员工的工作进展与目标设定进行对照，对工作行为进行适时适当的调整。

目标管理强调人的主动性和能动性，强调广泛的参与和协商，强调个人的需求和组织目标之间的协调统一，认为这是形成不脱节的"目标—手段"关系链的基本保证。同时，目标管理也强调管理者需要给下属合理授权，以保证其工作能够获取所需的各类资源并实现员工的自我控制和自主工作，从而获得更好的激励效果。最后，目标管理还强调对结果的关注，上级管理者在关键的时间节点来审核约定成果是否产出来判断工作的成败，特别适合于对时效性强、不确定性高的工作，在生产管理、项目管理中应用非常广泛。

标杆管理是支持企业不断改进和获得竞争优势的最重要的管理方式之一。其基本思想是在了解自身的不足之后，针对性地选择合适的标杆企业进行学习与赶超，以不断提升核心竞争力并保持或扩大竞争优势。标杆管理通常以最优标准或最佳实践为标杆，但强调"最佳"的标准应该是"最适合"的，"最优"是可以学习、在特定条件下能够超越的最优；同时，该方法在强调对标杆进行深入分析的同时，对自身反省是同等重要的。

标杆管理的流程可以从逻辑上概括为计划、分析、整合、行动及正常运作五个阶段，其"设置标杆—分析标杆—设置学习/绩效目标—实现绩效目标—设置更高的标杆"的循环对应着目标管理的"设置绩效目标—实现绩效目标—设置新目标"。

标杆管理既具有目标管理的激励作用，也避免了目标管理中可能出现的短视行为，使其成为一种持续有效的激励工具，被许多组织有意识或无意识地应用于从组织战略管理到日常经营的各个方面。在管理实践中，标杆管理往往是与其他绩效管理方法配合使用的。

➤ 专业术语

目标管理　management by objectives

标杆管理　benchmarking

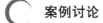

案例讨论

"目标管理评价"点燃员工工作激情

每天的生产晨会上，胜利油田油气集输总厂东营原油库分管副主任都会下达派工单，将每项工作落实到承包岗位技术员，由技术员负责施工过程的监督、指导，并对施工质量进行验收，合格后再由分管副主任进行综合评价。"油库实施现场作业目标管理评价，把分工、执行、反馈、评价等各个环节进一步细化，让我们操作人员更清楚地知道干什么、怎么干、干到什么程度，以奋发有为的精神状态投入到工作当中。"油库副主任国志刚深有感触地说。

不光在东营原油库，如今在总厂的各个系统、各个单位，都在开展目标管理评价，加强工作过程控制，各项管理工作更加科学、更加精细。

以前的管理评价，大多采用一次性集中评价确定等次，缺乏平时的工作绩效评价，制约了评价工作激励作用的发挥。为进一步挖掘潜能、减少内耗、激发活力，今年以来，胜利油气集输总厂注重对管理目标实现过程进行跟踪管理，在全厂范围内开展"目标管理评价年"活动，进一步规范总厂各项工作评价，形成更为完善的内部激励约束机制，最大限度地调动员工的主观能动性。

"我们通过目标管理评价，加强工作过程控制，让每个单位、每名职工都有属于自己的工作和发展目标，辅之以有效的督促指导和激励，变'要我干'为'我要干'，使各项管理工作更加科学、更加精细。"

明确的工作责任和发展目标，使职工的自我价值得到及时体现，产生发自内心的自豪感。目标管理评价的内容包括管理结果和管理过程两个部分，对管理结果的评价主要是针对既定工作目标的完成情况进行评价，对管理过程的评价主要是依据评价标准，针对工作措施和管理责任进行评价。重点看目标是否明确、方案是否科学、措施是否具体、责任是否清晰、监控是否到位、效果是否明显。评价的对象则按单位划分为科室部门、三级单位、基层单位、班组四个层面；按职能划分为管理人员、执行人员、操作人员三个层次。

目标管理评价活动开展以来，各单位各部门制定并完善了由上至下、环环相扣的目标评价体系。永安输油站以油田下达给总厂的硬性评价指标为主，把能够量化、便于评价的核心指标首先纳入评价范畴，辅之以其他管理性评价指标，将工作目标进行了纵向量化，分为岗位、班组、支部三个层级，建立了由员工、班组长、干部分工负责的"岗位目标管理评价卡"和"班组目标管理评价卡"，合理确定确保目标、力争目标和奋斗目标，逐级落实管理责任；将全站工作指标进行横向量化，分为支部建设、生产运行、HSE管理、成本管理等八个方面共49项工作指标，建立"全站目标管理评价运行表"，做到目标明确、措施量化、职责清晰。

在冬季生产的关键时期，东营采气队为每一口气井的产量设定达到目标、力争目标和完美目标，注重气井管理的过程是否完整、措施是否具体、执行是否到位、激励是否有效，以此为据查找气井限产因素，采取新工艺、新技术，培养长寿井、稳产井，有效控制老区递减。以陈12-X28井为例，该井设定达到目标为3 700立方米/日，力争目标4 200立方米/日，完美目标为5 100立方米/日。目前该井在定量排液的基础上，通过更换气嘴等措施，有效提高了稳气量，已达到完美目标。

及时、公开、公正、科学评价，激发了员工的工作热情。总厂还采用自上而下逐级评价、外委评价、自我评价的方法，认真落实评价责任，准确把握评价周期，确保评价工作的实效性。各单位、各部门把握评价重点，建立内部目标管理评价标准，规范评价程序，落实评价措施，提高管理效能。机关各科室通过工作日志平台，对每天的科室和个人工作情况进行留痕记录，用目标写实记录行为过程，促进目标实现。孤岛车队进一步完善了"自助一体化"评价管理平台，以一年为一个评价周期，将每名职工每天的任务完成、安全执行、成本控制等业绩指标进行累加，通过柱状图显示出来。一年365天，职工可以实时跟踪查询自己和他人各项工作的完成对比情况。谁出的车多、行驶千米数多，谁的安全执行好、谁的成本控制好等，通过目标"跟踪评价"图都可以一目了然，职工的自我价值也能得到及时体现。

为保障"目标管理评价建设年"活动的健康有序开展，总厂将拿出年度效益工资的5%~10%作为活动专项资金，按照评价结果发放。每季度总厂在公示栏中张贴评价结果，并对季度评价排名第一者授予"目标管理评价好"的流动红旗。把对各单位、各部门开展目标管理评价工作的评价结果，作为评价单位（部门）领导班子和领导干部年度工作业绩的重要依据，纳入领导干部经营承包责任制挂钩评价。

资料来源：中国石化新闻网，2013-02-17

思考题：

1.胜利油田油气集输总厂为什么要推行目标管理？推行目标管理有哪些作用？

2.从管理角度分析，目标管理有何特色？

3.胜利油田油气集输总厂是如何按照目标管理的程序来操作的？你认为在实际应用目标管理中还要注意什么问题？

4.你认为目标管理除在企业适用外，是否还适用于其他组织，如学校，机关、研究所等单位？请你设计一个实例进行程序操作。

➤ 思考与讨论

1.什么是目标管理？为什么目标管理可以用于组织和人员的绩效管理？

2.目标的制定依据是什么？如何保证绩效目标的正确性和有效性？

3.如何实施目标管理？请结合自己的学习和工作，叙述目标管理的实施过程及重点。

4.什么是标杆管理？为什么要实施标杆管理？什么样的组织需要实施标杆管理？

5.标杆企业的选择应该遵循什么原则？组织如何选择合理有效的标杆？

6.组织实施标杆管理的基本流程是什么？你认为影响标杆管理成败的关键在哪里？

第五章

关键绩效指标法

　　隆达公司是一家拥有80多亿元资产的国有大中型企业。公司的经营范围涉及家电、塑料、印刷、皮革、有色金属等行业，控股、参股经营的全资或合资子公司有70多家，公司现有职工20 000多人。近年来由于市场竞争日益激烈，公司的整体经济效益并不是很乐观。

　　公司总部由投资发展部、产权管理部、企业重组部、人力资源部等10个管理部门和组织部、党委宣传部等5个党政部门组成，在职职工100多人，平均年龄40岁以上，80%以上的人拥有中级或高级职称。随着市场竞争白热化，公司高层领导班子也逐渐意识到人力资源是企业发展最重要的第一资源，对企业的发展具有重要的作用。因此领导层锐意改革，大胆创新，不断采取一些现代化的手段来管理企业，激励人才。

　　近几年来，虽然隆达公司通过不断推进改革，使公司的经营管理水平有了一定的提高，但仍然存在不少的问题。例如，公司总部部门考核问题，公司以前的做法是月（季度）初由各个部门自己写本部门本月的工作计划，然后到月（季度）末在经理办公会上由企业高层领导评价每个部门的工作完成情况。由于考评目标没有量化并且是部门自己制定的目标，这种考核的结果常常是大家都很好，大家都不会受到批评，最多是由于出勤或值班缺勤问题受批评或惩罚。然而这种考核结果并不能衡量部门对公司整体发展战略的奉献，因而部门考核也就流为形式。由于不能量化、公正而客观地衡量每个部门的绩效，所以各部门的办事效率相当低下，人浮于事的现象很严重。

　　2012年年初，公司领导层制定了公司的"358"发展战略（即公司的3年、5年、8年发展战略）。在推行此战略时，却发现根本得不到各部门的有力支持。因此领导层痛下决心，决定重整各部门的业务流程，实施量化的绩效考核。经过各部门3

个月的努力，终于有了结果。公司推出了以支持公司"358"发展战略为核心的关键绩效指标考核方案，并且试行工作已全面启动。

思考题：

1.量化的绩效考核的优点体现在哪些方面？

2. 什么是关键绩效指标考核方案？

3.隆达公司在实施关键绩效指标考核方案时应注意哪些因素？

关键绩效指标法起源于英国。英国建筑业是国民经济的支柱产业之一，年产值约占其 GDP 的 10%，其建筑业项目中的绩效水平（project performance）广受关注。该国 1998 年发表的《重新思考建筑业》和 2002 年发表的《加速变革》两个重要报告都强调了工程项目绩效评价与改进的重要性，甚至还制定了全行业年平均绩效改进的具体目标。在这样的背景下，英国有关研究机构制定了关键绩效指标（key performance indicators，KPI）这一项目绩效评价体系，目的在于鼓励业主、承包商、供应商等工程项目参与方准确地评价自己的绩效表现，以便采取积极的措施，建立持续改进的文化氛围。关键绩效指标的研究从此开始，并在日后被广泛应用到各个领域中。

第一节　什么是关键绩效指标

一、关键绩效指标的概念

关键绩效指标是组织将战略具体化和明晰化的一种工具，它通过对组织内部某一流程的输入参数和输出参数的设定、监控、测量和分析，以量化的管理指标来衡量某一流程的绩效，反映控制变量超过或低于预定目标的程度，从而确定组织的关键成功因素。

作为一种重要的绩效考核工具，关键绩效指标结合了目标考核和量化考核的思想，在目标的层层分解中选取一些关键的、与组织目标的实现联系较为紧密的工作内容作为考核项目，使各级目标不会偏离组织的战略方向。考核的项目可以量化或行为化，可以很好地衡量部门或团队的贡献及团队中个人的贡献，从而起到价值评价和行为导向作用。组织的关键绩效指标与部门的关键绩效指标、个人的关键绩效指标相互联系，构成了整个组织的关键绩效指标体系（key performance indicator system，KPIS）。

关键绩效指标的含义，可从以下三个方面进行理解。

（1）关键绩效指标是用于评估和管理绩效的标准体系，它具有定量化和行为化的特征。定量化特征是指关键绩效指标必须要有明确的定义，且可以取得可靠和公正的数据，通过量化的数据分析结果来衡量绩效的优劣；行为化特征则是针对无法量化的指标而言，如果指标无法定量化，那也必须是可行为化的，通过关键行为的相关描述和有效对比，获知所衡量的绩效状况。因此，定量化和行为化是设定关键绩效指标的必要条件之一。

（2）关键绩效指标量化地描述了组织的关键成功因素状况，它通常用于衡量企业战略执行效果，是具体化组织战略和描述战略目标实现状况的一种手段。关键成功因素是指对组织成功起到重要贡献或起决定作用的因素，它在很大程度上决定了组织的成败。关键绩效指标是对那些真正驱动组织战略目标实现的关键因素的挖掘，为此它必须将个人绩效与组织目标联系起来，以组织的战略目标为导向，保证那些对战略目标起到增值和贡献作用的工作行为得到支持和鼓励。

（3）关键绩效指标是管理者与员工之间进行绩效沟通的基础。在制定、履行和评估关键绩效指标的过程中，管理者与员工之间需要就工作期望、工作表现、未来的发展潜能等方面进行交流和磋商，直至达成一致。这也是双方建立起相互信任、相互合作关系的过程。

关键绩效指标的理论基础是二八法则。二八法则是 1897 年首次由意大利经济学家帕累托在研究中发现的，因此也称帕累托法则。其核心观点为：在特定的群体中，重要的因子通常只占少数，而不重要的因子则通常占多数，反映在数量比例上，大体就是 2 ：8。只要控制了重要的少数，即控制了全局。二八法则运用在关键绩效指标中，即企业的价值创造过程中，存在 20/80 的规律，每个部门和员工 20% 的关键工作行为决定了 80% 的工作任务完成状况。换言之，管理者和员工应该将他们的关注重点放在 20% 的关键工作行为上。二八法则为关键绩效指标的选择指明了方向。

关键绩效指标体现了部门、团队或岗位对组织目标的实现起到增值作用的重要工作内容或维度，是绩效管理过程中对员工工作期望进行沟通、对绩效进行评价时的重要内容，即管理者从哪些方面定义对员工的期望及如何对员工的绩效进行评价。关键绩效指标取决于组织战略目标及部门与岗位的核心工作职责，在设定时通常包含两个部分：一是指标的内容，即选择工作中哪些重要的方面对工作绩效进行评价；二是指标的标准，即这些指标应该分别达到何种程度，以此来衡量绩效的优劣。在设定关键绩效指标时，指标的内容与指标标准是同时完成的。

二、关键绩效指标的常见类型

可以根据工作产出、指标的性质及表现形式对关键绩效指标进行分类。

1. 根据工作产出分类

根据工作产出，可以将关键绩效指标分为数量型指标、质量型指标、成本型指标和时限型指标四个基本类型。

1）数量型指标

数量型指标反映了工作量的多少，其数值大小随着总体范围的大小或工作效率的高低而增减，通过衡量各指标数量的多少可以确定绩效结果的好坏，如生产量、销售额、利润率、客户保持率、客户开发率等。

2）质量型指标

质量型指标是反映工作效果或工作质量的各种指标，它对于分析和挖掘各部门及人员的内部潜力有重要作用。常见的质量型指标包括合格性、准确性、创新性、耐用性等。

3）成本型指标

成本型指标反映了工作中耗费的成本多少，是从财务角度来衡量工作绩效的高低，如单位产品成本、投资回报率、成本节约率、折旧率等。

4）时限型指标

时限型指标从时间占用的角度反映各项工作效率的高低，如产品更新的及时性、推出新产品的周期、提前期、到货时间等。

2. 根据指标的性质分类

根据指标的性质，可以将关键绩效指标分为发展性指标、改善性指标和监控性指标。

1）发展性指标

发展性指标是基于组织战略规划的关键绩效指标，是基于对支撑组织战略的关键成功因素或关键产出结果的分析而设计的一种指标。发展性指标的作用在于以更为清晰和量化的标准，阐述组织的战略意图，并指明组织经营的方向与重点；评价该类指标合理性的标准在于指标能否与组织的战略变化紧密联系，是否能够支撑组织战略目标的实现。

2）改善性指标

改善性指标是面向组织经营改善的关键绩效指标。在组织经营过程中往往存在一些"短板"，这些"短板"虽然与组织战略没有直接联系，但是会制约战略目标的实现。因此，有必要针对这些"短板"选取关键绩效指标，进行阶段性的重点改进。在选择"短板"指标的过程中，可以与外部的标杆组织进行对比。

3）监控性指标

监控性指标是基于组织经营保障的关键绩效指标。该类指标主要起到监督、控制、维护的作用，如生产安全、产品质量指数、生产过程平稳性等指标。

3. 根据指标的表现形式分类

根据指标的表现形式分类，可以将关键绩效指标分为成就型绩效指标和标准型绩效指标。绩效既包括工作的结果，也包括达成工作结果的关键行为。对于很多工作而言，工作结果比较清晰，易于衡量，能够明确地界定"到什么时间完成什么目标"，这时成就型指标可以很好地描述绩效情况；而有些工作则没有明确可见的结果，特别是一些从事非业务部门或从事行政支持性工作的人员，其工作内容往往是重复性的、持续性的，没有明确的起止时间，很难规定在什么时间范围内完成哪些任务，因此在设定这类工作绩效指标时可以采用标准型绩效指标。两类指标的含义、适用范围和举例见表 5-1。

表 5-1　成就型绩效指标与标准型绩效指标

比较要素	成就型绩效指标	标准型绩效指标
含义	通过"在特定的时间点上应该达到怎样的结果、取得怎样的成就"来表示的绩效指标	通过"在持续性和重复性的工作中应遵循怎样的标准"来衡量的绩效指标
适用范围	从事有明确可见的结果产出的工作人员，如业务人员、销售人员、管理者、有特殊技能的专业人员等	事务性工作，重复性、支持性的职位，如秘书、行政事务专员、出纳、前台等
举例	1. 到 6 月底完成 600 万元的销售额 2. 将年度经营成本控制在 100 万元范围内	1. 报表的错误率低于 1% 2. 现金报销在 3 个工作日内完成 3. 电话铃响 3 声之内必须接听

资料来源：武欣.绩效管理实务手册.第二版.北京：机械工业出版社，2005

第二节　为什么要设定关键绩效指标

在绩效管理过程中，如何确保组织战略目标能够被有效地分解和落实而不产生偏颇和遗漏，是一个关键问题，同时也是一个难题。通常而言，组织的战略目标是一个概括性的整体目标，仅仅通过沟通并不能达到细化和分解目标的目的。特别是在沟通过程中，由于管理者的本位视角和理解误差，常常还会影响到沟通的有效性，进而影响到战略目标的分解和落实。为了解决这个难题，必须借助一些方法和工具。关键绩效指标体系就是有效途径之一。

关键绩效指标是以组织战略为依据，在衡量了组织战略的不同要求后，将组织内部各级目标与组织战略目标逐一挂钩，从而构建起一套完整的目标管理体系。例如，对于某一组织而言，"开发新的客户资源"是战略目标的一项重要内容，但是从哪些渠道开发，如何进行开发，怎样衡量开发的数量和质量，这些问题都有待明确。关键绩效指标为制定具体的、可操作的指标提供了依据。

关键绩效指标来源于组织战略，是支撑组织战略目标实现的关键绩效因素，它与一般的传统绩效指标是有区别的。

第一，关键绩效指标促进了组织战略的进一步细化。组织战略往往是概括性的或整体性的，而分解到各部门、各职位的关键绩效指标是短期的、具体化的、可操作的。关键绩效指标的制定过程也是对组织关键成功因素进一步挖掘和探究的过程。关键绩效指标的制定还有利于组织战略目标的执行。当关键绩效指标成为组织战略目标的有效组成部分时，它所衡量的工作绩效或产出将在组织战略目标的实现中发挥重要作用，这将推动组织战略在各部门得到切实的落实和执行。因此，当组织战略目标发生变化时，关键绩效指标必须随之调整或修正，否则将会产生工作的低效率甚至是负效率。而一般绩效指标往往与个人绩效联系紧密，与组织战略的相关程度联系较少。

第二，正是由于关键绩效指标对组织战略目标的关注，在关键绩效指标确定的过程中往往将财务指标和非财务指标相结合，既体现短期利益，又注重长期发展。关键绩效指标本身不仅强调了工作的结果，也体现了产生结果的过程。在指标的选取上，关键绩效指标不是对组织经营和运作中所有操作过程的完全反映，而是侧重于对重要经营活动、对组织战略目标有重要影响的关键经营绩效的反映，从而使高层管理人员和员工能集中精力处理对组织战略最有驱动力的工作任务，确保各层、各类人员努力方向的一致性。而一般的绩效指标则往往以财务指标为主，非财务指标为辅，注重对过去、短期绩效的评价和修正，缺乏长远的战略观。

第三，关键绩效指标是通过对组织战略目标的层层分解产生，它体现出目标管理的思想。指标分解的过程由上级和员工共同参与完成，它要求上下级人员对职位的工作绩效要求达成共识，是双方达成一致意见的最终体现。而一般绩效指标的产生通常是自上而下根据个人以往的绩效和目标而产生的，缺乏在绩效指标上的双向沟通。

第四，关键绩效指标是对绩效构成中可控部分的衡量。关键绩效指标在制定时必须达到可量化和可控制的要求，指标均有明确的定义和计算方法，反映出工作产出的直接可控结果。而对于不可控的环境或因素，则予以剔除。例如，在制定销售部门的关键指标时，市场份额属于可控指标，而市场规模属于不可控指标，相比而言，其衡量销售部门的市场份额更适合。

表 5-2 比较了基于关键绩效指标的绩效评价体系与一般的绩效评价体系的区别。

表 5-2　关键绩效指标体系与一般绩效评价体系的区别

比较要素	基于关键绩效指标的绩效评价体系	一般绩效评价体系
假设前提	假定人们会采取一切积极的行动努力达到事先确定的目标	1. 假定人们不会主动采取行动以实现目标 2. 假定人们不清楚应采取什么行动来实现目标 3. 假定战略的制定与实施与一般员工无关
考核目的	以战略为中心，指标体系的设计与运用都为组织战略目标的达成服务	以控制为中心，指标体系的设计与运用基于控制意图，也是为更有效地控制个人的行为服务
指标产生	通过在组织内部自上而下对战略目标进行层层分解而产生	通常是自下而上根据个人以往的绩效和目标产生
指标来源	基于组织战略目标与竞争要求的各项增值性工作产出	来源于特定的程序，即对过去行为与绩效的修改
指标构成及作用	1. 通过财务与非财务指标相结合，体现关注短期效益、兼顾长期发展的原则 2. 指标本身不仅传达了结果，也传递了产生结果的过程	1. 以财务指标为主，非财务指标为辅 2. 注重对过去绩效的评价，指导绩效改进的出发点是过去绩效存在的问题 3. 绩效改进行动与战略需要脱钩

综合而言，关键绩效指标具有以下优点。

（1）目标明确。关键绩效指标有助于根据组织的战略规划和目标来确定部门或个人的绩效指标，目标清楚、明确，为部门和员工确立了今后努力的方向。

（2）价值导向。关键绩效指标体现出组织内部管理流程的价值链服务质量。在内部工作流程上，上道工序是为下道工序服务的，某一部门或职位的绩效结果最终体现了对其所服务的内部客户与外部客户的价值贡献。

（3）高度参与。在关键绩效指标的实施过程中，下级不是被动的执行者，而是主动的参与者，这有利于员工对绩效目标的理解和执行，也有利于鼓励员工的工作积极性。

（4）关键可控。关键绩效指标是那些对组织、部门、职位业绩效果有着重大影响的关键性指标。管理者应定期对部门或个人的关键绩效指标进行评估，及时了解工作进度和完成情况，引导员工朝着正确的目标努力。

（5）反馈改进。根据设置的目标对下级的完成情况进行总结、反馈，及时发现潜在的问题并进行改进，适时地调整关键指标是关键绩效指标法的重要环节。通过监测与业绩目标有关的工作过程，使关键绩效指标始终关注组织战略目标的核心内容。

第三节　如何设定关键绩效指标

一、关键绩效指标的设计思路

1. 明确组织战略目标

设计关键绩效指标前，首先要有明确的组织战略目标。组织战略目标通常指向组织长远的发展方向，需要在对组织内外部环境分析的基础上，选定自身的发展方向和经营重点而最终形成。在长期战略目标的基础上，组织还需要结合自身的外部环境和资源能力，制订年度经营计划，确定短期战略目标。在确定组织的战略目标之后，需要对其进行分解和落实。根据目标管理的理论，组织的战略目标可以分为组织层次、部门层次和岗位层次的目标。自上而下的纵向目标分解要注重一致性，上下形成有机的整体（图5-1）。

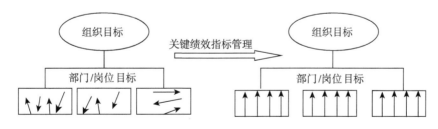

图5-1　明确的组织战略目标

2. 确定工作产出

组织的战略目标可以分解为每个二级部门的目标，然后再细分为个人的岗位目标。如果每个员工的岗位目标能较好地完成，部门目标乃至整个组织的目标就能很好地完成。界定个人、部门或团队的工作范围，明确每个部门或员工在一定时期内应该完成的工作任务、工作内容及工作产出，是设定关键绩效指标的基础。

确定工作产出可以以客户为中心。这里的客户不仅仅是指组织外部客户，还包括组织内部不同部门或岗位之间因工作产出的相互输入或输出而形成的内部客户关系。工作产出既表现为工作活动的结果，也可以表现为工作过程中的关键行为（当工作结果难以界定时）。

3. 分析关键监控点并建立关键绩效指标体系

关键绩效指标体系的设计有三种基本途径。

（1）内部导向法，即从组织内部，对组织愿景与战略为导向进行分析。一般通过寻找影响组织战略成败的关键成功因素，或分析组织各层级关键业务流程并描述其各环节的关键监控点，来设置系统的关键绩效指标。

（2）外部导向法，即从组织外部寻找绩效改进的参照点，常用的方法为标杆基准法。

（3）依据平衡计分卡框架（balanced scorecard）建立关键绩效指标体系。平衡计分卡的相关理论与方法将在第六章进行介绍。

需要强调的是，关键绩效指标的建立，不仅有赖于组织管理者和员工的共同努力，必要时还需要借助专家的作用。构建关键指标体系时，必须是在专家充分了解组织的战略发展目标、组织结构、组织内部机制的基础上，由组织的高级管理人员与专家一起决策产生。常用的决策方法包括头脑风暴法、目标分解法、因果分析法等，关键在于找出组织的业务重点，并以此确定重点业务领域的关键绩效指标，从而建立组织层面的关键绩效指标体系。在此基础上，在专家的指导下，进一步将组织的关键绩效指标加以分解，分解到各部门，形成部门关键绩效指标，再依次类推到个人绩效指标，这样，整个组织的关键绩效指标就产生了。

二、基于关键成功因素的关键绩效指标设计

关键成功因素法最初是用于信息系统规划与开发的方法之一，于 1970 年由哈佛大学教授 William Zani 提出，之后被广泛应用到组织战略管理等各个领域。

在组织经营过程中，总存在着多个变量影响战略目标的实现，其中若干个是关键的和主要的（即成功变量）。组织内部或外部经营环境中对组织战略目标的实现具有主要影响的这些变量或特征，就是所谓的关键成功因素 (key success factors，KSFs；或 critical success factors，CSFs)。通过对关键成功因素的识别，可以找出实现目标所需的关键信息集合，从而确定管理和开发的优先次序。

基于关键成功因素法设置关键绩效指标体系的基本流程为：①分析组织内外部环境，提出组织愿景（vision）、确定战略规划（strategy）；②分析各个战略目标（goal），识别每个战略目标的关键成功因素和影响这些因素的子因素；③为每个关键成功因素设定至少一个监控变量，即关键绩效指标；④设置各个关键绩效指标的权重与评估标准。

组织的关键成功因素通常可以分为外部因素和内部因素两大类。其中，与组织经营的外部环境相关的因素包括政治、经济、社会和技术四个方面，通常通过 PEST 分析等工具进行识别；而内部环境相关的因素则可以从人、财、物、产、供、销六个方面的流程管理进行分析。

基于关键成功因素建立关键绩效指标体系常用方法包括因果分析法、过程分析法及策略目标分解法等。

1. 因果分析法

因果关系是事物之间客观存在的一种基本联系。组织内部相邻层级部门或岗位之间的职能职责、工作目标都具有相关性，可以回答"为什么"和"怎么做"的问题：上级部门/岗位的目标是下属工作职责安排和工作控制点设置的依据，即为什么要做这些工作；而下属的关键工作任务完成则是上级绩效目标得以实现的基本条件，即怎么实现这些目标。鉴于此，对于特定的管理系统，为了得到期望的结果，我们可以反向追溯产生这一结果的原因（或诱因），并对这些诱因进行合理的控制。

辅助因果分析的一个基本工具就是因果分析图，也称鱼骨图或石川图，是 1953 年由日本的质量管理专家石川馨最早提出的。石川馨为了寻找产生某种质量问题的原因，发动大家谈看法、做分析，将群众的意见反映在一张图上，就形成了因果图。由于这种图反映的因果关系直观、醒目、条理分明，用起来比较方便、效果好，所以得到了许多组织的重视。

应用因果分析法设置关键绩效指标的过程为：①确定组织的战略目标（或分目标、子目标），并将其写在鱼骨的头上；②召集人员共同讨论导致该目标失败的可能原因（事件或行为），并尽可能多地列出；③把相似的原因分组、归类，在鱼骨上标出；④根据不同原因类型征求大家的意见，识别出重要的原因类型；⑤针对列出的主要原因类型，分别进一步讨论其产生的原因，并进一步对原因分组归类；⑥如此反复，当深入到一定程度，认为无法继续进行时，即可终止；⑦分别对各层次的原因项设置指标，作为相应事件或行为的监控变量，形成分层的指标体系。

例如，某企业的战略目标之一为"实现细分市场的领先地位"，则可能导致战略目标失败的原因很多。对各层级人员因头脑风暴法得出的影响因素进行筛选，得到相对比较重要的若干个原因之后，按照相关性进行归类，可以得到如图 5-2 所示的因果分析图。从图中可知，该企业这一战略目标的关键成功因素包括市场影响力、研发能力、人力资源、盈利能力、供应能力、客户服务，以及流程与 IT 支持，而各关键成功因素的监控指标（关键绩效指标）则分别体现在二级因果关系上，如对于市场影响力这一关键成功因素，可以通过市场占有率、销售网络规模和品牌声誉等指标进行描述和监控。

当因果关系比较明确，或者头脑风暴法不是很有效的时候，也可以直接从战略目标出发进行从上至下的分析，逐层找出对上一级目标提供支持的行为或方法，提炼为监控指标，也可以形成一个完整的鱼骨图。这其实也是目标管理方法的思路。

图 5-2 因果分析图

2. 过程分析法

关键绩效指标体系的建立也可以通过分析组织的关键业务流程来完成。

组织的一切活动都应该围绕组织战略目标的实现而安排,并通过相关的管理和业务流程来体现,组织内部各部门分别负责这些流程的某些具体过程或环节。为了保证组织战略的高效实现,必须设置相关的监控变量对关键流程的关键环节进行有效的监控,这些监控变量就分别对应为责任相关部门的绩效指标。进一步将各部门承担的流程任务或活动深入展开,落实到各个相关岗位,则可以得到岗位任职者的绩效监控指标。

应用过程分析法确定关键绩效指标的常用工具是"what-how"矩阵。

例如,某个企业的战略分解目标之一为"提高客户满意度",该目标又可以具体化为"快速、低成本满足客户对产品质量和服务的动态需求",即在成本、反应速度、产品质量、服务质量等维度进行关键控制。该目标对应的 核心流程之一为产品生产,包括"产品开发—产品加工—产品交付—产品安装"等关键环节(或活动)。为了保证该流程全过程能够符合战略目标的要求,必须对各关键环节分别在目标要求的维度上进行有效监控。例如,设置流程监控要求(监控点),如表 5-3 所示。

表 5-3 基于组织的核心业务流程设置关键绩效指标(示例)

组织目标:提高客户满意度
目标分解:快速、低成本满足客户对产品质量和服务的动态要求

流程要求 / 流程目标 \ 关键流程	产品开发	产品加工	产品交付	产品安装
高质量	产品设计科学	加工合格率高	发货准时无差错	安装效果好
低成本	应用技术成熟	物料损失小	物流成本低	安装成本低
优服务	—	—	—	人员技术/态度好
快速反应	开发周期短	生产柔性高	准时交付率高	安装及时性高

进一步,需要对关键流程的落实情况进行监控,明确不同部门或岗位在该流程

各环节中的责任与要求。例如，在上例中的产品开发环节涉及该企业的市场部、信息部、财务部、技术部等部门，它们各自都必须承担起相关的任务，并分别在质量、数量、时间、成本等方面达到相应的要求。基于这些任务与要求，可以设置对应的监控点实现对其工作过程的指导与控制，如表5-4所示。针对每一个监控点，可以设置具体的指标来描述绩效状况，即为各部门的关键绩效（监控）指标。

表 5-4　基于工作过程的部门关键绩效指标设置（示例）

产品开发环节（子流程）	业务流程中各部门所承担的角色			
职责 监控点举例 绩效维度	市场部	信息部	财务部	技术部
	预测市场变化，制定市场策略	营销数据收集、市场测试	费用预算	产品设计与测试
质量	预测准确性 策略正确性	数据准确性	预算准确率	设计方案合理性
数量	市场需求分析报告的频率	提供数据量	预算数据及方案完整性	提供可行方案数量
时间	预测及策略调整的及时性	数据报表及时性	预算报告及时性	设计时间
成本	市场分析与营销成本	数据获取成本	总成本控制率	研发成本

当基于组织的核心流程得到各部门的关键控制指标之后，需要将这些控制指标进一步落实到具体的岗位，同样可以借助于"what-how"矩阵，结合各岗位的职责分工来实现。例如，对于上例之中的市场部，其部门指标的落实过程如表5-5所示。

表 5-5　将部门的关键绩效指标落实到相应岗位（示例）

产品开发子流程（市场部）		部门职责		部门内职位职责			
				职位一		职位二	
流程环节	指标	产出	指标	产出	指标	产出	指标
发现客户问题，确认客户需求	发现商业机会	准确发现和预测市场变化，制定市场策略	产品市场占有率	市场与客户研究成果	需求分析报告频率	制定出市场策略，指导市场运作	产品市场份额增长率
			销售预测准确率		需求预测准确率		销售收入增长率
			营销成本		市场调查成本		销售毛利率增长率
			产品市场领先周期		领先对手提前期		客户满意度

过程分析法需要对组织的各个关键流程进行深入分析和逐层分解，每个流程的各个环节都在不同层级的部门和岗位产生一系列监控指标，形成一个相对庞大的监控指标体系，因此分析工作量相对较大。

3. 策略目标分解法

策略目标分解法是通过对组织业务价值树的分析，对组织战略方案和计划进行评估，按照它们对组织价值创造的贡献大小进行排序，分别建立组织的价值体系，并以此找出组织中数目有限的关键战略价值驱动因素，进而确定关键的岗位和部门。如图5-3所示。

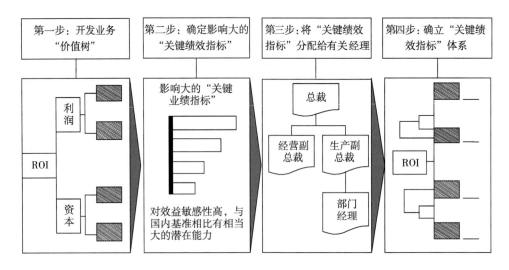

图 5-3　基于业务价值树确定关键绩效指标

资料来源：杨飞 . 绩效管理案例与案例分析 . 北京：中国劳动社会保障出版社 , 2008

在采用不同方式得到初步的关键绩效指标之后，往往还要根据组织的经营环境现状与策略部署，从中甄选部分指标，形成最终的关键绩效指标体系。一般来说，同一个时间阶段内，每个绩效管理对象（组织、部门、岗位）的关键绩效指标数量以 5~8 个为宜，最多不宜超过 10 个；或者说，应确保每个关键绩效指标的考核权重不低于 5%，否则将导致管理资源和人员精力的分散，而且也无法体现战略重点，失去"关键"的指导意义。基于"二八原则"进行关键绩效指标筛选是一个比较常用的策略。

关键绩效指标体系中，组织级关键绩效指标的制定尤为重要，因为后续的关键绩效指标均依据组织级关键绩效指标来制定，若组织级关键绩效指标不合理，将导致后续的关键绩效指标可操作性差，影响组织的绩效管理。因此，组织级的关键绩效指标制定，一定要经过深入调查、分析及论证，要与组织的现实状况和发展战略相适应。

在设计合理的关键绩效指标体系中，相邻层级的关键绩效指标之间都自然具有内在的关联性，在逻辑上形成一种基于组织战略的树状结构，为组织的绩效监控与诊断提供了有力的支持：管理者可以很轻松地对体系中表现不佳的任一指标追溯其问题根源，并采取相应措施予以改善和根除，从而使"管理驾驶舱"成为现实，并已在很多组织的信息系统中得到应用。

三、关键绩效指标的审核

在实际操作中，并不是经过因果分析和过程分析得到的指标都是关键绩效指标。对于组织绩效管理来说，同时监控过多的指标并不是有效的；事实上，由于组织经营环境和经营策略的经常性变化和调整，即使曾经有效的关键绩效指标，在特定的时间阶段可能不应该再作为关键绩效指标来进行监控了。

判断一个指标能否作为关键绩效指标，除了检验其是否满足 SMART 原则之外，还要对其进行以下方面的考察，以确认其满足战略性、实操性等方面的要求。

（1）指标要求的内容是否与整体战略目标相一致，如是否与特定的战略目标相联系，如何支持战略目标的实现等。

（2）指标是否可控制，如指标考察的结果是否有直接的责任归属，绩效结果是否能够被考核对象基本控制等。

（3）指标评价结果是否可信，如是否有稳定的数据来源支持该指标的评价，数据处理是否会引起关键绩效指标计算的不准确，用于评价的源数据是否可被操纵等。

（4）指标评价是否可行，如指标评价数据能否低成本获得，有关指标的数据是否可以直接从标准报表上获得，获取指标的成本是否高于其价值等。

符合 SMART 原则且经过可行性检验的指标具备成为关键绩效指标的基本条件，但还要对这些指标结合部门或岗位的实际进行整体性的审查。一般来说，岗位的层级越高，其绩效目标和指标就更多地体现为团队的目标和指标，关键绩效指标的结构就应该更多地关注结果；反之，对于层级较低的部门和岗位，其绩效目标来源于由战略层层分解的部门目标，更多地体现对业务执行流程的支持及对流程终点的贡献，其绩效指标更多地来源于职位应负责任，体现对业务管理流程的支持或对部门管理的贡献，因此关键绩效指标体系的构成应该对工作行为和过程给予更多的侧重。

经过以上检验和审查过程得到的指标需要提交绩效管理有关各方人员确认，然后经相关主管部门审定，最终成为组织的关键绩效指标体系。

四、关键绩效指标设计中的常见问题

在审核关键绩效指标时，常会发现在设定关键绩效指标时会出现一些共性问题。

1. 关键绩效指标与战略目标脱节

组织实施关键绩效指标绩效管理的目的是要通过量化的关键绩效指标有效地诠释战略，提高组织绩效。但是如果关键绩效指标设计与战略目标脱节，就会出现虽然各部门和个人的绩效目标完成得很好，但是组织整体绩效不佳，战略目标未能有效实现的情形。如果部门过于强调自己的专业地位和贡献，就会使部门领导者偏离组织的总体目标，部门的努力就会变为离心力。

T公司是一家空调制造商，其成功战略是不断改进产品质量，准时把产品交付给客户，因此对优质的原材料、更准时的交货时间和更高的生产效率等目标非常关注。

该公司的采购经理已有15年的采购经验，他认为采购部门最重要的职责就是为公司节约资金、降低成本，因此在选择材料供应商时偏向于价格低的供应商，这不可避免地带来了产品质量的风险。但是该经理认为，采购部门节约了成本，自己的关键工作目标就达到了。

2. 关键绩效指标基于错误的增值产出

关键绩效指标体现了对组织目标增值的部分，是针对组织目标起增值作用的工作产出设定的，因此设定关键绩效指标首先要明确工作产出。一般而言，定义工作产出应首先考虑最终的工作结果，在难以界定工作结果的情况下也可以考虑工作中的关键行为，作为绩效考核指标。关键绩效指标设计的一个常见问题就是增值工作产出分析错误，表现为设定的工作产出不能反映工作活动的增值作用，或者是遗漏掉重要的工作产出，由此导致关键绩效指标缺陷。

M设计公司对其研发人员进行绩效考核时，将新产品的价值评估高低作为考核的指标之一。而实际上，研发人员的研发工作结果不是当时就可以检验出来的，有的产品价值往往需要半年甚至更长的时间才能在市场上得到验证。这样的指标看似合理，实则无法衡量。

为了使增值产出衡量起来更加有效，可以选用工作行为指标，如研发过程中的技术资料、技术文档的质量。研发工作是一项持续性的活动，如果一个研发人员的工作能够为后续的研发留下有价值的技术资料，就可以认为他的工作为企业带来了增值行为。

3. 关键绩效指标数量过多或过少

关键绩效指标设计的理论基础是"二八原则"，因此关键绩效指标是对组织经营活动有着重大影响的、对组织战略目标实现起着关键作用的绩效指标。有些组织在设计关键绩效指标时，为了防止遗漏，指标设计非常详细，认为这样能够有助于全面考核。但是，关键绩效指标数量过多，一是无法突出关键所在，二是造成绩效评价时考核难度增加，耗时太多，无谓地增加了考核的成本。反之，过少的指标容易造成指标的权重过大，无法公平、合理地反映被考核者的工作结果。

N机械制造公司在设计关键绩效指标考核系统时，对生产加工部门及其内部岗位分别设置了10个以上的指标，指标权重最高的不超过20%，而权重最低的仅为2%，多数指标的权重都低于10%。员工对此颇有怨言，感觉在工作中事无巨细地都受到监督，自由度太低，而且最终考核结果也不能有效地反映真实情况。

事实上，当指标权重低于5%时，就已经失去了应有的指导意义和约束作用。

4. 关键绩效指标不可量化

可量化是关键绩效指标在设计时应注意的一个重要原则。关键绩效指标有定量和定性之分，在实际设计关键绩效指标时，要尽量使用定量指标；即使是定性指标，也要具有可操作性，通过设计可供实际测量的软指标量表来对定性类的指标进行评估，否则在操作时受到主观因素的影响较大，无法客观反映被评价者的真实绩效水平。有的指标虽然表面看起来可以量化，但追溯起来发现量化的数据采集成本过高，这样的指标也是不可取的。有些职位在设定关键绩效指标时，指标不可量化、缺乏可操作性，用这种考核指标来衡量绩效，既不能提升业绩，也无法实现客观评价，是管理成本上的一种浪费。

L公司对部门经理职位的一项绩效指标的考核内容和标准设定如表5-6所示。

表 5-6 考核内容和标准设定

指标描述		考核方式	考核结果	考核分数
内容	考核标准			
年度部门工作计划	有计划并切实可行，能积极推动该部门的进步	部门分管上级初评，企业绩效考核委员会负责审核、总评	优	100
	有计划但无操作性		中	60
	没有计划		差	0

这里，考核标准"有计划并切实可行，能积极推动该部门的进步"基本上无法衡量，因为主管领导在审核部门年度工作计划时，在计划执行前无法对计划是否"切实可行"做出客观判断；而"积极推动该部门的进步"这样的描述更是无法测量，因为"进步"到什么地步，推动了多远，积极到什么程度都没有量化的标准。

5. 关键绩效指标的标准设置不合理

在实际操作时，关键绩效指标标准的设定是个难题。关键绩效指标标准的设置有基本标准和卓越标准之分。要求过高的指标形同虚设，容易打击员工的工作积极性，而过低的指标则不能产生激励作用。指标标准的选择必须与组织的成长预期、行业内竞争状况及员工自身特性等因素结合起来。因此，要实现绩效评价的客观公平，就要在指标的标准和难度上做出科学的描述。一些岗位没有找到有难度、有挑战性的指标，部分原因是指标分解得不够细致，或者是浮于问题的表面，缺乏系统深入的思考和分析问题的工具。

企业中不同的职能部门其工作任务完成的难度和标准是有差异的。如果在绩效评价中不能合理地反映这一差异，则容易产生不公平感，如一些企业在对业务部门进行考核时，往往用"实收账款"、"新产品销售增加额"等指标来考核销售业务人员，而对职能部门考核时，往往采用"报表上报及时率"、"招聘完成率"等指标。从考核结果看，后者的考核难度较低，容易完成，因此经常被评为"优"。而销售业务人员则承担着来自市场变动、竞争对手、经济形势等巨大风险，往往不易完成任务。而且，如果业务人员完不成指标，奖金没有了；而完成了指标，则可能意味着明年的任务更重。

6. 关键绩效指标缺少维护

一般而言，一套合理的关键绩效指标设定后应该适用于组织的整个经营周期，但这并不是说，关键绩效指标设定之后就具有刚性，不可改变。实际上，关键绩效指标库是在组织发展战略的基础上建立的。组织的发展战略不断变化，也要求对关键绩效指标库不断完善和调整。如果组织不花时间和成本对关键绩效指标库进行及时更新调整，考核的指标没有随组织战略的发展而变化，组织的绩效管理必然达不到预期效果。

W公司数年前花大力气从外部聘请了专业的咨询公司为其量身定做了一套关键

绩效考核指标体系。该考核体系运行后，从小范围试行到最后在全公司推广，取得了较好成效。考核体系调动了员工的积极性，各部门的业绩和表现有了很大程度的转变。但是自去年以来，公司的经营环境发生了很大的变化，由于国外竞争对手的激烈竞争，产品的市场占有率一直下滑，公司准备进行产品结构调整，随之而来的就是岗位和人员的变动。原有的关键绩效考核指标就显得不那么适用了。

7. 关键绩效指标过分细化

构建关键绩效指标时，设计者存在的一种误区是认为指标应尽量细化，而实际上过分细化会导致指标并不完全指向影响组织价值创造的关键驱动因素，反而削弱了关键绩效指标的目标导向性。同时，过分细化的指标还会直接带来考核工作量加大、管理效率下降、管理成本上升等弊端。

X公司对办公室文员设定了一个考核指标"办公用品发放态度"。之所以设置这一指标，该公司相关人员的解释是：办公室文员的主要工作是处理各类办公事务，其工作结果难以用定量化的指标衡量，因此尽量从行为化的角度设置考核指标，以评估其工作质量，而办公用品发放是其日常工作内容之一，为了达到指标的具体细化要求，设置了这一指标。而实际上，"办公用品的发放态度"虽然可以用来衡量办公室文员的工作结果，但对于企业价值创造而言，它并非是关键成功要素；对于所在部门而言，也并非是影响部门绩效的重要因素，因此将该指标列为关键绩效考核指标并不合适。

8. 关键绩效指标遗漏问题

可度量原则要求所提取的关键绩效指标应该尽可能量化，但如果过于追求可度量原则，则可能会导致一些重要的指标被排除在关键绩效指标系统之处，因为并非所有的绩效指标都能够量化。有些岗位的绩效指标不易量化，过分强调可度量原则可能导致在设定关键绩效指标时数量不足，无法完整、充分地反映其工作内容。

Y服装企业在设定人力资源部培训专员岗位的工作内容时，将其主要工作内容归结如下：①员工培训需求的调查分析；②组织员工按时参加培训；③对培训的效果进行调查评估；④归纳、整理和维护员工的培训档案。这些工作内容，有些是易用量化的指标来衡量其工作结果的，如培训项目的参与率、培训计划的完成率、培训课程的满意度等；但是有些指标是不易量化的，如培训需求调查预测的准确程度、员工培训档案整理的完备程度等，这时如果采用行为化的指标形式可能更为合适。

9. 关键绩效指标权重"避重就轻"

在设计关键绩效指标时，往往要使用权重设计。为指标设定权重，一方面便于将不同的指标加以综合；另一方面也通过权重的高低来反映指标的重要性，以完整、全面地体现岗位工作内容的重要性。如果在权重设计时出现了偏差，那么真正的考核重点就无从实现，反而还会做出错误的目标导向。

K企业在构建关键绩效考核系统时，根据企业的战略目标，将考核指标由高层逐步向部门、团队、个人进行逐层分解，并要求各部门及员工按照分解后的指标体系，初步划分指标的权重，作为参考。在实际操作时，有的员工在设置权重时采取"避重就轻"的做法，反向操作，即给重要程度高的指标赋予了较低的权重，给重要程度低的指标赋予了较高的权重，甚至有的主管也如此操作。调查后发现，员工这样做的缘由是"为了避免以后考核时总分太低"，而主管则承认是"为了避免自己部门的员工在收入上承受损失"。

10. 关键绩效指标考核周期过短

关键绩效指标的设计者易犯的另一种错误是将考核周期设置得过短。这种错误的产生原因是忽视了绩效指标的多样化的特点。实际上，有些绩效指标是短期内能看到成效的，适合采用月度考核的方式，而有些指标则需要较长时间才能看出成效，考核周期应设置为半年考核一次，甚至一年或两年考核一次，如果考核周期设置得不合理，不仅会增加绩效评价的成本，而且也会造成员工的"考核疲乏"，考核反而没有成效。

H学校为了衡量教职工的工作质量，为教师系列和行政人员系列分别建立了绩效考核体系。对于教师岗位，设置了每月考核和年度考核的考核计划。每月要求上报教师的教学工作状况，年底再进行一次综合评价；对于职能部门的工作人员，则要求每周上报工作日志，以了解行政人员的工作状况。考核制度出台后，遭到了大多数教职工的反对。教师们认为，日常教学只是教师工作内容的一部分，而科研工作和其他的学生指导工作无法在每月考核中体现出来，月度考核达不到应有的效果。而行政人员每周的工作日志则流于形式，大家认为每周的工作内容相差无几，写工作日志是在浪费精力。

表 5-7 列举了设计关键绩效指标时的另一些常见的问题类型及纠正和解决这些问题的基本方法。在筛选指标的过程中考虑指标的审核标准就可以有效地规避这些问题。

表 5-7　设定关键绩效指标时的常见问题及解决方法

常见问题	问题举例	解决或纠正方法
错误的增值产出	对于一个为客户提供特定服务的被评估者，没有任何工作产出表明客户满意的结果是什么	1. 增加漏掉的增值产出 2. 去掉与工作目标不符合的工作产出
将工作活动与工作结果混淆	1. 参加的会议 2. 与某人的谈话	识别出这些活动的结果对组织的增值贡献，并把这些贡献作为增值产出
工作的产出项目过多	列出了 15~20 项的工作产出	合并同类项，把一些工作产出归到一个更高层的类别
绩效指标无法被证明和评估	1. 评估工作的质量 2. 评价难以量化的结果 3. 与其他个体或团队发生关系的行动	1. 决定谁可以对工作结果进行判断 2. 识别评估者做出判断的关键因素 3. 列举出评估者通过观察到哪些行为来说明绩效达到期望的标准
评估指标不够全面	对某项工作产出可以从质量、数量和时限几个方面进行衡量，而在关键绩效指标中仅仅给出了数量标准，如"发展客户的数量"	设定针对各个方面的全面的绩效指标
难以对绩效指标进行跟踪和监控	1. 在电话铃声响三声之内接听电话 2. 正确回答客户问题的比率	1. 采用抽查的方法跟踪行为 2. 如果跟踪"正确率"比较困难，那么可以跟踪"错误率"
绩效标准缺乏超越的空间	绩效标准中使用"零错误率"、100%、"从不"、"总是"、"所有"等	如果 100% 正确的绩效标准确实必须达到，那么就将其保留；如果不是必须达到的，就修改绩效标准以留下超越标准的空间

第四节　如何应用关键绩效指标法

一、应用关键绩效指标法应注意哪些问题

关键绩效指标可以使部门主管明确部门的主要责任，并以此为基础，明确部门人员的绩效需求。有效应用关键绩效指标法进行绩效管理，必须在管理理念、方法理解、实际操作三个层面进行深入的理解。

首先，关键绩效指标法是一种战略绩效管理方法，是基于组织战略定位与导向、围绕组织战略目标的实现而对各级部门和人员的行为进行引导与规制，并实时检验战略目标的实现情况，其重点在于行为的引导。因此，关键绩效指标体系不能简单地理解为一个考核评价指标体系，而应该是一个包含目标、标准及为了实现目标达到标准而制订的一系列行为计划与管理制度的完整管理体系。

其次，建立关键绩效指标体系并不是唯一的工作目标。在建立关键绩效指标系统时，各部门主管、岗位的任职人员要对关键指标的选取、指标标准的制定、考核的周期、评估的方法等进行双向交流和沟通，这一过程也是组织的各部门负责人、各岗位任职人员正确认识其所在单位对组织绩效的价值贡献的过程。通过充分的沟通和商讨，各部门、各岗位人员能够明确各自需要达成的目标及其对组织绩效实现的重要性，这不仅能够让组织上下产生强烈的绩效意识和责任感，也能够为全体员工建立起明确的目标导向指引，围绕绩效目标开展工作。

再次，各部门及各级岗位人员应树立对关键绩效指标的正确认识：①关键绩效指标是指标而非目标。关键绩效指标表现为具体的可衡量的指标，但是这些指标能够反映出各部门和各岗位人员的绩效贡献，因此关键绩效指标有着明确的目标导向。②关键绩效指标具有阶段性、可变性。由于组织在各阶段的目标或工作重点不同，要衡量的业绩重点也有所不同，因此关键绩效指标并非是一成不变的，包括其权重的设计也存在可变性。③岗位员工的绩效指标与组织关键绩效指标并非直接相联系。在进行关键绩效指标分解时，越到基层岗位，关键绩效指标就越难与岗位相连接，因此岗位员工的绩效指标并不一定是从部门关键绩效指标中直接分解得到的，但它一定对部门的关键绩效指标有贡献。④量化的关键绩效指标可通过数据衡量，定性的关键绩效指标则通过行为化的事实描述来衡量。一般而言，越到高层，关键绩效指标越侧重于工作结果，越到基层，关键绩效指标越侧重于工作行为。

最后，在基于关键绩效指标进行绩效管理的过程中，要注意以下几点。

（1）关键绩效指标的实施首先要有一定的支持体系，只有具备了相对完善的支持体系，关键绩效指标的效用才能得到有效的发挥。

（2）关键绩效指标的实施应培育以绩效为导向的组织文化为前提。实施关键绩效指标考核要求员工能够面对差距，敢于竞争和创新，不断挑战自我。这要求组织建立追求优异绩效的组织文化，通过组织文化引导员工的行为，建立绩效导向的工作氛围。

（3）应明确直线部门的绩效管理职责。绩效管理不仅仅是人力资源部的职责，各直线部门的管理者必须承担起实施关键绩效指标的职责，人力资源部则应做好相应的服务、咨询、监督和指导工作。

（4）需建立必要的绩效沟通制度。在实施关键绩效指标的过程中，应建立起必要的绩效沟通制度，管理者要与下级不断沟通，及时发现工作中的不足，促进绩效的改进和提高。

二、关键绩效指标的应用示例

1.关键绩效指标应用示例一：基于岗位职责的关键绩效指标体系

基于岗位职责的关键绩效指标设计主要是依据职位说明书，明确工作流程和岗位的工作职责，据此找到各项工作职责的可衡量指标，分析和提炼关键绩效指标，并采用适当的方法设定权重。最后，对关键绩效指标进行定义，并明确关键绩效指标的统计方式。

基于岗位职责确定关键绩效指标体系，应符合以下几个基本要求。

（1）以职位说明书为基础，详细了解该岗位工作内容并找出主要工作内容。

（2）在能够反映被考核者绩效的所有评价指标中，选择 3～5 个最重要的作为关键绩效指标。

（3）设计关键绩效指标时应兼顾公司的长期目标和短期利益的结合。

（4）选择的关键绩效指标应包括对工作业绩产生重大影响和占用大量工作时间的工作内容。

在制定岗位关键绩效指标时应采用硬指标和软指标相结合的方式，对被考评者进行全面评价，以有助于衡量被考评者的全面绩效。其中，硬指标是以统计数据为基础，把统计数据作为主要评价信息，通过计算公式获得最终的数量评价结果的指标；软指标则是由评价者对被考评者业绩做主观的分析，直接给被考评对象进行打分或做出模糊评判的业绩评价指标。软指标评价完全是利用评价者的知识和经验做出判断和评估，易受各种主观因素的影响。根据被考评者不同，应该调节硬指标和软指标在整个工作业绩评价体系中的权重，制定出适合被考评者的评价指标。

基于岗位职责的关键绩效指标的设计流程如图 5-4 所示。

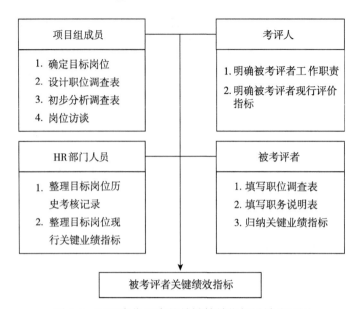

图 5-4 基于岗位职责的关键绩效指标设计流程图

资料来源：杨飞．绩效管理案例与案例分析．北京：中国劳动社会保障出版社，2008

以某公司发展规划部经理岗位为例。该岗位的职位说明书如表 5-8 所示。

表 5-8 发展规划部经理职位说明书

岗位目的	前瞻性地研究集团未来发展方向，为集团未来发展决策提供依据，并协助实施集团发展战略的规划项目
岗位职责	1.负责集团相关的行业研究、政策研究 2.负责集团发展战略的制定和具体的发展目标的策划 3.协助设定集团年度的经营目标 4.负责重大投资、资产重组决策论证与参与谈判 5.集团资产结构、产业结构、产品结构评价及调整优化方案的制订 6.参与财务管理部制订中长期财务规划与资金预算、业务计划 7.参与集团资本运作、资产经营的分析与评估 8.制定对所属业务领域业务人员的专业培训要求 9.协调与有关外部管理部门、各子公司的关系 10.全面负责部门日常管理工作，并协调部门内各岗位人员的分工合作
岗位技能要求	1.深厚的专业技术基础 2.丰富的财务、金融、税法等政策法规方面的知识 3.丰富的企业管理、战略规划等方面的知识及管理能力 4.较强的沟通能力和写作能力 5.团队协作精神
岗位资格要求	1.经济管理类本科以上学历，MBA 尤佳 2.5 年以上工作经验

基于岗位职责要求，提炼发展规划部经理的关键绩效指标如表 5-9 所示。

表 5-9 发展规划部经理关键绩效指标组成表

关键绩效指标	考核周期	考核分值 / 分	关键绩效指标说明	权重 /%	计算方式	信息来源	考核目的
投资绩效	半年	100	实际净资产回报率 / 计划净资产回报率（用 A 表示）	40	$A < 90\%$，0 分；$90\% \leq A \leq 105\%$，每增加 1% 加 1 分；$A > 105\%$，150 分	财务报告	建立资产投资回报制度，控制投资决策风险

续表

关键绩效指标	考核周期	考核分值/分	关键绩效指标说明	权重/%	计算方式	信息来源	考核目的
集团公司战略规划报告	一年	100	（略）	30	（略）	提交战略报告	强化集团战略目标，使战略规划具有指导意义
费用指标控制率	半年	100	实际费用/费用额度	10	控制率≤100%，100分，每超支1%，分值减少10分	财务部财务报表	有效控制费用的使用，保证各部门职能的正常发挥
部门年度运作报告	半年	100	完成率100%	10	A=100%，100分；70%≤A≤100%，60分；A＜70%，0分	本部门的报告	加强对公司管理流程的规范化运作
员工培训及管理	半年	100	考核本部门员工培训计划的实施情况	10	完成计划培训次数，100分；缺少一次，90分；缺少两次，80分；缺少三次，50分；缺少四次，0分	人力资源部门	保障满足各岗位的基本要求，提高员工的素质能力

资料来源：杨飞. 绩效管理案例与案例分析. 北京：中国劳动社会保障出版社，2008

2.关键绩效指标应用示例二：基于战略的关键绩效指标体系

以战略为导向的关键绩效指标体系的建立，是从组织战略出发，提炼出与战略相关的关键指标，从组织到部门再到员工层层分解，力图将战略思想贯彻到每一个员工，通过对这些指标的监控考核，实现员工和组织绩效的提升。这一体系主要是通过对个体及组织关键业绩贡献的评价依据和指标的设立，通过层层分解量化的关键绩效指标系统，实现对组织重点活动及其核心效果进行直接控制和衡量。

汉嘉公司成立于2000年，经过十余年的不断探索，公司总结出了未来五年的发展方向和目标：打造成为依托于武汉，辐射湖北省周边地区的综合性的信息技术集成服务企业；从单纯的业务型公司向业务和技术并重型企业发展转变；充分利用人才战略，将关键人才作为企业的核心竞争力；实现每年20%的稳定利润增长，在2015年公司实现年销售额1.5亿元，争取利润额达到3 000万元，同时获得持续稳定的发展，五年后力争成为武汉及周边地区中小型信息技术集成企业的佼佼者。公司从财务状况、客户满意度、运营管理和企业成长四方面来体现整体战略目标，具体的战略说明如表5-10所示。

表5-10　汉嘉公司的战略说明

层面	战略目标	阶段性战略说明
财务状况	收入增长 成本降低 提高资金利用率	1. 利用原有客户资源，提高项目的签约成功率和利润率保持销售收入稳定的增长 2. 控制各项运营费用，最大限度地降低成本 3. 降低应收账款占用，充分发挥现金流的利用率
客户满意度	提供优质服务 改善客户关系	1. 提高项目中的服务标准，提升项目服务人员素质 2. 做好客户的售前、售中、售后服务，保持新老客户的关系，特别是长期合作的重点客户
运营管理	完善管理流程 加强运营管理	1. 通过优化使管理流程更为扁平，提高执行效率 2. 提高运营效率，降低运营成本

层面	战略目标	阶段性战略说明
企业成长	打造高技术团队 引进高技术人才 扩大市场占有率	1. 通过培训提高员工技术水平，提升专业技能 2. 通过公开招聘方式，聘请公司所需核心技术人才，做好技术人才储备 3. 通过优质的服务和良好的口碑，提高市场占有率

1）绩效指标体系结构

汉嘉公司的绩效指标结构分为三个层面：①公司级关键绩效指标，主要适用于公司管理层级别；②部门级关键绩效指标，这一层级关键绩效指标主要根据公司关键绩效指标分解而来；③岗位级关键绩效指标，主要依据部门的子目标分解而来。在设定关键绩效指标时，采用业绩导向和行为导向相结合的综合方式，但是各层级关键绩效指标在绩效导向和行为导向的侧重点上有所不同。

2）关键绩效指标的确定

关键绩效指标的确定分四个步骤：①草拟关键绩效指标。依据战略目标，结合同行业内标杆企业的绩效考核指标，初步拟定合适的关键绩效指标。②检验关键绩效指标。分析关键绩效指标的可行性，建立关键绩效指标与战略目标的关联性。③确定目标值。回顾战略目标，计算关键绩效指标并建立基准绩效值，分析历史数据，设想初步的目标值，衡量目标值的可行性，确定初步的目标值。④细化关键绩效指标。为了确保关键绩效指标与战略目标的一致程度，结合公司的资源配置，对于初步拟定的目标值进行调整。

（1）确定公司级关键绩效指标。确定了企业的战略目标之后，经过企业高层管理者的沟通和协调，结合公司的财务状况、客户满意度、运营管理和企业成长周期等因素，制定出汉嘉公司级的关键绩效指标，如表 5-11 所示。

表 5-11　汉嘉公司级关键绩效指标

层面	战略目标	绩效指标	指标值
财务状况	利润增长 销售增长 提高资金利用率 降低成本	项目利润增长 销售额增长 应收账款占用率 呆账率、坏账率 成本降低比率	20% 30% 低于 30% 低于 0.5% 小于 7%
客户满意度	提供优质服务 高效的客户管理 客户回访	项目系统故障率 售后服务及时率 客户满意度 客户回访率	小于 2% 99% 大于 95% 大于 90%
运营管理	运营流程管理 客户流程建设	项目实施效率 公司运营的流畅性提高率 客户投诉率	大于 90% 大于 30% 小于 5%
企业成长	打造高素质技术团队 引进高技术人才 核心技术保障	经理人均培训时间 技术工程师培训时间 培训覆盖率 高级技术人才增加率 核心技术员工流失率	大于 50 小时 / 年 大于 100 小时 / 年 80% 每年 4% 小于 3% 每年

（2）确定部门级关键绩效指标。部门级关键绩效指标是公司阶段性关键绩效指标的子系统，是由公司关键绩效指标分解而来，公司关键绩效指标能否顺利完成，各职能部门起着至关重要的作用。

首先，需要明确部门职责。各部门的工作内容和职责是制定部门级关键绩效指标的基础，对汉嘉公司各部门的职责列表如表 5-12 所示。

表 5-12 汉嘉公司的部门职责

部门名称	类型	主要职责	关注指标
业务部	营销	市场开拓、项目签单、客户关系管理	财务类指标、客户类指标
技术部	技术	技术支持及软件研发	技术类指标、客户类指标
工程部		技术支持及项目实施，服务	技术类指标、客户类指标
财务部	管理	会计核心算、资金管理、预算管理、投资管理	财务类指标、客户类指标
采购部		项目产品采购、公司内部采购、供应商开发及管理	财务类指标、客户类指标
人力资源及行政部		人力资源规划、人员培训、绩效考核、薪酬管理、行政后勤事务、库存管理、管理制度	管理类指标、客户类指标

其次，进行公司级关键绩效指标到部门级关键绩效指标的分解。各部门由于职责不同，所分解和承担的绩效指标有所不同，关联的紧密程度也不尽相同。同一指标，有些部门可能与之有直接、紧密的联系，有些部门可能只有少许、间接的联系，有些部门可能没有联系。为此，必须对公司级关键绩效指标与各部门的关联程度进行分析，如表 5-13 所示（关联程度的轻重分别用⊙和〇来表示，⊙表示负有主导责任，〇表示负有次要责任）。

表 5-13 公司级关键绩效指标在各部门的分担

公司级关键绩效指标	业务部	财务部	技术部	工程部	采购部	人力资源及行政部
项目利润增长	⊙	⊙	〇	〇	⊙	
销售额增长	⊙					
应收账款占用率	⊙	⊙				
呆账率、坏账率	⊙	⊙				
成本降低比率	⊙		⊙	⊙	⊙	〇
项目系统故障率			⊙	⊙	〇	
售后服务及时率			⊙	⊙		
客户满意度	〇		⊙	⊙	〇	
客户回访率			⊙			
区域拓展费用控制	⊙	⊙				
区域拓展率	⊙					
市场占有率每年增加	⊙					
经理级人均培训时间	〇	〇	〇	〇	〇	⊙
技术工程师培训时间						⊙
培训覆盖率						⊙
高级技术人才增加率						⊙
核心员工流失率						⊙

最后，根据各部门承担的工作内容和责任，确定出各部门的关键绩效指标，如表 5-14 所示。

表 5-14 汉嘉公司部门级关键绩效指标

类别	业务部	财务部	技术部	人力资源及行政部
财务类	1. 销售利润增长 2. 销售额增长 3. 应收账款占用 4. 部门预算与费用差异率	1. 公司预算执行率 2. 部门预算与费用差异率 3. 资金利用及周转率 4. 投资回报率	部门预算与费用差异率	部门预算与费用差异率

续表

类别	业务部	财务部	技术部	人力资源及行政部
客户类	1.客户满意度 2.新客户、市场开发率	1.外部客户满意度 2.内部客户满意度	1.客户满意度 2.客户回访率	1.绩效管理执行员工满意度 2.行政部车辆控制员工满意度
管理类	1.客户关系管理的完整性 2.销售预测准确率 3.报表数据准确率	1.财务制定执行的规范性 2.财务报表的准确性 3.盘点、盘存准确性	1.项目技术支持的及时性 2.售后响应及时性 3.技术文档的整理	1.人员招聘计划达成率 2.公司制度执行准确率
成长类	培训计划完成率	1.员工满意度（报销、请款及时性） 2.人均培训时间 3.获得专业技能的员工数	1.培训计划完成率 2.技术人员技术水平	培训计划完成率

以业务部为例，业务部关键绩效指标的具体指标及指标值如表 5-15 所示。

表 5-15 业务部关键绩效指标

部门	指标大类	关键绩效指标	指标值
业务部	财务类	销售利润增长	15%
		销售额增长	50%
		应收账款占用	小于 15%
		部门预算与费用差异率	小于 5%
	客户类	客户满意度	大于 95%
		新客户增长率	每年大于 30%
		客户资料完整率	90%
	管理类	销售预测准确率	90%
		报表数据准确率	100%
	成长类	培训计划完成率	95%

（3）确定岗位级关键绩效指标。部门级关键绩效指标确定后，再根据各部门的关键绩效指标，落实岗位级关键绩效指标。岗位级关键绩效指标制定的依据主要有两个方面：一是根据所在部门的绩效指标，二是根据岗位的职责。设定岗位级关键绩效指标时，由于岗位的层级不同，其所承担的关键绩效指标性质也有所差别。一般而言，越是高层级的岗位，关键绩效指标在业绩导向上更为侧重；越是低层级岗位，关键绩效指标在行为导向上更为侧重，如图 5-5 所示。

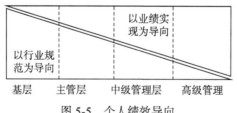

图 5-5 个人绩效导向

在关键绩效指标权重的设定上，方法有很多，比较常用的有主观判断法、倍数加权法、德尔菲法、权值因子判断法等。本例采用权值因子加权法。各指标的满分为 100 分，根据绩效管理小组的成员打分情况计算各类指标的权重。以销售副总经理岗位为例，其关键绩效指标及权重设定如表 5-16 所示。

表 5-16 销售副总经理的关键绩效指标权重设定

指标大类	分类权重 /%	关键绩效指标	成员打分 1	成员打分 2	成员打分 3	成员打分 4	总分	指标权重 /%	最终指标权重 /%
业绩指标	80	销售利润增长	40	50	45	55	190	13	11
		销售额增长	60	60	70	60	250	18	14
		市场占有率	70	80	70	65	285	20	16
		销售成本价低率	30	40	35	35	140	10	8
		应收账款占用率	50	60	50	55	215	15	12
		客户满意度	80	80	85	90	335	24	19
总分	—		330	370	355	360	1 415	100	80
行为指标	20	沟通能力	90	90	95	85	360	39	8
		领导能力	70	80	70	70	290	30	6
		市场远见	75	70	65	75	285	30	6
总分	—		235	240	230	230	935	100	20

➤ 本章小结

关键绩效指标是组织将战略具体化和明晰化的一种工具，它通过对组织内部某一流程的输入和输出参数的设定、监控、测量和分析，以量化的管理指标来衡量某一流程的绩效，反映控制变量超过或低于预定目标的程度，从而确定组织的关键成功因素。常见的关键绩效指标，根据工作产出可以分为数量、质量、成本和时限四个基本类型，根据指标的性质可分为发展性指标、改善性指标和监控性指标，根据指标的表现形式分类又可以分为成就型绩效指标和标准型绩效指标。关键绩效指标来源于组织战略，是支持组织战略目标实现的关键绩效因素，是组织战略的一种细化和具体化，为管理者与员工之间进行战略宣贯和绩效沟通提供了有力工具。

设计关键绩效指标体系的基本方法是内部导向法，即从组织内部，对组织愿景与战略为导向进行分析，寻找影响组织战略成败的关键成功因素或关键业务流程的关键控制点，以此来设置系统的关键绩效指标。也可以采用外部导向法，应用标杆管理的思想，从组织外部寻找绩效改进的参照点。随着战略性绩效管理思想与工具的出现，平衡计分卡框架也越来越多地被用来建立关键绩效指标体系。

在设计关键绩效指标的时候，往往会出现指标与战略目标脱节、关键绩效指标数量过多或过少、关键绩效指标不可量化、指标标准不合理等问题。为了保证关键绩效指标体系的科学性和有效性，确保其满足战略性、实操性等方面的要求，需要对候选指标与组织战略目标的一致性、指标的可控性、结果可信性及指标评价数据的可获取性和获取成本等方面进行审核。一般而言，越到高层，关键绩效指标越侧重于工作结果，越到基层，指标越侧重于工作行为。

有效应用关键绩效指标法进行绩效管理，必须在管理理念、方法理解、实际操作三个层面做出相应的努力。应该认识到关键绩效指标是指标而非目标，并且具有阶段性和可变性，而且关键绩效指标的实施要有相对完善的支持体系，并以培育绩效为导向的企业文化为前提。

➤ 专业术语

关键绩效指标	key performance indicator
关键成功因素	critical success factors
二八法则	20/80 principal
愿景	vision
战略	strategy
战略目标	goal
因果分析法	causual factors analysis
过程分析法	process analysis
鱼骨图	fishbone diagram / cause-effect diagram

案例讨论

ST 商砼公司的绩效评价问题

ST 商砼公司由商砼部和物流部两个主体业务单位构成，其中，商砼部负责该公司的核心产品——商品混凝土的生产，而物流部则负责将该产品运送到分布在全市的用户工地。公司目前对两个部门实施基于目标责任状的绩效评价与管理，绩效指标及目标以目标责任书的形式下达，分别如表 5-17 和表 5-18 所示，并辅以相应的奖罚机制。

表 5-17　商砼部绩效指标体系

结果指标（占最终结果 70%）		过程指标（占最终结果 30%）	
绩效指标	基本分	绩效指标	基本分
利润总额	25	单项目合同平均签约量	10
营业收入	10	签约合同回款率	10
产值回款率	20	未结算量	10
息税前净资产收益率	10	月回款目标完成率	10
上缴货币	10	产品质量抽样合格率	5
合同额	10	混凝土强度统计合格率	5
公司年度重点工作完成情况	10	单车运能	10
员工满意度	5	提出合理化建议并被采纳	10
—	—	基础管理持续改进	15
—	—	效能监察审计报告整改完成率	15

表 5-18　物流部绩效指标体系

结果指标（占最终结果 50%）		过程指标（占最终结果 50%）	
绩效指标	基本分	绩效指标	基本分
净资产收益率	15	客户满意度	20
单方成本费用降低	45	出勤率	35
上缴货币	15	设备使用效率	15
公司年度重点工作完成情况	15	提出合理化建议并被采纳	10
员工满意度	10	基础管理持续改进	10
—	—	效能监察审计报告整改完成率	10

经过一段时间之后，公司发现该评价体系存在一定的问题，对公司的经营战略、部门业务流程及生产过程控制都未能起到预期的作用。主要问题表现在以下四个方面。

（1）对商砼部的评价体系设计未能切实体现其工作重点。商砼部的主要职能是承接业务（客户订单）并组织生产，最终实现利润。由于 A 公司行业背景的特殊性，其客户相对比较稳定，订单量饱满，且由于自身产能方面的限制，将在相当长一段时间内处于供不应求的状态。因此，在加强市场拓展能力的同时，短期内商砼部的工作重心应该落在生产能力的拓展和管理水平的提升方面，重点加强关键生产流程效率的改善，为公司"通过专业化管理引领行业发展、成为行业标杆"的战略目标提供支持。但是，对商砼部的评价指标的设置未能体现这一工作重点，质量、产量、产能效率等过程控制方面的指标比重仅占 20%。

（2）物流部的部分指标可控性存在问题。由于物流部工作性质的特殊性，其经营过程必须与其客户——商砼部进行紧密的交互；而物流部与商砼部的"兄弟单位"关系使其在业务交互过程中自由度受到一定限制，绩效结果受到影响。例如，流动设备使用效率、物流成本等指标虽然可以较好地反映物流部的运作效率，但是在很大程度上取决于商砼部各搅拌站点的生产安排情况，对物流部来说属于不可控（或部分可控）指标，需要与有效的保障措施相配合才有意义（如与商砼部达成关于运量的协议，保证正常出勤的设备能够被有效使用）。

（3）对部门间协作的引导与激励效果不足。由于商砼产品的特殊性，对生产与物流之间的协作配合提出了较高的要求。从公司下达的目标责任书可以看出，两个部的评价点相互之间并没有体现这种协作要求，而是过分强调各自的收益情况；同时，由于两者"兄弟"关系的存在，又无法完全基于市场机制按照第三方物流的形式进行管理。如此直接导致双方具有不一致的努力方向，都基于自我立场思考问题，不能换位思考，不能很好地协作配合，表现为日常工作中的互相推诿责任、缺少切实沟通、工作积极性低、设备利用率低等现象，出现内耗。

（4）评价体系中非量化指标比重偏高。公司对两个部门的评价指标体系中，都存在一些相对较难量化的指标，如"提出合理化建议"和"基础管理持续改进"等，且占有一定的权重比例，为绩效评价引入了弹性因素。

为了解决以上问题，消除环节内部的摩擦现象，公司近年采用了"捆绑"评价机制，在分别评价目标责任的同时，将两者的盈利情况综合评价。根据公司的发展战略，对市场进行合理预测，对生产运输系统进行整体规划，从系统输入与输出两个节点进行控制，以实现系统层面的效率最优化。

首先，公司从数量（如产量、利润）、质量（产品质量、回款质量、服务质量 / 客户满意度）、成本（含生产与物流全部成本）、效率（投资收益、响应速度）等方面设置监控指标，将生产与物流整体系统作为监控对象进行评价，同时，在各分子指标上对商砼部和物流部的表现分别进行记录存档。

其次，将商砼部与物流部作为两个独立核算的合作主体，以利益分配为基础进行协调，寻求最佳合作策略和合理的资源配置。为了保证优化方案的实施，设计了相应的评价控制措施，如对商砼部设置物流成本、客户满意度等指标；对物流部评价设备到位率（即在商砼部需要的时候能够准时提供）、物流成本。为了避免自利行为影响合作关系，同时强调成本的节省，公司弱化了在部门层次的利润指标评价，而仅在对整个生产运输系统的评价中强调利润指标。

最后，在部门内部进行了流程优化，并对优化后的流程中的每个环节进行控制，通过对相关的岗位（人员）设置评价控制指标来实现。例如，对商砼部的客服人员评价结算率、成本、客户投诉等指标；对物流部的司乘人员评价出勤率、总运量、客户满意度等指标。

讨论题：

1.ST 公司的绩效评价出了什么问题？为什么会出这种问题？

2.针对公司情况，如何为 ST 公司设计一套以关键绩效指标为核心的绩效评价体系？

3.ST 公司运用关键绩效指标绩效评价体系会起到什么作用？

📖 阅读材料

烟草商业企业人员关键绩效指标的设计

烟草行业具有其他行业所不具备的特殊性，国家对烟草行业实行了专卖专营的政策，使烟草商业企业具有得天独厚的垄断性。这种垄断性，导致内部缺乏竞争机制，员工的竞争意识、市场意识和服务意识相对淡漠，工作积极性不高，组织效率偏低。近年来，为了改变落后的现状，烟草商业企业进行了绩效管理改革，对提高员工的工作积极性、促进公平竞争起到了明显的作用，但现有人员绩效评价指标体系仍存在一些问题。探讨解决这些问题的对策，优化设计人员绩效评价指标体系，有利于提高烟草商业企业人员绩效评价的科学性和合理性，建立有效的激励机制，进一步提高企业的运作效率，促进烟草商业企业的健康发展。

1. 烟草商业企业人员绩效评价指标体系的问题诊断

为了解烟草商业企业人员绩效评价的现状，武汉理工大学课题组在国内数家烟草商业企业共发放调查问卷 600 份，回收有效问卷 485 份，有效率为 80.83%。通过对问卷调查获得的数据进行统计，只有 9% 的被调查者认为目前的绩效管理制度非常科学合理，62% 的被调查者认为比较科学合理，18% 的被调查者表示说不清，9% 的被调查者认为不够科学合理，2% 的被调查者认为不科学也不合理。就过去一年内在绩效管理方面开展的工作情况来看，24% 的被调查者认为目前的绩效管理卓有成效，56% 的被调查者认为绩效管理工作基本可以，16% 的被调查者表示说不清，只有 3% 和 1% 的被调查者分别认为较差和很差。

通过访谈发现，不少被调查者表示评价指标的主观性较强，没有做到精细化，而且绩效评价受人情关系的影响，有失公平。通过对烟草商业企业人员绩效评价制度的分析，发现绩效评价指标体系的问题主要表现在四个方面。

1）评价指标体系系统性不强

烟草商业企业根据工作职责设置评价内容，但尚未形成组织绩效、部门绩效和员工绩效评价评价相结合的完整体系，评价指标体系的设计缺乏系统性，比较注重局部，未考虑部分指标之间的关联性，且对各项职责的履行情况尚未设置明确的考察点。

2）部分评价指标不合理

部分评价指标的设计缺乏针对性，内涵比较空泛，难以量化，多数指标没有设置目标值或评价方法，可操作性不强。

3）指标评价标准不明确

在现行的绩效评价指标体系中，各项指标缺乏客观的评价标准，使评价人员打分时缺乏评分依据，只能凭借主观理解去评分，从而有失公平性。

4）关键业绩指标不突出

对人员的评价指标比较多，但没有突出所在岗位的关键业绩。例如，营销中心采供部部长的绩效评价中，"工作质量"指标包括"组织本部门员工的业务学习等日常管理工作"，这属于烦琐的日常事务，对部门在企业中发挥的战略作用贡献不大。基本上是按照平均分配的原则赋予评价指标权值，不能形成主次之分。此外，评分点过多过散，导致一些指标的权重值设置过低，起不到引导和约束作用。

2. 烟草商业企业人员绩效评价指标体系的优化对策

1）系统设计绩效评价指标体系

将企业总体绩效评价、各个部门绩效评价与各个部门员工个人的绩效评价相联系起来，而不是简单孤立地根据企业、部门或者个人理应完成的工作内容，分别制作绩效评价表。

2）优化原先不合理的评价指标

绩效评价的指标设定要符合 SMART 原则，做到具有明确性、可衡量性、可接受性、实际性和时限性。至于如何鉴别某指标是否合理，除了要咨询人力资源部和直属上司的建议外，还应该得到该岗位员工的信息反馈。

3）明确评价指标的评价标准

明确的评价标准是反映一个绩效评价指标体系是否具有公平公正性的重要保证。一个模糊不清的评价标准，就会使评价主体更多地加入自己的主观评断，而这往往是造成评价客体感觉不公平的重要原因。

4）突出与关键业绩相关的指标

应该根据其关键业绩所对应的职责制定绩效评价指标，既可以有效地评价该岗位任职者在评价周期内的工作情况，也可以节约管理费用的支付。

3. 烟草商业企业采供人员关键绩效指标的设计

根据烟草商业企业的实际情况，建议采用关键绩效指标评价法对人员绩效评价指标体系予以优化。关键绩效指标评价法具有目标明确、有利于公司战略目标的实现、强调客户价值理念、有利于组织利益与个人利益达成一致等优势。关键绩效指标是指对公司业绩产生关键影响力的指标。关键绩效指标有以下特点：一是来自于对公司战略目标的分解；二是衡量重点经营活动以找出最关键指标；三是评价指标目标值随实际情况递进或调整；四是动态追踪相对薄弱的指标；五是尽量反映员工工作的直接可控效果。

1）采供部负责人关键绩效指标的设计

绩效评价指标必须与企业愿景和企业战略紧密联系，将企业目标分解到部门目标，再分解到岗位目标。依据部门职责不同建立关键绩效指标体系的方式，强调从部门承担责任的角度对企业目标进行分解，并根据部门的关键绩效指标设计部门负责人绩效评价指标。下面根据某烟草公司的实际情况，以营销中心采供部的部长评价为例，进行绩效评价指标体系的优化设计（表5-19）。

表 5-19　营销中心采供部部长绩效评价指标

一级指标	二级指标	权重 /%
工作数量	"双十五"品牌卷烟采购量	10
	焦油量 8 毫克 / 支及以下卷烟采购量	10
	"532"和"461"品牌批发量	10
工作质量	根据销售计划拟定采购计划的执行率	10
	采购预算执行率	7
	采购合同管理有效率	5
	采购卷烟合格率	5
	库存管理有效率	5
	制订缺货（紧俏）产品的品类替代和投放方案的及时率	5
	紧俏品牌烟草的缺货率	5
	日常管理工作规范性	5
劳动纪律	所在部门出勤率	7
投诉	相关人员有理投诉次数	5
	公司评价部门发现问题次数	5
学习培训情况	部门员工的学历变化率（部门员工学历上升人数 / 总人数）	3
	员工专业技能培训次数	3

　　根据经验判断法确定了评价指标的权重，为了提高客观性，可采用层次分析法确定评价指标的权重。

　　2）采供部人员关键绩效指标的设计

　　将部门级的所有指标分解到与之相关的各岗位。以采购管理员评价为例，进行绩效评价优化设计（表 5-20）。

表 5-20　营销中心采供部人员绩效评价指标

一级指标	二级指标	权重 /%
工作数量	所分工品牌卷烟采购量	10
	所分工品牌卷烟维护量	10
工作质量	采购计划的执行率	10
	采购卷烟合格率	7
	产品入库维护管理完成率	8
	协议维护管理完成率	5
	系统内销售、采购维护完成率	7
	库存预警管理完成率	5
	准运证相关处理的及时率	5
	工业企业付款申请办理的完成率和及时率	5
劳动纪律	出勤率	7
投诉	相关人员对本人有理投诉次数	5
	工作差错事	5
学习培训情况	参加专业技能培训次数	3
	培训评价成绩	3

　　每月按照表 5-20 进行评价的基础上，运用关键事件法，对工作表现优异并受到嘉奖、向领导提出合理化建议、参加课题研究表现优异、投稿等均可酌情加分。对于"在工作中存在向工业企业吃、拿、卡、要的行为"等予以扣分。

　　资料来源：由武汉理工大学博士生郑子林、硕士生方正编写，指导教师为罗帆

➤ **思考与讨论**

1. 什么是关键绩效指标？常见的关键绩效指标有哪些类型？

2. 为什么要设定关键绩效指标？基于关键绩效指标的绩效管理与一般的绩效管理有何区别？

3. 关键绩效指标从何而来？如何保证关键绩效指标的"关键性"？

4. 什么是关键成功因素？关键成功因素与关键绩效指标是什么关系？

5. 简述基于因果分析法设计关键绩效指标的基本过程，并结合实际工作，讨论目标管理法与关键绩效指标法的关联与区别。

6. 有人说关键绩效指标法是绩效管理的一种思想，有人认为这只是确定绩效评价指标体系的一种具体方法。请结合绩效管理的基本流程谈谈你的看法，并分析目前企业关键绩效指标管理过程中存在的问题与不足。

第六章

平衡计分卡方法

飞利浦公司在全球150个国家共有25万名员工。早在2003年之前，飞利浦就运用平衡计分卡法明确了企业远景，使员工关注重要的工作，并指导他们什么是绩效驱动因素。公司管理队伍运用平衡计分卡法指导每个季度的全球管理回顾，并把它作为一个机制鼓励持续改进和组织学习。

飞利浦运用了一套全球统一的战略分解流程，运用平衡计分卡绩效管理系统把战略落实成具体可衡量的目标，保证所有员工都聚焦关键目标和首要任务。高级管理层从设定年度运作目标和目标值开始，然后把它分流到整个组织的各个层面，最终落实为全球各分支机构和事业单位的目标。飞利浦平衡计分卡小组负责考核当前取得的进展与企业愿景之间的差距，把长期战略与短期行动联结起来，并帮助员工理解他们的行为对公司实现目标的影响力。

飞利浦设定了四个维度的计分卡，即战略回顾计分卡、运作回顾计分卡、经营单位计分卡和员工个人计分卡。

各经营单位为其平衡计分卡的四个维度都设定了关键成功因素。管理团队一起讨论并最终决定哪些关键成功因素使他们区别于竞争对手。他们使用了"价值图"的方法，即通过分析客户调查数据，发现客户对飞利浦与竞争对手产品价格相比的看法，从而确定客户角度的关键成功因素。经营单位的管理团队通过这些客户需求，即客户角度的关键成功因素，发现了哪些流程角度的关键成功因素对满足客户需求作用最大。他们认为客户与流程角度的关键成功因素关系最为密切。财务方面关键成功因素则是标准的财务汇报指标。能力的关键成功因素则是对其他三个角度目标的综合分析而得来的。

各经营单位设定了当年、两年后和四年后的绩效目标。这些目标是基于对多个因素的分析，即客户基数、市场大小、品牌资产净值、创新能力、达到世界级绩效的要求。

各经营单位四个维度的绩效指标的例子如下。

（1）财务：赢利、运营收入和现金流、运营资金和库存周转率。

（2）客户：市场份额、客户调查排名、重复订单、客户投诉。

（3）流程：流程周期"缩短比利率"、工程改变数量、设备利用率、订单响应时间、流程能力。

（4）能力：领导能力、每位员工培训天数、参与质量改进小组工作。

经营单位的这些绩效指标通常源于高层组织常见的六个驱动指标，即赢利收入增长、愉悦客户、满足员工、优异运作、组织发展和信息技术支持。这六个指标分别从四个维度驱动绩效改进，它们就像是平衡计分卡的音律，每个季度都用来回顾各事业单位的绩效。绩效数据自动从内部信息汇报系统传入在线平衡计分卡并生成报告。平衡计分卡使员工清楚每天应该做什么才能实现业绩。在线平衡计分卡系统使用了交通灯颜色（红、黄、绿）来直观地表示当前绩效是否成功地实现了目标值。

［资料来源：孙永玲.飞利浦奏响BSC（平衡计分卡）音律.环球企业家，2003-05-27］

思考题：

1.飞利浦公司在运用平衡计分卡时需要注意什么问题？

2.你觉得平衡计分卡适用于哪些情景？试举例分析。

第一节　应用平衡计分卡的指导思想

在讨论平衡计分卡之前我们可以先描述一下飞机驾驶舱舱中的标度盘和指示器。为了操纵和驾驶飞机，驾驶员须掌握关于飞机的众多方面的详细信息，如燃料、飞行速度、高度、方向、目的地，以及其他能说明当前和未来环境的指标。只依赖一种单一的仪器，可能是致命的。同样道理，在今天，组织管理的复杂性，要求组织能同时从多个方面来考虑绩效，传统的单纯利用财务指标来进行考核的绩效管理方法具有明显的局限性。就财务指标而言，它传达的是已经呈现的结果、滞后于现实的指标，而不是估计未来业绩指标的增长，也没有显示企业应如何通过技术革新、增强对客户和供应商的关系、提高员工满意度等方面的投资来创造新的价值。组织管理者需要在传统的财务考核指标的基础上，综合兼顾其他各方面的要素，多角度、多层次地观察组织的经营状况，实现组织的均衡、持续发展。

在目前的竞争环境下，组织，尤其是企业，经营需要兼顾的均衡包括以下几个方面。

（1）短期与长期的平衡。企业的目标是获取最大利润，企业的建设要获得持续的收入而不是某一次的"中大奖"，必须以战略的眼光，合理地调节企业长期行为与短期行为的关系，从而实现企业的可持续发展。

（2）财务与非财务的平衡。虽然企业的终极目标是获得利润，但财务指标却与客户、内部流程、学习与创新等非财务指标密不可分。只有通过合理设置超前指标和滞后指标兼顾的体系，使财务和非财务两方面都得到改善，企业的战略才能得到实现。

（3）内部经营流程与外部经营环境的平衡。实现企业的均衡持续发展，必须将其看做一个完整的系统，进行全面的绩效管理。既要强调内部经营流程，如生产组织与管理、人力资源管理、设备管理，也要关注外部经营环境，如客户需求、市场波动、外部性。

（4）指标间的平衡。在指标设置的权重上，内部与外部、短期与长期、超前与滞后等各方面的指标应该同等兼顾，不能有明显偏向。如果在某一方面有所偏废，那么即使其他方面做得非常好，企业最后必然还是失败的，因为失去了"均衡"发展，到后期必然出现"短板"，限制组织的发展。

平衡计分卡就是可以做到以上各方面均衡兼顾的一种有效工具。与传统的绩效考核工具不同，平衡计分卡把战略置于中心地位，根据组织的总体战略目标，将之分解为有形的目标，为之设立具体的绩效评价指标，并通过将员工报酬与评价指标联系起来的办法促使员工采取一切必要的行动去达到这些目标。这就使组织把长期战略目标和短期行动有机地联系起来。同时它还有助于使组织各个单位的战略与整个管理体系相吻合。因此可以这样说，平衡计分卡不仅仅是一种测评体系，它还是一种有利于组织取得突破性竞争业绩的战略管理工具，并且还可以进一步作为组织新的战略管理体系的基石。

第二节　什么是平衡计分卡

平衡计分卡是由美国哈佛商学院 Robert S. Kaplan 与复兴全球战略集团总裁 David P. Norton 提出的。根据 Gartner Group 的调查资料显示，平衡计分卡系统已被广泛运用于世界各大公司中。

迪拜铝业公司非凡的运营成绩显示其极佳地应用了平衡计分卡管理，使这个铝业巨头获得了多项国际殊荣。迪拜铝业公司是一家全资国有企业，拥有并运营着全世界最大的原铝生产冶炼厂。2011年，该公司因其卓越的执行策略被纳入了百略达平衡计分卡执行策略名人堂。这个名人堂机构专门表彰那些通过使用目前世界最杰出的战略管理机制——Kaplan-Norton平衡计分卡管理而实现运作管理领域突破的组织机构。

一、平衡计分卡理论体系发展历程

早在 1987 年之前，美国的 Analog Devices（以下简称 ADI）公司就开始了类似的实践尝试。该公司是一家生产信号处理装置的半导体公司。为了避免制定战略的

"任务"完成之后所得成果被束之高阁，他们以公司的使命、愿景和价值观为基础，充分考虑了股东、员工、客户、供应商和社区等利益相关者的利益，将公司战略明确为三个重点，并将实现战略重点的关键成功要素具体化为经营绩效计划，精简到几页纸之上，于是产生了平衡计分卡的雏形，即 ADI 公司的计分卡。

1990 年，美国的复兴全球战略集团（Nolan-Norton）的执行总裁 David P. Norton 和集团的学术顾问 Robert S. Kaplan 结合该集团的绩效考核项目，将 ADI 公司的计分卡扩展和深化为财务、顾客、内部运营与学习发展四个维度，正式提出了平衡计分卡的概念，并于 1992 年将其总结为《平衡计分卡——驱动绩效指标》，发表在《哈佛商业评论》上，引发了业界的关注。1993 年，Kaplan 和 Norton 在《哈佛商业评论》发表《在实践中运用平衡计分卡》，进一步将平衡计分卡由考核工具扩展为组织战略管理工具，使其迅速得到业界的广泛认同和应用。

1996 年，Kaplan 和 Norton 结合目标管理的思想，在《哈佛商业评论》上发表第三篇关于平衡计分卡的论文，并出版专著《平衡计分卡》，提出了平衡计分卡的框架体系，包括设定目标、编制行动计划、分配预算资金、绩效的指导与反馈及关联的薪酬激励机制等内容。到 2001 年，平衡计分卡已经风靡全球。据当时 Balanced Scorecard Collaborative Pty Ltd 的调查统计，全世界范围内 73% 的受访企业正在应用或计划实施平衡计分卡。

2001 年，结合众多企业的成功实践，Kaplan 和 Norton 出版了第二部关于平衡计分卡的专著《战略中心组织——如何利用平衡计分卡使企业在新的商业环境中保持繁荣》，使平衡计分卡开始成为组织管理的重要工具。2004 年，又出版了《战略地图——化无形资产为有形成果》，进一步阐述了如何将组织的战略可视化，重点讲述了如何通过战略地图来描述组织的无形资产转化为有形成果的路径。

平衡计分卡体系的理念是："如果你不能描述，那么你就不能衡量；如果不能衡量，那么你就不能管理。"该体系思想可以表示为突破性成果 = 战略地图 + 平衡计分卡 + 战略中心型组织。对应地，从《平衡计分卡》到《战略中心型组织——如何利用平衡计分卡使企业在新的商业环境中保持繁荣》再到《战略地图——化无形资产为有形结果》，清晰地阐述了企业成功执行战略所必需的三个要素，即突破性成功 = 描述战略 + 衡量战略 + 战略管理。

二、平衡计分卡的理论框架

不同于传统的绩效考核方法，平衡计分卡打破了偏重于财务指标的这种绩效管理方法。该框架是以组织经营运作战略为中心而不是以传统的"控制"为中心，从根本上挑战了传统的业绩评估思维。平衡计分卡认为，财务指标只是对过去业绩的现实反映，具有滞后性，无法对组织的未来发展做出前瞻性、预见性的投资。但是在信息社会中，组织必须对客户、供应商、员工、组织流程、技术和革新等方面给予全面关注，才能获得持续发展的动力。

基于此，组织应从财务、客户、内部流程和学习与成长四个角度审视自身业绩

（图 6-1），以有效代表股东、顾客、员工这三个主要利益相关者的利益与需求。至于各个角度的重要性设置，则取决于组织战略在该角度上的强调力度。

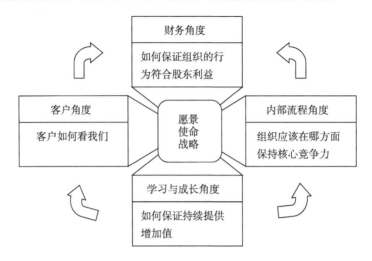

图 6-1 平衡计分卡的基本框架

（1）财务角度。财务性业绩指标不仅可以综合反映组织业绩，同时也可以直接体现股东的利益，因而一直被广泛地应用于对组织的业绩进行控制和评价。组织的财务表现也是其战略正确性及战略实施效果的有效反映。

（2）客户角度。随着买方市场的形成，以客户满意为中心已经成为今天大多数组织最基本、最重要的经营理念之一。平衡计分卡要求管理者们把自己为客户服务的承诺转化为具体的测评指标，这些指标应该能反映真正与客户有关的各种因素。一般来说，客户方面的评测指标主要体现为衡量客户关系管理成功的滞后指标，如客户满意度、客户保持率、客户获得率、客户盈利率、市场份额、客户份额等。

（3）内部流程角度。内部业务流程和学习与成长角度的目标主要描述该如何实现组织的财务和客户目标。内部业务流程对实现两个关键的企业战略要素提供内部保障，即向客户传递价值主张以实现财务增长、降低并改善成本以实现生产率改进。

（4）学习与成长角度。员工的学习与成长可视为前三个组成方面的推进器及培育器。平衡计分卡战略地图的学习与成长角度描述了组织的无形资产及其在战略中的作用。无形资产可以被描述为"存在于组织内，用于创造不同优势的知识"或"组织员工满足客户需要的能力"。无形资产包括专利、版权、员工知识、领导力、信息系统和工艺流程等不同的项目。这些无形资产的价值无法被个别或独立地衡量出来。它们的价值来自它们帮助组织实施战略的能力。

某公司一年前引入平衡计分卡作为一项考核制度。人力资源部的绩效经理王小姐负责相关的推进事宜。一年过去了，平衡计分卡的推行并不顺利，整个过程受到了巨大的阻力，各级员工对平衡计分卡充满了抱怨和怀疑。很多人认为平衡计分卡仅仅为了增加对员工的约束条件，是少发奖金的借口，完全没有任何作用。甚至有人说："原来的考核办法就像是一根绳子拴着我们，现在想用四根绳子，还不就是为了拴得再紧点？"

对此王小姐也很无奈，因为她知道其他公司也会遇到同样的状况。她不明白"到底是企业自身的问题还是平衡计分卡不适合中国企业的现状"。

问题的根源就在于，将"战略工具"用在"员工绩效考核"上，希望这种新的业绩考核方式能解决考核和奖金分配问题。这是实施平衡计分卡最常见的错误。

虽然平衡计分卡从财务、客户、内部流程及学习与成长这四个相对独立的角度，系统地监控着组织的经营绩效，但从这四个角度出发设计的各项评价指标在逻辑上是紧密连接、休戚相关的，具有一定的因果关系。如图 6-2 所示，投资回报率是企业的一个重要财务指标，而该指标的实现需要以客户的重复采购和销售量的增加为基础，这两者却必须通过提高客户满意度来实现，因此，客户满意度成为重要的监控指标；同时，客户所需物品能否准时交货又决定了其满意度大小，于是，准时交货率自然也是客户方面的要求。显然，内部流程控制的情况又制约了企业准时交货的能力，因此内部生产的质量、时间效率等因素又必须受到关注；而要改善流程质量、提高流程效率，提升员工技能是不可忽视的因素，这又是学习与成长层面的指标。

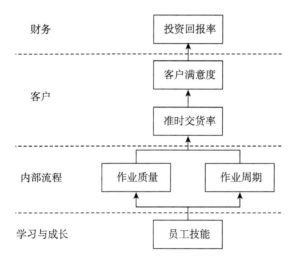

图 6-2　平衡计分卡与各考核指标间的因果关系示例

平衡计分卡是依据因果关系对组织战略目标进行划分，使战略可操作化。设计合理的平衡计分卡指标体系中，至少存在一个类似图 6-2 的、完整的因果关系链，将四个层面贯穿起来。组织战略目标可以根据因果关系逐层细分直至最终形成可以指导个人行动的绩效指标和目标。

三、平衡计分卡的特点

平衡计分卡方法之所以成功，关键在于它能够将组织持续稳定发展所需要关注的多方面的目标有效平衡起来，并使组织能够实时关注这一平衡，而不至于因某一方面的疏忽而出现战略屋顶的坍塌。

相对于传统的评价体系，平衡计分卡具有如下特点。

（1）平衡计分卡是组织战略管理的有效工具。市场竞争日趋激烈，组织的可持续发展需要战略管理的支撑。平衡计分卡可以将组织的战略目标与评价内容紧密联系起来，通过实时监控战略的实现状态，使组织战略管理融入日常的经营活动。

张先生是国内一家中小型出口企业的负责人。根据2003年公司的业务情况，张先生制定了2004年的企业经营目标——出口额增长7 000万元。然后按照平衡计分卡的要求将指标层层分解至部门员工。在第一季度，公司效益得到了较大的提升，甚至高出当初制定的财务目标。张先生本以为平衡计分卡发挥了成效，暗暗高兴。然而接下来的SARS和伊拉克战争，一下子使企业陷入了危机之中，出口额骤减，最终能完成目标的一半就不错了。因此，张先生认为，"什么卡也卡不住天灾人祸"。

其实，导致这个结果的原因就是：错把年度销售计划当做战略目标，错把实施平衡计分卡当做"目标层层分解"。

（2）平衡计分卡能够实现组织的全面绩效管理。组织根据战略使用平衡计分卡设计系统的评价体系，其评价指标涵盖了组织成功的关键因素，是一套完整的绩效管理系统。它不仅克服了传统绩效管理体系的片面性和滞后性，而且强化了目标制定、行为引导及绩效提升等，使组织绩效目标的达成有了制度保障。

（3）注重团队合作，防止组织管理机能失调。平衡计分卡强调平衡，通过对各方面的均衡关注，使管理者也具有了系统管理、关注联系的思维，使各职能部门的不同作用与功能更加明确，从而做到统筹全局，慎重决策。

（4）平衡计分卡具有更好的员工参与和激励效果。传统的绩效评价体系以对员工工作行为及其结果的考核为中心，即员工是否按照管理者意愿开展各种行为活动；而平衡计分卡则以目标管理为中心，鼓励员工主动、创造性地达到目标，提高员工的主动参与性，从而产生激励效果。

（5）平衡计分卡可以最大限度地降低企业的信息负担。进入信息时代，由于信息量复杂，高层决策者筛选有用信息、进行有效决策变得困难。平衡计分卡让管理者能够只关注少数关键指标，在保证满足组织管理需要的同时，尽量减少信息成本，从而有效提高决策效率和决策质量。

第三节　平衡计分卡的指标体系和流程

一、平衡计分卡的指标体系

平衡计分卡绩效指标体系由财务、客户、内部流程、学习与成长四个部分组成，而具体评价指标的选择应该根据不同行业和组织的实际情况，按照组织远景和制定的战略目标来进行。表6-1～表6-4详细具体地列出了平衡计分卡四个层面的常用评价指标。由于可用指标数量较多，可以把这四个层面的指标进一步细分，以便对不同层面进行更为细致的考察。例如，表6-3中，把内部流程的指标根据价值链的不同环节再细分为第二层指标，即创新过程、运作过程、售后服务过程。而每一过程中又有不同的具体指标，细分为第三层指标。这样，在计算过程中，可以得到对创新过程、运作过程和售后服务过程的评价值，在对这些评价值进行横向和纵向的比较之后，可以更清楚地发现问题产生于哪个环节。

表 6-1 财务维度常用指标

第二层指标	第三层指标	第二层指标	第三层指标
盈利指标	净资产收益率	偿债能力	资产负债率
	总资产报酬率		流动比率
	资本保值增值率		速动比率
	销售利润率		现金流动负债比率
	成本费用利润率	增长能力	销售增长率
资产营运	总资产周转率		资本积累率
	流动资产周转率存货周转率		总资产增长率
	应收账款周转率		三年利润平均增长率
	不良资产比率		固定资产更新率

表 6-2 客户维度常用指标

第二层指标	第三层指标	第二层指标	第三层指标
成本	客户购买成本	客户忠诚度	顾客回头率
	销售成本		流失顾客人数
	安装成本		挽留顾客成本
	售后服务成本	吸引新客户能力	新顾客人数
质量	质量控制体系		新顾客比率
	废品率		客户服务体系建设
	退货率	市场竞争力	产品/服务市场覆盖率
及时性	准时交货率		产品/服务市场份额
	产品生产周期		品牌认同度

表 6-3 内部流程维度常用指标

第二层指标	第三层指标
创新过程	R&D 占总销售额的比例
	R&D 投入回报率
	新产品销售收入百分比
	研发设计周期
运作过程	单位成本水平
	管理组织成本水平
	生产线成本
	顾客服务差错率
	业务流程顺畅
售后服务过程	服务成本/次
	技术更新成本
	顾客投诉响应时间
	订货交货时间
	上门服务速度

表 6-4 学习与成长维度常用指标

第二层指标	第三层指标	第二层指标	第三层指标
员工素质	员工的知识结构	员工满意度	员工满意度
	人均脱产培训费用		员工获提升比率

续表

第二层指标	第三层指标	第二层指标	第三层指标
员工素质	人均在岗培训费用	员工满意度	管理者的内部提升比率
	年培训时数	组织结构能力	评价和建立沟通机制费用
	员工平均年龄		协调各部门行动目标费用
员工生产力	人均产出		团队工作有效性评估
	人均专利		传达信息或反馈的平均时间
	员工被顾客认知度	信息系统	软硬件系统的投入成本
员工忠诚度	员工流动率		拥有个人计算机的员工比例
	核心人才流失率		软硬件系统更新周期

二、平衡计分卡的引入程序

引入平衡计分卡是一件非常慎重的工作，绝不是一朝一夕就可以解决的。通常，引入平衡计分卡的时间周期在两年以内才能发挥它的作用。

一家保险公司在30个月的时间内一步步地建立了新的战略管理体系。周而复始的行动顺序，使公司能够在该体系逐步稳定下来并最终成为公司整个管理体系的一个固定组成部分之前，对四个新管理程序中的每一个程序都重新考虑两三遍。这样，首席执行官就能够改造公司，使每个人都集中精力于实现长期战略目标——这是单纯的财务框架所做不到的。

以平衡计分卡为基础建立组织的绩效管理体系，一般需要经由四个基本程序（图6-3），把组织的长期战略目标与短期的行动计划联系起来。

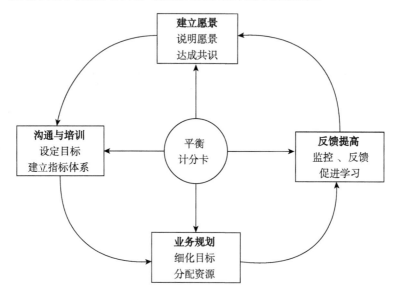

图6-3　平衡计分卡的四个基本程序

1）建立愿景

组织愿景是组织建设与发展的"效果图"，描述了组织的长期愿望及未来状况，体现了组织高层管理者的立场和信仰，是最高管理者头脑中的一种概念。建立愿景是实施平衡计分卡进行绩效管理的第一个步骤，也是最重要的开始，是中基层员工观察或了解高层管理者战略意图的重要时点。

值得注意的是，组织愿景是指引和激励组织发展的远景，不是由高层管理者一时兴起而提出的，也不是随着高层管理人员的变换而改变的。通过长期深入的宣导和持之以恒的实践评估来保证全体人员的持续关注，是确保愿景有效性的重要手段。

2）沟通与培训

沟通与培训的作用就是使组织的战略与个人的工作活动紧密联系起来。组织的战略目标将向下层层分解，最终落实为每个员工的具体工作活动，在这个过程中，上下级人员之间的沟通与确认至关重要。上级目标将通过指标体系的形式具体化，而下级则参与这个过程，并就指标的合理性与相关标准的设置给予确认。在这个过程中，组织中不同层级的人员都能够正确理解组织的战略，从而提高个人目标与组织目标的一致性。

战略沟通的结果将以目标/指标体系和评价标准的形式固化下来，通过公司内部各种沟通渠道传达给相应的责任人员，并进一步收集反馈，使组织战略能够以最清晰、最易接受的形式得到描述，确保每个员工都能准确理解组织战略目标在自己工作中的具体映射、明确自己的工作责任和工作要求。这里，培训的内容不仅是宣传贯彻目标体系，还应该对实现目标的方法与要求进行一定的知识技能准备。

3）业务规划

在特定的时间阶段，组织中的不同部门往往存在着相互冲突的工作目标。当组织的物质资源和管理资源变得稀缺时，部门间就会进行资源竞争，导致内耗增加，致使所有人的目标都不易顺利达成。因此，在明确组织战略目标、确定各层级、各部门和有关人员的绩效任务之后，需要从全局层面对组织的核心业务进行系统规划，并以此为纲，对组织内的各种业务活动进行具体计划，以有效协调各部门、团队，以及人员的行为，合理分配组织资源。在这里，平衡计分卡的"平衡"功能得以充分体现。

业务规划是一个具有复杂约束的多目标规划，在此过程中，必然会出现局部利益的冲突，因此，保持有效的沟通、反馈与协调是必不可少的。业务规划的成果往往体现为一系列的行动计划和/或资源配置计划，以及与这些计划相配套的阶段性目标和检查指标等监控措施。

4）反馈提高

平衡计分卡强调了学习与发展的重要性，而反馈提高是战略管理和绩效管理的必需环节。在平衡计分卡实施流程中，反馈是组织获取战略性学习能力的重要手段之一，也是组织学习与发展能力的一种根本体现。基于平衡计分卡框架，组织可以实时监控财务、客户、内部流程、学习与成长等方面的状况，并据此来检验战略的正确性、合理性及实现状态，以便及时修正或调整战略和实现战略的手段方法。

1997年，可口可乐公司在瑞典建立了可口可乐（瑞典）饮料公司（Coca-Cola Beverages Swedem，CCBS），并在CCBS积极推广平衡计分卡的概念。根据卡普兰和诺顿的建议，CCBS从财务、客户、内部流程及组习与成长四个方面对其战略行动进行测量。

为了顺利推广平衡计分卡的概念，CCBS的高层管理人员开了三天会议，重点讨论公司的综合业务计划。会议期间，每位管理人员都需要完成以下任务：①定义远景；②设定长期目标（一般为三年）；③描述当前形势；④描述将要采取的战略计划；⑤为不同的体系和测量程序定义参数。

由于CCBS刚刚成立，高层管理人员一致认为，推广平衡计分卡需要进行大量的工作。管理层决定形成一种文化和一种连续的体系，在此范围内对所有主要的参数进行测量。而在不同的水平上，都把与战略行动有关的关键测量作为工作的重点。

高层管理人员强调，在构造公司的平衡计分卡时，要保持各方面的平衡。鉴于此，CCBS采用的是一种循序渐进的过程。

第一步，阐明与战略计划相关的财务措施，并以此为基础，设定财务目标，确定行动措施。

第二步，在客户和消费者方面也重复该过程，在此阶段，初步的问题是"如果我们打算完成我们的财务目标，我们的客户必须怎样看待我们？"

第三步，明确向客户和消费者转移价值所必需的内部过程。

第四步，CCBS的管理层自问：自己是否具备足够的创新精神、是否愿意为了让公司以一种合适的方式发展而变革。

经过这些过程及通过把不同的步骤重复多次，CCBS在各个方面达到了平衡，并且所有的参数和行动都只会向同一个方向变化。

在CCBS，商业计划和预算安排从来都不是最重要的，而且管理层也从不认为平衡计分卡是固定不变的；相反，他们对所有问题的考虑都是动态的，并且不断地进行检查和修正。CCBS认为，在平衡计分卡概念的推广过程中，最大的挑战是，既要寻找各层面的不同测量方法之间的适当平衡，又要确保能够获得将该概念推广下去所需要的所有信息系统。此外，最重要的一点是，确保每个人都能及时提交所有的信息。为此，CCBS将信息的提交纳入绩效考核。

资料来源：雷盟.可口可乐（瑞典）饮料公司《中国企业家》，2002-06-06

第四节　组织、部门、个人平衡计分卡的设计

平衡计分卡的应用必须有全体人员的参与才可能成功，应该从组织高层领导团队开始，逐级向下宣传贯彻。

高层领导团队在平衡计分卡应用中的主要作用是从总体上把握组织战略、与其他成员沟通组织的战略，并对其他团队成员提供政策和资源配置方面的支持。

中层管理团队是应用平衡计分卡的核心团队。中层管理团队必须能够对组织的业务有全面的理解，能够抓住组织成功的关键因素。他们在沟通高层领导战略意图

和基层员工意见之间起着不可替代的作用。因而，他们能把平衡计分卡贯彻到组织的各个职能领域中，并具有专业技能对战略执行结果做出正式总结和报告。

基层团队对组织的职能领域具有深入细致的理解。组织战略最终要落实到基层人员的工作中。他们能够把战略问题与自己的工作联系起来，收集到详细的组织运作数据，并加以分析，与组织其他成员沟通。

本节将分别讨论组织、部门和个人三个层次的平衡计分卡设计的内容、方法与过程。

费恩是格里夫纸业及保护膜公司的总裁。这家位于宾夕法尼亚州的50人企业生产并配发保护膜、硅脂涂层的封套及特种标签材料。费恩用一张纸，记录了一些重要的运营和财务衡量指标，包括开放的购买单和开放的配额，还有每日应收款项、到期款项、现金结余和当年年内的销售额(与上一年对比)。他还加入了其他一些指示绩效和质量的指标，如雇员缺勤天数和客户投诉电话的数量。费恩在每天早上喝咖啡的时候研读这些数字。

大公司为实施细致的计分卡管理方法往往需要把各种活动停下来，而轻巧的快捷卡版本对于小企业主来说更易建立。费恩说："我和(三个)兄弟在每日快报上签字的时候，我们就会有所有必要的执行批准。" 费恩并没有购买特别的平衡计分卡软件(其实市面上有很多)，也没有雇佣一群昂贵的咨询专家(其实市面上也有很多)。他在今天做的事情令自己更快、更好、更明智，并在明天更加富有。

一、组织平衡计分卡设计

1. 组织平衡计分卡设计的内容

组织平衡计分卡的设计包括两部分主要内容：首先制定组织的战略地图，将组织的战略主题清晰而详细地描述出来，并将其与平衡计分卡框架的四个层面对应结合起来；其次，对每一个战略主题分别设计相关的监控衡量指标、设定目标期望、讨论并详细计划出在该主题方面实现预定目标所必须采取的行动。

1）制定战略地图

"在设计一个平衡计分卡时，我们总是从询问'你的战略是什么？'开始。一旦我们理解了战略，就能建立一个新的描述战略的框架，我们把这个框架叫做战略地图。"这是 Kaplan 和 Norton 在《战略导向的组织》中提到的。也就是说，组织战略是战略地图的核心，由战略总目标和战略主题体系构成。制定平衡计分卡的第一步是明确组织战略目标，然后将其展开成若干战略主题，形成战略地图。

对组织的愿景和使命具有深刻理解、熟悉组织的运作过程是制定与展开组织战略的核心要求。因此，一般由视野宽广、理论知识丰富并能与实践经验相结合的高层管理人员来进行战略的制定和展开。在确定战略目标时需要充分考虑组织的内外部环境和实际经营状况，关注历史业绩、行业发展趋势、竞争态势、行业最佳实践等因素。得出战略目标之后，需要在组织内部充分沟通与交流，并得到大家的广泛认同。

组织战略目标的具体化，即战略主题，组织的总体战略目标一般包含多个主题方向。换言之，组织的总体战略目标需要多个部门从不同方面共同实现。战略主题从不同的角度界定战略活动的内容和范围，是实现战略所必须关注并完成的基本任务。组织的战略目标往往映射为若干个战略主题。例如，某机械装备加工企业的总目标是"到2020年，公司成为本行业市场占有率最大的企业"，因此将"客户服务"及"产品创新"确定为公司的战略主题。

战略主题必须指向关系到战略成败的关键性因素，为战略的实现提供直接有力的支持；同时，各个主题都应独立且可实现，并向相关责任人员传达指导性的、积极的信息。组织高层管理者在与各级人员进行充分沟通与反馈之后，深入分析组织的战略信息、审视组织运作流程，最终才能形成并确定战略主题信息。基于战略总目标，一般可以确定三至五个战略主题，并随着战略调整及经营环境的变化而变化。

将战略主题与平衡计分卡的四个维度相关联，形成逻辑上具有因果关系的体系，便完成了组织战略地图的开发。

2）设计平衡计分卡的三个关键要素

得到符合要求的战略地图之后，需要设计平衡计分卡的三个关键要素，即衡量指标（measures）、衡量标准（targets）和行动计划（programs/initiates）。

描述特定战略主题的完成情况的一系列关键变量即衡量指标，换句话说就是绩效监控指标。这些指标不但要遵循绩效指标的一般原则，还要保证它们可以真正为战略提供动力、驱动变革，这就要求这些指标都是对应的战略主题的必要条件所对应的变量。

总部位于达拉斯的巴尔弗百蒂是一家销售额为24亿美元的建筑公司，也是平衡计分卡大联盟中的一员。"我们所有的平衡计分卡都依人、流程、客户和财务构建，"公司资深副总裁约翰·帕罗里斯说道。

帕罗里斯使用多种计分卡，每一种都贯穿业务的一个不同方面。每张计分卡列出2~4个战略目标，每个目标有1~3个衡量指标，所以每张卡片有2~12个衡量指标。"例如，我们有一个名为'持续完成签字体验'的流程目标，我们通过调查来衡量客户满意度"，帕罗里斯说道。"这对我们来说是个重要的衡量指标。"其他关键衡量指标包括雇员的交易额及按时完成任务的表现。

每个衡量指标都必须有对应的衡量标准，即目标或期望值，以判断战略主题的进展情况，为相关责任对象提供指导性和激励性信息。通过历史数据预测或者通过行业标杆分析可以基本确定目标或期望值。

平衡计分卡异常重视指标的实现（即战略主题的实现），因此在得到指标体系和评价标准之后需要进一步强调对应的行动计划的制订。这一特点导致平衡计分卡与其他绩效管理工具有了根本不同。行动计划中需要明确相关责任对象的行动方案及合理的资源配置。计划的行动宜粗不宜细，主要是为责任对象提供框架上的指导。

3）激励与改进

该环节将平衡计分卡的绩效考核结果与员工激励结合起来，根据组织薪酬战略及各部门的情况调整平衡计分卡四个维度的权重，鼓励完成战略分解目标的部门和员工，同时为没有达成目标的员工提供相关培训，并根据绩效考核结果总结工作中的成功经验，改进不符合企业战略要求的行为。企业还可以根据员工的合理化建议，在实施中改进绩效考核指标体系，甚至根据外部环境变化，调整企业战略及各部门、员工的平衡计分卡绩效考核指标。通过实施与反馈形成一个良性的绩效管理循环。

　　苹果公司将平衡计分卡引入绩效考核体系中，改变了之前仅关注毛利、股权报酬率和市场份额的公司战略。苹果公司设置了一个十分了解公司战略的小型指导委员会，研究平衡计分卡四个维度下苹果公司应关注的方面及相应的评估方法。财务维度考察股东价值；客户维度注重市场份额与顾客满意度；内部流程维度强调核心能力；学习与成长维度强调员工的投入与协调程度。

　　（1）顾客满意度。以前苹果公司的核心竞争力来源于更好的技术和产品，因此顾客满意度并非苹果公司的传统绩效指标。在平衡计分卡体系将顾客满意度引入苹果公司以后，有助于员工适应公司战略向顾客推动型的改变。

　　（2）核心能力。苹果公司的高层管理者希望员工专注于在少数流程上的关键能力，如用户友好界面，卓越的软件构造，以及高效的销售系统中的突出表现。但在实际工作中，他们发现这些关键能力很难进行量化评价。如何通过量化指标衡量这些能力是苹果公司目前的研究重点。

　　（3）员工的投入和协调程度。为了测量员工反映的实际水平与总体发展趋势，苹果公司定期对公司的各个部门进行全面的员工调查，一般两年/次。除此之外，还会对员工进行频繁的随机抽查。抽查内容为员工对苹果公司战略的理解程度及员工的工作结果与战略的一致性。

　　（4）市场份额。为了保证苹果公司平台对软件开发商的吸引力，获得销售额增长收益，达到预定的市场份额对高层管理者们十分重要。

　　（5）股东价值。这一绩效指标是业绩的结果而非原因。但与之前关注的毛利和销售增长率指标相比，股东价值可以量化苹果公司在促进业务增长方面投资的成果，有助于企业衡量现有投资对未来的影响。由于苹果公司的销售、产品设计、全球范围的生产和经营等是基于分工进行的，所以只能计算公司整体的股东价值。但是，整体的股东价值指标可以反映各部门活动对其的影响，并进行调整。

　　以上五个绩效指标在开发之初，已经有利于高层管理者将精力集中在公司战略上，因为平衡计分卡在苹果公司最重要的作用是规划而非控制，目的是调整业绩的长期变化而非实施经营变革。而除股东价值外的四个测评指标都能从横向和纵向两个角度融入每个职能部门。从横向考虑，测评指标可以识别设计和制造对顾客满意度起了什么作用；从纵向考虑，每个测评指标都由几个部分组成，可以考核每一部分对整体的运作发挥了怎样的作用。同时，苹果公司认为平衡计分卡有助于量化规划的提出和实现的效果。现在，苹果公司的五个绩效指标被其他公司作为基准，与行业中最优秀的组织进行比较；还可以用它们来制订经营计划，并将其与高级经理人员的薪酬制度结合起来。

　　　　资料来源：百度文库，http://wenku.baidu.com/view/8f6d7efdaef8941ea76e056a.html，2012-12-08

2. 组织平衡计分卡设计实例[①]

中国电子工程设计院（China Electronics Eigineering Design Institute，CEEDI）是一家致力于电子工程与民用建筑工程方面全方位技术服务的大型电子工程设计单位。2013 年，CEEDI 将平衡计分卡引入绩效考核体系中，以促进单位的可持续发展，首先明确了 CEEDI 的远景目标与经营战略，根据战略建立平衡计分卡四个维度的绩效考核指标体系；其次将战略与企业、部门和个人的短期目标联系起来；最后，在实施平衡计分卡的过程中调整、完善绩效考核体系，将绩效结果与奖惩挂钩。

1）制定 CEEDI 长期目标与发展战略

CEEDI 的发展战略是蓝海战略与品牌战略，将自主创新作为企业核心竞争力的来源，在此基础上，完成企业的长期目标：在三年内实现销售收入和利润翻一番、坚持做电子工程设计的龙头企业。

在确认 CEEDI 的长期目标与企业战略后，管理层依据平衡计分卡的绩效管理理念寻找促进企业可持续发展的关键成功因素。为了将目标和战略融入企业的每一个位置，CEEDI 将战略指标层层分解到每个部门，为部门设计关键绩效指标体系衡量企业战略的实现程度；通过战略评估系统，对企业战略的实施情况进行监测，同时根据环境的变化调整企业战略。

2）经营战略转化为一系列的衡量指标

平衡计分卡从财务、客户、内部流程及学习与成长四个维度衡量企业经营战略，以保证企业战略的实施。据此，CEEDI 从以上四个维度建立绩效考核指标体系衡量企业战略。

（1）财务绩效考核指标。CEEDI 的财务考核指标不仅包含对企业获利能力、收益增长程度等方面的指标，也能体现企业的人力资产价值。具体有利润总额、净资产收益率、人均增加值、成本占用率、业务款回收率、工资总额控制等。

（2）客户绩效考核指标。CEEDI 的客户绩效考核指标有现有客户的保持、新客户的获得、客户满意度和对客户意见的反馈、经验总结和采取的措施等。与常见的考核指标相比，CEEDI 更注重根据反馈的客户意见，塑造品牌形象。

（3）内部流程绩效考核指标。内部流程包括运营、售后服务和创新三个方面。据此 CEEDI 从供应链管理、客户服务与创新维持领先三个维度设计了内部流程绩效考核指标。具体有质量控制指标，包括质量管理体系执行、质量管理过程控制、实施措施的有效性和质量反馈信息的分析和利用；客户服务指标，包括客户调查、回访及总结；创新指标，包括技术创新、经营创新、管理创新等指标。

（4）学习与成长绩效考核指标。CEEDI 从员工满意度、人才流失率、员工能力等方面对学习与成长绩效考核指标进行考核。其中，员工满意度指标包括员工决策参与程度、员工工作认可程度、创造性的鼓励程度、能力发挥程度，以及对企业总的满意程度等；员工稳定性的考核指标包括员工离职率、核心员工离职率、员工淘汰

---

① 胡萍. 平衡计分卡在设计企业绩效考核中的应用. 中国勘察设计，2007，（9）：101-104.

率、人才引进等；员工培训考核指标包括培训计划完成率、员工培训率、新获得岗位职业资质比例等。

综合起来，CEEDI 的平衡计分卡绩效指标体系如表 6-5 所示。

表 6-5　CEEDI 的平衡计分卡指标体系

财务指标	客户指标
1.利润总额 2.净资产权益率 3.人均增加值 4.成本费用占用率 5.业务款回收率 6.工资总额控制	1.原有客户保持率 2.新客户的获得率 3.客户满意度 4.客户意见反馈；经验总结；采取的措施
内部流程指标	学习与成长指标
1.质量指标；质量管理体系；质量过程控制的有效性；项目回访及总结 持续改进 2.创新指标；新开发的业务收入；业务流程的改进和效果；管理制度的改进和效果；新工艺、新技术的采用	1.员工的满意度 2.员工的稳定性；员工离职率；业务骨干离职率；员工淘汰率；人才引进 3.员工的培训；员工培训计划完成；员工培训率；新员工的岗位资质比例

二、部门平衡计分卡的设计

组织战略目标的直接责任者是部门，部门的平衡计分卡与组织的平衡计分卡建立直接联系并基于各自承担的组织战略分解目标而建立。

1. 部门平衡计分卡设计的基本过程

部门平衡计分卡的制定逻辑与组织平衡计分卡并无根本差异，其流程其实就是组织平衡计分卡制定过程的一个变形。只不过，部门的目标是组织战略目标的分解，关注更特定的战略主题和业务流程。部门平衡计分卡的制定过程大致经历三个步骤。

1）组织和高层管理人员平衡计分卡的分解

将组织的战略在四个层上面进行反映，由此建立战略监控与实现应该关注的经营变量集合及其关键工作行为体系，并由上及下逐层实现是平衡计分卡的基本思想。因此，在得到组织层次的平衡计分卡之后，需要将其在各个维度上的目标、指标、标准及工作任务都具体分解到部门层次，如图 6-4 所示。

组织的平衡计分卡中的目标、指标及相关的工作任务都必须指定具体的负责人，并且落实到各高层管理人员身上，这样就转变为给每个高层管理人员都制定了一张平衡计分卡，方法就是明确每个高管人员的关键绩效要素、标准及需要采取的管理行动，每个高层管理人员都有其分管的业务和部门，其绩效目标即通过这些部门的工作得以实现。于是，这些部门就从对应的高层管理人员那里得到了各自的责任范围、工作目标及相应的绩效标准。各部门主管需要和自己对应的高层管理进行足够的沟通交流与讨论分析，合理划分责任范围和工作目标，并确定各项分工工作的绩效标准。此外，对后续的确定部门关键绩效领域的工作非常关键的一点在于部门主管必须积极主动与高层管理人员充分研究讨论并分析目标和行动要求，从而明确相

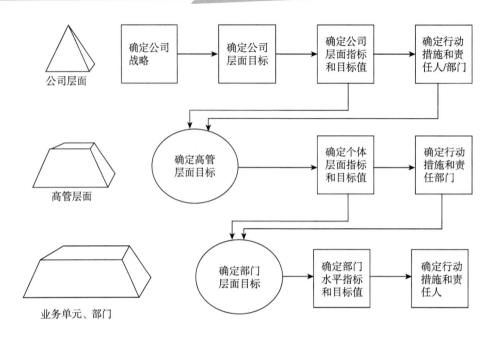

图 6-4 部门关键绩效领域和目标的分解过程

互的合作关系。

由于组织中的部门与高管职务并不完全是逐一对应的。某个高层管理人员的绩效责任可能需要分解到多个部门，而一个部门也可能需要与多个高层管理人员的工作进行配合。此时，需要在多个战略主题和责任主体之间进行合理有效的协调与平衡，因此，组织和高管平衡计分卡的分解也变得复杂起来。

2）部门关键绩效范围的确定

通过组织和高层管理人员的平衡计分卡分解，我们能够对各部门的工作责任范围有一个初步的了解，使各个部门了解各项工作的框架性要求。对部门的绩效要素、绩效目标及绩效评价标准进行进一步的确定，能够对部门工作进行明确指导和准确有效的监控。

从根本上来说，平衡计分卡是关键绩效指标方法的深入应用。所以，在明确了部门的工作目标之后，可以采用"纵向的目标细化 + 横向的业务流程分析"的方式，从平衡计分卡的四个基本维度分别来对部门关键业务流程的各个环节应该重点关注的绩效要素及其要求进行分析，从而得到关键绩效领域（关键成功因素）或绩效要素集合。这个环节是确定关键业务流程、界定关键绩效领域最重要的基础。

3）形成部门最终平衡计分卡

仅仅停留于确定关键绩效领域仍不足以指导部门的实际工作。部门主管需要鼓励部门所有员工积极主动参与，有效讨论工作重点、遴选关键绩效领域，对每个关键绩效领域设置若干个关键监控点和合理有效的标准。员工的参与在所有环节中都起着至关重要的作用，除了确定关键绩效指标与标准之外，有效的参与更是形成可行的工作计划和行动方案的必要条件。

当确定了部门的工作目标、绩效指标、评价标准及行动方案等要素，也就基本上完成了部门的平衡计分卡。不难看出，部门平衡计分卡的直接责任人就是部门的主管，而其中的各个要素则分别需要通过进一步设计岗位／个人的平衡计分卡明确地指定相应的责任人。

设计部门平衡计分卡要注意以下两个方面：①绩效指标不宜过多、过细。部门平衡计分卡侧重于关键绩效领域的表现，在指标设计中要尽量做到"抓大放小"，为部门工作提供一个简明的指导，同时也提供足够的空间和自由度给人员进行自主工作；②沟通无处不在。部门平衡计分卡不仅是组织平衡计分卡的分解和承接，同时也是岗位／人员平衡计分卡的基础和依据，因此，组织必须在上下两端都保持持续畅通的沟通，才能保证组织战略分解正确、工作活动运作效率高。

2. 部门平衡计分卡设计实例[①]

Z 啤酒集团有限公司是一家以啤酒业经营为主、啤酒配套和相关产业为辅的大型现代化企业。Z 啤酒集团有限公司高层对于公司的发展有清晰的战略思路，构建了平衡计分卡绩效管理体系来提高公司的战略执行能力，努力实现"打造具有国际竞争力的啤酒企业"的宏伟愿景。Z 啤酒集团有限公司的特色在于新产品研发，公司高层认为不断地推出新产品、提供新服务是公司持续的核心竞争力，这也是公司增强核心竞争力的重要战略主题。下面以关键绩效领域"开发新产品"为例，说明公司级平衡计分卡如何分解到高管层级平衡计分卡和部门层级平衡计分卡。

在 Z 啤酒集团有限公司的公司层级平衡计分卡中，公司在内部流程维度提出了"开发新产品"的关键目标，具体行动措施包括"提高科研管理效率"、"建立科研信息系统"和"增进与厂外科研合作方的关系"，A 总工程师为总负责人。为了保证落实公司平衡计分卡的这些行动措施，在负责工程与技术的 A 总工程师的平衡计分卡中相对应地设立了"提高技术创新财务效益"、"提高科研管理效率"和"增进与政府科研主管部门（发改委、经贸委、科技局、行业协会等）关系"等目标。

进一步，对 A 总工程师的目标设置具体的支持措施，如表 6-6 所示。例如，对于"提高技术创新财务效益"，各部门的行动措施分别是研究所、技术部负责"确保新产品、新技术研发项目按计划完成"；技术质量部、财务部、生产部负责"每季度统计新产品销售额完成情况，及时分析，提出整改措施"；销售公司、财务部负责"建立新产品销售推广计划和实施方案"；销售公司、研究所负责"定期了解市场对新产品的需要并提出新产品研发计划"。针对总工程师平衡计分卡中的这些行动措施，下级部门确定的关键绩效领域分别是研究所要"提高新产品、新技术研发效率"；技术部要"做好新产品技术质量服务工作"；生产部要"保证中高档产品生产供应"；销售公司要"优化产品结构（保证中高档产品销售完成）"。

---

① 刘海山，程贯平.如何建立部门层级的平衡计分卡——以 Z 啤酒公司为例.中国人力资源开发，2009，(12):15.

表 6-6　总工程师的平衡计分卡（节选）

领域	关键绩效领域	指标	行动措施	负责人/部门
财务	提高技术创新财务效益	新产品销售额占总销售额	确保新产品、新技术研发项目按计划完成	研究所、技术部
			每季度统计新产品销售额完成情况，及时分析，提出整改措施	技术质量部、财务部、生产部
			建立新产品销售推广计划和实施方案	销售公司、财务部
			定期了解市场对新产品的需求并提出新产品研发计划	销售公司、研究所
市场与客户	增进与政府科研主管部门关系	省级以上立项项目数	随时掌握各级项目计划和上报要求	技术质量部、研究所
			每年储备不少于五个优秀的待报项目	研究所及各部门
	提高产品质量	产品出厂、外部抽查产品合格率	严格执行工艺规程并生产，确保各质量控制点处于受控状态	生产部、各生产厂、储运部
			每月召开质量分析会，及时整改存在问题	技术部

分解公司层次和高管的平衡计分卡指标体系，对所获得的部门初步关键绩效领域使用"指标分解矩阵表"进行标识，将指标分解到各个部门，如表 6-7 所示。

表 6-7　总工程师平衡计分卡指标分解矩阵表（节选）

维度	平衡计分卡指标	研究所	技术部	质保部	财务部	生产部	各生产厂	储运部	销售公司
财务	新产品销售额占总销售额	√	√	√	√	√			√
客户	产品出厂、外部抽检产品合格率		√			√	√	√	

表 6-8 显示了 Z 啤酒集团有限公司其他部门对研究所的需求分析。例如，技术部的要求"加快技术研发，加速产品创新"可转化为研究所内部关键流程层面"提高新产品、新技术研发效率"的关键绩效领域；生产部的要求"协助解决生产质量问题"可转化为市场与客户层面的"提高生产部门服务质量"；财务部的要求"控制研发费用"可转化为财务绩效层面"提高技术创新财务效益"。

表 6-8　研究所部门需求分析表（节选）

	技术部	生产部	财务部	……
研究所	加快技术研发，加速产品创新	协助解决生产质量问题	控制研发费用	
……				

表 6-9 是 Z 啤酒集团有限公司研究所的《职能指标分析表》，在"研发新产品"这项职能上，可分别从数量、质量、时间、成本、风险等方面进行分析（并不是每个关键绩效领域都需要得到全部五方面的指标），从而推导出其中一个关键绩效领域"提高新产品、新技术研发效率"的衡量指标。

表 6-9　研究所职能指标分析表（节选）

序号	部门职能	分析维度与关键绩效领域				
		数量	质量	时间	成本	风险
1	研发新产品	新产品、新技术立项数	项目立项达、超国内先进水平率	新产品、新技术立项项目完成率	新产品、新技术立项费用	市场对新产品的需求
2	提高科研水平					
3	……					

确定了关键绩效指标之后，再以此确定指标权重、确定目标值、制定行动措施及确定相关责任人。最后，得到研究所的部门平衡计分卡（表 6-10）。

表 6-10　研究所平衡计分卡（节选）

领域	关键绩效领域	指标	行动措施	负责人/部门
财务效益	提高技术创新财务效益	新产品销售额占总销售额	确保新产品、新技术研发项目按计划完成	各项目负责人
			每季度一次了解市场对新产品的需要并提出新产品研发计划	研究所、销售部
市场与客户	增进科研合作部门关系	征求合作方意见	主持召开合作双方人员座谈会，征求合作方在项目合作过程中对我方的意见和建议，了解合作满意度，并及时整改和调整	各项目负责人
	加强政府科研部门关系	合作满意度	及时跟进合作项目进展，资源配置确保项目合作善始善终	研究所
		合作方关系维持率 向政府科研部门汇报科研计划	与上级科研主管部门通报企业科研项目总体情况并了解政府科研部门对企业技术创新的具体要求，写出计划总结	
	协助生产部门解决质量技术难题	组织市场对新产品需求分析会	通过销售、采购、技术部等部门了解市场对啤酒新产品的需求信息，总结并向技术中心进行可行性分析，组织相关部门立项实施	研究所、销售部
内部关键流程	加强科研人员队伍建设	新产品、新技术立项数	对公司各部门发布信息，广泛征集课题题目，由课题提出人推荐项目负责人，完成可行性分析，组织项目负责人答辩、立项	研究所
		项目立项达、超国内先进水平率	要求各项目负责人在立项前广泛查阅资料，明确项目的先进性，并强调项目本身的创新性	各项目负责人
		生产部门满意率评价	加强与生产部门的沟通协调，解其需求，及时给予相关技术支持	研究所、人力资源部
		研究所科研人员满意度	每季组织召开 x 次科研人员生活会，了解科研人员对工作、晋级、待遇方面的具体要求并合理解决	

⋮

三、个人平衡计分卡的设计

严格意义上来说，绩效管理与评价都是针对工作而言的，因此，组织应该对岗位而不应对人来设计平衡计分卡。然而，在实际管理中，每个任职者都需要对所在岗位的平衡计分卡有充分的理解，而且很多组织都是将岗位的平衡计分卡和任职者一一对应。因此，这里提出"个人平衡计分卡"，与实际管理事实上相一致。

一般来说，个人平衡计分卡的设计流程与部门平衡计分卡的设计没有太大的本质差异，可以参照上节的所述步骤进行设计。然而，由于人员存在特性，也可以将个人平衡计分卡的四个维度具体化，从而更好地得到相关指标体系和行动措施。

（1）上级角度。个人需要对上级负责，因此，对于很多不需要直接与组织外客户发生工作联系的岗位和人员来说，"上级"从某种程度上来说就成为个人工作的最关键客户。于是，在设计平衡计分卡的时候，可以从上级的角度来考虑这些岗位和人员需要设置哪些关键点，如为什么要设置该岗位？这个岗位应该提供哪些产出？人员应该达到什么样的标准才算是满意的工作？

（2）岗位角度。对应平衡计分卡中的"内部流程"，主要从岗位工作的内容、职责、流程要求等方面进行分析。涉及的问题包括该岗位的核心在哪？岗位需要担负哪些关键职责？该岗位与哪些其他工作有何种联系？完成这些工作需要具备哪些基本能力、素质要求？

（3）绩效角度。其由平衡计分卡中的"财务"角度转换而来。对于所有岗位的任职者，并不需要、也不容易将其工作对组织财务表现的贡献进行一个清晰的界定，而只需关注其工作直接的成本及工作效率，从成本角度反映财务收益。因此，相关的问题通过哪些方式可以提高该岗位的工作效率？如何评价、衡量员工工作输入（或消耗）？

（4）学习与创新角度。由于员工的学习创新能力从很大程度上决定了组织的创新与发展能力。因此，可以从组织对员工的能力素质要求及提高员工能力素质水平所需的手段和方法等方面，界定相应的监控点。例如，员工应该如何应对和适应组织环境的变化？员工是否具备一定的学习能力与竞争意识？为了提高自身能力，员工可能需要哪些培训？

图 6-5 给出了从这四个角度得到的个人平衡计分卡的基本样式。

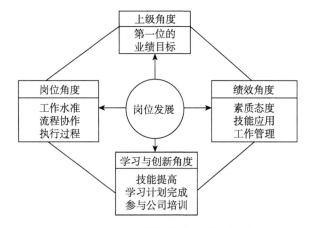

图 6-5　个人平衡计分卡的基本样式

> **本章小结**

平衡计分卡不仅仅是一种测评体系，而是一种有利于企业取得突破性竞争业绩的战略管理工具，并且可以进一步作为组织新的战略管理体系的基石。它与偏重财务指标的传统绩效管理方法不同，该框架是以组织经营运作战略为中心而不是以传统的"控制"为中心，认为组织应从学习与成长、业务流程、客户和财务四个角度审视自身业绩，以有效代表股东、顾客、员工这三个主要利益相关者的利益与需求。至于各个角度的重要性设置，则取决于组织战略在该角度上的强调力度。

平衡计分卡从财务、客户、内部流程及学习与成长这四个相对独立的角度，系统地考核监控企业的经营绩效，而具体评价指标的选择则根据不同行业和组织的实际情况，按照组织愿景和战略目标来制定。从这四个角度出发设计的这些考核指标在逻辑上是紧密连接、休戚相关的，具有一定的因果关系。平衡计分卡就是依据这种内在的因果关系对企业战略目标进行划分，从而使组织战略落实为可操作的日常工作行为。

以平衡计分卡为基础建立企业的绩效管理体系，一般需要经由愿景建立与宣导、内部沟通与培训、部门业务规划、实施效果反馈与改进提高四个基本程序，以把长期的战略目标与短期的行动计划有效联系起来发挥作用。

基于平衡计分卡的绩效管理必须全员参与，因此必须分别建立组织、部门和人员三个层级的平衡计分卡。组织平衡计分卡的设计，首先需要制定组织的战略地图，将组织的战略主题清晰而详细地描述出来，并将其与平衡计分卡框架的四个层面对应起来；其次，对每一个战略主题分别设计相关的监控衡量指标、设定目标期望、讨论并详细计划出在该主题方面实现预定目标所必须采取的行动。部门平衡计分卡的制定逻辑与组织平衡计分卡相似，但其出发点是组织战略目标分解到该部门的子目标，因此部门平衡计分卡相对来说更关注特定的战略主题和业务流程。个人平衡计分卡的设计也可以参照组织和部门的逻辑进行，但应从上级、岗位、绩效、学习与创新角度，分别将个人平衡计分卡的客户、内部流程、财务和学习与成长四个维度具体化，从而更好地得到相关指标体系和行动措施。

➤ 专业术语

平衡计分卡	balanced scorecard
战略地图	strategy map
愿景	vision
使命	mission
战略	strategy

◖ 案例讨论

ABC 银行实施平衡计分卡

ABC 银行是国内一家股份制银行的省级分行，三年前在分行层面开始引入平衡计分卡进行绩效管理。目前，该银行的总行全面实施平衡计分卡。随着时间的推进，ABC 银行不断积累经验，实施的有效性不断提升。现在平衡计分卡已经成为 ABC 银行战略管理流程的重要组成部分。

在引入平衡计分卡之前，ABC 银行采用创新和产品领先的战略很成功。它们是当地率先建立房屋抵押贷款中心等专业中心的银行，同时为私营企业提供许多新型的金融产品，ABC 银行在业界也建立了产品领先的良好声誉。与此同时，当地的其他国有银行很快开始模仿 ABC 银行的业务模式，行业竞争日趋激烈。

在开发平衡计分卡的初期，分行管理层和咨询顾问共同制定出了分行的战略图，然后将战略图转化为分行层面的平衡计分卡目标和指标，将战略举措和责任人一一对应，从而保证分行重要目标得以实现。接下来，分行层面的平衡计分卡目标和指标层层分解到所有部门和支行、员工。在分解的过程中，分行上下级之间建立了纵向协同，跨部门之间建立了横向协同，这也是行长比较关注的一个重要目标。

在开发平衡计分卡的过程中，ABC 银行还同时推动业务流程改造和能力素质的发展，强化了以客户为中心的企业文化。平衡计分卡帮助分行制定出一套涉及绩效管理跟踪、能力开发和合理的薪酬制度等人力资源制度。此后，分行管理团队开始成功地将平衡计分卡作为一个战略执行系统。同时按照"战略中心型组织"的五项原则建立起了一套以平衡计分卡为根基的战略管理流程。现在分行每季度都会回顾和评估平衡计分卡，并根据结果及时对战略和重大行动方案进行微调或改进。

在实施平衡计分卡之初，不但外部竞争加剧，同时由于政府对一些过热行业投资的宏观调控，企业的贷款降低，ABC 银行的收入也受到一定程度的影响。实施平衡计分卡之后，分行能够成功地运用这一系统来迅速地辨别、沟通和管理一些关键的战略变革，并以此来相应地调整新的客户价值定位，如为目标客户提供完整的金融方案帮助其增加私人银行的存款，提高个人存款收入。通过这些措施，银行有效地规避了由宏观调控政策带来的风险，并且取得了一系列成绩。

通过实施平衡计分卡，分行对柜台业务流程进行了改进，提高了服务质量，从而提升了自身的品牌地位。同时，理财服务的不断创新和提升也从一定程度上加大了分行对客户的影响力。此外，通过在全行内对创新主题进行沟通和分解，并在部门和支行甚至关键岗位设置相应的创新产品或者创新建议指标，分行的创新能力产生了质的飞跃。由于个人存款收入的增加，很大程度上抵消了企业银行收入带来的损失，所以 ABC 银行可以有效地应对政府宏观调控政策带来的影响。

通过实施平衡计分卡，行里的管理团队不仅学会了平衡计分卡这个绩效考核工具，而且也学会了一种新的管理方法。它们的整体管理水平得到大幅提升，并且开始运用这一方法来有效地解决其他管理问题。 随着平衡计分卡应用的进一步深入，ABC 银行逐渐将战略执行形成一种核心能力，整个组织也将执行文化融入企业文化中。现在大家谈到组织的重大经营重点和方向时，均会用"分行的计分卡中是否已经包括"或者"是否已充分得到落实"这样的句子。这意味着战略执行已经通过平衡计分卡这个工具和平台不断传播，最终体现在每位员工的日常工作中。

ABC 银行行长这样评价平衡计分卡的应用："实施平衡计分卡使我们更符合科学的发展观，它不断提示我们要侧重于均衡发展，不能单方面只从一个维度而需要关注几个维度同时来衡量一个企业的发展，而且平衡计分卡所体现的指标数据能够从很大程度上帮助我们更好地进行决策和分析。平衡计分卡的实施也提高了我们日常工作的针对性和计划性。"

资料来源：根据中国人力资源开发网的相关资料改编

思考题：

1. 平衡计分卡是如何帮助 ABC 银行改善其经营效率和整体竞争力的？

2. 组织在应用平衡计分卡的过程中应该注意哪些问题？

➤ 思考与讨论

1. 请简要叙述平衡计分卡的产生和发展过程，并据此阐述平衡计分卡的基本指导思想。

2. 平衡计分卡的基本指标体系包括哪些方面？请概要描述平衡计分卡的概念框架。

3. 平衡计分卡指标体系内部存在什么逻辑关系？请结合自己所在组织的实际情况，尝试绘制组织的战略地图，并提取组织、部门、团队及个人（自己）的绩效指标。

4. 企业平衡计分卡、部门平衡计分卡和个人平衡计分卡是如何关联的？试对比它们的设计方法与过程，并指出其异同。

5. 平衡计分卡与关键绩效指标方法存在什么关联？试对比这两种理论和方法的异同。

6. 平衡计分卡的有效应用需要具备哪些条件和保障？什么样的组织适合采用平衡计分卡方法进行绩效管理？请据此讨论为什么我国企业实施平衡计分卡的成功率不高，并分析平衡计分卡在我国的应用前景。

第七章

知识型员工的绩效管理

王萍是高雅贸易公司的服装营业部主管，她负责领导设计部门工作和督导四名设计师。王萍和大部分设计师均相处愉快，但属下一名设计师李莉经常使她感到困扰。

李莉的设计意念极具创意，每次也能使买家满意，她在众多同事中的确十分突出，因此王萍对她颇为欣赏。

由于李莉自觉受到公司重视，认为自己与其他同事不一样，开始出现一些违规行为，如借故不准时上班或私自延长午餐时间。虽然如此，李莉却能够把分内的设计工作在限时内完成。其他同事看在眼里，除向王萍投诉李莉的工作态度外，也声称会效仿她的行为。对于李莉近日的行为，王萍实在不能容忍。

王萍于是找李莉倾谈，并指出她的行为违反了公司纪律，要求她解释原因。李莉却向王萍表示，有感于自己的工作能力比其他同事高，并且可以在限期内完成工作，上司不应该如此计较。王萍回应说："虽然你的能力和创意较其他人佳，但也不应拥有特权，你必须顾及别人的想法。"李莉却威胁说："如果这样也会影响别人，我宁愿考虑另找一份工作。"

王萍虽好言相劝，告诉李莉不值得为这些事情离职，也强调公司在快速发展，在这里工作前途也会不错，然而李莉却趁势要求升职，或是委任她处理独立工作，如此别人便不能随意说她的不是。王萍对李莉的要求感到为难，她仔细思考李莉是否认为自己与众不同和能力较强，所以不把别人放在眼里，并且任意妄为。

思考题：

1.你认为李莉的行为合适吗？

2.针对李莉这样的员工，你认为如何对其工作进行考核比较合理。

第一节　知识型员工的概念与特点

一、什么是知识型员工

Facebook 上市后的动向在很长一段时间内一直是备受各界关注的话题，关于其首席执行官布莱特·泰勒离职创业的消息成为业界讨论的焦点。对于 Facebook 今后是否有能力留住泰勒这样的天才型员工，人们始终抱有疑问。再看同样是新兴互联网上市企业的 Zynga，其首席执行官马克·平卡斯的铁腕治理已经可以看到反面效果的端倪，人才流失的风险日益紧迫。不仅仅是 Facebook 和 Zynga，作为知识密集型行业的典型，互联网行业的多数企业普遍面临人才流失率高的问题，离职创业和频繁跳槽是这个行业的一大特色。通过互联网行业的窘境可以知晓，知识型员工管理的难度可见一斑。

随着时代的发展，组织中知识型员工的作用日益凸显，他们是为组织创造价值的主力军，也是组织重要的资源及核心竞争力之所在。因此，针对知识型员工的绩效管理进行研究，将有利于激发并提高知识型员工的绩效水平，进而促进组织绩效的提升和核心竞争力的形成。

1.知识型员工的概念

知识型员工（knowledge worker）这一概念最早是由美国学者彼得·德鲁克提出的，当时，知识型员工主要是指组织中的高层管理人员，即那些掌握、运用符号和概念，利用信息或知识来工作的人员；其后，又进一步将该范畴扩展为"拥有较强学习知识、创新知识能力，并且能够充分利用一些现代化科技或手段来提高工作效率的人"，将组织管理人员在内的多数"白领"都涵盖进来。弗朗西斯·赫瑞（Frances Horibe），作为加拿大著名的学者及优秀基金评选主审官，也对知识型员工进行了进一步的细化描述，他指出知识型员工就是通过脑力活动（如归纳分析、方案设计、综合判断、创意思维等）来创造价值的人。当然创造过程中用到了手，但"只是用手将数据输入计算机而不是用手扛一个 50 磅重的麻包。"由此可见，具备知识创新能力是知识型员工最为突出的特点。而且，知识型员工的工作大多依靠思维型活动，而知识会随着外部环境的变化而逐步发展改变，因此，创新性、知识性、灵活性也是知识型员工的特征之一。

目前，对知识型员工的一个比较普遍接受的定义是：知识型员工就是在组织中运用专门知识、通过创造性的活动为组织提供知识资本增值的人员，他们往往更加关注工作过程中的自主性，其工作方式一般无法程式化，工作产出也往往更多地依赖于脑力活动。知识型员工拥有知识资本这一独特的生产资料，这是其区别于一般员工的本质特征。

2.　知识型员工的分类

典型的知识型员工包括各类专业技术人员、科学家、教育者、组织经营管理人员等。具体对于企业而言，知识型员工一般可以分为以下三类。

（1）研发人员，主要从事产品设计、研究和开发工作，即知识创造型员工。

（2）专业技术人员，主要从事生产、施工和现场管理等工作，即知识应用型员工。

（3）管理人员，主要从事组织战略管理、组织或部门规划和决策等工作。另外，高级销售人员一般也被认为是知识型员工的一种类型。

美国康奈尔大学的 Snell 教授把组织的不同人员按照价值性和稀缺性两个维度、四个象限分成四类，每个象限对应一类人员。组织对不同的人实行不同的管理方式，如图 7-1 所示。

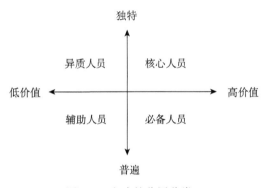

图 7-1　人才的分层分类

知识型员工的分类也可以借鉴这个模式。按照价值性和稀缺性，把知识型员工分成四个类型。其中，价值性是一个比值的概念，即价值：成本，综合考虑了知识型员工对组织的核心竞争力和组织发展方向的贡献，以及组织为他们支付的成本；而稀缺性是指这类人才的市场供应状况。

1）高价值、高稀缺性的知识型员工

高价值、高稀缺性的知识型员工这是组织的核心人才，一般为相应领域的行业顶尖专家，他们认同组织的核心价值理念，拥有组织的核心竞争力及未来发展所需要的能力。这种人才一般很难在市场上直接招聘到。对应到企业，这一象限的人员一般包括核心高管、核心的研发人员、核心的销售人员等。

2）高价值、高普遍性的知识型员工

高价值、高普遍性的知识型员工这是组织的必备人才，一般包括组织的中层管理人员、其他的职能和专业人员。这类知识型员工虽然说对组织有很大的价值，但是因为其市场的供应比较充足，而且适用性很强，所以其主动流动较为频繁，从市场上招聘也很容易。

3）低价值、高稀缺性的知识型员工

低价值、高稀缺性的知识型员工这是组织的异质人才，一般是指外部的合作伙伴或者是咨询顾问、专家等，其在组织工作的时间相对比较短，或是以合作的形式存在。

4）低价值、低稀缺性的知识型员工

低价值、低稀缺性的知识型员工这是组织的辅助人才，主要从事一些高重复性、高程序化、低价值增值性的工作，如文字编辑、档案整理等。

二、知识型员工的特点

与非知识型员工相比，典型的知识型员工的特点主要体现在人格特质、价值观念、心理期望和工作方式等方面，具体表现如表 7-1 所示。

表 7-1　知识型员工的特点汇总

特点	具体表现
专业特长和较高的个人素质	1.具有较高学历，受过系统的专业训练 2.对经济、管理等知识有一定的了解，具备专业知识和技能 3.具有较强的学习能力，成就动机较高 4.具有较高的个人素质，视野开阔，求知欲强烈
较高的创造性和自主性	1.利用头脑进行创新性思维，运用专业知识进行创造性活动，并能够持续产生新的知识成果 2.喜欢较为自主、宽松的工作环境，重视自我引导和自我管理，不希望受到物化条件的限制
强烈的自我价值实现愿望	1.热衷于具有创造性、挑战性的任务，并尽力追求结果的完美 2.重视较高层次的需求，强烈希望得到认可，实现自我价值 3.精神激励和成就激励的重要性远大于金钱等物质激励
强烈的个性及对权势的蔑视	1.尊重知识，信奉科学，崇拜真理，而不愿人云亦云，随波逐流 2.可能会因为执着于对真理的追求和知识的探索而蔑视权威 3.可能会因为专业知识与技能的优势而减弱职位权威的约束力及控制力
流动的频繁性	1.就业选择上具有较高主动权 2.更愿意在有助于提高自身工作能力的岗位上工作 3.很容易由于工作条件或环境的改变而转向其他组织 4.更多地忠诚于对职业的承诺，而非对企业组织的承诺

知识型员工是企业核心竞争力的载体。组织针对这种类型员工的获取与保留，需要在日常工作中采取有效的激励措施。美国知识管理专家玛汉·坦姆仆在大量实证研究的基础上发现，对知识型员工而言，能够产生有效激励的四个主要因素包括金钱财富、工作自主、个体成长和业务成就。因此，组织在满足知识型员工物质保障的前提下，应该为其提供具备挑战性和学习机会的工作，运用更为人性化的管理方式，对知识型员工的工作成果给予适当、及时的认可和鼓励。

第二节　如何管理知识型员工的绩效

一、知识型员工的绩效界定

1.知识型员工的绩效构成

知识型员工的绩效，是指知识型员工为了实现特定的角色目标，运用其能力为组织、客户创造价值，同时实现自我价值的过程及结果。这里，对绩效是价值的认识应强调三个方面：①对客户而言，价值表现为知识型员工能够最大限度地满足其独特的、定制的，甚至是潜在而难以言明的需求；②对组织而言，价值是指知识型员工在满足客户需要、带来经济价值的同时也为组织积累了知识、强化了组织凝聚力、增强了组织适应外部环境变化的能力；③对知识型员工本身而言，价值表现为让自己在工作期间既积累了知识，也提高了沟通协作能力。这样，从三个维度全面系统地考虑员工的绩效，就突破了传统绩效理论仅以组织为出发点来看待绩效的局限性，突出了知识型员工、组织及客户三者之间的合作共赢关系。例如，美国的微软公司、英特尔公司、惠普公司等都很重视个人的能力，尤其是科研人员的创新能力，并按员工的贡献给他们公司的股票期权，使他们的利益与公司紧密相关。

也可以从另一个角度来理解知识型员工的绩效结构，即将知识型员工的绩效分解为任务绩效、周边绩效和辅助绩效三个主要部分。

所谓任务绩效，是指与工作产出直接相关的，能够直接对其工作结果进行评价的这部分绩效要素，是与具体职务的工作内容密切相关的，同时也和个体的能力、完成任务的熟练程度和工作知识密切相关的绩效。任务绩效体现的是知识型员工的工作任务完成情况，是知识型员工绩效最基本的组成部分，反映员工的工作结果对组织和客户的价值水平。对任务绩效的评价通常可以用质量、数量、时效、成本、他人的反应等指标来进行考量评估，以量化考评为主。

周边绩效又称关系绩效，是指与周边行为有关的绩效，与组织特征密切相关。周边绩效对组织的技术核心没有直接贡献，但它却构成了组织的社会、心理背景，能够促进组织内的沟通，对人际或部门沟通起润滑作用。周边绩效可以营造良好的组织氛围，对工作任务的完成有促进和催化作用，有利于员工任务绩效的完成及整个团队和组织绩效的提高。周边绩效的内涵相当广泛，包括人际因素和意志动机因素，如保持良好的工作关系、坦然面对逆境、主动加班工作等。从更广泛的组织经营环境与组织的长期战略发展目标来看，周边绩效非常重要。

辅助绩效也称支持绩效或远端绩效，是指能够为个体完成相关工作任务提供基本保证的一系列知识、技能、能力及相关素质的配置或表现情况，反映员工通过过去一段时期的工作行为所积累的能够提升组织适应性、为组织的未来继续做出贡献的能力。辅助绩效更多的是对员工未来任务绩效的一种预测，持续学习及对组织知识积累的贡献应当成为辅助绩效的主要内涵。对于知识型员工来说，辅助绩效更多的是对他们自身价值的一种体现。对辅助绩效的评价结果会比较敏感，极易引起人员的心理波动，产生不易预测的激励效果。因此，多数组织对知识型员工的辅助绩效都较少进行评测，但知识型员工自身往往会自发地进行持续关注。

2.知识型员工绩效的特征

汉朝建立后，刘邦着手对群臣论功行赏。大臣们互相争功，致使评功行赏的事情将进行了一年多也不能最后确定。汉高祖刘邦认为群臣中萧何的功劳最大，想封萧何为酂侯，封给他最多的食邑。可很多将领都说："我们这等人亲身披上坚硬的铠甲，手执锐利的武器，多者经过一百多场战斗，少的也经过数十回交锋，攻取城池、占领土地，功劳大大小小各不相等。如今萧何未曾立有汗马功劳，仅仅手持笔墨发发议论，不参加战斗，功劳却反在我们这些人上头，为什么呢？"刘邦对诸将说："诸君知道打猎吗？"众将回答道："知道。"刘邦说："知道猎狗吗？"众将回答说："知道。"刘邦说："那打猎呢，追击咬死野兽兔子的是狗，而发现踪迹并指出野兽所在地方的是人。现在各位只能抓住野兽而已，是有功的狗。至于像萧何，发现野兽踪迹，指示野兽藏身之处，是有功的人啊。再说各位只是独身一人追随于我，至多也不过二三人。现在萧何却是整个家族几十个人都跟随我，他的功劳不可忘记啊。"刘邦的话，反映出他深刻了解萧何这类人才的特征和价值，这也是他能得天下的原因之一。

由于知识型员工自身素质结构、工作内容与方式及工作产出等方面与传统员工存在显著差异，知识型员工的绩效也就具有一些独有的特征，主要表现在以下方面。

1）绩效行为难以监控

一般员工的绩效评价通常以工作规范化和标准化为基础。标准化的工作内容便于进行过程监控，从而使对工作过程的考评科学有据。而知识型员工的工作大多属于创造性活动，其工作流程无固定模式，主观支配性和随意性较为明显；同时，由于知识型员工的工作场所和工作时间具有较大的不确定性，大多数创造性成果可能来源于工作场所和工作时间以外。知识型员工的工作特点决定了他们的工作重复度较低，不存在固定的工作规则，工作方式相对于传统方式发生了根本性的变化，其工作过程往往是无形的。这种非标准化的、自主性强的工作内容及非程序化的绩效行为很难对其进行考评与监测，因此，采用传统的绩效评价指标对知识型员工进行绩效管理是不科学的。

2）绩效成果难以衡量

知识型员工的工作主要是思维性活动，其绩效结果的取得一般需要较长的时间或经历一定的时间周期，表现为具备某种创意或思维的实物形式，不确定性程度较高，而且部分成果需要经过一段时间后才会对企业效益产生影响。因此，工作成果在短期内难以体现出来，更不易量化，这使传统的基于行为和结果的绩效评价体系受到了挑战。

3）绩效获取需团队合作

知识型员工的劳动成果受到较多因素的影响，尤以同事、团队协作等因素的影响最为显著，其绩效的取得更多依赖于团队的合作而非个人的力量。由于现代科技的飞速发展及知识的专业化，知识型员工的价值创造活动以分工与协作的形式进行，团队成为知识型员工完成工作任务的重要形式，而劳动成果多是团队智慧和劳动的结晶。在知识型员工的工作团队中，虽然团队的工作业绩和个体的努力密不可分，但团队合作的成果却很难分割到每个人身上。因此，很难量化地界定个人贡献并据此评价知识型员工的个人绩效。

正是由于以上特征的存在，知识型员工的绩效通常无法采用一般的经济效益指标加以衡量，使组织难以准确评价知识型员工的个人价值、制定科学合理的薪酬制度。

3. 知识型员工绩效的影响因素

传统的人力资源管理只是从组织的角度看员工的绩效，并将绩效管理的范围局限于员工自身，当出现绩效问题时，常从员工思想、观点、知识、技能等方面寻求解决途径。对知识型员工而言，除了个体差异、以往的学习经历等个性因素会影响其绩效外，其绩效差异也可能是由于工作环境的变化造成的，如组织制度、工作设计、人—机关系、社会环境等问题。知识型员工并不是在简单、稳定和可预见的环境下从事专门化、明确定义任务和方法的"工作"，他们往往从事有弹性的任务，扮演着反应性的"角色"。因此，其绩效产出受情境因素的影响更为明显。

简言之，知识型员工的绩效问题产生于两个方面：员工自身的问题和工作环境的问题，即知识型员工的绩效实际上是员工带入工作的个人特征（如技能、经验、判断力、性格、自我约束和动机等）和工作环境因素的函数。具体地，除了与传统员工相似的因素之外，影响知识型员工绩效的因素还包括以下方面。

1）知识与技能

知识型员工特殊的工作性质，使其工作绩效的影响因素不仅包括员工对工作的热情程度，而且还包括其知识水平、专业技能、努力程度、能力大小及对任务的理解程度。另外，知识型员工的学历一般较高，接受的教育较为全面系统，因此，其较为关注的是知识、能力与工作性质的匹配度，只有当知识、能力与所从事的工作岗位特征相匹配时，知识型员工才更容易获得较好的工作绩效。

2）成长机会

机会，是指资源因素（信息、工具等）与环境因素（包括工作流程、工作规则、工作条件、领导者行为等）的组合。知识型员工十分重视个人成长，因此，组织一旦给予他们具有挑战性的工作，或者具备展示能力或学习培训的机会时，知识型员工一般都会竭力去完成工作任务以证明自己的能力，这种行为客观上表现为绩效的提高。

3）员工的组织承诺

工作绩效是个人因素、环境因素与工作性质的函数，而组织承诺是员工对组织忠诚度和情感的体现，反映了员工的价值观及受激励程度。作为组织成员的一种工作态度，组织承诺将会对员工在组织分配任务中的投入程度及工作效率产生影响。知识型员工流动意愿强、忠诚度低，他们忠于职业多于忠于组织，一旦他们不认同组织的价值观，或是对组织的经营理念、管理方式存在质疑，那么，就极容易对组织产生抵抗力和破坏力。

4）工作特征因素

工作特征因素包括工作价值、目标明确性、工作自主程度等。对于重视自我价值的知识型员工而言，工作本身的价值及任务的重要程度是自我价值的一种体现。由于知识型员工的工作以脑力劳动为主，因此，在任务不连续、工作目标不明确等条件下，他们的工作进度及工作状态会受到较大程度的影响，进而影响其工作绩效。同时，由于其工作不存在固定的程式，知识型员工往往希望在工作过程中能够自主地选择工作方式、安排工作进度、调配所需资源，并最大限度地实现自主决策。工作特征因素通过影响知识型员工的工作动机而对其绩效产生影响。

事实上，知识型员工绩效的影响因素较为多样，而且各因素之间并不是独立发挥作用的。因此在考虑如何提高知识型员工绩效时有必要对这些影响因素进行系统考虑，并重点关注和研究那些容易变化的、对绩效影响作用大的因素。图 7-2 展示了知识型员工绩效影响因素的一个概念模型。

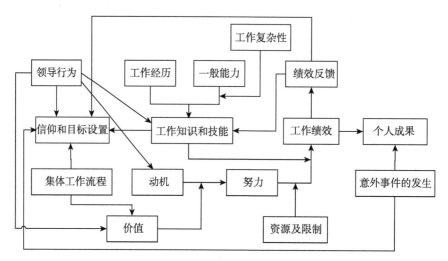

图 7-2　知识型员工绩效影响因素概念模型

资料来源：David A W，William D S. Put together the pieces:a closer look at the determinants of job performance. Human Performance,1989，(2)：29-59

二、知识型员工绩效管理模型

根据系统理论的"投入—转换—产出"思想，知识型员工的绩效管理模型应包含三个主要部分，即前件因素、决定因素及绩效产出，如图 7-3 所示。其中，前件因素和决定因素是绩效产出的影响因素，同时，绩效产出中的组织氛围和适应性绩效则存在着对前件因素和决定因素的反馈。该模型将知识型员工绩效的基本构成与绩效的影响因素整合起来，引入了反馈机制，以使知识型员工绩效的决定过程能够动态化，从而将绩效管理的事前、事中和事后控制结合在了一起。

知识型员工的绩效不太好管理，但管理的价值又很大。如何解决这些难题呢？一个最基本的建议就是，让知识型员工尽量多地参与到绩效管理的全过程，以满足其自主工作、参与管理的愿望，使其获得更多的认同感和成就感，从而最大限度地激发其成就动机，形成有效激励。

从绩效管理的基本流程来看，知识型员工的绩效管理应该注意以下几个要点。

1）在计划制订阶段充分授权

智力性工作受知识型员工主观能动性的影响很大。如果没有实际执行人员的参

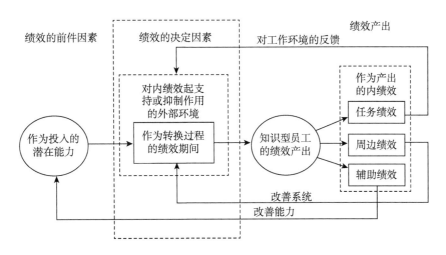

图 7-3　知识型员工的绩效管理模型

与，制订出的工作计划很难切合实际情况，更缺乏挑战性。因而，在制订计划阶段，应赋予知识型员工更大的权力，激发其主动承担计划制订的责任。这对上级管理者的管理艺术提出了更高的要求：一方面要向知识型员工授权，另一方面要从组织要求的角度予以辅导。单纯依靠权力，很难得到知识型员工的认可，从而达不到预期结果。

2）在工作实施阶段加强沟通

持续、坦诚的双向沟通，既能满足知识型员工的心理需求，也能促进知识型员工工作过程的不断改进。组织有必要建立一套适合自身的沟通机制，让知识型员工时刻感到被组织尊重和关注，并能及时得到专业知识和技能方面的指导；同时，管理者应动态地了解知识型员工的工作进程或成果，适时地观察知识型员工的心理状态，以有针对性地采取激励和约束手段。

3）在绩效反馈阶段注重成果比较

知识型员工绩效评价的重点，首先要放在最终产出目标是否能达成。若没有充分的客观理由，只要没有达成目标就不合格。其次，要放在相对的业绩比较上，即通过团队或部门内部成员之间的横向比较，让其清晰地看到自己所在的业绩位置。因此，知识型员工不断提升自身素质也就意味着持续的业绩改进和提高。

4）在工作改进阶段强调愿景牵引

回顾过去、展望未来，制定更高的业绩目标及激励措施固然重要，但知识型员工往往关注自身职业发展，需要以更长远的愿景来激励。管理者要把工作改进的具体要求与知识型员工的职业发展结合起来，站在职业发展的角度来制订工作改进计划，激发知识型员工的工作积极性、主动性和创造性。

三、知识型员工绩效管理过程

1. 知识型员工的绩效计划

知识型员工绩效计划的制订除了需要遵循一般人员绩效计划的基本要求之外，还必须考虑知识型员工的特征及其所从事工作内容与性质的特殊性。

知识型员工的绩效计划可以基于工作流图（workflow diagram）来进行。该方法将工作或项目各阶段的活动内容和预期结果进行概要描述，以便与工作进度进行对照。在制订绩效计划时，需要对工作或项目的整体进度和最终结果进行系统的规划，明确工作产出的内容、形式、衡量指标与标准，对工作方法、工具及技术路线进行大致的设计，并制订清晰的进度计划，明确设置若干个关键检查点（里程碑），以便进行阶段性的检查与控制。

具体地，知识型员工的绩效计划应包括以下主要内容：①明确的任务；②任务预期的结果及时限；③达到目标的原则、方针和行为限度；④相互的协作关系及可供使用的物力、技术和组织资源；⑤评定绩效的标准与考核时限；⑥针对评价结果设定的奖惩和后续行动措施等。在绩效计划的制订过程中，必须充分酝酿，多与员工进行沟通，提高组织绩效目标与员工绩效目标的关联度，增强知识型员工绩效考评方案的可操作性。

在制订知识型员工绩效计划时应注意以下问题。

1）充分考虑知识型员工个体发展需求

知识型员工绩效计划的制订，是一个自下而上与自上而下同等重要的沟通协调过程。在这个过程中，组织领导者需要充分考量知识型员工的个人发展需求，根据其需求合理制订绩效计划。对那些对自己工作任务不感兴趣的员工，不能强行安排工作任务或将组织意愿强加到他身上，否则就会对其工作积极性产生影响。反之，对于那些对工作任务抱有极大兴趣的知识型员工，组织应该加以鼓励和肯定，满足其在工作过程中的求知欲、提高个人能力及成就欲，以此来激励员工获得高绩效。

2）支持和鼓励知识型员工参与绩效指标的制定

制定绩效指标时，知识型员工首先需要明确自己的岗位职责，充分了解所在岗位在整个组织中所处的地位、承担的工作职责、工作范围、管理权限及必须具备的工作能力。知识型员工的理论分析能力及逻辑思维能力较强，组织应该明确要求他们参与到绩效指标的设计过程中，以更好地明确自己所应承担的工作任务、达到的效果、与利益相关者的协作关系等。知识型员工参与绩效指标的制定，不仅有助于组织绩效指标体系的设计与优化，也有助于制订出更科学合理的绩效计划。

3）指导知识型员工将个人绩效目标与组织绩效目标有机结合

组织在建立具有针对性的绩效指标体系时，需要充分考虑知识型员工的特殊心理预期，将人员目标与组织目标有机结合。合理的绩效评价指标体系应该强调尊重知识型员工的心理需求、培养其忠诚度，涵盖个人和组织绩效的成果性考核指标、兼顾工作积极性及团队协作的态度与行为指标、反映个人知识和职业发展需求的学习成长性指标，如图 7-4 所示。

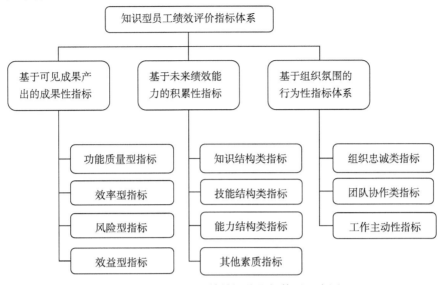

图 7-4　知识型员工绩效评价指标体系示意图

2. 知识型员工的绩效评价

绩效评价的内容、方法与过程往往决定了人们的行为方式，并直接影响组织的业绩。对具有独特特征的知识型员工而言，有效的绩效评价显得更加重要。

在总体的思路上，针对知识型员工的绩效考评应该强调模糊评价的概念。所谓模糊评价，就是指较长的评价周期，宽松的评价指标和结果排名、整体、团队和个人相结合的评价方式等。评价指标的设计也不应该过于严格和精准，因为知识型员工的绝大多数工作本身就是模糊和定性的，无法运用量化的方式进行严格的界定，而只能运用描述性的办法进行综合与模糊的表达。以出勤率为例，对于知识型员工，他们可能更加适合弹性制的工作方式，即使结果出来了，这个指标对于绩效的驱动性也不大。不同知识型员工之间工作内容的界定不同，其横向可比性较差，因此比较适合采用组织整体、团队和个人相结合的方式来考核，而参与绩效评价的主体应涵盖直接上级、同事、服务对象（或工作关联者）、所在的组织和员工自身。例如，微软公司在进行年中考核时，先由员工自己为这半年来的业绩做一个评估，打一个分数，然后放到网上，等待部门经理签字、打分；部门经理打完分后，如果员工认为部门经理的评价比较符合事实，则进行最后的确认并完成考核流程；如果员工对部门经理的评价存有异议，可以拒绝确认，更高层经理及人力资源部的人员看到后，会与员工沟通，直至查到员工拒签的原因。

信息技术工作与其他岗位不同，内容很多、很繁杂。团队中的每个人承担的任务是不同的，获得的结果也是不同的。他们之间的工作在很大程度上并不具备可比性，但是绩效考核又需要对个人的表现进行比较，这就给绩效评价指标的确定带来了难度。指标既要与个人的工作职责相关又不能过于关注细节。

　　京东方科技集团股份有限公司在确定信息技术个人评价指标时采取了"基于流程管理 + 基于关键指标"的绩效评估方法。考核的具体方法是：①基于项目在部门内部成立工作团队，依据工作流程的每一个环节将工作团队分开，工作团队之间的绩效以流程流转的顺畅程度为考核。②在工作团队内部，采用关键指标法，对工作态度、个人发展能力、工作完成情况等进行考核。具体指标的设定要尽量量化，即有时间控制、完成模块质量、解决问题发现问题的能力、测试的完备性、文档的规范性、沟通能力、融入组织的积极性、特殊成果（创新等）等，能够直接量化的指标根据实际记录的结果作为评分标准，不能直接量化的指标细分后由直接领导定期做绩效面谈并结合员工的日常表现打分。

　　对知识型员工绩效考评比较好的做法就是引入自我管理绩效体系。由于知识型员工容易依仗自己的聪明，不愿遵守组织提出的一些硬性规定，因此，组织需要让知识型员工进行自我工作认知及自我管理，以便衡量其绩效。例如，某公司不硬性规定目标完成的阶段性工作量，只告知任务完成的最终截止时间，员工只需要定期公开其工作进度即可。这种做法使公司不需要采取任何强制性措施来保障目标的完成程度。员工一旦发现自己进度落后了，就会在下一阶段努力赶上，从而有效地维护了知识型员工的自尊心。目前，这种方法在咨询公司、企业的市场营销部门、研发部门起到了良好的效果。

　　总之，由于知识型员工具备工作环境的不确定性及工作过程的不易控制性的特点，在对他们的绩效管理中，结果指标比过程指标要重要得多，并且他们又具有较强的独立性、自主性和一定的创造性，因此一定要实行有弹性的绩效评价制度。

3. 知识型员工的绩效激励

　　与其他类型的员工相比，知识型员工更重视能够促进他们发展的、有挑战性的工作，他们对知识、个体和事业的成长有着持续不断的追求。1996 年美国一项对 5 500 名毕业生的调查中，得出知识型员工的主要激励因素分别是对工作的兴趣、运用技能的机会、个人的发展、感觉做的事情重要，而报酬仅列第九位。也就是说，知识型员工普遍认为具有较强的成就动机，个人成长空间和工作自主性是非常重要的。中国许多学者也对知识型员工的激励因素进行了大量实证分析，发现中国的知识型员工的激励因素大致相同，但最重视的是收入因素，说明了我国知识型员工的待遇普遍比较低，提供有竞争力的薪酬是组织构建竞争优势的当务之急。

　　麦肯锡咨询公司的绩效管理被誉为知识型员工管理的典范，其"UP OR OUT"的绩效管理体系被各大公司借鉴。新员工进入公司后为一般分析员，两年后考核合格则升为高级咨询员，再经过两年左右，可考核升至资深项目经理，此后，通过业绩审核可升为董事。所以，一个勤奋、有业绩的人可以在6~7 年里做到麦肯锡董事的位置。但是在员工的每个晋升阶段，如果业绩考核并未达标，就要离开麦肯锡（OUT）。麦肯锡现有的700多位董事，既是麦肯锡最优秀的员工，也是麦肯锡的管理者和老板，但这并不意味着他们具有终生在麦肯锡工作的保障。每年，麦肯锡从

700多名合伙人中轮流选出十几位合伙人组成评审小组，对各位合伙人的业绩进行考察，如果未达到要求，同样要被请出局。这样，每一个员工即使是做到了合伙人，也会继续考虑自己如何去进步、去创新，因为在这个绩效体系里面，就是到了合伙人，也不代表事业就到了顶峰。因此，要想吸引和留住优秀的知识型员工，必须保证绩效管理体系的先进性。除了合理的报酬以外，还要给予他们一定的个人成长空间、培训机会，以及公平客观的评价等，通过多角度的激励，来提高知识型员工对企业的归属感，激发其工作热情和创新精神。

一般来说，对知识型员工的绩效进行激励可以采用以下措施。

1）建立自我激励机制

知识型员工非常重视自我实现、他人及组织的评价，并渴望得到认可和尊重，其自我激励可以作为组织激励机制的基础。组织有必要帮助知识型员工建立起自我激励机制，使员工能够自主承担责任，挑战工作难题，实现工作目标及岗位晋升。例如，组织可以指导知识型员工制定合理的职业生涯规划，使员工的个人发展目标与组织目标相协调；督促知识型员工积极参与到自己的职业生涯规划管理中，在组织事业发展的同时实现自身价值及人生理想。

2）注重对工作群体的有效激励

对知识型员工而言，最有效的无形激励是和谐的群体环境。组织为员工们提供一个发挥才能和智慧的平台，这里有同事之间的相互支持与帮助，充满了信任和尊重，以及领导给予的理解和关怀。在团队中，信息共享和良好的沟通，可以促进领导与员工之间的双向沟通，有效实现知识型员工的自我激励。

3）合理优化工作设计

针对知识型员工的工作，应在赋予他们具有挑战性和创造性的任务时，给予其合理的工作自主权，允许他们运用熟悉有效的方式进行工作，利于实现工作效率的最大化。在进行工作设计时，可以对工作内容进行合理的分解，还可以通过授予职权、增加工作责任、工作和岗位轮换等工作扩大化和丰富化的手段，激发知识型员工的工作热情，调动其工作积极性，满足其工作成就感。

4）设计更有持久性的绩效激励体系

研究发现，一旦员工认为自己没有更好的发展前景，工作又缺乏挑战性，就会对工作产生懈怠，这也是知识型员工晋升中、高级管理职位之后容易出现跳槽现象的主要原因。因此，在设计知识型员工的绩效激励体系时需要对其进行分级，并考虑它的持久性。例如，技术研发相关职位可以分为初级、中级和高级，这样就能够让那些在企业里待了很长时间的老员工，也能知道自己的发展空间。此外，知识型员工更需要长期激励，目前"股票期权"奖励计划被公认为是一种有效的长期激励，已在国内外广泛应用。

5）实施全面薪酬战略

知识型员工能够为组织创造财富，因而，也应该参与到组织剩余价值的分配中，共享组织的成功，这就需要组织实施全面的薪酬战略，包括项目奖金、股份期权激励、各种福利和特殊津贴等，使知识型员工站在主人翁的立场上来关心组织利益，并参与到组织管理之中。项目奖金可以根据组织、团队和个人绩效综合设定，用以激发知识型员工的工作动力；完善的福利项目，可以满足不同员工的需求，提高员工的满意度；特殊津贴主要针对做出特殊贡献的管理专家、技术专家等核心人员而设立，如提供专车接送、宽敞住房、享受全家度假等，这对知识型员工具有非常强的激励效果。

6）重视知识和技能培训

知识和技能是知识型员工所具有的基本生产要素，是几乎所有知识型员工都非常重视的。他们不仅希望在工作过程中从组织内部学习到更多知识，也希望能够拥有进一步学习深造的机会，从而实现自身较高层次的追求、获得更大的成就感。事实上，知识型员工在不同的阶段对知识和培训的需求一直存在，而且在不同的发展阶段，他们对相关培训内容的需求是不同的，如图7-5所示。

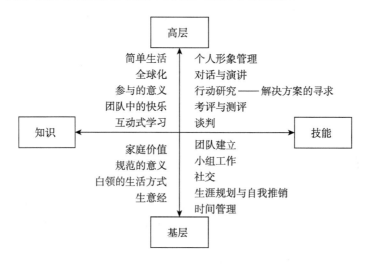

图7-5　知识型员工在不同阶段需要的知识和培训

企业要想留住知识型员工，可以将对知识型员工的培训纳入绩效考核体系中。例如，知识型员工可以提出申请参加专业培训或者深造，组织可以考虑支付一定的费用；人力资源部门可以结合员工目前的特点，结合组织的发展目标，从员工学习的专业方向提出建议，并制定将学习的结果与团队进行分享的制度；或者，在员工的晋升体系中加入培训和深造指标，这样更加能够促进知识型员工的积极性。一些国际化的大公司，如宝洁、摩托罗拉、惠普、微软等，都建立有自己的学院，他们通过完善的培训体系，使很多知识型员工不断地提升自己，更好地将自己的事业和企业的发展结合起来。

7）塑造良好的组织文化

知识型员工是组织中最能对组织文化产生认同的群体。组织文化，作为一种价值观能够有效提升知识型员工对组织的忠诚度和认同感，并激发其工作斗志。组织文化对于知识型员工的激励作用应具有持久性和综合性的特点。要想吸引和留住知识型员工，不仅需要优美的工作环境等硬件设施，也需要和谐的团队协作意识、良好的组织文化等软件条件。

谷歌（Google）对知识型员工的管理有着自己深刻的理解。其倡导的"自由文化"已成为国际互联网行业的一个传奇，不但成功塑造了谷歌特立独行的企业形象，同时对知识型员工的管理也起到了十分积极的作用。

谷歌人常说"像享受生活一样享受工作"。在谷歌，工程师可以带心爱的宠物上班，随意装点自己的办公空间，悠闲地骑滑板车穿梭于办公区域之间，随时享用丰富的餐食，充分跟随自己的习惯与灵感享受弹性工作制，自由支配20%的工作时间做自己想做的事。很多人戏谑谷歌的这种管理方式属于"放养式"管理，但这样的管理模式剔除了不必要的繁文缛节，解决了工程师们生活上的后顾之忧，最重要的是为他们天马行空的创意提供了自由驰骋的空间与平台。

谷歌"自由文化"氛围下种种"破天荒"的做法，是组织对员工信任和关爱的充分体现，也是对工程师个人价值的充分肯定和尊重。一方面最大限度地激发了知识型员工的潜能和主观能动性；另一方面在提高工程师工作效能的同时，也有效地提升了这一群体对企业的归属感和忠诚度。因此，组织应为知识型员工创造一个和谐、团结协作、创新的文化氛围，构建一种公平竞争、奖惩分明的薪酬激励制度，建立和完善责权明确、管理科学的组织制度文化环境。

➤本章小结

对知识型员工范畴的界定长期以来一直没有定论。目前普遍将拥有知识资本这一独特的生产资料，并借此进行创造性的活动，为组织提供知识资本增值的人员定义为知识型员工。相对来说，知识型员工往往更加关注工作过程中的自主性，其工作方式一般无法程式化，工作产出也往往更多地依赖于脑力活动。典型的知识型员工包括各类专业技术人员、科学家、教育者、组织经营管理人员等。企业中具有战略、计划、决策等职能的中高层管理人员通常也可以界定为知识型员工。

相对于一般员工，典型的知识型员工在人格特质、价值观念、心理期望和工作方式等方面都具有其特殊性。因此，组织针对这种类型员工的获取、利用与保留，需要在日常工作中采取有效的激励措施，在满足其物质需要的前提下，为其提供具备挑战性和学习机会的工作，运用更为人性化的管理方式，对其工作成果给予适当、及时的认可和鼓励。

对知识型员工绩效的界定，需要突破传统绩效理论仅以企业为出发点来看待绩效的局限性，突出知识型员工、企业及客户三者之间的合作共赢关系。知识型员工的绩效，是指知识型员工运用其能力为企业和客户创造价值并同时实现自我价值的过程及结果。也可以将知识型员工的绩效分解为任务绩效、周边绩效和辅助绩效三个主要部分，从工作本身、组织环境、人员能力三个方面进行描述。

由于知识型员工的特殊性，知识型员工的绩效也就具有绩效行为难以监控、绩效成果难以衡量、个人贡献难以区分等特征。增加工作的自主性，提高人员在管理决策过程的参与度，使其获得更多的认同感和成就感，可以显著提升知识型员工的激励力度；而在计划制订阶段充分授权、在工作实施阶段加强沟通、在绩效反馈阶段注重成果比较、在工作改进阶段强调愿景牵引，是提升知识型员工绩效的有效手段。

知识型员工的绩效计划可以基于工作流图进行，强调对工作或项目各阶段活动内容的合理规划及对结果的有效预期；对知识型员工的绩效评价，应该强调模糊评价的概念，采用较长的评价周期、宽松的评价指标和结果排名、整体、团队和个人相结合的评价方式及相对不是很严格和精准的评价指标；而对知识型员工的绩效激励，则应以适当加强对其个人价值的认同，给予其更大的成长空间和自我价值的实现机会。

➤ 专业术语

知识型员工	knowledge worker
任务绩效	task performance
周边绩效	contextual performance
辅助绩效	supplementary performance
基于工作流图	workflow diagram

◯ 案例讨论

绩效工资方案为何不获教师认同？

2011年教师节以后，顺德区正式实施绩效工资改革，这一项从2009年就开始推进的改革由于反对声音太大而推迟，连续两年沿用1993年通过的绩效方案。而2011年由各个学校自主制订绩效方案的做法在全区200多所学校、16 000多名教师群体中再度引来热议。

11月29日，顺德区重点高中李兆基中学就教师绩效工资分配考核方案（讨论稿）进行全体教师第三轮投票，该校147名教师参与投票，最终回收了132张有效票，投票结果是119人投反对票，2人弃权，同意方案的只有10多人。值得注意的是，顺德区属4所高中的绩效改革方案全部遇挫，无一通过。

教师被认为是人类灵魂的工程师，绩效评价体系是否适用于教育行业？绩效改革的本意是按岗取酬，多劳多得，为何推行阻力重重？改革必然会遭受到挫折和阻力，但当一些被改革者的声音爆发出来，理应受到所有参与设计改革者的重视。

一、"用我自己的钱来奖励我，道理何在"

教师节之前，顺德区教育局酝酿向媒体发布实现教师待遇"两相当"的新闻，该局一名负责人高兴地介绍，就当是给所有的教师一份厚礼。她所说的"厚礼"，实际上就是顺德区政府通过3年的努力，终于在2011年率先实现了中小学教师工资待遇"两相当"。

"就是因为中小学校以前差距大，现在两相当后高兴的是小学、初中，但高中老师没多大感觉，"一名了解内情的校长透露。2011年顺德区政府通过调整教师收入分配标准，小学在职教师增幅达20.70%，月均增加1 270元；初中在职教师年人均增加20.55%，月均增加1 324元。高中在职教师增资后人均年收入98 745元。事实上，这份"厚礼"并未给高中在职教师带来多大惊喜。

顺德某重点高中教师陈丽和办公室同事很早就关注"涨工资"的话题，她与朋友在网上聊天，大家谈到一片看涨的前景都很兴奋。如今，她高兴不起来。

记者手上拿到一张来自该重点高中一名教师的工资条，11月的绩效工资部分是5 618.7元，扣除"三险一金"的款项是 1 631.29 元，两项相减得 3 987.41 元，再加上国家统筹发的那部分，共计 5 000 多元。"这就是顺德一个超过 30 年工龄、高级教师的真实收入。"

为了给老师讲清楚如何实行绩效工资，有校长曾打了个比方：某老师每月 50 元基本工资，100 元津贴补助。实行绩效工资后，100 元中 70% 成为绩效工资的基础部分，这 70 元钱和 50 元基本工资每月固定发放；另外 30 元作为绩效工资奖励性部分，由学校具体考核分配。"如果表现不好，这 30 元可能全部扣下，奖给别的老师。"

这种解释很多教师表示不能接受。"表现不好，全部扣下；表现好了，用原本属于我的钱来奖励我，道理何在？"按照这样的算法，很多教师将在学期末才收到 30% 的激励性工资，甚至有教师因为考核不过关只能领到 70% 的绩效。

在容桂某家中学，新出台的绩效方案初稿遭到了多数教师的反对，该校教师刘静（化名）算了一笔账，每名高中教师人均总收入 98 745 元，除去节日慰问金 1.3 万元，再除去国家部分的 1.8 万元，剩下 6.7 万元再拿出 30% 的比例来计算绩效，实际上"就是每个人拿出 2 万元来重新分配，明明是自己的钱为什么要重新分配"？

二、"教师不是技术工，教书不是体力劳动"

顺德区在编教工收入总额（不含社保和住房公积金）主要由两部分构成，其一是基本工资和省以上的各种补贴，由区财政统一发放；其二是绩效工资。按照《顺德区义务教育学校绩效工资实施办法》，绩效工资中，除国家和省规定的特殊岗位津贴补贴及改革性补贴外，现有的岗位津贴、节日慰问金、年度考核奖金等各种津贴、补贴、奖金及原工资构成中津贴比例高出 30% 的部分等全部归并、设置为绩效工资。

其中绩效工资分为基础性绩效和奖励性绩效两部分。前者按不高于绩效工资总量的 70% 确定，包括岗位绩效津贴、节日慰问金。后者按不低于绩效工资总量的 30% 确定，主要体现为工作量和实际贡献等因素。

而 2011 年实施"两相当"以后，绩效工资实施方案怎么确定，教师的绩效如何考核，不再沿用各镇街统一制订的方案，改为由各个学校自主确定。

为什么要进行绩效改革？"改革是为了打破平均主义，按工作责任、岗位目标完成情况，在考核的基础上，确定教师的绩效工资待遇。"这段话来自一家中学教师绩效工资分配考核方案的讨论稿上，方案明确坚持"多劳多得、优劳优酬、不劳不得"的原则，目的是激励教师爱岗敬业，逐步形成内部激励机制和约束机制。

对于这样的设定，有教师持反对意见。"教师不是技术工人，不能以工作量来定工钱，如果真要按照工作量，那我们周六、周日的加班、早上 5 时多学生就到教室，晚上 10 时多才离开，这些也要按照加班费来支付。"顺德某中学的教师张一民（化名）认为，教师的工作难以量化，仅凭绩效来考核很难评估到实际。

除了对绩效的不认可，大良几所区重点中学的教师意见主要集中在评价体系上。以一所中学的教龄津贴为例，每年教龄津贴为 5 元。"我工作几十年，每年才 5 元，这样教师的工作很难体现价值。"一名工龄在 20 年以上的老师表示。但有校方负责人认为，根据工龄和职称来计算的部分，国家统发工资已经有体现经验丰富老师的价值，如果在绩效上拉开差距，将更趋于不公平。

三、"没有黑幕，校方与教师不存在对立"

无论如何，改革的宗旨，主要体现在其对教师积极性的真正激励作用到底如何。

顺德一区属重点中学的一名年级组长透露，绩效方案出台以后对教师士气造成影响，"现在还没有辞职的，但肯定上课的积极性是没有那么高。"原本对涨工资预期很高的陈丽显然也受到打击，她不再在毕业群上发言，对于在外地就职的同学热烈地讨论收入，她很是气愤："不涨工资也就算了，为什么还打着绩效的名号明升暗降呢？玩这样的数字游戏。"

更有人担心学校在分配这部分绩效工资时，会出现不够透明、领导"一言堂"现象："以后就是校长认为你好，认为你优秀，就给你开高绩效。"有教师担心绩效奖被校方牵制，将会导致校长"一言堂"。

"绩效工资就是对收入的再分配，目的就是以岗定薪收入再分配，而不再是吃大锅饭，这是工资改革的主要目的。"顺德区教育局牵头制订绩效改革指导意见方案的负责人告诉记者，绩效最终的目的是激励士气，少数人有意见，并不代表主流意见。

他同时也不排除有些学校的校长并未将改革的目的、意义讲清楚。他表示，这次改革将绩效工资单列出来，不参与学校分配，"校长与老师之间不存在对立，行政人员与老师也不存在对立"。他认为改革应该是更加合理，可操作性更强，而并非会引发校方与老师的矛盾。

"不存在幕后操作，也不存在政府职能缺失。"他同时对媒体的质疑做出回应，他认为政府、学校、部门和社会都要明确各自承担的责任，教育局负责出台指导意见，绩效改革实施校长负责制，各自将按职责完成。他透露，郑裕彤中学的方案将在近期通过，至于其他三家区属中学的问题，希望校方将解释工作做到位。

有了解内情的人士认为，教师对绩效不认同的症结就在于教师收入不存在定期增长的问题，"按人头分配一碗水端平，绩效只能从总收入划分一部分来扣除，没有办法从其他方面支出。"因此造成教师心理期待上的不认同。

一名不愿透露姓名的镇街教育局负责人提出，个别老师考虑问题过多从个人角度出发，只关注自身收入，而没有去考虑整个学校甚至整个行业的发展，这也是导致个别学校方案受阻的原因。而此次绩效的宗旨之一正是"以德为先"，对此一名佛山市人大代表也呼吁："教师不应当眼睛只盯着钱，应该首先谈奉献，然后再考虑索取，不应本末倒置。"

资料来源：南方日报，2011-12-02

思考题

1. 案例中的绩效工资方案为什么难以得到教师的认可？

2. 应该如何评价中小学教师的绩效？

3. 中小学应该如何对教师进行有效激励？

➤ 思考与讨论

1. 什么是知识型员工？知识型员工具有哪些基本特点？

2. 知识型员工的绩效如何定义？知识型员工绩效管理的重点是什么？

3. 如何提高知识型员工绩效管理的效率？知识型员工的绩效管理应该强调哪些基本原则？采

用什么方法?

4.知识型员工的绩效计划应该包括哪些内容?相对于一般人员的绩效计划有何区别?

5.请结合某类具体的知识型工作,论述知识型员工绩效管理的基本策略,包括绩效管理目标及指标的制定、绩效评价方法及反馈方式的选择与实施、绩效辅导与改善措施的应用等,并指出知识型员工绩效管理的重点与难点所在。

第八章

事务性人员的绩效管理

小李是刚刚毕业的大学生，被分配在公司的综合管理部。刚走出校园，小李具有很高的工作热情，加上他具有较强的计算机操作能力和熟练的办公软件应用技能，很快成为该部门最受欢迎的员工。报到之后的头几天，小李发现同事们个个都非常敬业，每个人都是非常忙碌的样子，手头都有很多事情在排队，很多人几乎每天都主动加班到很晚。由于小李的工作效率很高，而同事们又实在忙不过来，部门主管自然就将他们的一部分工作任务转移给小李，而小李也非常乐意，认为这是上司和同事们对自己的信任。

然而，一段时间之后，小李惊奇地发现，同事们的工作效率似乎远远没有自己想象的那么高，自己自信一个小时就能搞定的一个报表，一个同事竟然加了两个班才完成；一个常用设备的选型方案报告，一个同事竟然用了半个星期。

一天，小李与一个同事闲聊，主动提出帮助他们提高办公软件的应用技能。该同事告诉小李：其实每个人都十分熟悉这些办公软件，只是不愿意将工作太快完成而已，否则将会显得工作量不饱满、工作不认真；而且，一项任务完成，又会有另一项新的任务交代下来，结果就是越是任劳任怨，承担的任务就越多，而承担的任务越多，出错的可能性也就越高，绩效评价的结果就越差。对此，办公室所有人都心照不宣。小李听了之后，开始怀疑自己是不是也该放慢一些工作速度了。

三个月的实习期满之后，小李发现自己越来越不喜欢这个部门，甚至考虑是否应该另谋高就。

思考题：

1. 你认为小李工作出现困惑的主要原因是什么？

2.如何避免"承担的任务越多，出错的可能性也就越高，绩效评价的结果就越差"？

3.你认为应如何改进综合管理部的绩效管理制度？

第一节　事务性人员的概念与特点

一、什么是事务性人员

1.事务性人员的范畴

每个组织中，除了经营管理工作和核心业务之外，往往还需要有一些对经营管理或者核心业务的顺利开展提供生活、后勤保障和辅助的服务性或基础性工作，即事务性工作。

狭义的事务性工作通常是指组织日常行政的文员类工作及后勤类工作，如秘书、办公职员、收发、值班、物业、安保等基础服务性工作。这些工作通常具有长期、简单、重复的特点，往往并不需要特定领域的专业技能和知识，但数量较多、活动繁杂，需要较多的耐心和时间。事实上，组织中各种工作和岗位都有相应的事务性活动，只是数量与发生频率存在差别而已。而从社会服务的广义角度来说，事务性工作是指社会服务性质的、非行政类的政府或半政府行为，如劳动力转移、人才市场等人才服务，以及各种公益互助行为等。

事务性人员是各企业、事业单位或政府机关里，专职从事事务性工作的人员，其主要职责是协助主管人员完成相关行政事务性工作及部门内部日常事务工作，典型的如秘书、文员、收发员等。一般情况下，事务性人员的主要工作任务可以包括协助领导制定行政及管理工作的发展规划；协助上级审核及修订相关的行政规章制度，对日常行政工作进行组织与管理；为其他部门提供及时有效的行政服务；协助公司相关法律事务的解决；参与公司绩效管理、考勤、采购事务等工作。

2.事务性人员的分类

根据所从事工作的复杂程度及参与组织日常管理的程度，事务性人员可以大致分为四大类型，如图8-1所示。

1）行政助理人员

行政助理人员参与管理较多，且工作复杂性相对较高，其主要任务是辅助组织和部门的高层管理者进行日常行政管理，为保障管理者的管理决策和行动而进行必要的信息获取与传递、资源配置与优化、计划安排与变更，并适时为管理者提供决策所需的智力支持。根据其辅助的对象，行政助理人员一般又分为高级助理人员和一般助理人员。前者有总经理助理／总裁助理、高层管理秘书等，而后者常见的则有部门经理助理、办公室主管等。行政助理人员一般也属于知识型员工，具备知识型

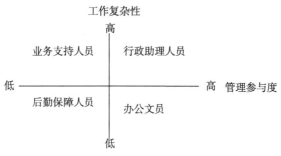

图 8-1　事务性人员的基本分类

员工的基本特性。

2）办公文员

办公文员主要集中于组织的职能部门，或者业务部门的综合管理岗位。他们的工作是组织日常管理的基本组成部分，通常具有较明确的职责分工和业务流程；其具体活动可以包括相关数据获取与传递、文书处理与分发等内容，但往往并不涉及管理决策和资源分配，而仅为部门管理者提供决策环境与流程等方面的便利。组织的人事、财务、综合管理等部门的非管理人员大多属于这一类。部分办公文员也可归入知识型员工的范畴，但仅具有知识型员工的部分特性，其工作创新性程度低于一般知识型员工。

3）业务支持人员

业务支持人员往往集中于组织中的非关键业务过程，或者关键业务的辅助性环节，主要为日常管理和关键业务提供必要的活动支持和基础性输入。这类人员一般较少参与日常管理，但其工作内容较繁杂、工作活动的数量与发生频率较高但类型单一，难度不高但费时费力。典型的业务支持人员有前台接待、内务处理、对外联络等岗位的人员。

4）后勤保障人员

后勤保障人员是为组织的正常运转及日常管理提供基本后勤保障的人员，基本上不参与组织的日常管理，且工作内容相对固定，工作活动的重复性很高，常见的如物业管理人员、安保人员、收发人员等。目前，由于社会分工的细化，多数组织已经或正在将后勤保障人员逐步分离，由第三方组织提供专门的后勤保障服务。

二、事务性人员的特点

事务性人员主要从事一些例行性、事务性的工作，与知识型员工形成较为鲜明的对比。工作的内容、性质和要求使事务性人员具备以下基本特点。

（1）工作缺乏独立性。事务性人员一般"照章办事"，按照上级的指令或者业务的既定流程开展相关活动，工作独立性不强。

（2）工作难有创新点。事务性人员的工作比较琐碎，不需要像知识型员工去做比较具有挑战性的工作，工作烦琐、重复性高，因此，他们所需更多的是耐性，而非创造力。

（3）工作具有被动性。一些事务性工作，如处理一些来往公文、信件，接听电话，接待内、外宾等，往往预先估计不到，只能随机应变，来什么文件就处理什么文件。

(4) 员工知识面较窄。事务性人员从事的工作决定了他们对知识的要求并不高，不需要有过高的学历及丰富的学识；且由于大量时间在处理既定范围的、执行性的、琐碎的任务，与其他业务的深层交流较少，思考时间也少，因此，长期从事事务性工作的人员会出现知识面变窄、眼界不开阔的现象。

第二节　如何管理事务性人员的绩效

一、事务性人员绩效计划

1. 事务性人员绩效计划的方法

事务性人员的绩效计划可以有两种基本途径，即工作职责对照法和面向客户法。

工作职责对照法，就是根据事务性人员任职岗位的工作说明书，确定其绩效目标、限定其工作行为过程，从而得到其绩效评价和监控的标准。事务性工作以重复、琐碎、程式化为基本特征，对人员的胜任力没有特别高的要求，其结果绩效主要体现为完成的事务数量与质量，其过程绩效则主要体现为人员的工作态度。因此，只要事务性人员能够完成工作说明书规定的工作内容与职责，且在工作过程中能够保持积极的态度，通常即可认为其绩效达到可接受的水平。

面向客户法则从客户的角度来考评事务性人员的工作绩效，即根据相关事务工作的客户对象的需求和期望，对事务性人员的绩效目标和标准进行设置。事务性工作的本质是一种服务性和辅助性工作，因此，必然具有明确的服务或辅助对象，即客户，包括上级、同事及组织外部的客户。在绩效计划阶段，针对特定的事务性人员必须清晰回答三个基本问题：①谁是客户？②客户期望得到哪些产品与服务？③客户在产品与服务方面有哪些要求？前两个问题确定了绩效内容和目标，第三个问题则明确了绩效标准。表8-1描述了某组织办公室秘书的客户需求分析结果。

表8-1　办公室秘书的客户需求分析结果示意

客户	上级和同事	其他组织
期望的产品与服务	1. 工作报告相关文档 2. 工作日程 3. 差旅安排（机票与酒店预定） 4. 公函草稿	1. 产品／服务信息 2. 日常工作流程

2. 事务性人员的绩效指标体系

绩效计划的结果是形成一个双方认可的绩效评价标准体系，并最终以绩效契约

（一般体现为绩效考核表）的形式确定下来。总体来说，对于事务性人员，在进行绩效考评时可以建立关键业绩指标等定量的绩效评价体系，设定一些可以量化的评价标准。例如，对秘书人员的考评，可以从其关键职责中提取"录入文件时的错误率""起草各种文件的时效性"等关键业绩指标，这样才能对具体的工作表现进行评价，也能避免领导个人主观印象对考核结果的影响。但是，由于事务性人员的工作内容比较繁杂，工作量不易统计，强求完全量化的评价标准成本很高；而且，对于事务性人员来说，其主要工作目标就是能够很好地履行职责，工作态度相对更加重要。因此，可以设置定性与定量结合、描述为主的评价标准体系。表 8-2 和表 8-3 示意性地列出了两类典型的事务性人员的绩效标准。

表 8-2　秘书的绩效标准（示例）

工作职责	增值产出	绩效标准
录入及打印各种文字材料	录入打印好的文件	1. 由于错误而被退回的文件不超过 5 次 / 月 2. 超过完成期限的文件不超过 5 次 / 月 3. 主管通过调查客户和其他部门人员发现，秘书的文件无语法及文字错误，且能在规定期限完成 优秀绩效的表现：①主动采取一些排版方法以提高文件的质量及美观度；②能够主动发现并纠正原文件中的语法、文字错误；③采取节省耗材的做法
起草通知、便笺或日常信件	通知、便笺或信件草稿	领导认为仅需做微小修改即可以发送 优秀绩效的表现：起草文件时很少需要指导，部分日常的信件无须上级干预就可以正确处理
为出差人员安排旅程	旅程安排	领导通过调查出差人员，得出以下结论：①按时预订酒店及车辆，且行程不受影响；②费用报表按时完成，且费用预算合理；③旅程让出差者满意 优秀绩效的表现：帮助出差人员合理安排旅程，使出差人员节省时间，尽可能在旅程中舒适
安排会议	会议安排	1. 在会议开始前能准备好会议所需的设备和材料 2. 会议进程顺利，与会者不至于中途离开会议去解决由于事先准备不充分而造成的问题 优秀绩效的表现：会议材料和安排无须主管的监督

表 8-3　行政事务管理人员的绩效标准（示例）

工作职责	增值产出	绩效标准
采购、发放办公用品	各部门都得到工作所需的办公用品	1. 各部门投诉没有在承诺的期限内得到办公用品的次数不超过 1 次 / 月 2. 发放办公用品的数量和品种错误的次数不超过 3 次 / 月 3 由于办公用品的质量问题产生的投诉不超过 3 次 / 月 优秀绩效的表现：主动向用户介绍一些新型办公用品，根据客户需要选择最便捷、有效率的办公用品
安排保洁员对办公区、员工休息室、卫生间等进行清理	整洁的办公环境	1. 上班时间，随时保持环境的清洁 2. 保证办公区、休息室及卫生间等地方设备、用品齐全 3. 由于环境卫生问题被投诉不超过 2 次 / 月 优秀绩效的表现：随时监控工作环境中的卫生状况，保持工作环境的温度和湿度处对人体最佳的状态
管理办公室的电源、电话等设备	保证办公用电与电话畅通	1. 工作时间内发生电源中断影响工作的情况不超过 2 次 / 年 2. 非通信运营商原因引起的电话设备故障不超过 1 次 / 季度 3. 电源及电话故障能够在 2 个小时内解决并修复 优秀绩效的表现：备用设备充足，能应对突发事件，并不影响正常工作
安排制作员工名片、胸卡	员工的名片、胸卡	1. 新员工入职一周之内能够得到名片和胸卡 2. 名片、胸卡发放错误及发放延迟的次数不超过 2 次 / 年 优秀绩效的表现：新员工入职 3 天内即可得到名片和胸卡

3. 事务性人员绩效计划的注意事项

绩效计划是绩效管理一个至关重要的环节，也是员工全面参与管理、明确自己的职责和任务的过程。事务性人员绩效计划，除了要遵循绩效计划的一般原则要求之外，还应注意以下几个方面的问题。

1）突出对行为过程的评价

不论通过哪种途径制订绩效计划，都必须明确一点：对事务性人员的绩效计划不仅要描述结果，更要关注获得该结果的过程，强调人员的工作效率。事务性人员从事的大多属于常规的支持性的工作，其工作结果对组织的关键业务具有重要影响；同时，由于他们的工作以执行为主，其工作效率直接决定了部门和组织的整体效率。

2）绩效考察点必须体现工作职责

事务性人员的绩效考察点（大类指标）必须具体，且全面覆盖其工作职责。事务性工作虽然内容繁杂，但一般都可以明确进行归类。对于每一类型的工作任务，都需要明确设置达到目标与考评标准，且以量化的形式对其完成数量和质量进行限定。很多事务性工作并没有确切的任务量，但往往可以通过对历史数据的统计分析得到期望数量；也有一些事务性工作具有突发性和随机性，则可以通过关键事件法对其完成过程进行评价。

3）评价标准必须清晰

评价标准应严格以工作流程为依据，必须尽可能清晰。事务性工作很琐碎，且事务数量与频率较高，不可能全部进行细致观察。因此，在对事务性人员的绩效进行抽样监测时，应该检验所观察到的行为是否正确，即是否符合对应业务的流程要求，而不是看该人员是否"忙"。

4）避免以"扣分"形式进行评价

很多组织对人员的工作失误或者行为偏差设置扣分项，如"被投诉达到2次以上，扣5分"、"交代的任务完成不好、落实不力每项扣1分"及"未完成公司布置的其他工作，每项扣1分"等，这其实是不科学的。由于事务性工作属于服务性与辅助性活动，任务成功完成并不会产生显著的效果，但一旦没能很好完成，其影响往往会非常明显。因此，为了避免工作出错，一些人员会通过挑选任务或者是降低工作效率从而减少工作量等方式，规避绩效扣分的风险，实际上助长了组织中的逆向选择。

二、事务性人员绩效评价常用方法

对事务性人员的绩效评价必须坚持采用定性和定量相结合的方法，防止评价结果受主观随意性和片面性的影响。常用的方法有等级评定法、强制分布法、目标考核法等。

等级评定法是最容易操作和普遍应用的方法之一，比较适合事务性人员绩效评价，尤其是对于从事可量化的例行性工作的人员。但在实践中也容易遇到一些问题。首先，操作上的简便使人们比较容易做表面工作，在进行等级评定时敷衍了事。其次，由于事务性人员的"客户"往往较多为其直接上级，而多数组织中对事务性人员绩效评价的主体往往也是上级，因此，不论是从情面上还是从工作配合角度考虑，上级往往偏向于给事务性人员评定比较高的等级，于是可能出现大量的绩效评定为优秀的员工。另外，有时候对于等级评价的标准表述得比较相像和模糊，如到底什么样叫"创造性地完成工作"？"明显超出绩效标准"是什么程度？这就给等级评定带来了很大的随意性和不确定性。

强制分布法也比较常用于事务性人员的绩效评价，适合于在人员较多的部门中采用。该法可以避免考核过宽或过严的倾向，但是，经常会出现少数人优秀、其余人全部合格或称职的现象，对多数人的工作缺乏激励作用。很多事务性人员对考核中优秀比例的限定不满，认为该比例使一些工作表现确实突出的人，由于名额有限而不能入选，挫伤了某些人员的进取心。

目标考核法适合于几乎所有类型的事务性人员。其优点是评价结论比较客观、可信，能极大地调动事务性人员的工作积极性，能将部门考核与个人考核有效结合起来。缺点是重结果轻行为，易导致短期行为，易变成应付检查的形式，对于工作职责界定不是很清晰的事务性人员（如文员）需要谨慎使用。

多数组织中事务性人员的考评都是由个人自评、同事评价和上级评估三部分组成，三者所占比例因组织而异，非常灵活。一些组织在对事务性人员进行评价时比较注重群众意见，但多数情况下上级评分环节对员工最终评价的影响最大。上级主管能否做到公正、公平成为考核制度能否顺利实施的关键，而在这一点上人为因素过强，不易控制。

很多组织在基层事务性人员的绩效考评过程中，只设计单一形式的考核表格。但是，由于事务性人员分布较广，数量相对较多，单一考评表的适用性较差，不仅无法实现考评的针对性，而且容易使不同评价主体之间存在相互影响和干扰，降低评价的信度和效度。组织必须根据人员的工作性质分别设计不同的绩效考评工具，而绩效管理信息化则是解决不同评价主体之间信息干扰的有效途径。

三、事务性人员的绩效反馈与激励

1. 事务性人员的绩效反馈

反馈，是管理者对员工时时都在进行的活动，不论考核期的长短，绩效反馈必须是长期不间断的行为。

由于事务性人员的工作重复性较大，技术含量较低，且主管人员可能因为所掌握的信息存在遗漏而出现评价失真的情况，因此与事务性人员的绩效反馈可以采用团队反馈方式，以更好地补充多方面的信息，同时改善在评价过程中同事评价的信度偏低的情况。比较好的方式是将同一工作性质（或同一工作地点的不同岗位）的事务性工作人员汇集起来，通过讨论、座谈的形式进行"信息发布"。首先，主管人员必须就部门的总体绩效状况进行全面通报，对各个人员的工作表现分别给予综合评价；其次，要求与会人员结合自己的认识情况，对主管的评价结果展开讨论——在此过程中，可能会出现申诉和辩论，主管人员必须能够对讨论进程进行有效的掌控——主管人员需要结合被评价者和其他人员提供的反馈信息，适时调整之前对各个被评价者的考评结果，并进行总结确认；最后，与会的所有人员需要对最终考评结果形成一致性的意见，确认各自的工作和／或行为改进计划，并集体制定下一步的工作目标和评价标准。

在采用团体反馈时，必须选择合适的方式、方法，保证反馈面谈在融洽的气氛中进行，在愉快告别中结束，真正起到帮助员工提高的目的。由于不可避免地会出现讨论甚至辩论，主管人员必须加强日常管理，将考评工作真正做在平时，保证评价结果尽量可信有效。同时，应充分了解下属员工的个性特点，对个性独特（如比较敏感或偏激）的员工要单独反馈，避免反馈演变成批斗会、辩论场。

对于事务性人员来说，通常以积极型反馈和改进型反馈为主。通常一个员工的绩效表现有正反两个方面，有表现优秀值得鼓励的地方，也有不足须加以改进之处，在反馈过程中，要鼓励员工反映被评价者的积极表现，尽量减少和控制消极信息的传播——事实上，在群体反馈过程中，单纯地交流人员的积极表现也能够起到有效的激励效果。

2. 事务性人员的绩效激励

正确的激励是人力资源管理的关键之所在。对事务性人员工作的激励主要有以下几种方式。

1）目标激励

事务性人员的工作往往具有突发性的特点，需要临时处理的问题较多，目标激励可以让事务性人员明确自己的工作动机和最终目标，减少其工作中的负面情绪，以正确引导员工的行为，使被管理者的个人目标与组织目标紧密地联系在一起，从而提高被管理者的积极性、主动性和创造性。

2）奖励激励

事务性人员的工作枯燥、重复性强，很少有创新的成果，因此其需要结构更多地是以工作认同、人际关系等方面的需要为主，对自我实现等"高层次"的需要相对并不明显。将奖金、奖品等物质奖励作为激励的一种手段，不仅能够满足员工的生理需要，也是对员工工作的一种肯定和支持；同时可以附以奖章、奖状等精神奖励，又能够满足员工的心理需要。

3）关怀激励

关怀激励法又被管理学家称为"爱的经济学"，即无须投入资本，只要注入关心、爱护等情感因素，就能获得产出。事务性人员并非组织的核心人员，其受重视程度较其他员工较低，对事务性员工进行关怀激励，容易缓解其内心的不平衡感，增加对工作的归属感和工作热情。

4）支持激励

事务性人员做的是管理人员或业务人员的服务工作，其中不乏对管理决策活动的辅助活动，甚至对组织或部门的经营决策提供支持。作为一个上级管理者，要善于支持员工的创造性建议，把员工蕴藏的聪明才智挖掘出来。支持员工的工作，支持员工的创新，支持员工的提案等对员工是很大的激励。例如，"我支持你这样做"比"我命令你这样做"好得多；"你放心去实施，我保障条件"，可以使员工看到自己的价值。

➤ 本章小结

事务性人员是各企业、事业单位或政府机关里，专职从事事务性工作的人员。根据所从事工作参与组织日常管理的程度及复杂程度，事务性人员可以大致分为行政助理人员、办公文员、业务支持人员和后勤保障人员四大类。由于事务性工作通常具有长期、简单、重复的特点，往往并不需要某个领域的专业技能和知识，但数量较多、活动繁杂，需要较多的耐心和时间，因此，对事务性人员相来说工作缺乏独立性、难有创新点，工作具有被动性，由此所需的知识面也较窄。

事务性人员的绩效不仅要强调工作过程和态度，也要关注工作结果。通常情况下，可以采用工作职责对照法和面向客户法来制订事务性人员的绩效计划。前者是根据事务性人员任职岗位的工作说明书来确定其绩效目标、限定其工作行为过程，从而得到其绩效考核和监控的标准；后者则从客户的角度来考评事务性人员的工作绩效，即根据相关事务工作的客户对象的需求和期望，对事务性人员的绩效目标和标准进行设置。

事务性人员的绩效评价，须采用定性和定量相结合的方法，防止考核结果受主观随意性和片面性的影响。等级评定法、强制分布法和目标考核法是常用的方法。其中，等级评定法尤其适用于从事可量化的例行性工作的人员；强制分布法适合在人员众多的部门中采用；而目标考核法适合于几乎所有类型的事务性人员，但对于工作职责界定不是很清晰的事务性人员（如文员）需要谨慎使用。组织应该根据事务性人员的工作性质分别设计不同的绩效考核工具，并综合个人自评、同事评价和上级评估等多方面的评价结果，以客观有效地评价事务性人员的绩效。

事务性人员的绩效反馈可以采用团队反馈方式，以更好地补充多方面的信息，同时改善在评价过程中同事评价的信度偏低的情况；而绩效激励则可以采用目标激励、奖励激励、关怀激励和支持激励等形式。

➤ 专业术语

事务性工作	transactional work / routine work
等级评定法	ranking method / rating method
强制分布法	forced distribution method
面向客户的方法	customer oriented method
积极型反馈	positive feedback
消极型反馈	negative feedback

案例讨论与角色扮演

该怎样评价培训专员的工作绩效

黛芬服装销售公司有员工200人左右，其中人力资源部成员4名，设置培训专员1名。培训专员主要负责公司的新员工入职培训、知识类培训、心态类培训（包括服务态度）、简单的陈列技巧及新款衣服上架培训，其主要评价指标有培训计划完成数、培训进度、培训满意度（有专门的满意度调查表）和培训资料归档等。

服装销售具有季节性，由此也给培训专员的绩效考评带来了问题。旺季时，销售人员需求量大，新员工多，销售压力大，店员心态需要及时给予相应调整，因此培训专员经常忙上忙下，计划表排得满满的，但还是经常完成不了评价指标；淡季时，虽然知识类培训可能会多些，但其他培训数量减少，因此，很轻松就能够完成评价指标。这样导致的结果就是：旺季时，工作很忙但评价指标完成不了，绩效工资减少；淡季时，工作轻松，评价指标反而完成得很好，绩效工资拿足额，这就明显有失公平。

人力资源部经理认为这是绩效评价指标制定不合理，旺季时目标值定得太高，淡季时目标值定得太低，因此决定调整一下淡季、旺季的评价指标。但是总经理认为这样不妥，原因是旺季时，培训专员的确没有把工作做得很好，而淡季时，工作的确做得不错，评价结果还是能够反映出他的工作情况。再者，目标值本身就是对其工作的要求，所以不应该调整目标值。

然而，干得多反而被扣得多，干得少反而拿得多，确实也不合理。人力资源部经理和总经理都觉得迷茫，不知道培训专员的绩效评价该如何做才好。

资料来源：中国国家人才网 .http://www.newjobs.com.cn/news/news_dy/147197.html，2012-08-23

讨论题：

1. 如果你是这家公司的人力资源部经理，你认为对培训专员的绩效评价到底应该怎样改进？

2. 对于业务有淡季和旺季之分的岗位，应如何进行绩效评价？

角色扮演题：

选一位同学扮演人力资源部经理，另一位同学扮演总经理，将两人针对培训专员绩效评价改进方案的商谈过程表演出来。

其他同学要注意观察，提出问题并进行讨论，教师进行点评和总结。

➤ 思考与讨论

1. 什么是事务性人员？事务性人员具有哪些基本特点？

2. 事务性人员的绩效如何定义？事务性人员绩效管理的重点是什么？

3. 如何提高事务性人员绩效管理的效率？事务性人员绩效评价的常用方法有哪些？相对于一般人员来说有何区别？

4. 请结合某类具体的事务性工作，论述事务性人员绩效管理的策略，包括绩效管理目标及指标的制定、绩效评价方法及反馈方式的选择与实施、绩效辅导与改善措施的应用等，并指出事务性人员绩效管理的重点与难点所在。

第九章

管理人员的绩效评价

引导案例

　　蒋先生是一家小型软件公司的老板。公司有20多名员工，人虽不多但事却不少，最近又冒出一件让他很烦心的事。前不久他从同行那里高薪聘请了一位技术骨干小丁担任公司的技术部经理。小丁在技术上的确是一把好手，他的就任让公司的技术实力得到了显著提升，蒋先生对此很是满意。但是，自从小丁过来伊始，就引发了一个争论：关于考勤打卡的问题。

　　蒋先生的公司一直以来都是实行全员打卡制，但小丁之前的公司实行的是"基层员工打卡，中高层人员免打卡"。所以，小丁来了之后，就多次在会议上提出是否可以对中高层人员免打卡，理由是"身为中高层人员，本身在纪律方面已经有了高度的自觉性，让其免打卡是对其品质的一种认可"。而且小丁谈到他一般晚上工作效率比较高，为了保证项目的完成，经常在晚上义务加班，这样就导致次日有可能会迟到也是可以理解的。

　　小丁说的没错，蒋先生也想过让小丁免打卡，但是又顾虑到一些老员工的抱怨。原本以为，既然制度规定了员工就应该打卡，这是一个没有必要去讨论的问题。然而，虽然老员工习惯了这种规则，但新员工特别是骨干员工却对这项制度提出了挑战。

　　思考题：

　　1. 如何平衡老员工的心态并稳住新员工？

　　2. 如何给所有关注此事的员工一个合理的说法？

　　3. 你认为基层员工与中高层人员的绩效考核重点分别是什么？

第一节　管理人员与管理人员绩效

一、管理人员的分类

管理人员是指在组织中行使管理职能，指挥或协调他人完成具体任务的人，其工作绩效的好坏直接关系到组织的成败兴衰。

按其所从事管理工作的领域及专业不同，管理人员可以分为综合管理人员和专业管理人员两类。综合管理人员是指负责管理整个组织或组织中某个事业部全部活动的管理者，如部门经理，而专业管理人员仅负责管理组织中某一类活动（或职能），如研发项目组组长。

按其所处的管理层次，管理人员又可分为高层管理人员、中层管理人员和基层管理人员。高层管理人员是指对整个组织的管理负有全面责任的人，他们的主要职责是制定组织的总目标、总战略，掌握组织的大政方针，并评价整个组织的绩效。高层管理人员的作用主要是参与重大决策和全面负责某个部门，兼有参谋和主管的双重身份。中层管理人员，是指处于高层管理人员和基层管理人员之间的一个或若干个中间层次的管理人员，他们的主要职责是贯彻执行高层管理人员所制定的重大决策，监督和协调基层管理人员的工作。由于其供职组织和职位性质的不同，具体的中层管理人员定义取决于各组织对其管理职能岗位的划分，由于采用的划分模型的不同，没有非常一致的划定标准。基层管理人员，通常是指在组织中的基层单位或部门，承担生产、服务等基础业务管理任务的人员，如学科带头人、班主任、车间主任、班组长、领班、工头等。基层管理人员是单位的骨干，也是在员工与经理之间起承上启下的桥梁作用的"关键人物"，起着保证各项任务在基层全面落实的重要作用。

二、管理人员的职责

在每个组织中，管理人员都是赋予组织生命、注入活力的要素。如果没有管理人员的领导，"生产资源"始终只是资源，永远不会转化为产品。在竞争激烈的社会环境中，组织能否成功，是否长存，完全要视管理人员的素质与绩效而定，因为管理人员的素质与绩效是组织唯一拥有的有效优势。

管理层是组织的一个具体器官，一个组织只有当其管理者在决策、活动和运作时才能决策、活动和运作，就组织本身而言，它不是一个实际的实体。

管理人员的首要职责是管理组织，而最终检验管理人员的是组织的绩效。管理人员的特殊任务就是让组织的希望先成为可能，然后再设法具体实现。管理人员不只是经济动物，同时也是开创者。只有当管理人员能以有意识、有方向地行动主宰经济环境，改变经济环境时，才能算是真正的管理者。

管理人员的次要职责就是利用人力和物质资源造就一个能创造价值的组织。组织必须能够生产出比所拥有的资源更多更好的产品或服务，必须是一个真正的整体；管理者的价值就在于使组织的产出大于或者至少不小于它的所有投入的总和。

管理者应明确自身的职责，只有具备了管理者素质的人才能真正执行管理者职责。然而并非每一个人都具备管理者素质。

例如，小陈是某实验室的质量控制主管。有两名检验员先后找到他，就检验报告的递交程序提出不同的要求。检验员A建议把检验结果送给负责样品的生产部门领班，检验员B则要求将检验报告直接交给操作人员，以便尽快纠正。A和B都是团队中出色的员工，而且非常喜欢竞争，他们在这个问题上已经针锋相对地交换过意见。双方都有道理，无论采取谁的建议都会比目前把报告递交给行政管理人员的做法要好。

小陈有以下五种选择：①独立地研究一下形势，确定谁是正确的，告诉他们两人执行决定；②等着看会发生什么事情；③让他们按照自己的方式处理报告；④要求他们制订出双方都能接受的解决方案，即让他们都做出一点让步；⑤建议两人把各自的想法结合起来，以便双方都能达到自己的目标（把报告送给领班，复印件交给操作者）。选择第一种方式有输有赢，第二种方式会加剧冲突，第三种方式也不能解决矛盾，第四种方式虽然可行但并不是最佳，第五种方式是一种合作的方式。

只有明确了管理者的职责，质量控制主管小陈才会做出正确的管理决策。

管理人员所承担的职责，决定了他们通常具有以下特点。

（1）管理人员是组织的中坚力量，是上下信息流动的必经通道。

（2）组织对其具有长期性要求。一方面，管理人员的决策总与组织的长期发展存在紧密联系；另一方面，组织不能频繁地更换高层管理人员。

（3）管理人员工作的付出是体力、智慧、技能和心力，前三者能被外部感知或自己可以对人讲清楚，但心理所承受的压力和疲惫，只有自己知道。

（4）管理人员的工作绩效并不一定和本人努力成正比，而受外部制约和偶然因素的影响较大。

（5）管理人员上级所提的绩效要求往往是原则性的，而他对下属的指令却必须是相对具体、可操作的。

三、管理人员的绩效

组织管理层的每一个行动、每一项决策和每一个考虑，都必须以经济作为尺度。对于具体组织来说，其首要职能是经济绩效。管理者只能以所创造的经济成果来证明自己存在的价值和权威。事实上，组织的活动可能会产生大量的非经济性成果，如为员工带来幸福、对社区的福利和文化有所贡献。但是，如果未能创造经济成果，就是管理的失败。如果一个组织不能以顾客愿意支付的价格提供其所需的产品和服务，就是该组织管理人员的失败。如果管理层不能使交付于它的经济资源提高或至少保持其创造财富的能力，也是管理的失败。因此，对于管理人员来说，其工作绩效的衡量更多的是从工作产出结果来进行，虽然获得这一产出结果的过程也很重要。

管理人员是组织的核心力量，因此对于一个着眼于长期的持续发展的组织来说，对不同层级的管理人员分别进行有效的绩效管理非常重要，因为这一过程可以帮助组织实现以下目的。

（1）战略目的。一个有效的中高层管理人员绩效管理系统，应该将中高层管理的工作活动和组织的战略目标联系在一起。在绩效管理系统的作用下，通过提高员工的个人绩效来提升组织的整体绩效，从而实现组织的战略目标。同时，对管理人员的绩效进行适时的监控和考评，可以及时发现组织经营管理过程中出现的问题，一方面可以保证各级管理人员对组织战略的正确理解与有效贯彻；另一方面也有利于对组织的战略进行合理调整。

（2）管理目的。组织在多项管理决策中都要使用绩效管理的信息，尤其是绩效评价的信息。通过对管理人员的绩效表现给予合理评价和适度的激励，可以有效激发管理人员对一般员工的领导意愿，改善组织各级管理决策的效率与质量。尤其是对中高层管理人员的绩效管理必须引起高度重视，绩效评价的结果也必须在薪酬、人事、评选先进等各项人力资源管理决策中有所体现。

（3）开发目的。绩效管理的过程能够让组织发现员工的不足之处，以便对他们进行针对性培训，从而使他们更加有效地完成工作任务。管理人员通常都有较强的成就需要，因此，通过绩效管理适时明确和满足他们的发展要求，对组织和管理人员本身都是现实的需求。

管理人员通常具备特定的知识、技能及其他特征，通过日常的工作行为执行组织管理与决策的职能。其客观结果是指可衡量的、可见的工作产出。因此，管理人员的绩效模型如图 9-1 所示。其中，组织战略是组织一切管理活动的基本指导，决定了管理人员应该具备的基本个人特征和必须实现的工作产出；而管理人员的知识、技能和能力结构，决定了他们的管理方式和行为风格，进一步影响到其工作产出的状态；在此过程中，组织内外部环境的变化，不仅会影响管理人员能力结构的发展变化，同时也对其实时行为与决策产生干扰，进而造成最终工作绩效的波动。

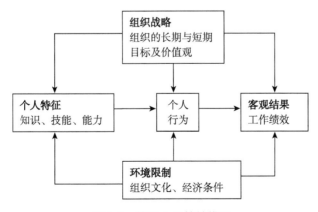

图 9-1 管理人员绩效模型

第二节　如何评价管理人员的绩效

　　绩效评价是绩效管理循环中的一个环节，最终要实现绩效改进的目的。这个过程中上级管理者对下级管理人员的评价不仅可以体现出管理人员的工作表现，而且可以充分体现管理者的管理艺术。因为上级的目标和下级的目标是一致的，且下级管理人员的成绩也是上级管理人员的成绩，这样，上级管理人员和下级管理人员的关系就比较融洽。上级管理人员在工作过程中与下级管理人员不断沟通，不断辅导与帮助下级管理人员，不断记录其工作资料或事实依据，这比考核本身更重要。

一、管理人员绩效评价的主要内容

　　不同组织管理人员的绩效评价各有特点。即使是同一组织中的管理人员，由于处于不同的管理层级，其工作内容、责任及决策的风险后果各不相同，绩效结构也就不尽相同。一般而言，管理人员绩效评价的主要内容包括德、能、勤、绩四大方面。另外，由于管理人员的工作对组织的发展具有较大的影响，且管理活动具有一定的后效性，因此，对管理人员胜任力的判断及未来绩效表现的预测也显得比较重要。

　　1）管理态度评价

　　管理态度是管理人员职业素养的综合表现，也是管理人员工作积极性的表现。对管理态度的评价，也就是对"德"与"勤"的评价，通常包括对管理人员工作主动程度、投入程度及敬业程度的评价。由于测量内容较为抽象，评价者对管理人员态度的评价多为主观评价，定量评价存在一定难度，因此在评价时以定性评价为主，定量评价为辅。

　　2）管理能力评价

　　管理能力评价，即"能力"的评价。对于不同层次的管理人员，其能力评价的侧重点也各有不同。组织基层管理人员需要侧重考察应用能力和工作执行能力，中层管理人员应强调技术能力、理解能力及沟通能力，而高层管理人员则需重点关注其战略决策能力、创新能力和协调能力。另外，对组织中处于不同发展阶段、不同管理领域的管理人员，能力评价的重点也应有所区别。

　　一般来说，"能力"是一个相对抽象的概念，对管理人员的能力进行定量测量难度较大，所以一般采用间接衡量的方法。研究发现，管理人员的能力表现会受很多外部环境因素的影响。例如，管理人员可能因岗位、业务方向的变更而对新工作不熟悉，导致能力表现出现偏差。因此，必须考虑外部环境因素，综合评价管理人员的管理能力。

　　3）管理实绩评价

　　管理实绩评价即衡量管理人员对组织整体业绩的贡献程度。管理人员的管理行为在一定程度上影响着组织战略目标的实现。管理人员的绩效评价应以提升工作业绩为导向，不仅注重工作过程，而且也注重工作结果。工作业绩的提高是在量变的基础上形成的，所以，坚持质与量相结合的原则，是促使管理人员在质量互变过程中进行自我评价、自我改进和自我提高的途径之一。

4）管理潜力评价

管理潜力评价是对管理者能力的一种推断和预测，是评价管理人员绩效不可或缺的一项内容。较为常见的是根据管理态度、管理能力及管理实绩的评价结果来推断分析管理潜力，比较传统的方法是通过管理人员的学历学位证明、培训研修结业证明及专业技术资格证明等来进行判断，而比较客观的方法则是根据管理人员的工作年限及其担任不同管理岗位职务时的工作表现，辅之以考试、测评、面谈等方法来评价其管理潜力。

表 9-1 为某组织中层管理人员年度绩效评价表示例。

表 9-1　某组织中层管理人员年度绩效评价表示例

姓名		职务		评价人	
事业部		部门		评价区间	
评价尺度及分数		优秀（10分）良好（8分） 一般（6分）较差（4分）极差（2分）		评分	平均权重系数
工作绩效	1. 工作达成度	与年度目标或与期望值比较，工作结果与目标或标准之差距，同时应考虑工作客观难度			0.4
	2. 工作品质	与期望值比较，工作过程、结果的符合程度（准确性、反复率等），仅考虑工作的品质			
	3. 工作速度	完成工作的迅速性、时效性，有无浪费时间或拖拉现象，仅考虑工作的速度			
	4. 工作量	职责内工作、上级交办工作及自主性工作完成的总量，仅考虑完成工作数量			
工作能力	5. 计划性	工作事前计划程度，对工作（内容、时间、数量、程序）安排及资源分配的合理性、有效性			0.3
	6. 协调沟通	与各方面关系协调，化解矛盾，说服他人，以及人际交往的能力			
	7. 应变力	应对变化，采取措施或行动的主动性、有效性及工作中对上级的依赖程度			
	8. 指导控制力	对本部门或下属的激励、指导、培训情况，对本部门的管理控制情况			
	9. 周全缜密	工作认真细致及深入程度，考虑问题的全面性、遗漏率			
	10. 人才培养	对人才的重视程度及对储备人才的培养情况			
	11. 职务技能	对担任职务相关知识的掌握、运用，工作熟练程度			
工作态度	12. 协作性	人际关系，团队精神及与他人（部门）工作配合情况			0.3
	13. 以身作则	表率作用如何，严格要求自己与否，遵守制度纪律情况			
	14. 工作态度	工作自觉性、积极性；对工作的投入程度，进取精神、勤奋程度、责任心等			
	15. 执行力	对上级指示、决议、计划的执行程度及执行中对下级检查跟进程度			
	16. 品德言行	是否做到廉洁、诚信，是否具有职业道德			
评价得分		Ⅰ（1~4项平均分）×4 +（5~11项平均分）×3 +（12~16项平均分）×3 =___分			
出勤及奖惩		Ⅱ 出勤：迟到早退___次 ×0.5 + 旷工___天 ×2 + 事假___天 ×0.4 + 病假___天 ×0.2=___分			
		Ⅲ 处罚：警告___次 ×1 + 小过___次 ×3 + 大过___次 ×9 =___分			
		Ⅳ 奖励：表扬___次 ×1 + 小功___次 ×3 + 大功___次 ×9 =___分			
总　分		Ⅰ___分 – Ⅱ___分 – Ⅲ___分 + Ⅳ___分 =___分			
评价等级		□ A. 90分以上　□ B. 70~89分　□ C. 40~69分　□ D. 40分以下			
评价者意见					

高二级管理者评价：　　　高一级管理者评价：　　　评价者 / 管理者签字：

活学活用：某公司的管理人员考核标准

某高速公路管理企业采用以下标准对管理部门相关责任人员进行绩效考核（表9-2）。你认为该标准是否可行？实施效果将会如何？为什么？

表 9-2 公司的管理人员考核标准

项目	工作要求	基本分	扣分标准
队伍建设	1. 积极参加公司和总部组织的政治、业务学习和集体活动，制订个人学习计划、坚持自学，形成勤于学习和勇于探索的良好风气	20	未经批准不参加学习、活动及未制订个人学习计划的每人次扣2分；迟到、早退每人次扣1分；未完成学习任务每人次扣5分
	2. 积极维护公司领导班子、总部和部门内部团结		散布不利于团结的言论或做不利于团结的事，每人次扣2~3分
	3. 坚持原则，公道正派，大局意识强		违反原则、不服从安排每人次扣2分
	4. 清正廉洁，遵章守纪，无违法乱纪现象发生		利用职务之便谋取私利和严重违纪的，此项不得分；违章违纪事件处理不及时每人次扣1分，未处理每人次扣2分；有违章违纪行为的每人次扣3分
作风建设	1. 全心全意为基层服务，热情接待基层来人。按规定答复基层上报的请示、报告	20	对基层来人接待不热情每次扣1分，未按规定答复基层的请示、报告每次扣2分
	2. 工作积极主动，雷厉风行，敢于负责，部门之间相互支持、协作，不扯皮推诿		无正当理由在规定时间内未完成工作，每人次扣2~4分，造成损失的，本项不得分；工作上扯皮推诿，相互之间不配合、不支持，每人次扣2分
	3. 随时了解基层工作动态，积极帮助基层解决实际问题		深入基层调查研究不够，下情不明的扣1分，对基层反映的问题不积极予以答复解决及反映情况不实每次扣2分
工作业绩	1. 工作有计划、有检查、有总结。圆满完成月度、季度工作计划及上级和公司领导交办的工作任务	50	工作无计划、无检查、无总结扣2分；未按时报送月度综述每次扣1分，职责范围内的事没有办好每件事扣2分；月、季工作未完成，每项扣2~5分
	2. 坚持部门例会制度，内部管理制度健全，分工明确，认真履行岗位职责		部门内部分工不明确扣1分，部门例会制度坚持不好的每缺一次扣1分；季度抽查每少1次扣2分
	3. 不断推出创新举措，积极为领导当好参谋，提合理化建议，工作有前瞻性		工作创新意识不强，无创新举措扣2分
	4. 提高工作服务水平，工作质量居全省交通前列；树立公司良好形象；各方反映良好		有投诉查实责任事件视情节轻重扣1~5分；工作质量低于全省同行的情扣1~3分；文件、报表或为上级提供的文字材料出现差错每处扣1分
工作环境	1. 办公场所整洁、美观；无灰尘蜘网，无乱贴、乱画、乱挂的现象	10	工作区域不清洁，有灰土蜘网、乱贴、乱画、乱挂每处扣1分，桌、椅、计算机等办公用品和设施有污垢每处扣1分
	2. 办公物品摆放有序，文书材料装订规范，分类放置		办公物品摆放杂乱，文书材料装订不规范，资料杂志放置零乱每处扣1分
	3. 爱护公共财物，讲究公共卫生，自觉遵守各项规范公约		损坏公共财物每处扣2分，不讲究公共卫生和遵守各项公约，在集中办公区域抽烟每人次扣1分
	4. 工作人员仪表端庄，衣着整齐，举止言谈文明		举止言谈不文明每人次扣1分

二、管理人员的绩效评价方法

为了更好地评价管理人员的绩效状况，需要对不同层级的人员采用不同的评价方法。而要在众多绩效评价方法和工具中做出恰当的选择，应该充分考虑工作性质、成本、实用性这三个重要因素。

工作性质可以从三个方面进行思考，即工作的结构化程度、工作目标的可量化程度和工作环境的稳定性。一般而言，工作的结构化程度高，适合采用工作标准设计详尽的评价方法；工作目标的可量化程度高，适合采用定量方法来评价，如果工作目标可量化程度低，则可以采用行为导向性的定性方法；工作环境越稳定，越适合采用侧重行为评估的评价方法；反之，则应采用侧重评估结果的定量方法。

在组织中，高层管理人员的工作通常结构化程度很低、工作环境稳定性差，而工作目标的量化程度较高（往往等同于组织经营目标）；基层管理人员工作稳定性和结构化程度相对要高一些，而工作目标的可量化程度则相对不是很理想。因此，对于中高层管理者的绩效评价，一般可以采用关键绩效指标方法或领导行为效能法等关注战略实现和能力配置的方法；而对中基层管理者，则可以采用岗位职责对照法或关键事件法等比较注重决策执行的方法。目标管理法及 360°反馈（或民主测评）对于各级管理人员都是适用的。

选择合适的评价方法除了考虑评价方法本身的特点（如成本、操作性、客观有效性、对改进绩效的影响）及工作性质外，在实践中，设计者还要考虑其他一些重要的因素，如组织文化、组织的管理基础等。组织特有的文化决定了员工对评价方法的接受程度，组织的管理基础决定了评价方法能否顺利推行。这些因素对于选择合适的评价方法具有重要影响。

第三节　管理人员的绩效反馈与激励

一、管理人员的绩效反馈

相对于组织中的其他人员，管理人员的工作影响面更广、责任更大，其绩效对所管理的组织或部门的绩效起到直接影响。因此，加强对管理人员的绩效反馈就显得尤其重要。实际上，管理人员的绩效反馈在本质上与其他人员并无不同，但管理人员的绩效反馈更多的是以单独面谈的形式进行，且管理层级较高时，甚至可能采用多对一的形式，以便更加全面地交流信息，更好地实现组织目标分解与纵向传递过程的可靠性和有效性。

为了提高管理人员的绩效反馈效果，需要注意以下几点。

1）必须做好绩效反馈的准备

绩效反馈的准备是否充分将直接影响反馈的效果。管理人员通常事务较多，如果以面谈形式进行绩效反馈，则需要选择适宜的时间，尽量将时间安排得紧凑，并提前通知反馈对象；在开始反馈面谈之前，需要充分准备面谈材料，包括评价表、该人员的日常工作事实记录、人员的定期工作总结、上级与其沟通过程中积累的与绩效有关的信息等；反馈内容以数据说话，要有量化指标，不能泛泛而谈。另外，由于管理人员大多对上级给予的评价比较敏感，因此，必须合理选择反馈方式，尽量以积极型反馈和改进型反馈为主。

2）正确驾驭绩效面谈过程

管理人员的绩效面谈通常要单个进行，最好是采用讨论的形式，尽量避免出现单调的问答现象，以最大限度地保证反馈对象能够在放松的状态下进行交流。在管理人员的绩效反馈过程中，反馈对象（下级管理人员）需要就自身的绩效结果进行解释说明，并向反馈人（上级管理人员）充分汇报所主管部门的整体绩效状况，且就管理过程中存在的问题进行讨论与确认，这也是实现组织战略正确分解与合理调整的基本途径。反馈人需要倾听被考核者的个人意见，以分享经验为交流基调，灵活调整进度和气氛，通过绩效反馈面谈，力求能够对双方后续的行为与决策活动都有积极的启发作用。

3）制订并确认绩效改进计划

首先，对面谈过程中达成共识的结论性意见或经双方确认的关键事件或数据，面谈结束后，应及时进行记录、整理，填写考核表。其次，对下级管理者上一阶段的绩效表现，上级主管若在面谈时发现自己评价有偏差，应勇于及时修正考评结果。再次，反馈双方应明确：双方在面谈过程中对于下一阶段的绩效计划、目标所达成的共识，不能随便更改；如确需更改，须及时通知对方。最后，与一般人员不同的是，管理人员的绩效改进计划可能需要经过多次的反复，甚至可能因此而促使一次较大的组织目标修正，最终的绩效改进计划应该体现最新的战略目标分解。

二、管理人员的绩效激励

对人员的绩效进行适当的激励，是保证人员工作积极性的最基本的手段。管理人员是组织的带头人，他们既是组织战略的制定者、执行者，也是领导者。同时，中层以上管理人员具有丰富的实践经验和较高的业务水平，一些具有管理潜质和创新意识的管理人员本身就是组织的一种特殊无形资产，具有不可替代性，对组织的发展关系重大。一个技术工人的流失，带走的也许仅是一项技术，而一个管理人员的流失，带走的可能是核心技术和商业秘密，更为严重的是造成了人心波动和士气低落，对组织的稳定性和凝聚力是一个很大的冲击。因此，建立有效的管理人员的绩效激励机制，对提高组织内部凝聚力，促进组织发展，起着至关重要的作用。

1.高层管理人员的绩效激励措施

高级管理人员作为智力密集型群体，是实现组织战略目标的直接责任承担者，是决定该组织总体经营管理水平和经营效益的核心因素之一。对于高层管理人员来说，基本的生活问题已经解决，他们所需求的是社会认同感和自我价值实现。这两个需求一旦实现，就会带来他们隐含期望的其他副产品，获得更高的薪酬收入和工作稳定性，得到更多的发展机会，从而能更好地实现其职业理想。

目前组织对高层管理人员进行绩效激励的措施主要有以下四种。

1）加强薪酬激励

提升薪酬水平是一种比较直接的激励措施，工资中稳定增加的金钱可以让高层管理人员实实在在地感受到自己的价值得到了认可。奖金是高层管理人员收入的一部分，具有可变性大的特点，但实质仍是一种额外的奖励。对高层管理人员来说，完善的福利制度更有吸引力。例如，完善的休闲设施、丰富的工作补贴、健全的教育培训体系、带薪假期等。根据边际效用递减原理，对高层管理人员有效的加薪或奖励额度会逐次上升，最终超出组织薪酬体系的限制。

2）授予股权

高层管理人员与组织的所有者形成一种委托—代理关系。高层管理人员的决策在很大程度上影响组织的长远发展，但这一发展并不一定就符合组织所有权人的利益。因此，股权激励是一个较好的解决方案，它将高层管理人员与股东的利益捆绑起来，可以最大限度地激发高层管理人员的工作热情，使其自发地将组织的发展导向符合股东利益（也即自身利益）的方向。组织的高层管理人员在持有股权、享受股权增值收益的同时，也在一定程度上承担着风险，这就激励他们在经营过程中更多地关心组织的长期利益，从而有效防范高层管理人员的短期行为。

3）给予晋升机会

晋升意味着管理人员将获得更大的工作权力及对经营管理更多的控制权，对其发挥管理才能、开展创新活动具有重要激励作用。另外，根据马斯洛的需要层次理论，管理人员的自我实现需求会随着管理层次的提升而提升。由于晋升带来的高层管理人员的社会地位、综合能力等方面的提升，更好地满足了他们获得更大的认可、实现更高的自我追求的需要。

4）提供自主创新的平台

对于高层管理人员来说，物质激励已经不再是工作的主要目的，拥有一个可以自己独立策划、开展工作的平台，成为新的追求。但是，组织的高层管理职位毕竟有限，很多优秀的高层管理人员长期得不到晋升，便会考虑跳槽另求发展，无形中会导致人才资源的流失。如果组织为高层管理人员创造一个可独立发挥的舞台，让其参与决策并带队执行，则可以最大限度地激发其工作积极性和工作热情，满足其职业发展的需求与欲望。

以上激励措施对于高层管理人员均能产生不同程度的激励作用，但对于不同发展阶段的组织及需求不同的高层管理人员所产生的作用各异。例如，在组织初创期，员工以开拓市场为重心，激励方式可以晋升和提供发展空间为主；到了成熟期，组织发展稳定，高层管理人员对经济利益更关心，单一的激励方式无法满足他们的要求，综合的激励措施才能发挥更大的作用。另外，对于中层管理人员来说，加薪、奖金、晋升、新平台、股权等均具有相当的吸引力，而对于总经理、副总经理这一层级的人而言，期权计划、新平台可能更具有激励价值。

2. 中层管理人员的绩效激励措施

对于中层以下的管理人员来说，调查统计结果表明，业务成就感是激励他们积极工作的最主要因素，其次是个人成长性和薪酬福利；就业保障、人际关系等因素的重要性相对较低。这是因为，在组织内部，对中层管理人员往往缺乏准确的定位，他们收入相对接近一般职工，却从事比高层管理人员更为辛苦的业务管理工作。他们特殊的地位决定了其需求与高层管理人员或者普通员工存在差别。

具体来讲，组织的中层管理人员的需求特性主要体现在以下几方面。

（1）经济上，他们一般比大部分员工要求获得更高的薪水，以显出自己的相对身份。

（2）知识层次上，他们一般具有较高的文化水平，在工作中有较强的自主性和独立性，他们十分重视自身的发展及自己的管理思想能否实现。

（3）从行为目标看，他们并不满足于一定的高薪，而对工作环境、成就感和个人发展的需求相对其他管理层次的员工更强。中层管理人员是高层与基层沟通的桥梁，其更希望有宽松的工作环境或氛围，参与管理和实现自我价值的欲望及要求更高，并从领导的认可中受到鼓励，获得成就感。

（4）从工作特点看，他们在组织中具有领导者和被领导者的双重职责，因此组织对他们在管理技能方面有更多特殊要求，从而也使他们具有了不断加强自身管理技能的需求。

适当的奖励和职务的晋升对中层管理人员、基层管理人员都是有效的激励方式，同时，越来越多的组织将高层管理人员的部分激励措施（如股权激励）也扩展到中层管理人员，在此不再赘述。除此之外，中层管理人员的常用激励措施主要集中在以下几个方面。

1）运用目标激励

目标管理是激励管理人员的有效方式之一，将组织的战略目标逐层分解至部门及各层级管理人员，并以此作为绩效目标，在完成或超额完成工作后，中层管理人员便会从中感受到工作的成就感。将目标激励与薪酬挂钩，不仅可以使职务没得到提升但有突出业绩的管理人员得到有竞争力的薪酬，还可以满足他们的成就感。

2）实施多元化的薪酬福利体系

薪酬是员工组织地位高低及对组织的贡献度的一个量化衡量标准。据调查，薪酬收入仍然是中层管理人员的重要关注点。合理设计和运用薪酬杠杆，可以产生立竿见影的激励效果；但是要想保证激励的长效性，则需要实施多元化的薪酬福利体系，针对具有不同需求的管理人员实施个性化的薪酬福利激励方案。例如，可以在组织中针对阶段性目标或项目设立周期性奖金，给予阶段性成果的中层管理人员以奖励；在完成特定的目标任务或达到一定的工作标准之后，可以安排额外的带薪休假等。中层管理人员通过薪酬的高低、享受福利的多少，感知自己的贡献度、被尊重的程度、社会地位及薪酬公平感。

3）提供充足的培训机会

中层管理人员较为看重组织的发展平台，对管理能力培训、个人价值提升的需求比较强烈。随着管理理论和科学技术的快速发展，中层管理人员在工作中获取和积累的知识，远远无法跟上知识更新的脚步，导致其知识老化、知识深度欠缺及知识结构不合理，在客观上增强了他们的紧迫感与焦虑感。设计科学合理的培训体系，为中层管理人员提供相关培训机会，可以满足他们对新知识的追求，帮助实现个人的长远发展。丰富各种培训形式，如进高校深造、同行交流、出国培训等，来进行知识更新和能力提升，不仅可以开阔他们的视野，更是减压和激励的良好途径。组织要善于分析和掌握不同中层管理人员的需求结构和职业发展特征，将培训与职务晋升适当关联，以促使他们开展持续学习，并始终处于被激励的状态。

➤ 本章小结

管理人员是指在组织中行使管理职能、指挥或协调他人完成具体任务的人。按其所处的管理层次，可分为高层管理人员、中层管理人员和基层管理人员；按其所从事管理工作的领域及专业不同，又可分为综合管理人员和专业管理人员两类，前者是指负责管理整个组织或组织中某个事业部全部活动的管理者，而后者仅是指负责管理组织中某一类活动（或职能）的管理者。

管理人员是组织的中坚力量，通常具备特定的知识和技能，通过日常的工作行为执行组织管理与决策的职能，其绩效通常以所管理的组织、部门或团队的产出结果来体现。因此，管理人员组织内信息流动的必经通道，其工作的付出是体力、智慧、技能和心力，但工作绩效并不一定和本人的努力成正比，而受外部制约和偶然因素的影响较大。目前，"德能勤绩"是我国企业管理者较常使用的绩效指标体系。

管理人员的绩效评价规划的制定需要特别强调当事人的参与，因为管理人员的工作活动及绩效结构都存在很多的不确定性；其绩效评价指标的设计则应以结果指标为主，兼顾工作行为与过程的合理性；在绩效评价过程中，绩效数据应该由专人按照约定的来源和规范的程序进行采集，并尽量使每一个评价项目相互独立、评分量化，以避免由于管理人员绩效边界的模糊性而造成数据间相互冲突最终导致评价失真。

管理人员绩效评价方法和工具的选择，应该综合考虑工作性质、成本、实用性这三个因素。目标管理方法是对不同层级和不同工作性质的管理者都适用的绩效评价方法。

管理人员的绩效反馈更多地是以单独面谈的形式进行，且管理层级较高时，往往可能采用多对一的形式，以便更加全面地交流信息，更好地实现组织目标分解与纵向传递过程的可靠性和有效性。

不同层级的管理人员，其绩效激励策略是不同的。对高级管理人员可以采用加强薪酬激励、授予股权、给予晋升、提供自主创新的平台等激励措施；对于中基层管理人员，则可以通过运用目标激励、实施多元化的薪酬福利体系、提供充足的培训机会等方式进行激励。

➤ 专业术语

管理人员　　manager
管理层激励　managerial incentive
股权激励　　equity incentive

◯ 案例讨论

GY 公司的中层干部绩效评价

　　20 世纪 50 年代初成立的 GY 公司是一家国有企业，经过 60 多年的风雨历程，现已初具规模，并在业内树立了良好品牌，发展势头良好。公司目前员工总数达到千人。总公司下设有若干子公司，公司总部只设立职能部门，不设立业务部门，子公司分别从事不同的业务。与行业内的其他国有企业相比较，该公司的各个方面都可圈可点。

　　在国家政策变化的现状下，小企业竞争日益激烈，GY 公司的市场地位发生了变化。为了解决这一问题，公司从前几年开始通过这些变化进行改革，着手从管理上进行突破，其中重点投入的一项工作就是绩效评价工作。公司的高层领导非常重视，具体负责绩效评价制度的制定和实施的是人事部。《中层干部评价办法》是人事部在原有的评价制度基础上制定出来的。为了使评价可操作化，人事部在每年年底正式进行评价之前会出台当年的具体评价方案。

　　中层干部评价的具体内容主要包含三个方面，即被评价人所在单位的经营管理情况、干部的政治思想品德和管理能力。其中，被评价人所在单位的经营管理状况是评价的重点，主要包括该单位的财务情况、经营情况、管理目标的实现、未来工作的目标及实施计划等各个方面，以经营指标为导向进行评测，对于能力的定义则比较抽象。公司的各业务部门（子公司）都在年初与总公司经行沟通，通过阐述自己部门的实际情况，对任务指标都提出了相应的意见，进行了反复修改。

　　评价的具体实施是由公司的高层领导和相关职能部门人员组成评价小组来进行。通过被评价者的述职报告，在单位内召开全体职工大会进行述职，全体员工对其进行民意测评；同时，向科级干部甚至全体职工进行访谈以征求意见，最后在征求主管副总的意见后由评价小组进行汇总，写出评价意见并报公司总经理。公司领导会在评价结束后，在年会上通报结果并予以解释说明和反馈。尽管评价条例中明确将评价结果与升职加薪挂钩，但始终不见行动，总是不了了之。

　　这种评价方法看起来民主程度较高，使员工感受到参与感，高层管理人员觉得自己的决定得到了大多数员工的支持，员工觉得自己被重视，所以在操作初始，也确实取得了较大成功。但是，由于被评价者总觉得，由于各部门之间历史条件和现实条件不同，年初所定的指标不同，自己的部门与其他部门相比评价指标过高，评价要求过于苛刻，彼此之间无法平衡，心里不服；而评价者尽管需访谈三百人次左右，忙得团团转，但由于手握大权，还是乐此不疲。

　　慢慢地，大家的热情已经渐渐丧失，在接下来的两年评价中，大家发现根据前几年的评价结果，无论业绩好坏，领导都不会区别对待，而且自己手中的工作只多不少，面对领导的谈话，只能敷衍了事。被评价者认为这种评价方式只是形象工程，并不存在实际意义，应付一下即可。

资料来源：中国人才网 .http://www.sodhr.com/News/45200969132726.html，2009-06-09

讨论题：

1.GY 公司的中层干部绩效评价存在什么问题？

2.如何有效管理中层管理人员的绩效？

➤ 思考与讨论

1.请简要描述管理人员的概念范畴，并分析管理人员的一般职责。

2.管理人员的绩效如何定义？管理人员绩效管理的重点是什么？高层管理人员、中层管理人员、基层管理人员的绩效界定有何不同？

3.如何提高管理人员绩效管理的效率？管理人员绩效目标制定和绩效评价的常用方法分别都有哪些？相对于一般人员来说有何区别？

4.请结合某类具体的管理工作，论述管理人员绩效管理的策略，包括绩效管理目标及指标的制定、绩效评价方法及反馈方式的选择与实施、绩效辅导与改善措施的应用等，并指出不同层级管理人员绩效管理的重点与难点所在。

第十章

团队绩效评价技术

引导案例

　　某部门定下了年度的核心目标，主管把一项关键工作交给了小王。小王表示有难度，主管说："这是我们部门第一季度的创新亮点，做好了绩效也会倾斜的。"小王的工作开展高开高走，主管也对工作密切跟踪和支撑，结果在一、二月就已经基本完成。

　　3月最后一周，小王参加培训离开公司。原定4月向省公司汇报的工作，忽然提前到了这一周。于是小王将电子资料移交给了同事小红，小红向省公司系统填报了创新内容，并且创新人员只签署了主管和小红自己的名字。4月中旬，小王培训回来，发现创新内容没变，而自己却不属于完成人员……而且，主管对其第一季度绩效考评为C，小红为B。

　　小王找到主管，主管说，近期小红为了该项工作付出很多，沟通效果也很好。主管与小王进行沟通后，小王还是觉得主管在考核时不合理，以致之后的工作积极性下降，工作进度及质量都大不如以前。

　　思考题：

　　1.你认为主管的绩效考核方式是否合理？

　　2.如果你是小王，你会怎么做？

　　3.你认为团队绩效考核应如何开展？

　　随着世界经济的日益全球化，个人与组织都处于剧烈而又无法预料的变革之中。为了在激烈的竞争中立于不败之地，更具灵活性与革新性的工作团队日益成为组织应对变革的有效方式。如何加强团队绩效管理、有效提高团队绩效，成为理论研究和管理实践的热点问题。塑造高绩效团队是提高工作效率、提升服务质量、适应现代组织管理发展和创新的基本要求。

第一节 团队绩效与部门绩效

一、什么是团队？

1.团队的定义

团队已成为现代组织中最常见的一种工作组织方式。所谓团队，就是由多个个体组成的一个正式群体，各成员遵循一致认同的行为准则，通过相辅相成的知识或技能而相互依赖、相互协作，以完成共同的目标和具体的绩效要求。在多变的环境中，团队通常比传统的部门结构或其他形式的稳定性群体更灵活、反应更迅速。

MC医院是英国一家非常有名的医院，业务量非常大。但由于其运营成本非常高，其效益一直不理想，且反复开会强调都没有好转。万般无奈之下，院领导采纳专家意见，组建了一支成本控制团队，团队成员为各部分抽派有意愿参与的员工。成本控制团队经过反复地思考、讨论和实地调研，将造成成本居高不下的原因罗列出来，并归纳为八大要素。

院方针对这八大要素采取了一系列措施和方案，最终在半年内降低了医院的运营成本120万英镑，大大提高了医院的效益。

然而，并不是任何一个共同行动的群体都可以称为团队。团队是比群体更高、更有序的一个层次，其区别于一般群体的本质特征在于其具备五个重要的构成要素，即共同的目标（purpose）、互补的成员（people）、明确的角色定位（place）、合理的权限配置（power）及具体的行动计划（plan），简称为5P。

1）共同的目标

团队目标必须满足以下几点要求：首先，目标应对团队及其成员的工作有指向和引导作用；其次，团队目标必须与组织的大目标相一致，体现团队目标的内容；最后，团队目标必须为团队的每一位成员所接受和了解。在团队目标确定后，应将其分解为多个小目标落实到各个成员的工作中，以激励员工为达到目标而奋斗。

2）互补的成员

团队由两个或两个以上的人员组成。在进行团队成员的选择时，应根据团队的性质和工作内容对人员的能力、经验等要素特征进行考察，以最大限度地实现成员间的互补性和兼容性，并为每位成员分配不同的角色，以有效地实现团队的各项管理职能。

3）明确的角色

团队合理的角色定位能使团队高效、有序地运行，避免造成不必要的混乱。团队的定位应从整体和个体两个层面进行。对于整体而言，团队的定位是指确定团队在组织中的地位，包括团队在组织中所处的位置、团队与组织其他部门的关系、团队在组织中应尽的职责和所发挥的功能等；对于个体而言，是指确定成员在团队中的地位，包括其在团队中所扮演的角色和分工等。

4）合理的权限配置

团队的正常运转需要能够调配组织的资源，即必须配备一定的权限。团队权限的配置同样需要从整体和个体两个层面进行界定。对于团队这个整体而言，组织对其赋予了一定的权力，如财务权限、人事权限、信息获取权限等，以保证其参加组织的决策；对于个体而言，团队中的每位成员根据其职责分工都有其权限配置。团队和成员的权限配置并不是一成不变的，它会随着团队的发展阶段和成熟度而发生变化。一般来说，团队成熟度与领导者所拥有的权力成反比。

5）具体的行动计划

不同于组织内的非正式群体，团队有其明确的行动计划。团队的计划同样可以从整体和个体两个层面去制订。团队作为一个整体，计划是其行动和工作程序的指南，能有效保障团队工作的进展速度，实现其目标；另外，团队的计划也包括团队成员的阶段性工作安排，以保证各自分工任务得以顺利完成。

2.团队的类型

根据团队存在的目的和拥有自主权的大小，可以将团队分为三种基本类型，即问题解决型团队、自我管理型团队和多功能型团队。

问题解决型团队，即以解决组织管理或技术方面的某种具体问题而组建的团队，一般由5~12名成员组成，在一定阶段内定期碰头，其主要任务是就改善工作环境和条件、改进技术设计、优化工作方法或业务流程等具体问题形成建议，即"解决技术或管理问题"，一般并没有单方面采取行动的决策权。自我管理型团队则主要以项目为依托，对团队的日常运作采用自我管理的形式，可以进行一定程度的独立决策并承担决策的责任，具有较高的自治权。而多功能型团队通常跨越部门或组织界限，主要目的是完成复杂的项目或是激发新观点，任务的复杂性和决策的自主权更高。表 10-1 将工作组及常见的工作团队进行了简单对比。

表 10-1　几种常见的工作组及常见的工作团队形式的比较

工作组	有指导的工作团队	自我指导的团队	自我管理团队
1.组织决定做什么	1.主管决定做什么并且给出工作指导	1.主管决定做什么	1.团队决定做什么和怎样做
2.个人决定如何做		2.团队决定怎么做	
3.个人对自己的工作负责	2.主管对团队的绩效负责	3.主管和团队共同负责任	2.团队成员彼此负责
4.由组织处理人事职能	3.由主管处理人事职能	4.主管和团队共同处理人事职能	3.团队处理所有人事职能

随着管理理念的进一步发展，出现了各种新型的团队形式，如跨组织团队、虚拟团队、学习型团队等，并逐渐得到推广应用。跨组织团队着眼于组织之间、组织与客户之间的合作；虚拟团队则更注重资源的优化配置和成本、效率的改善；学习型团队则更加强调系统的思考，目的是培养团队的学习气氛，进而形成一种符合人性的、有机的、扁平化的团队，即学习型组织。

二、如何定义团队绩效？

1.团队绩效的概念

团队的工作形式可以有效地提高绩效。例如，统计发现，诺贝尔获奖项目中，因团队协作获奖的占三分之二以上；在诺贝尔奖设立的前25年，合作奖占41%，而现在则升至80%以上。那么，团队的绩效是如何描述的呢？

到目前为止，对于团队绩效的范畴已有众多的描述。多数学者认为，团队绩效主要包括三个方面：①团队对组织既定目标的达成情况；②团队成员的满意感；③团队成员继续协作的能力。也有学者认为，团队绩效是指团队实现预定目标的实际结果，可以包括三个方面：①团队的工作产出（数量、质量、速度、顾客满意度等）；②团队对其成员的影响（结果）；③团队将来更有效地工作的能力。

综合来看，对于团队绩效的一个普遍认同的描述应该包括三个基本要素，即团队的工作成果、团队成员的工作成绩，以及团队未来的工作能力。团队绩效是由团队核心素质及团队合作的程度决定的。

夏伟是联想集团研发部门的一名普通员工，入职刚一年多。春节前后他经常无所顾忌的傻笑。原因很简单，快到年终考核了，自己觉得业绩很好。

然而等到结果出来时，夏伟的喜悦骤然少了许多：奖励并没有他认为得那样高。更让夏伟不能理解的是，另一个研发团队的张帆开拓的新项目没有自己的多，绩效成绩竟然比自己高。夏伟觉得奇怪：公司的报酬不是和业绩直接挂钩的吗？

满腹疑问的夏伟找到了人力资源部门，得到的解释是：虽然夏伟开拓的新项目多，但团队整体的开拓成绩平平，所以综合起来这一项的成绩不高；而张帆个人的新项目开拓虽然没有夏伟强，但其团队成绩高。眼下，团队成绩的权重比较大，加权之下夏伟的成绩确实比张帆少了些。这些考核方式已在第四季度开始的时候做过宣讲。

这是联想集团绩效管理平衡的措施之一。"对于不便于把指标细化到每一个人身上的部门来讲，联想集团认为这部分业务刚好也是异常强调团队协作的业务，团队业绩的好坏直接影响着个人绩效。"联想集团招聘总监卫宏说。

因此，夏伟绩效考核后的收入计算公式就是收入$=P \times Q \times G$。其中，P是部门业绩考核系数（也称权重）；Q是个人业绩考核系数；G是岗位工资。这个公式虽然简单，不过作为一个多元函数，操作的难度和复杂性是很大的。因为在一定时期，G值是固定的（由岗位和能力级别确定），P和Q就都成了导向性的"旗帜"，给部门和员工工作行为和努力方向做出方向性的指挥，尤其是员工个人不能控制的P系数，对员工的导向性很大，这也是联想集团平衡个人和团队协作的法宝之一。

而对于那些指标极其明确，甚至很容易分配到个人头上的产品或者销售部门，联想集团则尽量考核到人，如华东区的年度销售任务，通过层层分解，每个销售人员的目标会非常明确，集团无须再为某个销售团队设立考核指标，直接到人反而更明确了。

团队的绩效一般表现为具体的产出结果，但团队的工作氛围，如成员关系、人员士气等，往往可以体现和预测该团队的绩效情况。因此，一个团队的绩效可以通过回答以下问题来进行评判：是否具有被一致接受的目标与期望？是否具有开放的沟通渠道？成员之间是否相互信任？团队是否具有凝聚力？是否具有一致认可的团队规范？高绩效团队往往具有较强的凝聚力（cohesiveness），并对积极的行为规范（norm）形成一致的认同。

绩效不好的团队各有不同的原因，而高绩效的团队却通常表现出一些共同的特征，而且这些特征往往是团队取得成功所必不可少的。概括来讲，高绩效团队通常具备七个基本特征：①明确、渐进的目标；②结果驱动的结构；③各司其职的成员；④一致的承诺；⑤协作的氛围；⑥组织的支持和认可；⑦原则性强的领导。这些特征也从侧面描述了相关要素对团队绩效的积极影响。

2.团队绩效的影响因素

随着团队工作方式的广泛运用，团队绩效的影响因素也随之成为团队研究领域倍受关注的一大主题。

影响团队绩效的因素有很多，从系统结构角度来看，大致可以分为外部环境、工作任务及自身特性三大影响因素；从系统控制角度来看，可以分为输入、处理及产出三个方面的影响因素，如图10-1所示。

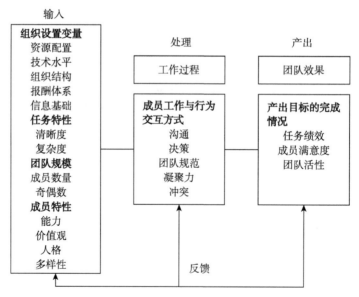

图10-1　团队绩效影响因素示意图

团队的环境和人员结构对团队绩效的影响主要体现在团队人际关系、团队冲突协调等方面，而团队目标的难度和具体化程度对于团队绩效的影响是相当稳定的，为团队成员设置明确的目标有助于提高团队成员的责任感。需要说明的是，在团队发展的不同阶段，各类因素对团队绩效的影响力度也各不相同。正常情况下，在团队的磨合期，绩效将会出现明显下降，而只有当各个成员都主动承担起相应的团队责任之后，团队的高绩效才可能实现。图 10-2 说明了在不同发展阶段团队的绩效表现示意图。

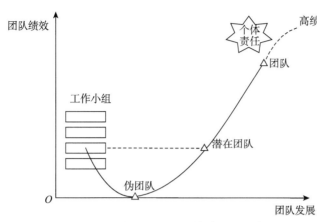

图 10-2　不同发展阶段团队绩效表现示意图

通常认为，团队自身结构特性对绩效的影响是最深刻的，而团队领导、团队动机和团队能力（包括团队策略、解决问题方式的优劣等）也是非常关键的影响因素。团队的基本结构特性，如团队的规模、人员能力与素质配置、成员与角色多样性程度等，对团队的绩效起着决定性的影响作用。团队的行为规范，如领导风格、决策模式、信息沟通与反馈模式、考核与激励等因素的不同组合，都可以对绩效产生深刻影响。另外，团队凝聚力与绩效之间也存在着很大的相关性。研究表明，组织高层管理团队的凝聚力指标与公司财务绩效指标之间呈正相关关系，在高新技术企业中尤其明显。图 10-3 描述了团队凝聚力和团队规范对团队绩效的影响关系。

图 10-3　团队凝聚力和团队规范对团队绩效的影响关系

3. 提高团队绩效的基本途径

要有效提高团队绩效，首先应使团队具备高绩效团队所必需的基本特征，包括以下几个方面。

1）对团队目标形成正确共识

团队目标为团队成员提供方向性的指导。必须让所有成员都能够明确理解团队目标及其相关的行动计划，并正确将其与自己的工作任务和绩效要求对应起来，形成对共同目标的承诺。

2）明确团队的规模

团队的有效规模应该维持在 2 ~ 25 人，以 8 ~ 12 人为佳。团队规模过小，不易产生知识、技能及角色的互补；规模过大，则成员之间的关系维护、信息传递及工作协作都将存在困难，从而降低效率。

3）合理配置成员的能力

合理的配置并不等于最高的配置。团队成员并不需要是各领域的最优员工，关键在于各成员的能力能否产生协同效应。在高效的团队中，成员能力应该形成相互补充、相互支持、相互促进的关系。

4）分配角色并增强多样性

团队中每个成员都应有明确的角色定位，而且对各自的角色期望、工作内容与活动方式都有正确的理解；同时，一个团队中，应该保持角色的多样性，如实干者、协调者、推进者、创新者、信息者、监督者、凝集者、完善者，保证团队目标的顺利实现。

5）引导形成良性的团队行为规范

团队的行为规范是成员行为相互磨合的结果，但并不是不能改变的。消极的团队规范不仅会阻碍个体成员的绩效提升，而且往往会有很强的传染性和破坏性。团队管理者应该有意识地加强引导，一旦发现消极的苗头，应该及时加强沟通与诊断。所有成员都有责任促使在团队中形成一种积极向上的团队规范。

6）加强团队凝聚力

在团队中形成畅通的沟通与反馈渠道，加强成员间的工作交互和日常联系，通过各种手段培养相互信任的工作氛围、加强成员的工作技能、协调成员间的人际关系，都可以有效提高团队的凝聚力。独特的团队文化建设可以统一成员的思想，显著提高成员的归属感和荣誉感，从而提升其工作积极性。

7）建立适当的效绩评估与奖惩体系

只有对团队目标的实现状况进行持续的监测和反馈，才能对成员的工作活动实施有效的调控。虽然高绩效团队的成员具有很高的工作效率，但仍然须动态地调节其"行为轨迹"，以保证工作过程不出现偏差；另外，即使团队的士气已经高涨，也仍然需要有持续的激励来保证士气的持久与进一步提升。

中美合资公司TY是一家制造型企业，共有6个生产车间。在过去的经营中仅有一个车间负责产品的质量问题，其他车间将组装好的零部件交由6车间组装，若出现问题则由6车间负责。由于半成品很难检验是否合格，为了提高产品质量，该企业从6个车间中抽调出一些人新组建了一个质量团队，来负责企业产品的质量问题。

目前该企业的产品合格率只有95%，质量团队任重道远。质量团队每一个人都必须对一个车间的产品质量负责，一开始颇有成效，不久后就有所懈怠，因为质量团队成员有自己的顾虑：由于车间成员的考核由车间主任进行，若车间成员提出自己车间的产品有质量问题，车间主任会怎么看？如何解决这个问题？后来，质量团队决定采取交叉作业的方式，成员甲到乙车间，成员乙到丙车间。交叉作业的方式，不仅解决了这个问题，还有额外的收获。团队成员可以学习到别的车间优质的生产过程，并推广到自己车间。质量团队很快将产品的合格率由95%提升到98%，企业产品赢得了客户的满意。

质量团队成员有如下感受：有别于过去对产品质量没有意识，作为质量团队的一员，在质量监督中不仅学到了在传统部门中学不到的知识和技能，而且开始把公司产品质量的监管看做自己的事情。

资料来源：百度文库

三、团队绩效与部门绩效的比较

团队和部门是不同但存在交叉的两个范畴。首先，部门是一个静态、相对确定的概念，其职能、结构、业务流程、人员关系等要素都是直接在组织设计阶段确定，并在较长时期内不会发生变化；而团队则是一个动态的概念，更多地是以一种工作方式的形式出现，其形态、结构、工作内容、工作方式及人员关系都是灵活多变的。要研究团队绩效和部门绩效的区别，可以对团队和部门做一个简单的比较，如表10-2所示。

表 10-2　团队与部门的比较

分类	团队	部门
人员目标	共同目标	部门目标分解，个人目标为主
角色	角色不定，领导角色分担	角色固定，领导角色固定
活动方式	强调协作	强调分工
结果	整体绩效	个人绩效为主

从表10-2可以看出，团队和部门在人员目标、角色、活动方式及结果等方面都是不同的。因此，传统的绩效考核，一般都是严格按照既定的部门及上下层级关系进行考核；而团队由于其特有的目标依赖性、角色依赖性和成果依赖性等特征及特殊的运作方式，使团队成员需在团队和个人两个层次上都负有责任，因而传统的以个人导向为基础的考核体系必须有所改变。团队绩效考核不仅要对团队的绩效目标进行考核，还要对团队成员的工作表现及团队绩效对组织目标实现的贡献进行评价。这些不同的特点，决定了团队和部门的考核方式及考核结果的应用措施存在着很大的区别，如表10-3所示。

表 10-3　团队绩效考核与部门绩效考核的比较

分类	团队	部门
管理者的考核	1. 作为团队工作的协调者，团队领导的绩效与整个团队的绩效挂钩，团队成员的绩效可以看做领导绩效的一部分。对团队的考核就是对团队领导的考核 2. 团队领导可能承担两项职责，一是在团队中所承担的非正式职责，二是在其原所属部门中承担的正式职责，这两项职责的完成都是其考核的一部分	1. 作为整个部门的任务分配者和管理者，对部门的考核可以看做对部门负责人的考核 2. 部门负责人必须完成该职位所承担的各项职责，部门职责是否完成也属于部门负责人考核的一部分

续表

分类	团队	部门
员工的考核	1. 以团队集体考核为主，考虑其个人业绩 2. 除在团队中承担的非正式职责外，可能还承担其所属部门的某项职责，考核时都要考虑	1. 以个人考核为主，参考部门考核结果 2. 以其在部门中所承担的职责为考核内容
考核结果的应用	1. 集体工资（如在汽车行业中对生产工人采用的集体计件工资） 2. 集体奖励计划 3. 其他	1. 个人绩效工资 2. 个人奖金 3. 其他

第二节　如何评价团队绩效

一、团队绩效评价的基本流程

正确地测量和反馈团队的绩效有助于提高团队的管理效能。尽管不同类型的团队在绩效评价方面有不同的侧重点，但对团队绩效的评价仍必须遵循"做计划、设指标、定标准、收信息、做评价"的基本流程。需要指出的是，传统的绩效评价及其指标的确定比较注意从个体的水平上进行，以职务与工作分析为基础，注意职务或岗位本身的特点，从人员与职务之间的匹配度来衡量绩效；而团队管理的目标是团队绩效，所以，在团队绩效的评估中，需要把个体绩效和团队绩效结合在一起考虑，在评价思路上，强调从群体和组织层次上做出分析。同时，在团队的绩效评价设计中必须综合分析团队所在的组织情景特征、团队任务特征和人员特征。

组织中的许多事务都必须通过协作才能完成，因此，基于岗位的绩效评价是有其不足的。例如，一台手术，一个医生技术再高也是无法独立完成；一个住院病人，更是需要多个医生、护士等配合完成治疗。假如只强调岗位评价，评价什么都想落实到个人，往往将一个团队的工作分解得七零八落，对提升组织的核心能力有害而无益。特别是在组织庞大而信息化滞后时，直接对每一个员工进行客观的评价是非常困难的。

团队绩效评价的基本流程如图 10-4 所示。

通常情况下，团队的绩效水平由所有成员共同决定，体现为团队负责人的绩效评价结果，而成员的贡献度往往不易明确区分。但是，高绩效团队中，成员的努力程度及产出结果都必定要高于一般团队。因此，应该根据团队负责人的绩效评价结果，有差异地分配团队成员各绩效水平的分布比例。表 10-4 是根据团队负责人的绩效评价结果确定团队成员绩效水平分布的一个示例。

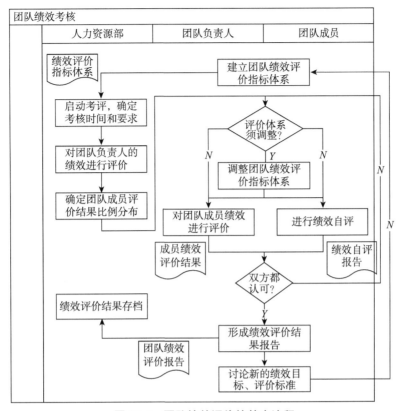

图 10-4　团队绩效评价的基本流程

表 10-4　根据团队负责人的绩效评价结果确定团队成员绩效水平分布比例示意（单位：%）

成员考评结果 \\ 负责人考评结果	优秀	良好	一般	需要改进	较差
优秀	30	50	10	5	5
良好	10	40	35	10	5
一般	—	30	40	20	10
需要改进	—	20	50	20	10
较差	—	10	60	15	15

二、如何设计团队绩效评价指标

确定合理可行的绩效评价指标体系是绩效评价活动的前提和基础，也是团队绩效评价的一大难点。

团队绩效的评价指标，需要根据组织和团队的目标加以"剪裁"。只有了解了团队绩效的各个方面，以及它们之间关系的相对重要性，才能制定出实现团队绩效测评的指标体系。对于高层经理来说，大体上需要关注任务表现、组织绩效和经营绩效；而对团队成员，则应综合考虑三方面内容，即团队绩效、个人任务达成情况和组织经营状况等。因此，团队绩效测评指标可以分层次设计：①最高层次指标包含对具有战略性、导向性的目标的考核。②中级层次指标主要考核可以量化的目标，如销售量、市场占有率、生产率等。③个体层次指标包含出勤率、流动率等量化指标，也可以加入员工真士气、员工满意度等软指标。

一般说来，可以采用四种基本方法提取和确定团队的绩效评价指标。

1. 通过组织绩效目标分解团队绩效指标

团队的存在往往是为了承担某一具体项目、解决某一关键问题、完成某一重要任务，或者完善某一职能或业务流程。也就是说，团队的组建必然具有明确的目的，并从特定的方面对组织实现其绩效目标提供支持。因此，对团队绩效评价的指标可以直接基于组织层次的绩效目标进行分解得到。当组织的绩效目标为量化改进型时，或者团队是为了帮助组织改进绩效目标而建立时，基于组织绩效目标分解的方法尤其适用。比较常见且又易于明确分解的绩效目标包括数量、质量、时间、成本等方面，如增加销售量、缩短新产品研发周期、提高产品和服务质量、降低生产成本等。

基于组织绩效目标确定团队绩效指标实质是目标管理方法的一个具体应用。首先要分析组织各目标的关键成功因素，分别将这些要素与各责任主体对应起来，即为各责任主体的绩效要素；其次，将特定团队的所有绩效要素汇总，结合团队的核心业务流程，分别设置各绩效要素在流程各环节的控制点，作为绩效指标，并确定其目标与评价标准，即可得到指标体系。在这个过程中，可以通过逐层问答团队要在哪些活动上加强控制才能保证组织的目标实现，来分解组织目标。

2. 基于工作流程图设置团队绩效指标

工作流程是向客户提供产品或服务的一系列步骤，贯穿于各个部门。可以用工作流程图来设计和优化工作流程，并用它来确定团队业绩测评指标。

基于工作流程图设置团队绩效指标的好处在于：它可以把质量控制、流程优化和绩效管理有效联系起来。工作流程比较清晰的团队能够据此监控流程各环节工作活动的有效性，并适时调整；对流程进行计划、监控和调整的过程也就是简化或优化流程的过程。

基于工作流程图设置绩效测评指标，可以从以下三个方面入手：①需要向客户提供什么样的最终产品或服务？②整个团队应完成哪些关键工作（方框）？③整个团队的工作之间应该如何关联（箭头）？基于这三个基本问题进行展开，可以进一步细化得到流程的关键控制变量，即绩效评价指标。在此，工作流程图的正确绘制是保证所得绩效维度的有效性的基本前提。

绘制工作流程图的过程实际上是团队职能和核心业务分析的过程，需要团队所有成员及团队的主管部门的共同参与，其结果必须在得到流程各相关环节责任人（岗位任职者）的认可之后，才能作为绩效评价指标设置的依据。

3. 应用客户关系图描述团队绩效指标

对于服务型团队来说，团队的主要工作是服务于自己的客户（即那些需要团队为其提供产品和服务的人或组织）以提高客户满意度。由于其服务的对象比较复杂，常常包括组织内外的若干利益相关者，因此极易造成团队绩效评价的片面性，团队成员虽然努力了，但其业绩却未得到真正体现，失去了考核评价的指向作用。此时，使用客户关系图来确定绩效评价的维度，就会是一种非常有效的方法。

何谓客户关系图呢？客户关系图是一种描述与团队相关的客户及团队能为这些客户提供的产品或服务的图示。它能够显示出特定团队的功能特性、对应的内外客户的类型、客户需要从团队获得的产品和服务及团队与客户之间的联系。例如，图 10-5 是某公司圣诞节礼品小组的客户关系示意图。

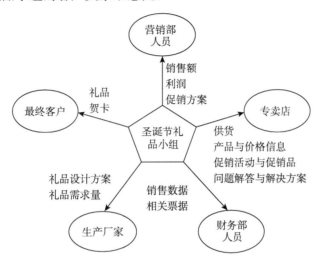

图 10-5 某公司圣诞节礼品小组的客户关系示意图

应用客户关系图设计团队绩效指标的基本过程如下。

（1）确定团队服务的客户。团队服务的客户，不仅是指团队所在组织之外的客户，还包括与团队相关的、组织内部客户，如团队业务流程的下游环节对应的部门或团队、成员所在部门的同事、其他部门的同事等。

（2）确定客户需要的产品和服务。客户的需求是团队绩效评价指标的主要来源，要确保所列出的每一个项目都是客户所需要的，且要重点关注那些有利于实现团队目标的工作，而对团队目标贡献较弱的工作，在图中不应体现。

（3）从组织角度优化所列出的项目。从组织的角度考虑以下问题："以上列出的成果中有哪些是组织希望从团队获得的？"用来回答这个问题的关键词就是团队应给组织创造的价值。要剔除那些不能为组织做出较大贡献的项目。

（4）准确描述绩效要素。把列出的业绩项目（绩效要素）重新规范命名，用精练、准确的语言来描述团队应完成的工作。对这项工作要把握的原则是，应确保所定义的是业绩结果而不是实现业绩的过程（即具体的业务活动）。

（5）确定团队绩效评价指标。基于业务流程或者团队角色分工，将绩效要素分解为具体的考核控制指标，或设置相应的绩效监控变量，形成绩效评价指标体系。

在这个过程中，绩效评价指标的确定是整个评价系统设计的关键。评价指标确定得全面、合理与否，决定了后续考评工作是否有价值。基于客户关系图描述绩效评价指标的思路不但对服务型团队的绩效评价有积极意义，同时，对于管理团队、项目团队等其他性质团队的绩效考评也具有一定的借鉴意义。

4. 运用平衡计分卡确定团队绩效指标

平衡计分卡不仅可用于企业、部门和个人的考核，同样也可以用于团队的考核。可以从以下四个层面来建立团队的平衡计分卡。

（1）组织层面。团队存在的价值在哪里？团队所承担的共同目标是什么？团队的核心任务是什么？可以通过组织绩效目标分解的方法进行分析。

（2）客户层面。团队的客户有哪些？各个客户的需求是什么？他们希望团队如何实现其需求？可以应用客户关系图来辅助完成客户角度的指标设计。

（3）内部流程层面。实现团队目标所对应的关键流程是什么？团队成员在流程中的角色及相应的资源是如何配置的？成员之间的工作与行为是如何交互的？可以应用工作流程图方法分析和设置内部流程层面的指标。

（4）学习与发展层面。团队的核心竞争力是什么？团队的凝聚力如何？如何提高团队的适应性以更好地应对环境的持续变化？如何达到成员间的能力的互补？可以通过合理分析团队结构变量（如团队的 5P 要素），来设计该层面的绩效指标。

图 10-6 给出了团队平衡计分卡的示意图。需要注意的是：与组织的平衡计分卡一样，应用团队平衡计分卡的关键同样是要合理设计与绩效指标对应的行为计划。

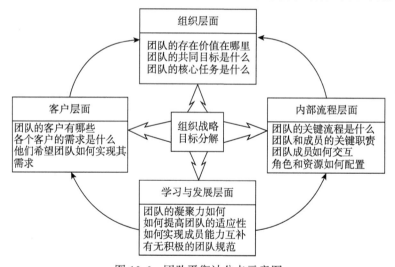

图 10-6 团队平衡计分卡示意图

总之，在团队绩效评价中应当注意：①必须确保团队成员都已正确理解组织的战略及团队的目标和任务。②团队绩效评价体系必须得到团队成员的正确理解和认可。③在开发绩效评价系统时，应充分考虑团队客户的意见，根据团队任务的性质确定是需要考评团队整体还是应该详细考察每一位团队成员的工作。

第三节　知识型团队的绩效评价

　　近 20 年来，团队的工作方式在科技型企业和科研组织中被广泛应用，以知识型员工为主体的团队已成为社会价值的重要创造者。

　　知识型团队以知识型员工为主，主要从事知识加工和创造，所从事的工作对创造力有较高的要求，其成员普遍具有较高的专业知识和技术水平，且工作的自主性强、决策自由度较高。与一般的工作团队不同，成员的积极性、主动性和创造性对知识型团队的工作效率至关重要。而绩效评价及基于绩效评价结果的反馈与激励成为影响团队成员积极性、主动性和创造性的一个重要因素。

一、知识型团队的概念

　　现代知识、技术、能力的开发日益复杂，知识的价值飞速增长，而获得知识和技能所需的成本也快速上升。因此，知识型员工必须能够有效而充分地在组织内共享各自的知识与技能、产生协同效应，这就迫使以知识创新为核心的创新型组织开始通过组建团队来开展工作；另外，团队的工作环境和工作方式能够较好地满足知识型员工对工作自主权和自由度的需求，于是，知识型团队应运而生。

　　知识型团队尚无统一的定义。一般认为，知识型团队是由知识型员工构成的、以推出某种新技术、新产品、新服务为基本目的的项目团队，也称为知识型团队。结合知识型团队及知识型员工的特点，我们将知识型团队定义为：由两个或两个以上的知识型员工组成的、具有较强创新能力的工作团队，通过成员间知识、技能的共享与交互产生协同效应，形成具有特定创新能力的团队知识与能力，以解决复杂的、知识性的任务。具备很强的学习能力是知识型团队的基本要求，而基于个体知识与技能的协同则是知识型团队区别于其他类型团队的本质特征。

　　知识型团队相对其他团队，具有以下显著特点。

　　（1）成员地位平等。知识型团队以成员集思广益、技能互补为基础，虽有角色和责权分配，但团队成员地位相对平等，并没有传统意义上的"权威人物"。团队的领导者没有单独决策权，通常只是团队的召集人而已。团队成员彼此共享利益、共担风险，各自在其专业领域有充分的发言权和决策权。但由于团队并不是永久的既定部门，所以团队成员与原部门领导间上下属关系仍成立。

　　（2）成员之间互相学习。知识型团队多是基于创新型的项目而形成，团队工作所需要的信息量和知识储备大，这种特性决定了团队成员必须通过不断学习来满足工作的需求。此外，知识型团队成员多有较高的成长需要和求知欲望，他们在工作和与团队成员的接触中往往会跟随自我提高的欲望而主动学习，并相互成为学习与超越的标杆。这也在一定程度上提高了组织的人力资本存量。

（3）成员之间多为互惠式依赖关系。团队成员之间的依赖关系通常有三种，即联营式、顺序式和互惠式，如图10-7所示。在联营式依赖关系中，成员之间相对独立，他们的产出共同贡献给团队；顺序式依赖关系表明，成员 A、B 间存在单向的依赖性，即 B 功能的实现建立在 A 功能实现的基础上；而在互惠式依赖的情况下，A、B 的依赖是相互的，彼此功能的实现均建立在对方功能实现的基础之上。由于知识型团队的任务复杂性高，工作中的不确定性因素较多，成员间必须彼此协作，因此，知识型团队多为互惠式依赖关系。

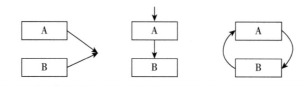

（a）联营式依赖关系　（b）顺序式依赖关系　（c）互惠式依赖关系

图 10-7　团队成员间的依赖关系

（4）信息不对称贯穿团队建设始终。组织构建知识型团队的目的是有效整合不同领域知识型员工所具备的技能和掌握的知识，更好地发挥知识的互补性以提高工作效率和创新性。成员的知识互补性，必定导致团队内部的信息不对称，对员工的能力、潜力和努力程度等方面的有效考评就变得比较困难。信息的不对称在知识型团队生命周期的全过程中都会存在。

（5）团队产出的不确定性强。知识型团队的工作目标具有挑战性，过程具有不确定性。成员的贡献意愿、知识的匹配程度等在一定程度上决定了知识型团队的产出价值，而成员知识技能与工作目标的符合程度、与组织其他资源之间的协调程度、团队成员之间的协调程度等动态变化因素等也是影响知识型团队的产出价值的重要因素。因此，应从全面、长远的角度出发，综合考察知识型团队的绩效。

二、知识型团队的绩效评价指标

知识型团队通常可分为研发团队、工程技术团队、专业服务团队等。虽然其工作性质和内容不同，但根据知识型团队的特征，其绩效评价的目标和基本要求是一致的。

知识型团队的绩效评价主要从团队和成员两个层面展开。对团队工作绩效评价应以结果为导向，而对成员的绩效评价应包括行为和结果两个方面。

对于知识型团队的绩效，可以应用平衡计分卡的框架，从以下四个维度设置评价指标。

（1）财务指标。从团队发起人对团队的心理期望出发进行评价，考察团队的利润实现能力和价值创造能力，以效益型指标为主。

（2）内部过程指标。关注团队业务流程的质量和技术水平，如技术开发创新性和有效性、技术开发的周期等，以效率型指标为主。

（3）顾客服务指标。以顾客对团队的心理期望为出发点进行考评，考察团队目标是否及时完成，是否实现合理的性价比、可以接受的质量、易操作的功能等，可以设置一些风险型指标。

（4）学习与成长指标。主要通过团队成员对团队的心理期望来评价，检验绩效目标是否能有助于团队的技能提升和成员知识的扩展，同时体现成员的地位，以递延型指标为主。

另外，对知识型团队成员的绩效评价，应包括行为和结果两个方面的指标。

（1）行为方面。主要考察成员参与团队活动的情况、成员能力素质、态度表现及周边绩效。例如，成员在团队会议的出勤率和参与度、主动承担团队项目的频率、和其他成员进行建设性交流的次数、为其他成员提供帮助的情况等。

（2）结果方面。主要考察成员完成团队任务的情况，如个体完成分配任务的时间和质量、为团队提供的建议的有效性和数据的精确程度等。

为了使绩效评价达到公平和公正，必须尽可能地对这些指标进行量化。对于知识型团队来说，明确并量化其绩效指标是一项极具挑战性的工作，特别是那些工作目标为"软性"的知识型团队的绩效指标尤其如此。

三、知识型团队的绩效评价方法

知识型团队的绩效需要从团队和成员两个层面进行评价，而不同层面的绩效适用的评价方法存在一定的区别：团队绩效以结果为导向，因此，可以相对容易地采用对各指标加权计分的方法得到量化的结果；而成员（知识型员工）的绩效需要综合考虑行为、能力及产出结果，用绝对的评价值很难真实有效地给予反映，因此，基于比较的、模糊综合性的评价更容易被知识型团队的成员所接受。

1. 团队层面的绩效评价

建立知识型团队的绩效指标体系之后，可以灵活采用多种方法评价团队的绩效。由于团队层面的绩效更多地体现为量化指标，指标加权就成为一类简单实用的方法。

1）简单加权计分法

在绩效评价中，目前最常见的一种综合计分方式是加权平均计分法。例如，若某团队的各项绩效指标的得分和相应的权重如表 10-5 所示，则该团队的绩效评价得分为

$$S = A \times a\% + B \times b\% + C \times c\% + D \times d\%$$

表 10-5 加权平均记分法示意表

绩效指标		指标分值	权重 / %
指标类型	指标名称		
效益型指标	销售收入	A	a
效率型指标	利润率	B	b
递延型指标	顾客满意度	C	c
风险型指标	质量标准	D	d

这种计分法操作简单，因而得到广泛应用。但这种方法也存在一些明显不足，大大影响了知识型团队绩效评价的有效性：①无法体现指标之间的关联性，评价结

果对绩效改善计划帮助不大；②只适合连续取值的定量指标，一些定性指标或离散的定量指标在加权之后会出现误差；③某些指标可能对绩效结果产生决定性的影响，但并未纳入指标权值体系，如风险型指标、例外控制型指标，因此简单加权并不能真实反映其绩效情况。

2）综合计分方法

为了避免加权平均计分法的不足，可以采用综合计分方法，这种计分方法可以借助表 10-6 进行说明。在表 10-6 中，团队的综合计分成绩可以表示为

$$S=(a_1 \times a_2/100 - a_4) \times a_3/100$$

表 10-6　综合计分法示意表

绩效指标		指标得分值
指标类型	指标名称	（总分均为 100 分）
效益型指标	A_1	a_1
效率型指标	A_2	a_2
递延型指标	A_3	a_3
风险型指标	A_4	a_4

在上面公式中，效益型指标和效率型指标采用相乘的方式来表现相互之间的并立关系，虽然一方不足可以通过另一方在分值上来进行弥补，但两者不能相互取代。风险型指标是一个惩罚性指标，如果满足要求则为零分，反之要适当扣分，因此采用减法。递延型指标可以用乘法的方式计入团队的绩效分值。例如，尽管效益型指标、效率型指标都达到要求，也没有被扣除风险型指标分值，但如果公司认为该团队的工作结果对其未来发展的贡献一般（假定递延型指标得分值为 60 分），则对业主来说，该团队工作结果的综合计算分值需在前三项绩效成绩的基础上适当打折（60/100 = 0.6）。可以看出，这种综合计分方法避免了简单加权平均计分法的缺点。但应该如何"综合"，则需要视情况灵活决定。

2. 成员层面的绩效评价方法

根据现代组织的发展要求，绩效不仅包括工作结果（工作成果），而且包括达成工作结果过程中的关键行为。在建立知识型团队成员的绩效评价指标体系（可以从任务绩效、周边绩效、辅助绩效着手）和绩效评价标准之后，可以采用传统的比较法、排序法、行为评定等方法对成员绩效进行评价。但是，这些方法要求指标是完全量化的，是通过完全定性的描述和主观的评价得到结果，往往比较片面，所得结果不能全面、有效地反映知识型团队成员的绩效状态，从而对团队士气造成影响。

知识型团队的成员一般都是知识型员工，其绩效状态往往是不能直接下一个"定论"的。对知识型员工的绩效评价是一种模糊的概念，很难进行精确评价，越来越多的研究者和组织管理者开始采用模糊综合评价法。

模糊综合评价法是一种基于模糊数学的综合评价方法，该方法根据模糊数学的隶属度理论把定性评价转化为定量评价，即用模糊数学对受到多种因素制约的事物或对象做出一个总体的评价，具有结果清晰、系统性强的特点，能较好地解决模糊的、难以量化的问题，适合各种非确定性问题的解决。

应用模糊综合评价法评价知识型团队成员绩效的一般过程如下。

（1）建立指标集 U。确定成员的绩效评价指标，包括关键指标 u_i 及其分解指标，形成层级式的评价指标体系。

（2）确定权重集 A。对指标集 U 中的各级指标分别赋予相应的权数。第一层级指标（假设为 n 个）的权重集为 $A=\{a_1，a_2，\cdots，a_n\}$，第二层次的权重集为 $a_i=\{a_{i1}，a_{i2}，\cdots，a_{ij}\}$（$i=1，2，\cdots，n$，$j$ 为第 i 个一级指标对应的二级指标个数），更多层级则同理类推。指标权值可以应用层次分析法和专家调查相结合的方法获取。

（3）建立评语（评价）集 V。就单个因素而言，评价者对被评价因素有什么样的判断或以什么方式表示评价结果。在事先确定的指标体系中，将指标的评价（评语）分为 m 个等级，则 $V=\{v_1，v_2，\cdots，v_m\}$，以衡量被评价对象在各指标上的表现。例如，$V=\{$ 优、良、中、差 $\}$ 等。

（4）建立评判矩阵 $\boldsymbol{R}$。针对被评价对象，对单个指标进行评价，确定评价对象在该指标上的表现对各评价等级的隶属度 r_{ij}（$i=1，2，\cdots，n$；$j=1，2，\cdots，m$），即指标 u_i 上的表现能够被评价为 v_j 等级的可能性，形成评判矩阵 $\boldsymbol{R}=(r_{ij})_{n \times m}$。

（5）求得模糊综合评判集 $B=AR$，即普通的矩阵乘法，根据评判集得到模糊评价结果。

（6）综合评判结果归一化，得到最终评价值（等级）。

下面用一个案例简要说明知识型团队成员绩效模糊综合评价法的基本过程。

例如，在对某个知识型团队成员"任务绩效"的评价过程中，确定其评价指标集为 $U=\{$ 工作数量，工作质量，工作时限，工作改进，团队提升，部门业绩 $\}$；各评价指标的权重集 $A=\{0.2，0.1，0.3，0.15，0.1，0.15\}$，分别表示各指标对应的权值；确定评语集为 $V=\{$ 优秀，称职，基本称职，不称职 $\}$。

考核组 10 名考评人员对某知识型团队某成员"工作数量"的投票结果是 6 人认为属于优秀，4 人认为称职，0 人认为基本称职，0 人认为不称职，那么根据投票结果得到该指标对各评语等级的隶属度 r_{ij} 分别为 0.6、0.4、0、0。同理，该成员在其他各个指标上都可以得到相应的隶属度评价，由此得到评判矩阵 $\boldsymbol{R}$。假设该评判矩阵为

$$\boldsymbol{R}=\begin{pmatrix} 0.6 & 0.4 & 0 & 0 \\ 0 & 0.1 & 0.6 & 0.3 \\ 0.1 & 0.2 & 0.5 & 0.2 \\ 0.4 & 0.6 & 0 & 0 \\ 0.2 & 0.3 & 0.3 & 0.2 \\ 0.5 & 0.5 & 0 & 0 \end{pmatrix}$$

则该成员绩效的综合评判集为 $B=A \times \boldsymbol{R}=(0.305，0.345，0.24，0.11)$，即该成员的绩效评价结果相对于评语集 V 中"优秀"的隶属度为 0.305、"称职"的隶属度为 0.345、"基本称职"的隶属度为 0.24、"不称职"的隶属度为 0.11。

假定"优秀"的百分区间为 90～100、"称职"的百分区间为 80～90、"基本

称职"的百分区间为 60 ～ 80、"不称职"的百分区间为 60 以下。四个评语所对应的百分区间的组中值依次分别为 95、85、70、30，计算得到该成员的最终评价值为 78.4，由此可确定其任务绩效评价等级为"基本称职"。

在具体应用中，针对确定的分层级的评价指标体系，可以自底向上，逐层得到各指标的评价等级，从而最终得到整体的评价结果。

➤ 本章小结

团队是现代组织中最常见的一种工作组织方式，具备共同的目标、互补的成员、明确的角色定位、合理的权限配置及具体的行动计划等基本特征。根据存在的目的和拥有自主权的大小，可以将团队分为问题解决型团队、自我管理型团队和多功能型团队三种基本类型。随着管理理念的进一步发展，出现了跨组织 / 跨文化团队、虚拟团队、学习型团队。

团队绩效是由团队核心素质及团队合作的程度决定的，可以从团队的工作成果、团队成员的工作成绩、团队未来的工作能力三个方面来描述。高绩效团队往往具有较强的凝聚力和一致认同的行为规范，并具有明确渐进的目标、结果驱动的结构、各司其职的成员、一致的承诺、协作的氛围、组织的支持和认可、原则性强的领导等基本特征。

团队和部门两个范畴存在一定的交叉，但是它们在目标、角色、活动方式及结果等各个方面都是不同的。因此，其绩效的界定及绩效评价与管理的方式也存在较大区别。在团队绩效的评估中，需要把个体绩效和团队绩效结合在一起考虑，在测量思路上，强调从群体和组织层次上做出分析。同时，在团队的绩效测评设计中必须综合分析团队所在的组织情景特征、团队任务特征和人员特征。

团队的绩效评价指标的获取可以通过上级目标层层分解得到，或基于工作流程图或应用客户关系图来描述，也可以借助平衡计分卡等工具进行设计。在设计团队绩效测评指标时，最高层次指标应包含对具有战略性、导向性的目标的考核，中级层次指标应该关注可以量化的产出性目标，另外，还需要考虑员工士气、组织声誉、员工满意感等"软"指标。

知识型团队是由知识型员工构成的、以推出某种新技术、新产品、新服务为基本目的的项目团队。知识型团队的绩效需要从团队和成员两个层面进行评价，对团队工作绩效评价应以结果为导向，尽可能采用量化的指标，并对各指标加权计分的方法得到量化的结果；而成员的绩效评价需要综合考虑行为、能力及产出结果，基于比较的、模糊综合性的评价更容易被接受。

➤ 专业术语

团队	team
部门	section/branch/department
高绩效团队	high performance team
凝聚力	cohesiveness
行为规范	norm
工作流程图	workflow diagram
客户关系图	customer relationship diagram

知识型团队　　　knowledge team
模糊综合评价法　fuzzy comprehensive evaluation method

 案例讨论

如何激活软件开发项目团队

TX 公司是国内的一家通信产品公司。一天，公司临时接到国内某大型网络公司的一笔订单，对方要求公司在极短的时间内为其开发一款第三方网络交互软件，并且该网络公司承诺如果可以顺利完成任务，今后将与公司建立长期合作关系。

公司老总自然不敢怠慢，立刻从编程部门抽调了 6 名优秀的编程人员，组成一个项目团队，并且任命在工作中表现最为优异的小康作为这个项目团队的队长。由于这个订单对于公司的发展至关重要，老总走的时候放下狠话：如果不能按时完成任务，你们今后就都不用来公司上班了。老总的一席话无疑把每个人都逼上了绝境，团队中的每个成员开始积极地搜集相关资料，分析客户深层次需要，设计软件的组织构架。每个人可谓兢兢业业，以期可以按时完成任务。

可是，一段时间后，团队中部分成员的积极性就开始下降了，惰性也日渐显露，虽然每个人表面上看去都在做事情，可是整个工作进度却明显不如从前。作为队长的小康自然是看在眼里，急在心里。小康也曾私下找过那几个"偷懒"的团队成员谈过，可是每个人都借口任务太艰巨了，自己能力有限，已经尽力而为了，这样的回答让小康无话可说。

在接下来的时间里，小康不得不和其他团队成员付出加倍的努力，每天起早贪黑、披星戴月，以保证项目可以顺利按时完成。经过三个月的艰苦努力，大家终于按时完成了任务。然而，当每个团队成员都从老总手里接过 5 000 元奖金的时候，小康他们几个曾为团队立下汗马功劳的成员却怎么也高兴不起来。

资料来源：臧树伟. 叫停偷懒，让团队动起来. 销售与市场（评论版）, 2012, (3): 66-67.

小组讨论题：

1. 项目团队中为什么会出现"偷懒"的成员？

2. 导致这个项目团队绩效下降的原因有哪些？

3. 应如何将该项目团队打造为高绩效团队？

角色扮演题：

分成三个小组，分别进行角色扮演。

1. 选一位同学扮演队长小康，另外 2 ~ 3 位同学扮演工作努力的团队成员，将他们的沟通过程表演出来。

2. 选一位同学扮演队长小康，另外 2~3 位同学扮演"偷懒"的团队成员，将他们的沟通过程表演出来。

3. 选一位同学扮演队长小康，另一位同学扮演老总，将两人的沟通过程表演出来。

其他同学要注意观察每组的表演，提出问题并进行讨论，教师进行对比分析、点评和总结。

➤ 思考与讨论

1. 什么是团队？团队与部门有何异同？

2.团队绩效应该如何定义？团队绩效与部门绩效存在什么关系？如何得到团队绩效指标？

3.团队绩效如何评价？常用的团队绩效评价方法有哪些？如何正确处理团队与个人、过程与结果的关系？

4.知识型团队有何特点？常见的知识型团队有哪些？请举例说明，并分析知识型团队绩效管理的重点与难点是什么？

第十一章

组织绩效评价

美孚公司是世界著名的能源企业，也是世界最大的企业组织之一，2000年更是以全年销售额为2 320亿美元位居世界500强第一位；其员工人均产值为193万美元，约为中国石化的50倍。而1992年，合并前的美孚石油还是一个每年只有670亿美元收入的公司。美孚公司取得如此骄人的业绩，其实施的标杆管理和平衡计分卡等先进管理方法大有贡献。

润滑油经营单元是美孚公司营销与炼油公司的一个重要部门，拥有雇员900名，年销售额10亿美元，成品润滑油在美国市场份额为12%，新型环保润滑油产品系列在美国有超过50%的市场份额。在实施平衡计分卡的过程中，润滑油经营单元走到了整个公司的前列。

它的主要做法包括以下方面。

（1）建立平衡计分卡目标。以战略目标为依托，整合所有业务，使整个内部流程通畅；同时使所有员工基于业务流程参与到战略目标的实现中来。

（2）按职能部门成立工作小组。为实施平衡计分卡项目，美孚公司润滑油部门成立了小组，其中包括混合工厂管理者小组、混合工厂筹划监督小组、工业用油和汽车用油营销代表小组、客户反映中心代表小组、领导人员代表小组等。

（3）重整内部业务流程。在后续工作开展之前，公司仔细分析了内部的所有关键业务流程，并对其进行细致的整理、分析和优化，并以规范文档的形式标准化。

（4）建立部门、团队、个人绩效因果树。通过绩效因果树，将润滑油部门的经营策略，远景目标和团队、个人的工作任务结合起来。通过四个方面（财务方面、客户方面、内部经营方面、学习与成长方面），将各层次绩效及其因果关系体现出来。同时建立适当的指标和目标值，激励各级员工，引导他们的工作朝有利于实现部门业绩目标的方向发展。依照绩效因果树，各团队成员可以明确自己所处的位置，及在总体计划和目标实现中所需完成的工作内容；通过将个人目标和企业目标联系起来，也可以对个人的工作结果对部门资本利润率的影响有更清晰的认识。

（5）建立部门、团队、个人的平衡计分卡。依据绩效因果树，项目团队建立平衡了公司、部门、团队及个人的平衡计分卡体系。其中，部门或团队又为个人在建立计分卡时设立了特殊标准：个人计分卡必须支持管理者的计分卡；计分卡必须包括一个目标和支持其他部分业务的指标；每个管理者必须有目标和指标，并且指标与评估和雇员发展相关；计分卡必须包括提前和滞后反应的指示器、一个最低目标和各方面的指标体系，至多15个指标；任何改变需要管理者和雇员一致同意。

（6）建立统一的管理者和雇员奖惩制度并一贯坚持。依据所建立的平衡计分卡，在组织中建立统一的奖惩制度，对于管理者和被管理者一视同仁，按照奖惩制度对绩效考核结果进行处理，并持续下去。

资料来源：《美孚公司平衡计分卡之旅》，百度文库

思考题：

1.美孚公司的润滑油经营单元所实行的绩效考核方法有哪些可取之处？

2.绩效考核方案对美孚营销与炼油公司的润滑油经营单元有针对性的地方在哪里？为什么选择平衡计分卡？

第一节　组织绩效评价体系

组织绩效评价体系包括绩效指标体系、绩效标准体系及绩效评价方法体系三个基本要素。其中，绩效指标体系包括绩效指标及其权重、指标的标志与标度，绩效标准体系明确了各绩效指标的评价基准，而评价方法体系则是针对不同类型评价对象和不同环境与条件的一系列可用方法与工具的集合。

一、组织绩效评价指标和标准

与人员绩效评价一样，组织的绩效评价也需首先界定绩效、明确绩效要素，其次设置明确的绩效指标和评价标准。

1. 组织绩效指标

对于任何一个组织来说，如果想准确地衡量其绩效并对组织的有效性做出正确的判断，就必须建立一系列科学的评价指标。事实上，任何组织的功能都是基于特定的输入，采用一定的过程与方法，得到相应的产出。因此，对组织绩效的管理可以从系统输入、处理过程及系统产出三个方面设置监控变量。对于大多数组织来说，通常我们会更加关注结果、产出、吞吐量、内部职能等方面的衡量指标。例如，沃

尔特斯曾提出了五个重要指标类型：①对实现战略目标的贡献度；②对质量的衡量；③对数量和容量的衡量；④对效率和货币价值的衡量；⑤对外部和内部顾客满意度的衡量。也可以从数量、质量、时间、成本四个基本层面设置组织的绩效评价与监控指标。

组织在不同的发展阶段或竞争环境下，需要监控的经营与管理变量及其重要程度都会出现动态变化，组织必须根据其战略重点动态调整其绩效指标及权重，并更新指标的标志和标度（及评价标准）。

2. 组织绩效标准

绩效标准，即对绩效应该达到的目标的一种期望。需要说明的是，绩效标准与绩效目标存在一定的差异：绩效目标是被评价者工作行为的指导，对于特定的绩效要素（或指标）来说，绩效目标往往是确定的、单一的；而绩效标准是绩效目标的一个具体映射，仅仅是用于绩效评价的一个参考基准，可以有多种表现形式，如绝对标准、相对标准及客观标准等类型。在确保不会出现误解的情况下，绩效标准有时也被称为绩效目标。

绝对标准就是对工作过程、结果与行为特质做出既定的要求，将被评价对象的实际情况与相应的要求进行比较；相对标准，就是按照某种基准对被评价对象的绩效表现进行比较，并顺序排名，或按照被评价对象的情况对其进行等级划分。例如，将市场占有率 20% 设定为合格线，如果是 19.5% 则被判定为不合格，20.5% 则为合格，这是绝对标准；实现总利润 100 亿元对于绝大多数企业来说都是很大的成就，而对于中国工商银行等国有银行来说却是远远不够的，这就是相对标准。而客观标准则是在判断被评价对象所具有的特质或所做工作的绩效时，将其每项特质或绩效表现对应到评定量表上不同的等级。

衡量绩效的总的原则包括两个方面，即是否使工作成果最大化，是否有助于提高组织效率。而组织依据其战略，可分别制定个人或群体的工作行为和工作成果标准，且每项标准的要求应尽可能明细。例如，一名银行信贷员的工作行为标准可能包括"及时为客户准备好各种信贷文件"，而从工作成果的角度看，绩效标准可能是"每月贷出低风险贷款 500 万元"。这两条标准相比较，显然真正重要的是后者。如果该信贷员每月能贷出 500 万元低风险贷款，其工作会受到上级的赏识；如果该信贷员每次都能"及时为客户准备好各种信贷文件"而达不到工作成果的要求，其工作仍然是不能令人满意的。

二、组织绩效评价方法

可以用于组织绩效评价的方法有很多，早期的方法大多以财务评价为主，20 世纪 60 年代之后，基于全面质量管理的卓越经营评价体系得到重视，而进入 21 世纪以来，基于全面绩效管理的战略绩效管理方法开始得到普及。

1. 基于财务的组织绩效评价方法

对于企业来说,财务状况,尤其是盈利或收益情况,是评价其绩效状态的重要标准。基于财务的评价方法大多是提出需要重点监控的财务指标,通过对这些指标及其影响变量的控制与调节,实现组织财务绩效的整体改善。典型的方法有杜邦分析法(DuPont analysis)、沃尔评分法、雷达图法等。

1)杜邦分析法

杜邦分析法是一种从财务角度评价公司赢利能力和股东权益回报水平的经典方法,由美国杜邦公司最早提出。其基本思想如图 11-1 所示,即将企业净资产收益率逐级分解为多项财务比率的乘积。该方法有利于企业管理层更加清晰地明确权益资本收益率的决定因素,以及主营业务利润率与总资产周转率、债务比率之间的相互关联关系,并为管理层提供了一张明晰的考察公司资产管理效率与如何最大化股东投资回报的路线图。

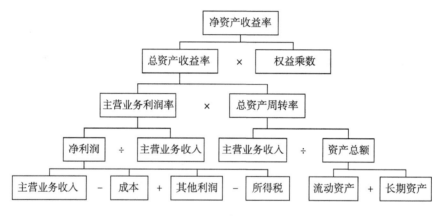

图 11-1　杜邦分析法

2)沃尔评分法

1928 年,亚历山大·沃尔在《信用晴雨表研究》和《财务报表比率分析》中提出了信用能力指数的概念,他选择了流动比率、产权比率、固定资产比率、存货周转率、应收账款周转率、固定资产周转率和自有资金周转率七个财务比率,分别赋予权重,并根据统计数据设置这些比率的标准值。将待评价企业在这七个比率中的表现与标准比率进行比较,可以对该企业的信用水平做出评价。沃尔评分法的具体流程如图 11-2 所示。

图 11-2　沃尔评分法流程

表 11-1 是应用沃尔评分法对某个企业进行评估的过程示例。

表 11-1 沃尔评分法的计算过程表

财务比率	比重 (1)	标准比率 (2)	实际比率 (3)	相对比率 (4)=(3)/(2)	评分 (5)=(1)×(4)
流动比率	25	2.0	2.33	1.17	29.25
净资产/负债	25	1.5	0.88	0.59	14.75
资产/固定资产	15	2.5	3.33	1.33	19.95
销售成本/存货	10	8	12	1.50	15.00
销售额/应收账款	10	6	10	1.70	17.00
销售额/固定资产	10	4	2.66	0.67	6.70
销售额/净资产	5	3	1.63	0.54	2.75
合计	100	—	—	—	105.40

3）雷达图法

雷达图法是从企业的生产性、安全性、收益性、成长性和流动性五个方面，对企业财务状态和经营现状进行直观、形象的综合分析与评价的图形。因其形状如雷达（图）的放射波，而且具有指引经营"航向"的作用，故而得名。

雷达图通常是三个同心圆，并将其等分成五个扇形区，分别表示生产性、安全性、收益性、流动性和成长性，并设置相应的具体指标，如图 11-3 所示。通常，最小圆圈代表同行业平均水平的 1/2 或最低水平；中间圆圈代表同行业平均水平，又称标准线；最大圆圈代表同行业先进水平或平均水平的 1.5 倍。

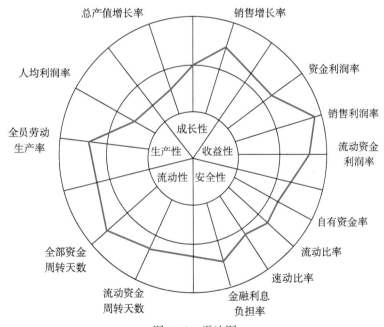

图 11-3 雷达图

将企业同期的相应指标值标在图上，以线段依次联结相邻点，形成折线闭环，就构成了雷达图。根据企业五个基本财务方面表现与行业水平的比较情况，可以将企业归入对应的类型，如表 11-2 所示。雷达图进一步针对不同类型的企业提出了经营改善的指导思路。

表 11-2 雷达图评价法得出企业类型

收益性	安全性	流动性	生产性	成长性	企业类型
（＋）	（＋）	（＋）	（＋）	（＋）	稳定理想型
（＋）	（＋）	（＋）	（－）	（－）	保守型
（＋）	（－）	（＋）	（＋）	（＋）	成长型
（＋）	（－）	（＋）	（＋）	（－）	特殊型
（－）	（＋）	（－）	（＋）	（＋）	积极扩大型
（－）	（＋）	（－）	（－）	（－）	消极安全型
（－）	（－）	（－）	（＋）	（＋）	活动型
（－）	（－）	（－）	（－）	（－）	均衡缩小型

2. 卓越经营评价体系

组织存在和发展的基础是为客户提供高效优质的产品或服务。因此，追求经营卓越（business excellence）的组织中的一切活动都应该为改善产品或服务的质量做出贡献。基于这一思想，从 20 世纪 50 年代起，基于全面质量管理的框架对组织绩效进行评价得到广泛的认同，一些国家和地区纷纷设立基于质量管理及质量体系优化的卓越经营评价体系。其中，日本的戴明质量奖、美国的国家质量奖（Baldrige Award）、欧洲的质量奖（European Quality Award）2006 年更名为欧洲质量管理基金会卓越奖及国际标准化组织的 ISO 9000 质量认证体系，为组织的全面绩效评价和自我诊断提供了有效的工具。

1）戴明质量奖体系

创立于 1951 年的日本质量管理的最高奖，被命名为戴明质量奖，包括戴明奖、戴明应用奖和戴明控制奖三种奖项设置。戴明奖被授予在质量管理方法研究、统计质量控制方法及传播全面质量控制（total quality control，TQC）的实践方面做出突出贡献的个人；戴明应用奖被授予在质量管理活动中表现突出的国内外企业，即在规定的年限内通过运用全面质量控制方法获得与众不同的改进效果和卓越业绩的企业；戴明控制奖则被授予企业中通过使用全面质量控制方法，在规定的年限内获得与众不同的卓越改进效果的部门。

戴明质量奖体系将全面质量管理定义为"由整个组织从事的、在效率与效益两方面达到预设目标的系统活动，它使组织可以在适当的时间和价格上提供顾客满意的产品和服务质量水平"，该奖的评价标准体系包括领导能力、规划与战略、全面质量控制的管理系统、质量保证系统、经营要素管理系统、人力资源、信息利用、全面质量控制的价值观、科学方法、组织活动、对实现企业目标的贡献等，可以对组织的整体经营状况进行比较全面的评价。

2）美国国家质量奖体系

美国国会于 1987 年设立了用于奖励每年在质量成果和质量管理方面表现优秀的美国公司，该奖项以时任美国商务部部长的马尔科姆·波德里奇的名字命名，由美国商务部国家标准技术局（National Institute of Standards and Technology，NIST）负责管理。1988 年该奖项正式用于评奖。美国国家质量奖的设立不仅激励了企业改善质量管理，更突出的贡献是建立了一套企业绩效的评估标准。

波德里奇国家质量奖鼓励企业以设定卓越的业绩标准和持续的质量改进获取顾客满意。"质量"在波德里奇国家质量奖中涵盖了组织绩效的概念，被称为"卓越绩效模式"，包含传统的产品质量、服务质量，以及扩展的"管理质量"和"经营质量"。波德里奇国家质量奖评价的标准体系及其权重包括领导作用（12.5%）、战略计划（8.5%）、以顾客和市场为中心（8.5%）、信息分析与知识管理（8.5%）、人力资源开发（8.5%）、过程管理（8.5%）、经营结果（45%）等，如图11-4所示。这一体系无疑对组织的整体绩效评价具有重要参考作用。

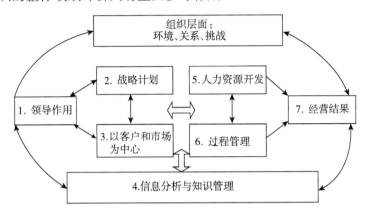

图 11-4 波德里奇国家质量奖评价标准体系

波德里奇国家质量奖评价标准体系能保持自身的持续改进，每年会根据来自美国企业、大学、政府部门、咨询机构和其他组织的反馈信息对其评价标准、申请指南和评审过程进行修改与完善。

卓越绩效准则是基于质量管理的一种管理提升模式，具有明确的目标、结构化的评价体系和标准、严格的流程。尽管在推广和应用中有一定的难度，但该准则对于企业改进管理、提升绩效仍具有一定的指导作用。企业通过改进质量和生产效率，增加利润并获得竞争优势。1987年，卓越绩效准则被批准为美国国家质量改进方案，其实施效果得到了美国企业的验证。根据1995年美国国家标准技术研究院对上市公司的研究，实施卓越绩效准则的企业其绩效表现显著高于标准普尔500指数企业，收益增长率为362%，而一般公司仅为148%。有专家称，"目前该准则已经成为经营管理的事实上的国际标准。对照这些准则来对组织的绩效进行评估，是过去十多年中出现的一个全球性的潮流"。

3）欧洲质量奖体系

为推动欧洲质量改进运动，培养企业对质量改进重要性和质量管理技术方法的意识，以提高欧洲企业的竞争力，欧洲委员会副主席马丁·本格曼先生于1997年倡议，与欧洲委员会（Council of Europe，EC）、欧洲质量组织（The European Organization for Quality，EOQ）和欧洲质量管理基金组织（EuroPeam Foundation for Quality Management，EFQM）共同发起建立了欧洲质量奖，授予欧洲具有有良好业绩且全面质量管理最杰出的营利性企业，申请企业的质量管理活动必须在欧洲发生。此奖项强调产品和技术信息分享的重要性，注重企业的经营结果、为顾客提供的服务及顾客满意、人力资源开发，评价的领域广泛。

欧洲质量奖的评价标准体系即EFQM模型，考察的要素及其权重为领导（10%）、政策和战略（8%）、人员（9%）、合作和资源（9%）、过程（14%）、客户结果（20%）、人员产出（9%）、社会产出（6%）、关键业绩结果（15%），如图11-5所示。该体系强调经营结果，包括对利润、现金流、销售、资本增值等财务指标及服务水平、内部效率和效果等非财务指标的评价。

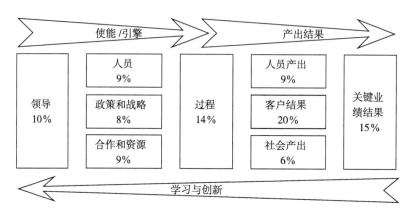

图 11-5　EFQM 评价体系模型

3. 战略绩效管理方法

传统绩效管理以会计准则为基础、以财务指标为核心。这种体系以利润为导向，立足于对组织当前状态的评价，既不能体现非财务指标和无形资产对组织的贡献，也无法评价组织未来发展潜力，不能完全符合组织战略发展的要求，在管理和控制中并未充分体现组织的长期利益，无法在组织经营整体上实现战略性改进。另外，随着信息时代的到来，组织核心价值及竞争优势不再体现在有形资产上，而是逐渐转向对人力资本、组织文化、信息技术、内部运作过程质量和顾客关系等无形资产的开发和管理，而这一切都取决于员工素质水平。这就要求绩效管理体系既要体现出战略性，又要体现出员工素质导向性，强调员工能力、潜力识别及发展培训。组织管理者要站在战略管理的高度，基于组织长期生存和持续稳定发展的考虑，对组织发展目标、达到目标的途径进行总体谋划。

所谓的战略绩效管理，就是以组织战略为导向，对企业的长期战略制定、实施的过程及结果采取一定的方法进行全面的考核与评价，并辅以相应激励机制，以促使组织在计划、组织、控制等所有管理活动中全方位地发生联系并实现系统的控制。

目前比较广泛应用的战略绩效管理工具包括平衡计分卡、绩效金字塔、绩效三棱柱等理论模型，以及标杆管理、关键绩效指标等实际工具。前文所述基于全面质量管理的卓越经营评价体系也属于战略绩效管理的范畴。

第二节 企业的绩效评价

随着我国市场经济体制及现代企业制度的建立，完善与规范企业绩效评价、按照市场经济的要求建立企业激励和约束机制，是经济体制改革的需要，也是同国际经济接轨的必然趋势。

一、企业绩效的概念

企业绩效通常是指在一定的经营期间内企业经营效益和经营者的业绩。企业经营效益主要表现在盈利能力、资产运营水平、偿还债务能力和持续发展能力等方面；经营者业绩评价主要关注经营者在管理企业的过程中对企业的经营、发展所取得的成果和所做出的贡献。企业绩效评价的目的在于准确反映上述内容的各项定量及定性指标状态，或者将这些指标同全国甚至世界同行业、同规模的平均水平比较，以得到一个公正、客观的评价结论。

不同行业类型、不同规模、不同发展阶段的企业，其经营战略和经营模式各不相同，那么，企业绩效该如何描述和评价呢？通常情况下，可以将企业的生命周期分为五个阶段，即概念期、创业期、成长期、稳定期和衰退期。在生命周期的不同阶段，由于企业战略目标的不同，对各财务、非财务指标的关注程度会有动态的变化，如表 11-3 所示。企业可以根据自身实际情况，采用专家调研、德尔菲法等方法，界定和优化企业绩效的范畴。

表 11-3 生命周期和经营战略分解及对各指标关注程度

序号	生命周期	战略目标	对各类业绩评价指标的关注程度			
			财务	顾客	内部运作	员工
1	概念期	市场调研，产品和服务构思	弱	弱	弱	强
2	创业期	员工成长，产品和服务升级	中	中	中	强
3	成长期	收入增长，资本投资，成本控制	中	强	强	中
4	稳定期	保持顾客，财务增长	强	强	强	中
5	衰退期	提高效率，降低成本	强	中	强	弱

二、制造企业绩效评价

21 世纪的制造业将面临更为开放、更为激烈的国际竞争。只有能够不断发展和培育自己的核心竞争力的企业才能立于不败之地。随着我国制造业逐步融入全球经济，企业不得不面临来自内外部环境和竞争对手各方面的挑战，并通过持续的检查、反省和学习，全方位地增强市场竞争能力。这也是制造企业绩效管理的重点与绩效改进的基本方向。

（1）效率。消费需求的日益个性化，同时，精益生产成为趋势，导致制造企业订单交货期更短、订单产品批量更小、产品种类更多，从而效率要求更高。

（2）质量。市场竞争已经国际化，客户对产品质量的要求逐渐提高，产品质量成为企业占领市场、赢得竞争的关键因素之一。

（3）成本。目前国内制造业的人工成本逐渐提高，由人口红利带来的成本优势正在逐渐缩小；同时，科技的快速发展也导致竞争对手生产成本不断降低。因此，企业在追求效率的同时必须进行成本的控制。

（4）信息化。企业信息化有助于控制和优化制造流程，加速产品开发、实现制造柔性。我国制造业信息化建设基础相对比较薄弱，加快工业化和信息化的融合，将信息技术、网络技术、商业智能紧密结合，快速提升制造业的整体水平，是我国制造业发展的重点。

（5）客户服务。工业品和消费品的供大于求，以及客户对产品和服务需求的个性化、多样化，导致企业需不断更新产品和服务以满足不断变化的客户需求，从而提高客户满意度，培养客户对企业和产品的忠诚度。

（6）内部流程。内部流程是企业提高绩效的关键，企业的战略、客户需求、产品和服务质量、工作效率，以及成本控制等都需要通过内部流程去实现，员工的不断学习、成长是内部流程改进的有效途径。

制造企业的绩效评价与管理可以基于平衡计分卡体系进行，结合制造企业的特点，在平衡计分卡的基础上，整理与筛选关键绩效指标，并建立与其相匹配的绩效评价体系，全方位、综合地评价企业核心竞争力及企业的运作效率。例如，从股东、经营者角度、效率、竞争能力、盈利能力、职工工作效率等方面着手。

根据平衡计分卡的框架，制造企业可以从以下四个方面进行绩效评价。

（1）财务指标评价。财务指标反映了企业的战略及其执行对于股东利益的影响。企业的主要财务目标包括盈利、股东价值实现和增长。制造企业要实现股东价值的增长，提高股东的投资报酬率，应扩大销售范围以增加销售收入，提高生产能力，严格控制支出以降低生产成本。

（2）客户指标评价。制造企业的绩效评价中，对客户维度的评价主要从客户满意度评价与客户数量和质量的评价两个方面着手。客户的增多，会带来产品或服务销量和销售额的增加，故企业可通过拓展市场和客户群来提高销售额。企业要通过了解客户需求，并提供优质、有效的产品或服务来确定目标客户群，并提高客户满意度和客户忠诚度。

（3）内部业务评价。企业的内部业务能力，即内部资源，是企业赖以生存的重要资源之一，包括产品或服务的特征、业务流程、创新性、信息化等。要提高制造企业的内部业务能力，应注重企业核心竞争力的塑造，依靠关键的技术、策略或营销方式等实现企业的持续性的市场领先地位及市场占有率，创新产品和服务，满足客户需求。信息化有利于制造企业内部流程的梳理和规范，增大生产的弹性，提高效率。此外，产品和服务的售后也是制造企业赢得客户信赖的关键，应对售后问题提供快速的解决方案。

（4）学习与成长的评价。企业的学习能力在很大程度上决定了其未来发展的竞争力，故应注重学习型企业文化和企业内部学习氛围的营造，全员学习，促进产品和服务的创新，拓展市场，促进员工和企业的共同成长。学习与成长层面的绩效评价指标主要强调员工和团队的能力，从企业员工能力、内部学习环境的评价着手。

表 11-4 示意性地列举了制造企业绩效评价的一些常用指标。

表 11-4　制造企业绩效评价的常用指标示例

层面	目标	可用评价指标
财务	增加收入 降低成本 提高投资报酬率	销售利润率 权益净利率 投资报酬率
客户	市场拓展 客户满意度	客户获得率 客户满意度
内部经营	作业绩效 创新能力 信息化建设 售后服务能力	产出比率、优良品率 交货准时率、订货完成率 研发经费的支出额、新产品推出率 软硬件配置程度、网络化实施程度 售后服务的效率
学习与成长	员工能力 业务学习创新 员工积极性 资源整合能力	员工培训次数、员工满意率 员工任职资格达标率 员工建议被执行的数量 所在供应链的反应性、协作性指标

三、服务企业绩效评价

随着服务经济时代的到来，服务业在一国的经济生产活动中扮演着越来越重要的角色，已经成为衡量一个国家国际竞争力的一项重要指标。

服务业的覆盖面非常广泛，如航空、银行、电信、保险和货运、餐饮、旅行、洗衣、汽车出租等传统领域。随着管理理念的不断发展更新、科学技术的不断提高和经济水平的不断发展，服务业逐渐扩展到商务、咨询、技术服务、社会公共服务和管理等领域。

1.服务业的行业特点

由于服务是一种特殊的"商品"，因此服务业普遍存在着如下行业特性。

（1）服务产品的无形性。服务产品的无形性或称做不可触摸性。与实体产品不同，服务或多或少地具有无形性。它不是一个静态的"物"，而是一种由劳动活动所提供的动态的使用价值，不固定或物化在任何耐久的对象之中，且不能作为物而离开服务者独立存在。服务之后，消费者并未获得服务的物质所有权，而只是获得一种消费经历。

（2）生产与消费的不可分离性。对于绝大多数服务来说，生产与消费是同时进行的，服务的生产过程就是服务的消费过程。因此，服务的过程就是服务提供者和顾客相互作用的过程，两者对服务的结果都有影响。

（3）产品质量控制的困难性。服务是一种实时生产，服务产品生产出来的同时就被消费掉了，因此对于许多服务结果，人们往往很难改正。也就是说，服务很难控制质量，很难提供质量始终如一的"产品"。

（4）服务产品的无法存储性。由于服务是一种活动过程，因此它是易逝的和不能被存储的，不可能事先生产出服务留待以后消费。

（5）时间因素的重要性。大部分服务顾客往往需要亲临现场，时间对于顾客来说是宝贵的资源，顾客在计算让渡价值的同时，往往会将时间列入精神成本，因此，服务必须迅速传递，以减少顾客的等待时间，从而提高顾客的让渡价值。

2.服务业企业绩效评价的特点

服务业企业的绩效评价是指企业本着服务的理念，兼顾经济目标和社会责任感，在政府的干预与监管下，为满足人们公共需求而在不同层面表现出的职能履行、业绩成果、社会效益与居民幸福感的统一体。

服务业企业的绩效具有与制造企业明显不同的特点。例如，服务业务结构较为复杂，对各种绩效因素较难用统一的标准去衡量；服务由于多为非数值的产出，故对其绩效进行定量的确定较难；服务企业，如金融、交通、教育、医疗、社会保障等，其绩效很难单独去评价；服务企业的表现与顾客满意度之间存在一定的不确定性，用心经营并不一定就可以得到顾客的认可和喜爱。因此，服务企业的绩效评价较为模糊，很难进行量化评价，但可应用模糊数学方法，最大限度地增大评价的合理性。

然而，可以明确的是，服务企业绩效评价的首要标准为服务质量和社会公众需求的满足。服务业企业必须体现顾客至上的基本理念，承担起公共责任。首先，服务业企业绩效评价是以结果为导向的，强调评价不仅要对过程负责，而同样应对结果负责，强调服务的积极性、主动性，在保证效能的基础上提高工作效率。其次，服务业企业绩效评价强调以顾客为中心的服务理念。

在现代服务理念下，服务业企业绩效评价指标设计的主流主题是经济（economy）、效率（efficiency）、效果（effect）和公平（equity），即4E绩效评价指标体系。经济指标体现的是服务最基本的形态，即服务的成本最低或资源投入最少，而不考虑服务的品质；效率指标是通过技术手段将服务的投入和产出相关指标量化表达与比较；效果指标检验服务的成效、企业的目标和结果，能较好地体现顾客满意度；公平指标体现指标设计的价值取向，能较好地体现企业提升服务的能力。对服务企业绩效评价指标的设计最终要以"满意原则"作为终极尺度。

目前在服务企业的绩效评价中，关键绩效指标法和平衡计分卡方法应用较为广泛，且由于两种方法互不排斥，各有侧重，故在实际的使用中往往将两者结合起来，取长补短，以在最大限度上优化绩效评价的效果。

第三节　公共部门的绩效评价

一、公共部门绩效评价概述

公共部门是指被国家授予公共权力，并以社会的公共利益为组织目标，管理各项社会公共事务，向全体社会成员提供法定服务的组织。政府部门是公共部门的主体，因此，公共部门绩效评价通常也称为政府绩效评价。

作为一种评价和改进政府公共事业管理绩效的治理工具，公共部门绩效评价引起了当今世界各国政府的普遍关注。西方学术界甚至有这样的惊呼：现代"评价国家"正在取代传统的"行政国家"；在我国，绩效评价也引起了学者和政府官员的广泛关注，纷纷提出自己的绩效评价指标体系，其发展势头十分迅猛。

2013年3月11日，南宁市市直机关公务员绩效管理考评系统正式上线运行，标志着该市在全区率先进入市直公务员管理科学化、规范化、智慧化的"数字绩效"新阶段。

此系统通过实现统一考核平台下的差异化公务员绩效考核模式，将部门目标、上级目标直接分解到每一位公务员；通过精确每周工作计划、总结和科学考评，掌握公务员的工作进展与业绩，实现对公务员个人绩效的智慧化管理，最大限度地转变政府职能、理顺上下关系、优化管理结构、提高人员效能。

同时，系统把领导班子和领导干部绩效管理考评、部门绩效管理考评、重点项目督查管理专项考评、党风廉政绩效管理等多个市直机关绩效综合管理信息平台整合构成了"十个系统、一个中心"，为绩效管理提供基础考核数据支撑，从而以信息化手段促进政府决策更科学、执行更顺畅、监督更有力。

1. 公共部门的概念

公共部门是公共经济活动的重要经济主体，它包括政府、公共企业、非营利性经济组织（如基金会等）、国际组织、民间社会团体等。其中，政府是公共部门的最主要成员。

1）政府部门和公共服务机构

政府是一些组织，建立这些组织的目的，在于对某一地域范围中的社会活动进行管理，包括制定和执行相关法律法规、维持社会秩序、提供公共产品和公共服务，并为此类服务提供资金。

2）公共企业

公共企业一般是指政府拥有的、以提供公共产品和服务为宗旨的企业，也包括以提供公共服务为宗旨的部分非国有企业，与一般企业不同，这些企业的运营资源主要来源于公共资源。

3）国际组织

例如，联合国、世界银行、国际货币基金组织等跨国界的组织，它们所从事的许多活动都有公共性，但它们的活动不属于政府活动。

4）非营利性组织

非营利性组织是不以盈利为目的的组织，是指盈利组织和政府组织之外的公益组织，是以执行公共事务为目的而成立的组织。由于所有者和运营主体存在多种性质，有人认为：只有以公共部门发起或主导、利用公共资源的非营利性组织（如公立大学）才应该归入公共组织的范畴。

2. 公共部门绩效评价的特点

政府机构、非营利性组织等公共部门的主要职责是积极有效地履行公共责任。与企业绩效评价时关注更优的内部管理、更好的数量与质量表现不同，公共部门的绩效评价更为关注经济因素与伦理政治因素、刚性规范与柔性机制的平衡。相对于企业绩效，公共部门的绩效不太直观，且不易清晰界定。

所谓公共部门绩效评价，就是对公共部门的内部运作过程与结果及其外部性进行合理评估的过程。公共部门绩效评价是组织绩效评价的一个重要组成部分，是由企业绩效评价演变而来的，是企业绩效评价在公共管理中的借鉴和发展。

与企业相比较，公共部门具有一些独有的特征，导致其绩效评价也有其自身的特点。

1）公共部门的垄断性

公共部门最显著的特征是其所提供的产品或服务是不具有市场性的，即垄断性。这种垄断性来自公共服务的非营利性、规模经济、管制等原因。这种垄断性对绩效评价具有一定影响。一是市场的垄断往往包括产品或服务信息的垄断，即消费者很难掌握产品或服务的充分信息并对公共部门绩效进行科学的评价；二是绩效评价的标准较难确定。由于公共部门的垄断性，产品或服务的提供者唯一，导致公众无法进行产品或服务的横向比较，故较难确定产品或服务的最优标准或水平。

2）公共部门的目标多元性和目标弹性

公共部门有别于企业，其发展目标多元化，往往并没有统一的总目标，且各个具体目标会随着政治、经济、社会、文化等环境发生变化。因此，公共部门绩效评价更多的是使用弹性指标，即软指标，如提高人的素质和道德水平的能力、调动人的积极性等。组织目标是评价组织绩效的主要依据，多元化目标和目标弹性必然带来绩效评价的困难。例如，当我们在评价部门绩效的时候，发现评价指标所对应的员工行为已经被"取缔"，那么这个评价还有意义吗？

3）公共部门产出多为无形产品

公共部门的产品多以服务的形式存在，而非有形的物质产品。服务具有无形性、不可存储性等特点，且只能体现在提供者和接受者的互动过程中，因而对提供服务的公共部门的绩效评价较为困难。同时，公共部门的产品和服务进入市场进行交易时不可能形成真实反映其生产机会成本的货币价格，因此，其产品或服务的数量和价值很难在技术上进行正确测量。

二、公共部门绩效评价的发展与现状

1. 西方国家公共部门的绩效评价发展情况

公共部门绩效评价较为系统化的理论研究直到第二次世界大战时期才开始形成，以克莱伦斯·雷德和赫伯特·西蒙的《市政工作衡量：行政管理评价标准的调查》为标志，公共部门绩效评价的概念从此出现。此后，公共部门的绩效评价与管理理念的发展主要表现为政府部门管理实践中的一系列试验与改革。

1973 年，美国尼克松政府颁布"联邦政府生产率测定方案"，使公共部门绩效管理系统化、规范化、常态化和科学化。次年，福特总统专门成立了独立机构来分析政府部门的主要工作成本及收益。1993 年年初，美国副总统戈尔挂帅的研究组撰写了《从繁文缛节到结果为本——创造一个运作更好花钱更少的政府》的研究报告，促进政府开源节流，降低开支、提高工作效率。之后不久，美国国会为了更好地关注公众导向、公众满意度和公共责任，借助政府绩效试验计划来改进项目的绩效，在通过的《1993 年政府绩效与结果法》中要求联邦机构对项目结果负责。时至今日，美国的奥巴马政府仍在坚持绩效为本的管理原则。

英国公共部门绩效评价相比于美国时间更持久、范围更广泛、机制更成熟。1979 年，时任英国首相的撒切尔夫人推行了"雷纳评审"，即以解决问题为导向的"经验式调查"模式，并将雷纳勋爵任命为其顾问，开展行政改革的调研和推行工作，对中央政府各部门的运作情况进行全面的调查、研究、审视和评价，并拟定提高部门组织经济和行政效率水平的具体方案与措施。1980 年，英国环境大臣赫尔试图通过将目标管理、绩效评价及信息反馈相结合的方式为部长提供系统、准确的信息，故在环境事务部建立了"部长管理信息系统"。1982 年，英国财政部制订了"财务管理新方案"，要求政府各部门增强"绩效意识"，并设计了相应的财务绩效考核指标。1983 年，英国卫生与社会保障部提出了一套较为完善的包含 140 个绩效指标的评价方案，广泛应用于卫生管理部门和卫生服务系统的绩效评价。在这一时期，英国公共部门绩效评价的侧重点是经济和效率，力求最大化投入产出比。

在新西兰，兰格政府于 1984 年通过了《国有企业法》，对政府商业职能进行了改革；1987~1990 年，兰格政府和帕尔墨政府通过《公共部门法》和《公共财政法》，对政府非商业性机构进行改革；随后博尔格政府延续改革路线，始于 1997 年的希普利政府继续进行绩效改革。

与此同时，澳大利亚工党霍克政府也于 1984 年制订了"财政管理改进计划"，开展公共部门绩效管理运动，在 1987~1996 年，工党霍克政府和霍华德政府对这一运动进行了持续和深入。

除了上述四国外，公共部门绩效评价的改革与探索在欧美其他发达国家，如法国、荷兰、丹麦、芬兰也都得到了蓬勃发展。

2. 我国公共部门的绩效评价的发展过程

我国对公共部门绩效评价的探索大致可以分为三个阶段。

1）起步阶段

我国对公共部门进行绩效评价的研究和实践起步于 20 世纪 80 年代初到 90 年代初，特点是粗放型的部门考评。当时，组织绩效还没有成为政府部门的行政理念，对部门进行绩效评价的目的经常是与某项当时的主要工作任务挂钩，没有固定的评价模式与评价指标，评价时间具有很大的随意性，往往与其他评价（如干部考评）

混合在一起。80 年代常见的大检查、大评比、专项调查等就是这一阶段评价的主要形式。

2）探索阶段

20 世纪 90 年代初到 90 年代中后期，我国对公共部门的绩效评价进行了各种形式的改革与尝试，从整体层面和具体行业层面探索和发展了有效的评价模式。具体表现为：①普适性的政府机关绩效评价，将绩效评价作为特定管理机制中的一个环节，伴随着该管理机制的普及而普遍应用于多种公共组织的日常管理中，如目标责任制、组织社会服务承诺制、效能监察制度建设、公共部门行风评议等。②具体行业的组织绩效评价，强调政府主管部门对特殊行业、重要企业、事业单位的评价控制，如当时的国家财政部、国家经贸委、人事部、国家计委联合制定的国有资本金效绩评价体系，卫生部为各级各类公立医院制定的绩效评价体系，教育部为各教育层次学校制定的绩效评价体系（如普通中小学教育质量综合评价、成人中等专业学校评估体系、大学本科教育合格评价体系）等。

3）快速扩散阶段

进入 21 世纪以来，绩效评价是一种有效的管理工具的理念已经为大多数政府部门所接受，一些部门和地方政府纷纷开始探索绩效评价体系在实践中的建构，并将绩效考核与管理作为提升绩效的有效工具。典型的实践，如科技部构建的"高新区评价指标体系"，江苏省纪检委推行的"应用指标分析方法对反腐败五年目标实现程度的测评"，厦门市思明区政府和厦门大学共同开发的公共部门绩效评价系统等。另外，少数地区尝试将外部评价主体引入政府工作绩效的评价中，如珠海市鼓励各行各业市民参与的"万人评政府"、深圳市各类企业参与的"企业评政府"、南京市的人民群众参与的"群众评议机关"、厦门市 1 000 家不同行业企业参与的"千家企业评政府"等。随着不断地探索和实践，公共部门的绩效评价已逐步向科学化、合理化方向发展。

2010 年以来，江苏泰州市在市级机关部门探索推行"年初有计划、过程有评估、日常有督查、结果有奖惩"的绩效管理工作模式。具体做法包括注重整体设计，对象覆盖党政机关、金融机构、公共服务企业等部门单位，内容涵盖中心工作、职能工作、创新创优和群众满意度等；科学设定目标，严格按照部门申报、专家评审、市领导审签等程序进行目标确认；强化过程管理，实现绩效考评网上操作、结果数据自动生成、指标落实情况自动监管；突出群众参与，群众评议占绩效考评分值的30%，增强群众对机关效能的话语权；注重结果运用，切实与奖惩挂钩。

从2013年起，该市绩效管理工作进一步延伸至各市、区，将包括各市、区党群口机关、政府部门、驻本地区相关金融机构及公共服务企业在内的机关部门全部纳入绩效管理范畴。有条件的市、区还可将绩效管理工作扩大到乡镇、街道及园区。

该市还在市级机关部门推行内部绩效管理，将处室和个人绩效评价结果作为评先评优、职务晋升、岗位交流、后备干部培养的重要依据。

资料来源：推行市级机关部门绩效管理. 新华日报，2013-02-27

与发达国家的实践相比，我国公共部门绩效评价工作的特点是立足于解决问题，针对性强，发展势头猛，创新点多，但从总体而言，无论在理论还是在实践上都还不成熟，处在起步探索阶段，在实践力度和效果上都存在不足，发展不平衡。

公共部门的绩效评价本身就是一个难题，涉及管理、经济、社会、技术等多学科、多领域，对理论研究人员的知识、经验的要求都非常高。另外，由于我国国情、体制和公共部门传统作风等影响，很多西方已经成形的理论并不一定适合我国直接采用。在实践方面，经济建设仍是目前政府公共部门的主要任务，抓效益、比速度、看成效成为很多管理者评价工作成败的基本标准。由于政绩的需要，加上公共部门工作难以监管的国情，很多部门实际采用的都是基于短期效益的畸形评价体系，即使出现了科学合理的评价方法与标准，也会出现动力不足、执行走样的情况。研究科学合理的评价体系、探寻发展有效的评价技术和工具、设计有力的执行监督与保障制度，确保绩效评价有标准可依、有方法可用、有措施保障，是我国公共部门绩效管理亟待解决的问题。

近年来，为推进农产品质量安全监管工作制度化、科学化，不少地方都在探索实施农产品质量安全量化考核管理。江苏省将监管体系建设、基本工作、日常监管、质量安全水平四方面关键环节分为19个小项，对全省13个省辖市和73个涉农县（市、区）进行百分考核。通过科学制定目标体系、完善程序、强化考核效果来提升农产品质量安全科学监管水平。

为使考核客观公正，江苏者在考核中主要把握以下三条原则。

（1）指标设置的精准化，尽可能做到可统计、可查证。例如，乡镇监管机构建设，对机构设立的考核，以当地编制部门批准设立的文件为准；对机构运行的考核，以提供监管员名单、乡镇财政安排资金文件及使用情况为准。在县级质检站项目建设考核上，对承担国家质检体系建设一期规划项目的县，分别提出了通过"双认证"、省计量认证和完成项目建设任务的量化考核要求。

（2）多种考核方法相结合，力求程序科学化。例如，对农产品质量安全水平的考核，采取"异地抽样、抽检分开"，样品由省统一重新编号分发到承检机构检测，对考核单位的检测实行"四个统一"，即统一检测频率、抽样时间、样品数量和监测参数；对创新加分的考核，由各地自行申报后，聘请专家进行评审；对现场考核，则由省里统一组织，对参与考核人员进行统一培训、统一考核打分标准。

（3）考核结果与项目配置紧密结合化。根据考核结果，采取以奖代补方式，安排专项资金4 700万元进行分档奖励。同时将考核结果与项目安排挂钩，项目向考核优秀单位倾斜，发挥考核的导向、激励和监督作用。

资料来源：监管得怎么样—考核分数"说话".农民日报，2013-01-30

三、公共部门绩效指标体系设计

公共部门绩效指标体系包括部门预算的绩效指标、部门人力资源的绩效指标、组织和文化的绩效指标及部门采购的绩效指标等。构建公共部门的绩效指标体系之后，个人的绩效考核才有可能趋向完整。

我国传统的公共部门绩效评价继承了公务员考核的特点，通常从"德"、"能"、"勤"和"绩"四个方面来考核个人实绩，甚至组织绩效（表11-5）。随着我国社会经济的发展和行政体制改革的推进，这套评价机制在功能和内容上都受到了考验。尤其在西方国家行政体制改革的冲击下，我国公共部门走向高效、服务、廉洁的趋势越来越明显。在这种情况下，建立我国公共部门绩效指标体系、进行全面绩效考核的任务也就显得更加重要。

表11-5 我国公务员绩效考核的内容

德	能	勤	绩
事业心	知识总量	出勤率	完成工作的数量
奉献精神	分析能力	责任心	完成工作的质量
整体精神	决策能力	承担社会工作情况	开拓项目情况
协作精神	组织能力	兼职服务情况	立功、受奖情况
原则性	公关能力	对他人的关心程度	创造精神和贡献大小
组织纪律性	开拓能力	—	—
职业道德	演讲能力	—	—
团结精神	身心健康状况	—	—

根据绩效指标设计的原则和绩效管理的目标，我国公共部门建立绩效指标体系既要吸收传统的"德能勤绩"考核模式的优点，又要按照绩效管理的要求进行全面的绩效指标体系设计，从而为公共部门绩效管理实施创造良好的基础。应用平衡计分卡的框架设置公共部门的绩效评价指标已经被越来越多的学者、地方政府及公共服务部门认同和接受，但总体来说，可操作性仍然有待提高。

对于公共部门的绩效评价，国内有学者经过一些地方政府实证研究后，初步形成了一个具有一定格式化方法和可操作性的、由"维度—基本指标—修正指标"组成的多维指标模型结构（表11-6）。该结构模型初步概括了公共部门绩效指标体系的各项指标要素，对公共部门从整体上把握绩效指标设计具有一定的指示意义。

表11-6 公共部门绩效评估模型

评估维度	评估主体	基本指标	指标要素
基本建设	综合评估组织	思想建设	学习教育 职业道德 进取意识
		组织建设	班子团结 领导素质 管理规范
		政风建设	遵纪守法 勤政为民 诚实守信
		制度建设	效能建设制度健全 机关内部管理制度健全
	一票否决	社会治安综合治理	有无社会治安综合治理一票否决问题
		重大责任事故	有无重大责任事故
运作机制	行政相对人	依法行政	公平合理 公平无私 公开透明
		举止文明	仪表端庄 态度和蔼 语言规范
		环境规范	便民措施 服务到位
		务实高效	时限 结果
		程序简明	简单便捷明了
	直管领导	班子素质	团结协作 廉洁自律 民主决策
		工作质量	化解难题 应付突发 上级表彰
		政令畅通	执行计划 完成临时任务汇报反馈
		整体形象	内部管理 社会评价
	行政投诉	投诉成立情况	投诉成立次数
		投诉整改情况	成立投诉整改程度

公共部门绩效指标体系设计需要参考企业绩效管理的考核指标内容，也需要充分考虑公共部门的实际情况。例如，表 11-7 是某省机关单位在效能建设中建立的绩效考核表，较为全面地归纳了现阶段公共部门需要考评的各个职能领域，并建立了相对完整的绩效指标体系，具有一定的可操作性。需要指出的是，这份效能考评表主要针对机关效能建设的情况，对于公共部门日常工作的绩效考核并不一定适用。

表 11-7　某省机关单位效能建设考评表

一级指标	二级指标	三级指标
公共服务	服务规范建设情况	有明确的服务范围、服务内容、服务方式和服务要求与标准
		服务规范落实情况
		以有效的手段宣传服务规范，使服务对象知晓
		形成并保留相关记录，使服务提供过程和效果具有可溯性
	政务公开情况	政务信息公开的及时性
		政务信息公开程度
		公民查取政务信息的便捷程度
	服务效果评估与反馈情况	定期对服务效果进行评价
		有接受公民投诉并及时采取措施的相关规定
	服务场所与环境情况	办公处所是否整洁、有序、和谐，各种标志（方位、路线、岗位、职位等）
		公示（流程、规则等）的内容是否正确、醒目，便于识别
依法行政	依法行政规划编制与落实情况	
	行政执法责任制执行情况	
	行政许可法执行情况	
	职能到位情况	
行政效率	行政流程	
	电子政务	政府门户网站建设
		网上公共服务能力
		政务信息资源数据库建设
内部管理	信息管理	
	财务制度	
	处室目标管理与监察考评	处室目标设置是否规范
	机关人员绩效考评	处室目标管理考评情况
机关作风	调查研究	调研规划制定状况
		年度调研规划完成情况
	廉政建设	廉政教育制度
		廉政责任制度
队伍建设	队伍建设规划编制与落实	落实全国人才工作会议精神情况
		单位人才队伍建设规划情况
	人员学习与教育培训	学习与培训制度是否完备
		学习与培训制度落实情况
监督机制	建立专门的监督机构	
	民主评议机制建设	
组织领导	效能规划编制与落实	
	效能建设的领导机构与工作机制	

在评价方法和评价主体上，公共部门绩效管理更多的是追求"顾客导向"，内部绩效评价只是其中一种绩效考评方式。要使绩效管理在提高绩效和服务质量方面获得显著进步，就需要吸收外部评议的因素。因此，在公共部门的绩效指标设计上，就应该采用一些社会公众能够评议的指标，让社会公众能够简单地了解该项绩效指

标的含义，并迅速做出评价。

广东在2011年便开始探究对财政支出的绩效引入第三方评价机制，是全国范围内最先进行如此尝试的地方。第三方评价机制能够有效弥补传统政府自我评价的不足，从而有效地完善政府绩效评价体系，进而提升绩效评价的公信力、民主性和科学性。第三方评价机构的主要指导原则为客观、公正、科学、规范，其主要思路为绩效导向、突出结果，其评价程序包括资金使用方及资金主管部门自评、第三方书面评审、现场评价和综合评价等，其采用的主要方法有抽样调查、现场评价、满意度调查等，最终，使第三方评价能够环环相扣，互为补充，全面、科学而独立地实施。

"一年的实践工作，验证了第三方评价改革在三个方面的成效。一是财政支出绩效评价的公信力显著提升，理财变得更加透明；二是由于第三方组织成员遍布社会各阶层，熟悉社会民意对于财政支出的呼吁与诉求，因而更重视评价财政民生支出的效果、效率，使理财变得更加民主；三是第三方评价机构在人才、理论和学术上的优势对评价结果的公正客观做出了保障，因而使理财变得更加科学。" 广东省财政厅厅长曾志权表示。

资料来源：南方日报，2012-01-13

第四节　非营利组织的绩效评价

一、非营利组织绩效评价的特殊性

非营利组织是相对于政府组织和营利性企业而言的一种社会组织形态，主要是指那些以服务大众为宗旨、不以营利为目的、具有志愿性和自治性特征的正式组织，也被称为第三部门、非政府组织和公益组织等。

事业单位是我国特有的概念，其实质就是一类非营利组织。按照《事业单位登记管理暂行条例》对事业单位的定义，事业单位是指为了社会公益目的，由国家机关举办或者其他组织利用国有资产举办的，从事教育、科技、文化、卫生等活动的社会服务组织。

"公益性"是事业单位存在和发展的目的，偏离"公益性"发展方向的事业单位就不是真正的事业单位。然而，虽然历经多次改革，我国事业单位并未真正履行好"公益性"使命，运行效率、提供公共服务水平远未满足人民群众日益增长的需求。

让事业单位履行"公益性"使命，一方面要求有一个外在约束，即国家通过完善相关法律、法规、规章及政策让其履行"公益性"使命；另一方面要求事业单位加强自身管理，从而履行具有"公益性"的内在动力，而这才是最主要的。

20世纪80年代以来，非营利组织在我国蓬勃发展，不仅数量大幅增加，业务范围也拓展到社会生活的各个领域，成为社会生活中不可忽视的重要力量。然而，近几年国内的各类非营利组织却遭遇到普遍性的发展危机，并由此引发了人们对非营利组织发展模式和绩效管理的思考。

1. 非营利组织的基本特征

相对于各类企业和公共部门，非营利组织具有以下四个基本特征，因此其绩效评价自然也与其他类型的组织显著不同。

（1）资金来源不同。非营利组织的资金来源主要有公共投资，如政府；服务性收入，如民办学校、医院；公众捐助，如慈善组织、红十字会等。这些资金大多以保证组织的基本运作为目的，不具备投资性质。

（2）不追求利润。不同于营利组织中利润指标是衡量绩效的常用标准，非营利组织以社会公益服务为运营目的，利润不为权衡其绩效的指标。

（3）所有权形式特殊。在营利组织中，投资者也是其所有者和受益者，而非营利组织的资金投入者并非所有者和受益者，其不具备资产的所有权、经营权或处置权。

（4）责、权、利关系不易明确。营利组织将责任从上向下划分，并赋予明确的职责和相应的权力，在职责履行考核结果的基础上进行利益的分配。但对于非营利组织而言，由于不存在利润指标，责任不好划分，职责履行的情况难于考核评价，因而各部门的责、权、利也就无法明确。

此外，非营利组织还具有预期目标多元化、组织财产的不可分配、组织类型复杂、委托—代理关系不明晰、决策手段和激励机制特殊等特点。

2. 我国非营利组织绩效评价面临的挑战

在我国，非营利组织由于其发展历史短暂、目标的非营利性、预期目标的多元化、组织财产的不可分配性、决策手段和激励机制的特殊化、组织类型的复杂性、委托—代理关系的不明晰等制约，其绩效管理理论研究和实践尚处于初级阶段。面对目前的经济大环境，我国非营利组织的绩效评价面临越来越严重的挑战。

首先，绩效及其目标难以界定。非营利组织产品多以服务的形式呈现，为无形产品，难以界定、测量组织目标是否圆满完成。

其次，绩效产出难以测量。非营利组织缺乏产出最大化的竞争环境，部分非营利组织资金来源于捐赠，而捐赠有时必须被用于资助无绩效的运作（如指定用途），阻碍了非营利组织运作的有效性。故大多数非营利组织用绩效比率来测量其运营，"净产出"等独立、客观的指标并不适合。

再次，研究缺乏普遍性。由于我国国情、体制、社会经济环境具有很大的特殊性，非营利组织的运作环境变化较大，且行业和区域的差异较大。很多绩效评价的成果只能适用于一种环境，缺乏普适性。

最后，公共数据平台缺失。由于信息的不完全公开，已有文献关于非营利组织的绩效结构很少涉及，导致这类组织绩效管理实践的数据也就无从获取，深入组织进行客观细致的评价更是困难重重。

正确认识我国非营利组织绩效评价现状，深入探究现状下隐藏的问题，有利于更系统、深层次地研究非营利组织的绩效管理,扩大绩效管理方法的适用性,促进非营利组织管理的规范化。

中国慈善机构近期屡次遭遇质疑风波。中华儿慈会爆出"点错小数点风波",针对网友的质疑,中华儿慈会相关人士先是声称将公布68页银行对账单澄清质疑,但没想到到约定公布时间却突然改口称不再公布。中国红十字总会"郭美美事件"尚未完全平息,日前又被网友实名举报该会在北京购有数十处别墅,虽然中国红十字总会连夜在官方微博否认了这一举报,但慈善机构的公信力已降至冰点。

中国的公益组织群体似乎也意识到了这一问题。据中国红十字总会2012年12月26日发布的"中国基金会透明指数2012排行榜",全国2 213家基金会平均透明度得分仅为45.79分,约占总分129.4分的35%,行业整体透明度得分"不及格"。然而,在该透明指数榜单上,中国红十字总会将自身的打分为满分,与另外16家基金会并列第一名,再一次将自身置于媒体舆论的焦点。

民政部主管的中民慈善捐助信息中心发布《2011年度中国慈善捐助报告》核心数据显示,2011年全国接收国内外社会各界的款物捐赠总额约为845亿元,占同年我国GDP比例的0.18%;人均捐款62.7元,占同年我国人均可支配收入的0.33%。同年,美国人均捐赠为962.6美元,相当于中国人均捐赠的97倍。较2010年,我国GDP增长约9.1%,但社会捐赠总量却下降18.1%。福布斯中文网公布的2012年中国慈善榜显示,基于中国慈善机构的信用2011年遭到重创,100位上榜企业家现金捐赠总额为47.9亿元,同比下降41%。据目前不完全统计,2012年我国社会捐赠总量约700多亿元,与2011年相比减少100多亿元,降幅超过一成多,已是连续第二年下降。

对此,专业人士表示,慈善机构应该正视质疑,认真回答公众疑问,并建议尽快建立包括公众和第三方机构评价意见在内的针对慈善机构的考核体系,让公众真正拥有对慈善机构的监督能力。

资料来源:羊城晚报、新京报、光明网等

二、非营利组织绩效评价体系设计

非营利组织管理,尤其是绩效管理,是多学科学者关注的焦点之一。绩效评价作为绩效管理的核心环节,更是重难点话题之一。非营利组织由于缺乏营利性组织所具有的最低利润目标,其绩效测量比营利组织复杂得多。尽管非营利组织并非以营利为最终目标,但这与非营利组织追求组织绩效并不相悖。相反,如何更有效地利用组织资源实现组织目标、完成组织的社会使命,是非营利组织运营和绩效评价的基本出发点。

对非营利组织进行绩效评价是由非营利组织的性质所决定的。非营利组织的资金在很大程度上依赖于外部的捐赠或支持,因此,社会应首先关注非营利组织是否能够将资金真正用于公益事业,是否能够遵守非营利组织的行为规范和道德标准,是否能够取信于民。于是,就逐渐形成了非营利组织的诚信评价机制。随着企业管理理念向绩效管理发展,资源的稀缺性被日渐重视,公众也开始认识到非营利组织不仅应当建立诚信评价机制，还需要对非营利组织的使命、绩效、组织管理能力、人力资源等进行综合评价。

通常情况下，非营利组织的绩效评价包括三个层面，即员工的绩效评价、项目主管和部门主管的绩效评价、秘书长和组织运作的绩效评价。前两个层面属于人员的绩效评价，一般采用360°反馈的形式，即绩效评价的考核者包括：①上级领导，如员工的绩效评价由主管来主持，主管的绩效评价由秘书长来执行，而秘书长的绩效评价及整个组织运作的绩效评价，则应由理事会来负责；②同级（同事）；③下级；④自我评价；⑤受益者，即组织提供服务的消费者；⑥专设的绩效评价小组等。

当然，非营利组织的绩效评价内容也在不断扩展。传统的人员绩效评价包括三个方面的内容，即工作态度（德）、工作能力（能）、工作成效（绩）。而现代的绩效评价随着企业绩效管理实践的发展也进行了延伸和拓展，其评价内容可以包括工作态度、工作风格、组织协作、人员与团队管理、工作的数量、质量和时效等各个方面。

对非营利组织本身的绩效进行有效评价是一个较为复杂的问题。非营利组织主要以提供公共服务为目标，同政府部门相比，非营利组织的绩效指标更显得难以确定，也就没有了基本的量化标准。

公立医院绩效管理该如何推进？这一直是个广受关注但又悬而未决的问题。

在2011年年初的福建省政协会议上，福建医科大学附属第一医院院长林建华被当地媒体称为"最给力政协委员"，这源自他"不一般性地提问题，也不提一般性的问题"。谈到医院绩效管理，林建华表示："我有话要说。"

"现在，医院内部可供医务人员分配的'蛋糕'太小了，再怎么谈绩效，再怎么科学地分配，都难与医务人员的劳动价值相匹配。"林建华说，现在医务人员"吃的是草，挤的是奶"，收入与付出不成比例。在此基础上，绩效管理只是在一块很小的"蛋糕"上进行科学合理的分配，做细辛苦，做大很难。

早在七八年前，福建医科大学附属第一医院就实行了以工作量、工作质量为基础的绩效考核制度，体现多劳多得、优劳优得，彻底断绝了奖金分配与用药、检查数量的挂钩。"医务人员的工作量一直在增加，一方面源自病人数量不断增长；另一方面在于医院的人员编制扩大有限。然而由于相关政策的规定，医院总体奖金的'蛋糕'却增长不多。因此，实行绩效管理后，工作量多的人虽然收入也多了，但却是从工作量少的一部分人那里'割'过来的。特别是一些刚参加工作的年轻人，收入本来就不高，实施绩效管理后更加少了。"林建华说。

如何缓解这种矛盾？林建华直言，医院绩效管理必须"正本清源"，让医务人员获得与其劳动价值相匹配的合理收入。一方面，各级财政应加大对医院的投入；另一方面，医务人员的劳动价值应获得合理体现。"现在特别盼望分配给医务人员的'蛋糕'能大起来。"林建华说。

资料来源：网络材料《如何转动绩效管理这颗陀螺》

在非营利组织绩效评价过程中，更多的是通过定性指标的形式，以提问的方式进行绩效评价，如图11-6所示。

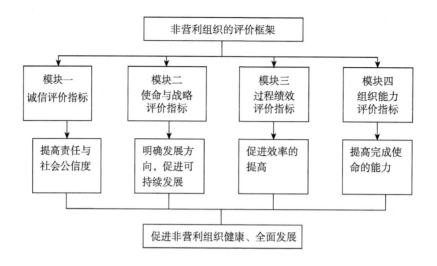

图 11-6　非营利组织的评价框架

根据非营利组织的评价框架，可以列出诚信评价指标、使命与战略评价指标、过程绩效评价指标和组织能力评价指标。

1）诚信评价指标

非营利组织必须遵守的基本原则之一就是诚信。通常，各国都会建立相关的监督、评价机制及适合本国国情的评价指标，来确保非营利组织能够遵守非营利准则。

诚信评价指标的分析和获取主要有四个方面：第一，非营利组织需要一个好的治理结构来保障运营；第二，非营利组织必须有与经营目标相适应的项目及活动；第三，非营利组织在信息的处理上要求公开化、透明化，相关利益群体有权知道有关信息和财务报告；第四，非营利组织需将一定的经费用于项目，一般为一定比例（如 60%）。

2）使命与战略评价指标

非营利组织的使命与战略评价指标主要有以下三类。

（1）需求评价指标。一般来说，组织的定位和长期发展需要进行需求评价。所谓需求评价，就是评价非营利组织遵照使命满足受益群体需求的过程。需求评价指标可以从以下四个方面进行分析和提取：①目标群体须参与非营利组织使命的制定，且非营利组织使命的制定应建立在对组织实际情况全面、深刻剖析的基础上，且运用的证明依据往往是最佳、最新资料；②非营利组织集中力量提供服务给最需要服务的目标群体的证明依据；③非营利组织所提供的服务应该具备一定的独创性，是国内其他组织无法提供或没有充分提供的证明依据；④非营利组织的服务满足了目标群体的需求的证明依据，以及其给目标群体带来的负面影响。

（2）创新性评价指标。非营利组织的作用是根据其资金的来源而定的。资金来源缺乏制度保障导致非营利组织不是以满足社会需求为主要目的，而是在发挥自身职能优势的基础上，进行解决社会问题的新模式、新方法的探究。因此，衡量非营利性组织的使命与战略的另一个重要标准就是对其创新性的评价，可以从两个方面进行指标设定：①非营利组织是否是解决社会问题的重要创新者，如果是则需提供证明依据；②非营利组织探寻的新试验、新模式是否得到了有效的推广，如果是则需提供证明依据。

（3）灵活性评价指标。在深入社会基层、与弱势群体的接触中，非营利组织往往比政府部门做得更好。由于非营利组织往往规模较小，在组织体制、组织结构和活动方式上弹性较大，能够很好地根据不同地区、不同领域的条件变化及时应对突发事件的发生，进而迅速做出资源调整以应对受害群体的突发需求。另外，在不便于政府机构出面或政府机构没有时间去做的项目及活动的开展上，非营利组织更受青睐。因此，在评价非营利组织的使命与战略时，灵活性是十分重要的评价指标，可以从两方面着手：①非营利组织快速、准确、灵活地提供服务的证明依据；②非营利组织提供政府不便于做或没时间去做的服务的证明依据。

3）过程绩效评价指标

目前，在项目的（过程）绩效和社会影响上，国内急缺对非营利组织的评价机制。非营利组织与政府部门及营利性组织存在很大的差异，它在为公益事业服务上主要凭借工作人员的服务精神和风险精神，而并不看重他们的绩效。

非营利组织的过程绩效可以从投入、产出、结果、效率、效果和服务质量等多个方面进行衡量：①组织过去3年内资金投入最多的领域中的成绩证明及其依据；②组织尝试估算和比较项目每单位产出费用的证明依据；③组织在过去3年中投入最多的项目所覆盖人群的比例有逐步增长的证明依据；④组织制定并遵循了较为优质的服务标准的证明依据；⑤组织有尝试去检验服务对象的满意度的证明依据。

4）组织能力评价指标

组织能力涉及面广，涉及组织管理的各个方面，主要是考察非营利组织作为一个普通的管理部门，在组织管理方面的突出能力。这方面的评价囊括价值观、组织结构、领导能力与风格、管理技能、信息管理系统等方面。另外，还可以从工作人员与志愿者、资源动员能力、公共关系能力等方面，来考虑非营利组织的独特性，设置专门的指标。

阅读材料

国外慈善业：信息透明运作模式成熟

国外的慈善组织运作时间较长，目前在信息公开方面的运作模式已较为成熟。因此，国内可以借鉴其某些具体实施办法。

1. 用评级制约慈善机构

美国慈善机构在历史的沉淀下，均有一套旨在约束本组织及其成员行为的较完善的标准、规则等，如在自主项目申请、款项拨付及运营费用的预算等方面不但有标准，而且有一套较为严格的程序。根据其规定，任何公民都将拥有去慈善机构查阅其账目的权力。

此外，美国还有行业自律系统。一旦该国的慈善机构经慈善评级机构评级后，信誉不好将可能被公众抛弃。慈善评级机构先后评级的慈善机构为超过5 300家。慈善机构在这种约束下也无可置疑地需要提高自己的透明度。

2. 对违规者捐款全部没收

美国有层次较为清晰的非营利组织的监管机构，如联邦层面靠国家税务局，州政府层面靠首席检察官。2000年，美国国会通过了一项国内税务法，要求包括慈善机构在内的所有组织以一年为一个时间段向国家税务局上报时间段内的财务报表，且提供的信息需明确而详细，如需说清楚慈善机构收入最高的前5名成员名单、慈善机构报酬最高的前5名合同商名单及筹款花费的详细情况。更值得一提的是，该报表还要求董事会成员提供所有有关的金融交易记录。一旦发现这些交易有问题，相关人员可能会被扣高额税收，而慈善机构很可能会丢失免税资格。此外，根据美国联邦法律规定，一旦有人提出要查看它们的原始申请文件及前3年的税表，免税机构都应该如实提供。同时，人们还可直接联系国家税务局，要求查看某免税组织的财务状况和内部结构。

此外，美国绝大多数州还规定，慈善机构每年有义务向州首席检察官提交年度报告，首席检察官则可代表公众对触犯公共利益的慈善机构提起公诉。

3. 采用行政监管模式

英国采用的是"行政监管模式"来对非营利组织的信息进行披露。英国的慈善业，在欧洲是最为发达的。1860年，英国政府便有了"慈善委员会"，在监督管理和规范慈善组织的行为方面起了重要作用，同时也增进了公众参与慈善事业的信心。根据1992年新的《慈善法》，任何公众都有权获得慈善组织的年度账目和财务报告，但是需要交付一定的费用。拿那些公益性非营利组织与上市公司相比，公众对其信息披露的要求完全可以与上市公司相提并论。

4. 独立评估机构打造公信力

在欧美国家，比较著名的还有独立的评估机构。其中，较有影响的独立评估机构有"更好事务局委员会"（1912年成立）、"全国慈善信息局"（1918年成立）和"福音教会财务责任委员会"（1912年成立）。在2001年，"BBB明智的捐赠联盟"成立，其实质是"更好事务局委员会"与"全国慈善信息局"的合并。

在美国，全国慈善信息局，影响力广，诞生于第一次世界大战后席卷全美的捐赠热潮。当时，少数慈善机构因私吞事件而不再受捐赠者信任，部分民间组织的管理者、学者、律师、会计师就携手联盟，成立了一个独立评估机构。现在的评审结果实行网上定期公布，只是这种独立的评估机构缺乏法律权力，非营利组织完全有权选择拒绝参评，当然如果公然不参与评审也会引起公众猜疑，足见，中介机构评估在公众心中的权威性较高。

5. 德国"捐助徽章"一年有效

德国设立了社会福利问题中央研究所和天主教联盟来规范慈善机构的运作，这两家独立机构共同负责监督慈善款的使用情况，但两者的监督建立在自身"公信力"的基础上，不具有法律强制性。通过对社会福利组织和慈善组织进行审查，若是通过则颁发"捐助徽章"，通过这种认证方式来确保这些组织具备募捐资质。由于这两家机构具有公众权威性，所以那些有"捐助徽章"的组织的公众信赖自然高于未获得认证的组织，更有可能得到捐款。

资料来源：中华工商时报，2013-01-05

➤ 本章小结

愿景、使命和战略是对一个组织未来发展方向及实现企业目标手段的一系列相关的阐述。它们共同指导企业的价值观，确定组织所独有的特点及全体利害关系人的利益。

组织绩效评价体系包括绩效指标体系、绩效标准体系及绩效评价方法体系三个基本要素。组织绩效评价指标可以从系统输入、处理过程及系统产出三个方面设置，也可以从数量、质量、时间、成本四个基本层面设置组织的绩效评价与监控指标。组织绩效评价标准则需要依据其战略，分别对个人或群体的工作行为和工作成果进行设置，且每项标准的要求应尽可能细。在不同的发展阶段或竞争环境下，组织需要根据其战略重点动态调整其绩效指标及权重，并更新指标的标志和标度及评价标准。可以用于组织绩效评价的方法较多，早期的方法大多以财务评价为主，20世纪60年代之后，基于全面质量管理的卓越经营评价体系得到重视，进入21世纪以来，基于全面绩效管理的战略绩效管理方法开始得到普及。

企业绩效通常是指在一定的经营期间内企业经营效益和经营者的业绩，各企业可以根据实际情况，采用专家调研、德尔菲法等方法，界定和优化企业绩效的范畴。而企业绩效评价是基于特定的指标体系，参照统一的评价标准，按照一定的程序，通过定量、定性分析的过程，对企业在一定的经营期间内的经营效益和经营者的业绩，做出客观、公正和准确的综合评判。通常情况下，制造企业绩效管理更多地关注效率、质量、成本、信息化、客户服务、内部流程等要素，可以基于平衡计分卡体系进行；服务业企业绩效评价指标设计的主流主题是经济、效率、效果和公平，即4E绩效评价指标体系，关键绩效指标法和平衡计分卡应用较为广泛。

公共部门绩效评价，就是对公共部门的内部运作的过程与结果及其外部性进行合理评估的过程。公共部门的绩效评价应该采用一些社会公众能够评议的指标，使社会公众能够简单地了解其含义并迅速做出评估。常用的部门级绩效指标体系包括部门预算的绩效指标、部门人力资源的绩效指标、组织和文化的绩效指标及部门采购的绩效指标等，而个人绩效评价通常从"德"、"能"、"勤"和"绩"四个方面来进行。应用平衡计分卡的框架设置公共部门的绩效评价指标已经被逐渐得到认同和接受。在评估方法和评估主体上，公共部门的绩效管理更多的是追求"顾客导向"，外部评议已成为一种重要的考评方式和信息来源。

非营利组织具有资金来源多元化、不以营利为目的、所有权形式特殊、责权利关系不易明确、决策手段和激励机制特殊等特点，因此其绩效评价也与其他类型组织显著不同。非营利组织不仅应当建立诚信评估机制，还需要对其使命、绩效、组织管理能力、人力资源等进行综合评估。通常情况下，非营利组织的绩效评估应从员工、项目主管和部门主管、秘书长和组织整体三个层面进行，不仅关注人员的工作态度、工作能力、工作成果，还应该对人员的工作风格、组织协作、团队管理及工作的数量、质量和时效等各个方面进行考察。在非营利组织评估过程中，很难有基本的量化标准，更多的是通过定性指标的形式，以提问的方式进行绩效评估，检验其经营过程与结果是否与组织使命相符。

➤ 专业术语

愿景、使命与战略　vision, mission and strategy

杜邦分析法　　　　DuPont analysis

沃尔评分法	Wole grading method
雷达图法	radar chart
卓越经营	business excellence
质量管理体系	quality management system
战略绩效管理	strategic performance management
战略性的企业管理	strategic enterprise management
公共部门	public sector
非营利组织	non-profit organization

案例讨论

基于平衡计分卡的 DY 公司绩效评价体系

一、DY 公司简介

DY 公司成立于 1992 年 3 月，是一家中外合资经营的大型摩托车专业化生产企业，主要生产、销售摩托车、电动车及相关配件业务。公司注册资本为 5 600 万美元，投资总额为 10 600 万美元。合资期限 30 年，有员工 3 000 余人。

DY 公司先后投资数千万美元对原有生产技术设施进行了全面技术改造，购置了国内外先进设备 400 余台，引进了日本本田具有国际先进水平的 C100N-CH 摩托车产品技术及设备，建成了发动机制造、车体焊接、涂装、毛坯压铸、成车装配等多条生产线，形成了完善可靠的技术、开发、检测和质量管理体系，年生产能力可达 100 万辆 "DY" 牌摩托车。DY 公司的主要产品有八个系列百余种型号的 "DY" 牌摩托车。

DY 公司是国内同行业率先通过国内外三家认证机构 ISO 9001 质量体系认证的企业。DY 牌摩托还通过了 "3C" 认证、全项生产准入、欧洲 E-MARK 认证。DY 公司也是 "国家高新技术企业"、"国家先进技术企业"、"全国双优外商投资企业"、"国家出口免验企业" 和 "实验室国家认可"；"DY" 商标被认定为 "中国驰名商标" 和 "全国重点保护商标"；DY 品牌入选 "中国 500 最具价值品牌"。DY 摩托在国内外市场都享有盛誉，创造了良好的经济效益和社会效益。DY 公司的发展还带动了全国数百家零部件生产企业的同步发展，为国家和当地经济发展做出了贡献。

二、DY 公司企业绩效评价存在的问题

DY 公司的企业绩效评价主要存在三个方面的问题。

1. 缺乏系统的企业绩效评价指标体系

在推行绩效管理体系之前，DY 公司对于企业绩效评价没有一个完整的指标体系。每年均由公司财务部门牵头进行预算编制，然后通过董事会进行审议，通过后再在公司内部执行。而董事会对企业经营管理者的考核，仅仅以车销量、销售收入、出口创汇和利润等指标进行考核，并不会对企业目前及今后发展进行评价、测定和分析，也没有相关评价指标对企业经营管理者进行系统性的绩效评价。经营管理者的薪资是实行年薪制，基本上只要销量和利润指标完成就可以全额领薪。销量、销售收入、出口创汇和利润指标，让经营管理者有较强的随意性，只要达成考核的销量和利

润，其余方面基本被忽略。但作为一个企业，必须有一个管理规范、考核严谨的体系来进行系统性评价才能有利于企业的发展，才能通过系统信息的反馈发现经营管理的不足，从而进行整改。

1) 没有从企业长远发展考虑指标设计

从评价指标来看，仅设定了销量、销售收入、出口创汇及利润额几个指标，评价内容太少，无法在指标设计上满足企业发展的需要。没有充分利用财务指标或非财务指标，无法全面进行分析和评价。

2) 设定的指标缺乏综合对比分析和考评

仅仅是根据实际完成情况确定评价结果，无论是企业的自身发展情况、与行业发展情况的对比等情况均未能体现，让股东无法清楚企业在行业中的地位及企业目前发展的状况。所以，必须有多方面的综合对比分析，才能对企业经营绩效有一个比较全面的、合理的评价。

为了让企业良性发展，加强对企业经营管理者的考核，建立一个绩效评价体系很有必要。针对此情况，通过对现有绩效评价工具的分析运用，结合 DY 公司实际情况，为 DY 公司设计一个绩效评价体系，作为股东对企业发展进行分析的工具，同时也为企业经营管理者提供一个合理、公正、全面的经营绩效评价体系。

三、DY 公司经营绩效评价体系的构建

1. 构建经营绩效评价体系的原则

1) 全面性评价的原则

企业经营绩效是多层面的，有盈利方面、企业发展方面、社会责任方面等，为了对一个企业进行比较合理的评价，则必须从不同角度进行分析，根据每一方面反映的问题，让经营管理者更能清楚认识如何进行改善和提高，同时让股东对经营管理者的管理经营能力有一个较为全面的评价依据。

2) 财务指标与非财务指标结合的原则

企业经营绩效有很多层面，根据目前绩效评价的现状，主要体现在财务指标方面，并且从财务指标方面能够很直观地反映出经营绩效。但是，仅仅是财务指标，不能全面说明企业经营存在的问题，因为目前财务指标反映很好，并不能说明今后仍会很好。同时，容易引起企业经营管理者的短期行为。故在进行企业经营绩效评价时，还需要有更多的非财务指标与财务指标进行结合，才能比较全面、准确地提供评价结果。

3) 综合对比分析的原则

在进行评价过程中，应该采取综合对比分析的方法，无论是与企业自身对比、与行业对比、还是与别的企业对比，都是很有必要的。只有通过不同方式的对比分析，才能反映出问题的关键点，才能准确找出自身的不足。从而更有利于经营管理者及股东对企业发展进行正确的评价。

4) 合理制定评分标准的原则

各项指标确定以后，根据企业发展所处阶段及行业情况，给予合理制定评分规则，同时对各项指标进行确定权重及相应分值标准，为综合评定提供一个全面、合理的计分平台，从而使评分结果对经营管理者的评价更加合理可信，更能满足企业长远发展的需要。

2. 企业绩效评价体系的框架

根据平衡计分卡理论，开展对 DY 公司绩效评价体系的设计。考虑到是对企业整体绩效进行评价，故将内部流程方面变更为社会责任会更适合 DY 公司的整体评价需要。因为平衡计分卡理论中的内部流程更多的是为企业达成战略目标而实行的保障措施，强化内部管理、团队建设、业务流程规范等具体作业。但作为对企业整体进行评价时，该项内容可通过企业履行社会责任情况取代，因为企业在为顾客、员工、股东获取最大利益的同时，必须兼顾对国家、对社会履行应尽的义务，如依法纳税、保护环境等。作为对一个企业的评价，不仅仅停留在目前状况的评价上，更应该结合企业发展阶段，合理地设计出短期、中期、长期目标评价，才能保证企业的长远发展需要。借鉴平衡计分卡的模式，结合 DY 公司经营情况及企业发展需要，设计按短期、中期、长期评价指标，从财务指标、客户方面、员工成长、社会责任四方面进行经营绩效评价体系的构建。

在经营绩效评价方法的选择中，主要根据行业特性及 DY 公司的自身情况，同时考虑数据的采集等因素，主要选择如下方法。

1) 指标评定法

通过对绩效评价指标的选择，确定符合自身评价需要的指标，根据各指标特性进行相关权数的评定。在指标确定完整并形成评价体系后，通过对 DY 公司的数据采集，进行指标计算，综合得分情况进行评定企业经营绩效。

2) 指标对比法

在各项指标的计算评定过程中，同时通过多方面对比，如与行业数据对比、与企业自身历史数据对比等，求证数据指标评价的合理性，以期对经营管理者或企业经营发展做出比较公正、合理的评价。在指标对比中，不仅要与企业历史对比分析，同时也要与行业指标，甚至与竞争对比的指标进行对比分析，才能更全面地发现自身发展的不足与长处。

3. 企业绩效评价指标的设计

根据企业绩效评价体系的框架，结合企业自身特性，对于指标的设计主要从以下方面进行考虑。

(1) 财务指标。主要从企业的赢利能力、偿债能力、资产管理能力、成长能力等方面进行设计。

(2) 客户方面指标。包括销售产品的客户和供应材料的供应商，主要通过产品品质、产品创新能力、研发费用率、新产品销售率、新产品开发率、市场占有率、顾客满意度和合同交货率等内容来反映企业的经营管理。

(3) 员工成长指标。主要从员工的工作环境、生活环境、职业规划、晋升通道、忠诚度、满意度、社会福利等方面进行考虑。

(4) 社会责任指标。关于公司的社会效益方面，主要从经济责任、法律责任、道德责任和其他责任等方面进行，如是否合法地进行生产经营，是否导致严重污染，是否正确对待少数民族员工，是否恰当处理社会关系，是否正确处理顾客问题等。这样不仅可以使公司清楚自己的社会绩效在同行业中的位置，知道公司资源应重点分配给哪些利益相关者，还能促进公司经理与利益相关者的沟通。

针对上述四方面指标，必须选取具体指标才能进行评定，故在结合评价特性及 DY 公司实际经营情况下，分别选取相应的绩效评价指标，如表 11-8 所示。

表 11-8　DY 公司的企业绩效评价指标

项目	短期	中期	长期
财务指标	销售利税率	主营业务收入增长率	三年销售平均增长率
	成本费用利润率	盈余现金保障倍数	资产负债率
	流动资产周转率	固定资产周转率	总资产周转率
	流动比率	已获利息倍数	经济增加值
客户方面指标	交货效率	客户保持率	客户盈利率
	退货率（返修率）	信息共享情况	市场占有率
	新品销售比率	新产品开发周期	客户满意度
员工成长指标	参培人员比例及培训时间	职业通道设计	员工满意度
	雇员离职率	企业文化	员工知识贡献度
	生产效率提高率	福利公共设施支出	内部信息沟通情况
社会责任指标	纳税情况	产品广告合法真实	消除企业用工歧视
	材料利用率	合同履行情况	职工的安全与健康
	机器设备完好率及利用率	自主创新和科技进步	节能减排情况

资料来源：本案例由武汉理工大学管理学院 MBA 学员梁建华撰写

讨论题：

1. 分析平衡计分卡对 DY 公司绩效评价的适用性。

2. 应该如何确定企业绩效评价指标的权重？

3. 应该如何计算或测评企业绩效评价指标？

4. 应该采用哪种方法对 DY 公司绩效进行综合评价？

5. 举例说明应如何根据企业绩效评价指标设计部门绩效评价指标。

6. 举例说明应如何根据部门绩效评价指标设计人员绩效评价指标。

➤ 思考与讨论

1. 相对于人员的绩效，组织绩效的侧重点在哪里？常见的组织绩效指标有哪些？常用的组织绩效评价方法有哪些？

2. 企业绩效如何评价？企业处于生命周期不同阶段时，绩效管理的内容与方法有何不同？制造类、服务类等不同领域企业的绩效管理理念有何异同？

3. 公共管理部门及其职能有何特点？其工作绩效如何体现？公共部门绩效评价的主体、指标、方法与流程与一般组织有何不同？

4. 应该如何界定非营利组织的绩效？请以某个具体的非营利组织为例，描述其绩效管理的内容与方法、设计绩效评价指标体系，并讨论非营利组织绩效管理的重点与难点，分析有效管理非营利组织绩效的内外部保障条件。

第十二章

绩效管理信息化

近年来，海门市积极探索建立程序化、制度化、电子化绩效管理工作体系，有力地促进了全市机关作风转变和效能提升。目前，全市各区（街）、镇、乡党委和政府、市直党群部门、政府部门，以及电业、邮政、水务、公交四个公共服务企业共85个部门（单位）已纳入考评系统，覆盖面达100%。

1. 管理有章法，评价有尺度

制订绩效管理系统流程图和年度绩效工作方案，不断完善评价指标体系设置和考评办法。对绩效目标的设定、分解和责任落实，绩效完成情况的收集、填报、监控与分析，绩效管理的改进和提升等方面做出详细说明，提出具体要求。指标设置力求体现不同评价系列的业务特点，与时俱进、科学合理地进行优化调整。

2. 外部有暗访，内部有自纠

采取日常巡查与年终察访核验相结合的方式，组织45名机关效能监督员开展明察暗访，主要检查违反公文流转、政务公开、岗位职责及工作制度等机关效能问题。2012～2013年，全市开展明察暗访565次，有180人受到效能问责。此外，建立察访核验激励机制，鼓励各区、各部门加强日常自我监督，对各单位自行发现效能问题并追究相关人员责任的，可抵扣察访核验发现的相同问题扣分。

3. 工作好不好，群众说了算

重点评议直接密切管理服务基层、企业、群众的66个单位，形成和完善网上评议、政风行风评议、调查测评、市区机关互评等10种公众评议方式。在全市服务窗口单位办事大厅、市行政服务中心放置上百个评议箱，提供评议表及含邮资的信封，方便群众随时评议。这样既可以随地随机发现机关效能作风问题，又可以通过社会反映发现好人好事，传递作风正能量。通过开门抓效能的方式，把专业评议与群众满意度评议相结合，把一年一度评议变为全年度、经常性评议，使评议更具针对性、务实性，促使各行政单位不断提升服务质量和水平。

4. 联合评价，客观全面

全市成立11个绩效评价小组，分别承担各系列不同类别指标的考核工作。采取分类集中评价的方式，由同一评价小组人员采用同一标准对各单位的同一部分指标进行无记名评分。同时，实行平时监督检查与年终考核相结合，客观、全面地评价各单位的绩效状况。

5. 双向互动，开放公正

全市绩效评价结束后，市相关部门向被评价单位反馈初步评价结果，由被评价单位逐一核对，对认为不确实之处可提出申诉意见和依据。市相关部门组织评价人员进行复核纠错，最终形成各部门的绩效评价成绩。这项制度给被评价单位以申诉复核的机会，确保了评价结果更加开放公正。

6. 动态管理，提速增效

海门市在2009年研究开发网上绩效评价管理系统的基础上，近年来升级改造并正式运行《海门市政府网上绩效管理系统》，实现了绩效管理信息化。绩效评价信息发布、方案填报与审核、目标完成情况评价及反馈、建立绩效档案等各环节均在网上运行，既便于被评价单位进行绩效管理，又便于评价主体进行监督考核，实现资源共享和动态管理，节约了人力物力，提高了绩效管理评价工作效率。

网上绩效管理系统实现了评价手段由"人工控制"向"电子评价"的转变。该系统与"行政权力运行"、"政府公共服务"和"廉政风险防控"等10大子系统的数据对接，以保障各项权力阳光运行。

资料来源：根据南通市政府网站新闻报道改编

思考题：

1. 海门市为什么要推行绩效管理信息化？
2. 海门市政府网上绩效管理系统具有哪些功能和特点？
3. 该系统为什么要与"行政权力运行"、"政府公共服务"和"廉政风险防控"等10大子系统的数据对接？
4. 在实施绩效管理信息化的过程中，管理者应注意哪些问题？
5. 政府绩效管理信息系统与企业绩效管理信息系统有哪些异同点？

第一节 绩效管理与信息化

知识经济时代的新特征对人力资源管理提出了更高的目标和要求，人力资源的开发与管理也将发生重大变化。随着以计算机为基础的信息技术的飞速发展，组织中的人力资源信息化管理进程不断加快。在现代信息技术的基础上，应用先进的绩效管理理念进行绩效管理信息系统设计，可以实现对组织绩效、员工绩效的信息化管理，从而发挥组织中人力资源的效能，提高组织的核心竞争力。

一、绩效管理信息化的意义

一个好的绩效管理信息系统是一套高效率、多功能、易学易用的绩效管理解决方案。有效的绩效信息系统可以把发展战略落实为具体可衡量的目标，通过管理诊断、检讨来改进管理体系，提升管理效率，动态地优化和改善现有的管理机制，促进管理精确化。信息化与自动化，对实现组织总体的发展战略具有重要意义。

1）为组织战略管理提供支持

从本质上而言，绩效管理活动是一个将组织成员的工作活动及其产出与组织战略目标保持一致的管理过程。也就是说，绩效管理活动的有效性与组织的战略目标实现的可行性有紧密的关系。

绩效管理信息化对企业战略的支持体现在战略管理的全过程。有效的绩效管理信息系统不仅仅是模仿手工管理中的信息获取、集成、分析和传输方式，它更能够辅助将目标转化为可执行的具体任务，层层分解到各部门及每个人的日常工作计划中，同时设定相应的绩效指标，根据以往的数据及战略目标制订各个部门和分支机构的绩效计划。另外，绩效信息系统基于数据分析，可以综合运用多种图表和分析工具，全程跟踪关键绩效指标的实现情况，帮助管理者多角度、多层次地分析组织业务状况和运营策略的择优，并通过与预先设定的绩效标准进行比较，仔细对比其中的差异之处，及时对潜在问题发出预警，保障组织战略目标的顺利实现。

西宁市绩效考核信息管理系统具有网上集成办公、任务监控预警与平时考核、在线评议、领导决策支持、数据分析处理五大功能。该系统投入使用后，可实现考核数据、信息的网上报送、审核和发布。信息管理系统将纳入年度目标责任考核的指标，分解细化为四个季度进行监控管理，根据落实情况发布"红、黄、绿"灯预警信息，按照相关规定进行平时考核得分计算，督促各单位抓好工作落实，实现过程管理与结果控制的有机统一。信息管理系统以考核数据为基础，通过信息交互共享的多维数据中心，以指标、单位、时间为条件，对目标任务的完成情况，进行多维度查询统计和对比分析，并自动生成常用数据分析图表。

2）为决策者提供决策支持信息

绩效管理信息化把信息技术应用于日常工作，通过选择科学高效的模型和数据，借助于友好的人机交互界面，可以使普通员工进行省时省力的操作，而系统产生及时的、有意义的信息也可以用来帮助高层管理者进行科学决策。信息化有利于加强对业务及数据的监控力度，提升对数据的分析处理和管理能力，可以有效提升决策的科学性。

有效的绩效管理信息系统，能够通过对组织业绩数据的深入分析，为管理者提供及时准确的决策信息，分析评估战略目标的实施绩效，并将结果与组织和个人的绩效考核挂钩，为管理者提供及时、完整、精确的绩效报告，为上级和其他相关部门提供全面、严谨的外部报告。

3）帮助组织实现管理机制创新

绩效管理中的人为因素及由此造成的各类误差非常普遍，如宽容或苛严误差、趋中趋向、晕轮效应、首因误差、近因误差等，这些误差影响了考核的公正性。绩效管理信息化可以有效地限制人为因素对绩效管理过程及结果的影响，避免绩效管理偏离组织的战略目标，从而使组织内部形成相互监督和相互促进的良好氛围，在组织内部提供以人为本的竞争机制环境，并保证每个员工都自觉发挥最大的潜能去工作，使每个员工的报酬与他的劳动成果紧密相关，最终实现管理机制的创新，提升管理绩效，降低管理成本。

二、绩效管理信息化的途径

我国人事信息管理系统在组织中的应用开始于 20 世纪 80 年代中期"工资管理系统"。在此之后，一些有实力的组织开始尝试自己编制具备一定功能的人事信息管理系统。也有一些组织的人力资源部为了绩效管理的便利自行建立了绩效管理数据库，进行简单的绩效考核与数据存储。

由于信息化基础和人员素质的限制，许多组织自主开发绩效管理信息系统存在困难。于是，一些行业领袖组织开始牵头，集中优势资源开发适合本行业、本系统的绩效管理信息系统，并在本行业或本系统中培训推广，促进和提升了这些组织人力资源管理信息化的效率与水平。这种由行业或系统牵头构建的绩效管理信息系统更具有针对性、实用性、可修改性，使这些组织人员管理的综合职能及其作用得到充分的发挥，为这些组织实施完善的信息化管理奠定了基础。

除了自主开发绩效管理信息系统，另一种途径则是商业化。商业化的绩效管理信息系统主要有两种基本模式：一是将绩效管理信息系统作为一个子系统整合进企业的企业资源计划（enterprise resource planning，ERP）系统之中，另一种则体现为专门开发的人力资源管理信息系统。随着企业信息化的深入，将企业内部的"信息孤岛"进行无缝整合的需求日益凸显，人力资源信息系统也将逐渐整合到企业整体信息系统之中。

1）ERP 系统中的绩效管理信息系统

ERP 是在传统的制造资源计划（manufacturing resource plannine，MRP）基础上发展起来的，为组织提供全方位的经营管理解决方案。专业软件公司开发研制的 ERP 系统，大部分精力集中在生产系统、库存系统和营销系统上，而对人力资源管理功能的开发有待深入。此外，由于对 ERP 软件不了解和不熟悉，大部分组织认为 ERP 系统只解决物质生产中的计划、生产、库存、交货期等对经营业绩有直接影响的瓶颈问题；而软件商往往按功能模块定价销售，组织由于受到资金的限制，首期购买 ERP 模块一般会忽略人力资源管理模块。这就导致目前大多数 ERP 软件的人力资源管理模块，尤其是绩效管理模块，成为信息系统的短板。

目前，提供人力资源管理功能模块的、影响比较大的 ERP 系统有 SAP 系统、Oracle 系统，以及国内的用友、金蝶管理信息系统等。在 SAP-ERP 解决方案中，人力资源管理方案的正式名称是人力资本管理，即 mySAP ERP Human Capital Management（mySAP ERP HCM），其优势体现在能够对个人和团队贡献进行管理、衡量和奖励，能够将员工的技能、行为和激励与业务目标看齐。

2）专业化的人力资源信息系统

与 ERP 综合开发不同，由于近年来对人力资源管理工作质量和工作效率要求越来越高，各个组织对人力资源管理信息系统的需求也迅速增加。一些软件公司开始开发专业化的人力资源管理系统，为组织提供专业化的人力资源管理支撑。绩效和薪酬管理作为人力资源管理中的核心模块，往往会首先受到企业的关注。已有大量商业化的人力资源信息系统可供各类组织选用，而根据特定组织而定制开发的人力资源信息系统更是不胜枚举。目前较有影响的专业化人力资源信息系统开发商有 Cityray（施特伟）、Geniustek（智科）、北森（Beisen）、博惠思华（Sophia）、天润奇正（Horainsoft）等。

第二节　绩效管理信息系统的功能结构

绩效管理信息系统是将绩效管理流程实施在计算机群组上的工作平台，它能够将绩效管理和工作管理的目标、操作流程及结果反馈有机结合，帮助组织和员工更高效地完成工作管理和绩效管理，形成双方对工作本身和绩效目标的双重关注。通过使用该平台，即使是不同层级的员工，都能够清晰地了解绩效管理的标准和流程，实时掌握工作完成情况，更加方便员工制订下一步计划或者获取工作任务。此外，员工还能及时获得绩效评价结果，并根据评价结果与管理人员进行持续有效的绩效沟通，从而不断采取措施优化绩效水平。这不仅有利于员工个人自身素质与能力的提高，更是有利于整个组织的综合管理。

对于一般组织来说，绩效管理信息系统能够实现绩效管理过程的在线管理。例如，绩效管理系统以绩效计划的制订为起点，将组织战略目标根据时间段的不同、管理层的差异而进行分解，绩效计划的完成情况会被定期生成工作日志记录，并接受直接上级的监督和评价，作为员工绩效评价的重要依据；此外，系统还可以内置绩效管理所需的各项工具方法（如绩效合同创建、绩效考评表及绩效指标库的建立、维护和优化模板等），并能够对绩效考评结果数据进行统计分析，进一步给出合适的措施以提升绩效水平。

绩效管理信息系统是组织的人力资源信息系统的一部分，与人力资源信息平台和其他管理平台共享数据库信息。一般而言，绩效管理信息系统主要包括以下基本功能。

（1）定义绩效评价对象。评价对象的定义有多种方式，可以根据部门层级进行定义，如分公司、车间、职能部门、项目团队与工作小组等，也可以根据员工类型的差异来定义，如正式员工、临时员工、试用期员工、管理人员、技术人员与基层工人等。

（2）设定绩效评价指标。对于绩效管理而言，评价指标的可行性和科学性是十分重要的。通常指标设定包括工作业绩、知识技能、素质和行为态度等要素，管理人员可以通过对这些要素定性或定量地修改指标，从而实现对员工的全面综合考评。此外，绩效信息系统通常具备可扩展的绩效指标库，使管理者可以针对不同的岗位建立不同的评价模型和更加具有针对性的评价指标体系，并设定相应的评价标准。

（3）实现绩效评价过程信息化。在绩效指标体系建立之后，绩效评价工作更多地是一个信息收集与确认的过程。类似于办公自动化系统，线上评价的好处很多，不仅可以极大地提高效率、降低管理成本，而且还可以显著提升绩效考评的质量。对于信息化基础较好的组织来说，日常工作活动的基础数据主要分布在组织的各个信息子系统之中。绩效管理信息系统可以自动地从这些子系统中获取必要的基础数据自动完成绩效评价，不仅极大地减少了人员的工作量，降低了人员出错率，而且极其有效地提高了绩效评价过程的客观性。特别是在360°考核等方式中，信息系统的这一优势尤为明显。

（4）实现实时的绩效辅导与反馈沟通。绩效信息系统不仅可以从其他子系统中获取数据，自身也可以存储大量的数据与信息，作为一个沟通平台，能够提供形式多样的、便利的交流方式，使管理者与下属之间的绩效交流与培训辅导成为轻松愉快的体验。此外，绩效反馈与交流的结果可以完整地保留并存档，对绩效督促及长效的绩效优化具有良好的促进作用。通过绩效信息系统，各级管理人员能够实时了解绩效管理各环节的实施状况，不同级别的人员都能在自己的权限范围内查询相关历史数据，人为的、不公正因素造成的偏差大大降低，有助于形成一种积极向上的绩效管理文化，真正体现绩效提升的目的。

通常情况下，绩效管理信息系统的基本功能结构如图12-1所示。

1. 工作计划

工作计划模块通常完成三方面的功能。第一，计划制订。这一功能主要体现在基于组织战略计划的基础上，可以分解和调整组织各项工作内容至部门和主管/个人，形成对应的绩效计划，还具有能够随时添加临时计划的功能。第二，计划更新。在战略目标分解至组织、部门、主管/个人三个层面后，此部分支持各类计划的查

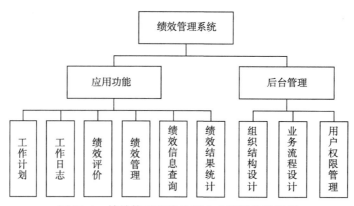

图 12-1　绩效管理系统的基本功能结构示意图

询。在职权范围内,部门和员工能够充分了解组织的整体计划,并在此基础上及时调整和更新自己的工作计划,保证与组织计划的一致性,确保组织战略目标的实现。第三,历史计划查询。在职权范围内,组织各级管理人员可以查看对应的组织、部门和主管 / 个人的历史绩效计划的完成情况及其与预定目标之间的差距,为数据统计分析、绩效管理问题诊断、组织经营规划等活动提供数据支持。此外,系统还可以帮助新任领导或新入职员工尽快了解组织情况和熟悉组织业务。

一般地,工作计划模块的主要功能结构如图 12-2 所示。

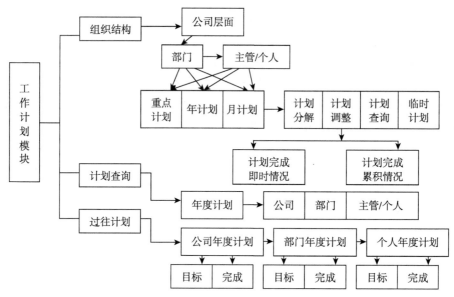

图 12-2　工作计划模块的功能结构示意

2. 工作日志

工作日志是指工作人员在实际工作中,将各项工作内容详细、系统地记录在绩效管理系统中,形成的日志形式的工作过程记录。工作日志不仅可以使相关人员充分了解各项工作的实时进展信息,明确与期望程度之间的距离,同时通过记录信息,极大地避免了员工遗漏率，为绩效管理提供有效的依据。此模块主要实现对工作日志的管理。

工作日志管理模块通常包括两个基本功能，即工作日志的填写和基于工作日志的数据统计。

（1）工作日志的填写。工作日志的内容来源于组织各级人员在完成相关的工作任务之后由系统自动生成，或由工作人员手工录入两方面。作为阶段性考核的输入信息之一，日志在填写完毕之后，可自动进入系统进行匹配和处理。

（2）基于工作日志的数据统计。通过系统中数据资料的自动存储，员工不仅可以随时进入该模块了解自己的工作情况和工作活动信息（如工作量汇总等），管理者也可以通过此功能了解下属在特定时间阶段内的工作过程和工作进度情况。除此之外，员工和管理者都可以按照各自的需求设置某种数据统计规则，以实现工作提醒、工作计划预警、工作报告 / 报表的自动生成等衍生管理功能。

工作日志模块的功能结构大致如图 12-3 所示。

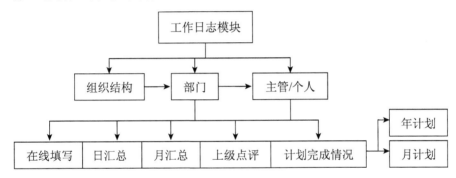

图 12-3　工作日志模块功能结构示意

工作日志模块的基本信息输入环节是工作日志的在线填写。为了保证后续绩效评价的有效性，工作日志信息必须详细、具体、标准化，可以采用表 12-1 所示的工作日志记录表的形式实现输入信息的标准化。

表 12-1　工作日志记录表示例

时间：_____年___月___日　　　　　　　职位：_____姓名：_____

编号	工作内容	起止时间	工作处理的关键环节	工作过程中遇到的问题	问题处理策略	工作活动结果	工作活动结果评分

3. 绩效评价模块

绩效评价模块实现绩效管理信息系统的核心功能。定期实施绩效考评有利于组织的经营管理。绩效评价主要包含被评价者的自评和评价者基于自评对被评价者进行评估，系统自动计算出综合考核值。被评价者的最终绩效结果受到由工作日志的完成情况和综合考核值两方面的共同影响。在绩效评价的过程中，考评主体可以通过系统提供的绩效评价方法库,为不同阶段和不同对象的绩效评价设计不同的评价方法。对于年度绩效考评,多采用在线提交的方式,不仅包括各层次员工的述职报告,也包含上级领导对于报告的审阅。系统对上级的审阅结果进行自动的汇总,并加以统计分析。此外,绩效评价模块还涉及对员工本身开展的各项调查,如员工工作满意度和薪酬满意度的调查等。被调查者在线填写、提交问卷,系统自动汇总问卷信息、统计分析数据、得出调查结果,并生成相应的报表。

绩效评价模块的基本功能如图 12-4 所示。

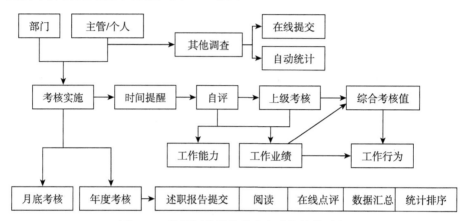

图 12-4　绩效评价模块的基本功能结构示意

4. 绩效管理模块

绩效管理模块主要涉及绩效评价的主要参数的优化设置。具体来说,主要包括绩效管理制度和流程的初始化与优化,绩效合同的签订、修正和动态管理,绩效计划的优化和档案动态管理,绩效沟通的管理和记录存档,绩效诊断、申述及优化措施等。日常的绩效监控活动,如工作过程中关键事件的核实与记录、被评价者自评和他评结果及绩效评价结果的记录和修正完善等,也可以在这一模块中进行定义。另外,在得到阶段性的绩效考评结果之后,结果的具体应用也可以纳入该模块之中。

绩效管理模块的主要功能设置可以参考图 12-5。

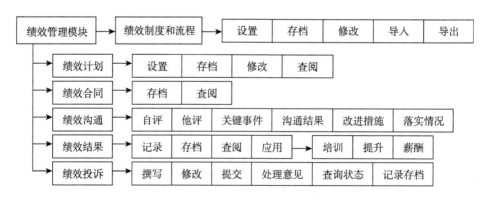

图 12-5　绩效管理模块的主要功能示意

5. 统计汇总模块

统计汇总模块的主要功能是对绩效结果进行有效的汇总，并应用特定的工具进行统计、查询和比较，最终形成一系列结果报表，以便使绩效评价结果更有效地得到应用，从而实现辅助决策的目的。

组织成员的工作行为、工作能力、工作业绩和综合考核值都是需要统计的内容。绩效管理系统一般需要能够以这些要素为条件对组织成员个体绩效进行横向对比，并对不同部门的绩效进行排名，以实现对部门和人员不同时期绩效的比较，找出差异，寻求提升绩效水平的解决方案。

系统可以将绩效评价结果传递给被评价者及其直接上级，并让相关各方了解该结果。同时，组织的人力资源管理部门可以对个体的绩效评价结果进行电子版及纸质版备份，以便于进行纵向对比。该模块的基本功能结构如图 12-6 所示。

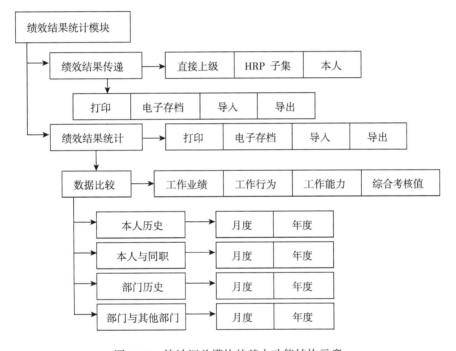

图 12-6　统计汇总模块的基本功能结构示意

第三节　企业绩效管理信息化的新趋势

随着企业信息化建设的不断推进，以及人力资源管理在企业中的战略性作用日益凸显，企业绩效管理（business performance management，BPM）已逐步成为绩效管理信息化发展的新方向。通过对企业不同的管理信息子系统进行基础数据收集，对海量数据进行存储、分析、挖掘、归纳与推理，从大数据中淘出真实有效的信息，对企业的科学经营决策起到信息支持的作用，并根据分析结果，通过建立和完善管理制度等措施来确保企业的绩效管理目标与企业的战略目标保持一致，推动企业战略目标的实现，这些都是企业绩效管理需要重点关注的内容。

企业绩效管理的概念由 Gartner 公司于 2002 年提出。企业绩效管理是把企业的战略转化为执行力的管理系统，可以帮助企业建立一套自动化的管理系统，在搜集整理企业基础信息资料的基础上，对企业的运营进行评价管理和优化设计，以便发现并抓住更多的商业机会、设计策略目标。因此，企业绩效管理是衡量、管理绩效以实现业务目标的使能器。

企业绩效管理（BPM/EPM）的几个典型工具如下。

1. Micro Strategy

Micro Strategy结合了Web界面的简洁和基于服务器的分析系统的强大，它透明的信息获取能力及高度的伸缩性更能使客户享受到智能的乐趣。Micro Strategy产品是基于ROLAP的典型代表产品，相应地继承了ROLAP的优点和缺点。Micro Strategy7i是新一代的智能平台，虽然在信息钻取速度上不及Cognos，但是Micro Strategy在钻取上有更大的灵活性。Micro Strategy拥有以优化方式访问TB级数据的能力，因此用户能够访问整个数据仓库。产品覆盖的范围从基本的报表服务到高级的分析服务，再到信息发布服务。

2. Business Objects XI

Business Objects软件公司通过把Crystal Enterprise和Business Objects产品结合，吸收了两种产品的优势，得到统一的平台Business Objects XI。Business Objects XI是一种可提供全面商业智能功能的平台，具有报表查询、分析及绩效管理和数据集成的功能。Business Objects XI所具备的独特功能使用户能够把仪表盘、平衡计分卡、分析引擎和目标考核指数结合起来，帮助用户做出分析和决策。

3. Oracle EPM System

Oracle EPM System经专门设计以支持关键管理流程，该软件功能包括处理公司运营所需要的各项数据、制订计划、监控绩效，并据此做出正确的商业决策。EPM把交易、商务智能及财务绩效管理解决方案有机结合起来，集强大的灵活性、易用性于一身，为顾客提供功能强大的商业管理系统。

企业绩效管理的宗旨就是保障员工个人工作目标与组织整体战略目标的一致性。通过将战略分解转化为小的、可执行的目标行动，即把战略目标落到员工的日常性工作活动之中，转化为相应的实施方案，并对其实施过程进行长期持续有效的监控，确保企业战略的付诸实践成功。正因为企业绩效管理对提升企业绩效有如此强大的功能，故企业绩效管理一出现就受到企业界的高度重视。

曾经有企业家这样比喻企业绩效管理：若是把企业的有机整体比做一个成人个体，那么企业绩效管理就是企业的中枢神经。现在组织整体的复杂性已经远远超过了组织中个体的复杂性，也远远难于个体复杂性之和。一个健康的人体，需要神经系统来协调身体各部分的活动，而针对更为复杂的企业组织而言，一套数字神经系统更是必不可少。

企业绩效管理有三个很明显的特性。第一，企业绩效管理侧重于对工作业务流程的理解，在流程的基础上建立起合适的模型，从而实现经营管理的自动化及最优化。第二，企业绩效管理涉及流程和人员众多，其中，企业流程更加偏向于跨部门、跨应用系统的流程，而涉及人员则涵盖员工、客户、供货商及工作伙伴等各类人员。第三，企业绩效管理强调的是全面化多方位的绩效管理，除了对员工的绩效结果进行评估与考核之外，对企业的财务运营状况分析、企业内部流程的管理和优化、客户关系管理、企业营销的商务模式、企业自身的学习和创新能力、部门和个人绩效的设计、评估与激励策略及组织结构的构建等多方面都进行持续的管理和监管。

企业绩效管理的首要服务对象是 CEO（chief executive officer，即首席执行官）、CFO（chief financial officer，即首席财务官）、VP（vice president，即副总裁）等企业的高层管理者。在企业日常经营管理过程中，高层管理者往往处于对基层员工工作状况或基础数据了解不详尽的情况之下，对企业整体运作缺乏全面、及时、深入的信息，因此很容易处于"雾里看花"的状态，难以准确地把握企业实际的经营状况和管理现状。当企业面临经营问题时，这种情况便会恶化，高层管理者难以把握危机出现的根源，抓不住问题的实质，不能提出合理、可行的指令或者解决方案。企业绩效管理的出现，大大便捷了企业高层管理者。借助企业绩效管理，高层管理者可以透过报表中的数据信息了解企业的基本信息，也可以借助"绩效仪表盘"随时了解公司的经营状况，获取有效数据资料，以利于形成科学的决策。

除了高层管理者以外，企业绩效管理也能够很好地为各直线管理部门的主管服务。例如，主管们可以实时观察到销售额情况，并进行数据分析，深入追踪与挖掘，寻求问题的根源，分析市场的利弊，进而采取实际有效的措施进行问题的优化与改善。此外，企业绩效管理的数据分析对于产品分析也有十分明显的作用。在产品推出之前，研发部门主管能够通过企业绩效管理提前了解新产品的市场反应情况，为产品的开发提供科学依据。在产品推出之后，产品经理或者开发项目经理也可以知晓产品运营数据，如销售预测、制造数据、试销数据等，为下一步营销推广提供理性客观的依据。通过知晓旧产品的盈利情况，能够为新产品组合提供依据，辅助产品的淘汰、开发等诸多管理决策。

除上述相关人员之外，企业绩效管理的重要用户也包括企业的战略规划、财务管理及人力资源管理等职能管理部门。在实际的日常管理过程中，对企业业务部门缺乏了解是职能管理部门面临的最大困难，导致制定的管理措施往往可行度不高或偏离实际较远。由于信息不对称，职能管理部门的管理工作往往相当被动。借助企业绩效管理，职能管理部门就可以了解员工的实际工作内容和工作标准，化被动为主动，真正脚踏实地地参与到企业的经营管理活动中去，不仅能够有效监控公司的业务运行，更能够制定科学的管理制度，协助直线经理提出切实可行的解决方案，实现整个企业管理经营水平的提升。

➤ 本章小结

绩效管理信息系统是一套高效率、多功能、易学易用的绩效管理解决方案，是将日常的绩效管理流程实施在计算机群组上的工作平台，能够实现绩效管理过程的在线管理。有效的绩效信息系统可以把发展战略落实为具体可衡量的目标，通过管理诊断、检讨来改进管理体系，从而为组织战略管理提供支持，为决策者提供决策支持信息，帮助组织实现管理机制创新，促进管理精确化。绩效管理信息化可以通过企业自主开发和购买商业化系统两种基本途径实现。

绩效管理信息系统是组织的人力资源信息系统的一部分，与人力资源信息平台和其他管理平台共享数据库信息。该系统主要包括定义考核对象、设定考核指标、实现考核过程信息化、实现实时的绩效辅导与反馈沟通等基本功能。

企业绩效管理已逐步成为绩效管理发展的新方向。通过对企业不同的子管理信息系统进行基础数据收集，对海量数据进行存储、分析、挖掘、归纳与推理，从大数据中淘出真实有效的信息，企业绩效管理对企业的科学经营决策起到信息支持的作用，并根据分析结果，通过建立和完善管理制度等措施来确保企业的绩效管理目标与企业的战略目标保持一致，推动企业战略目标的实现。

➤ 专业术语

信息系统	information system
企业绩效管理	business performance management，BPM
企业资源计划	enterprise resource planning，ERP
物料需求计划	material requirement planning，MRP
制造资源计划	manufacturing resource planning，MRPII
人力资源信息系统	human resource information system，HRIM
信息化	informationization
数据挖掘	data mining
大数据	big data
商业智能	business intelligence

◖ 案例讨论

神东煤炭集团推行五型企业绩效管理信息系统

神东煤炭集团要求各矿井单位正确认识绩效考评的重要性，推广五型企业绩效管理信息系统，从本质安全型、质量效益型、科技创新型、资源节约型、和谐发展型五个方面推行绩效管理，借助信息化管理平台，实现数据资源共享，提高工作效率。集团运用信息化系统，加工生成新的信息资源，给每名员工提供一份清晰、明白、翔实、系统的绩效成绩。

一、结果公开，阳光考评

"我怎么被扣了这么多分？我不记得有过什么扣分的项目呀？"和"你看看五型企业绩效管理

信息系统不就知道了。"刚走到布尔台煤矿经营办的门口，就听到里面传来的讨论声。

"看，5号这天，被扣了20分，水泵房卫生不打扫，不学习电器设备操作……"

原来，坐在电脑前查询绩效考评得分的人是刚刚调来布尔台煤矿准备二队的员工刘志强，今天过来找经营办办事，顺便查一查自己的绩效得分。

"我觉得这套信息化绩效管理系统挺好的，每项扣分后面都有原因备注，不然，时间久了有些扣分都不知道原因，再去问考评人，他们也不一定能记得清楚。而且，像我这样有人事变动的人员，在以前，手工考评信息特别容易丢失。刚才查询绩效得分，才发现自己的绩效考评信息还保留在原来的区队里。"刘志强说道。

目前，各矿井单位应用的这套绩效管理信息系统，不仅不易丢失考评信息，还在系统中实现工资切块计算管理，解决了区队管理人员和员工相互挤占工资的现象，控制了管理人员工资总额，避免了虚报人数、代领工资现象的发生。

"队干部的工资总额，每个月都会在系统里面设定，设定之后的工资额度在队干内部循环，不侵犯员工每月所得。"大柳塔煤矿连采三队材料员鱼东周介绍道。

四十多岁的鱼东周是大柳塔煤矿的老材料员了。从最初的纸质记录、手工考评，到目前的信息化绩效管理，点点滴滴的变迁，他都看在眼里，记在心里。鱼东周说："我觉得信息化绩效管理最好的地方就在于工资管理这部分。例如，7个队干部这个月的工资总额不能超过48 000元。以前还有可能从中动手脚，可现在经营办在系统里面将总额限定，系统算工资的时候，7个人的工资总额肯定不会超过48 000元。"

二、便捷准确，员工获益

布尔台煤矿五型企业绩效管理信息系统是在榆家梁煤矿五型企业绩效考评系统软件运行的基础上，根据矿里的实际情况，加入了员工考勤、劳保用品管理等功能板块，并加大考评工作及软件系统应用力度而形成。从2011年1月开始，布尔台煤矿考评工作全部进入系统运行，并制订了五型企业绩效管理办法、检查办法和奖惩办法，实施动态和定期考评，形成考评结果与部门、班组、个人的工资挂钩的工资发放体系。体系的建立与完善，给绩效考评、奖罚分数、工资结算这些日常琐碎、繁杂的工作带来了便捷。

"系统性、便捷性和准确性，是这套系统最大的特点。在系统实际应用中，每个员工都是长期获益人。"布尔台煤矿经营办王战华边操作边介绍道。

在布尔台煤矿掘锚三队会议室里，我们见到队里的办事员王凯正在记录员工考评得分。

绩效考评信息化管理带来了很多好处。一是从管理上来说，便捷、轻松；二是从统计上来说，简便、系统，尤其是省去了汇总的过程；三是准确性也有了很大提高。"这样说吧，我们队里有个50多岁的老员工，特别细心，他每天计算自己的绩效得分并用手机把每天的得分相加，到月底的时候就对自己的总得分心里有数了。自从有了信息化管理系统后，这位老员工只需要过来问我'小王，我想看看自己的得分'，我只要输入他的姓名，立马就能查到他每一天的得分、加分、扣分及原因，还有月底ABC级员工评定等信息，十分便捷。"

ABC级员工评定是绩效考评的一部分。以大柳塔煤矿为例，该矿五型企业绩效管理信息系统按照员工绩效均分、考试成绩、出勤，自动评选ABC级员工等级，其中符合一票否决条件的直接评选为C级员工。在月度考评基础上，根据全员积分考评标准进行加减分，各月进行累计，根据积分高低按人员类型排名，按比例进行季度、年度奖励，并且作为年终先进评选的依据。

　　大柳塔煤矿连采三队验收员祁刚介绍说："在没有绩效管理信息系统的时候，队里的 ABC 级员工都是由队里推荐的，多多少少都会有人情的成分在里面，自从有了这套系统后，ABC 级员工都由五型企业绩效考评管理系统自动生成。例如，我今天的工作很出色，态度也积极，工长就会给我加分，到了月末总评会出现一个平均绩效，根据这个绩效分数，系统自动生成 ABC 级员工。由数据支撑的评选结果更加公平公正，科学合理。"

　　有了信息化管理系统，员工可以直接进入系统查询自己和其他员工的考评成绩和绩效工资，不仅可以清楚地了解自己及同事的考评情况，还可以对考评结果进行监督，有效提高了考评结果的公平公正性。

　　思考题：

　　1.神东煤炭集团的五型企业绩效管理信息系统有哪些功能？对该企业的绩效管理有哪些促进作用？

　　2.五型企业绩效管理信息系统能完全解决该企业的绩效管理问题吗？为什么？

　　3.结合本案例简要分析，实现绩效管理信息化的基本前提是什么？

➤ 思考与讨论

　　1.什么是绩效管理信息化？信息化如何影响组织的绩效管理？组织如何实施绩效管理信息化？

　　2.简述绩效管理信息系统的基本构成与功能，指出绩效管理信息系统各模块的逻辑结构，并论述绩效管理信息化如何支持和促进组织的信息化。

　　3.企业绩效管理信息化的发展趋势有哪些？请结合当前信息技术的发展情况，就信息化在人力资源管理和企业绩效管理方面的应用谈谈自己的看法。

参考文献

白鑫鑫，范玉顺 .2005.企业业务过程性能实时管理技术研究 .计算机集成制造系统 - CIMS, 11(4)：
　　507-514.

陈洪 .2005.导购绩效管理的维度 .销售与市场，(3)：23-24.

陈立 .2010.浅析公共部门绩效管理的问题及对策 .江苏科技信息，(8)：34-36.

陈万明，赵新华 .2004.全面绩效评价体系创新研究 .经济体制改革，(1)：117-119.

陈志全 .2008.知识型员工的激励机制及策略透析 .商场现代化，(6)：229.

程海涛 .2011-06-11.上海家化：让绩效为战略服务 .http://www.chinahrd.net/case/info/181757.

池国华 .2005.内部管理业绩评价系统设计研究 .大连：东北财经大学出版社 .

邓国胜 .2001.非营利组织评估体系研究 .中国行政管理，(10):41-43.

房宁 .2013-01-29.监管得怎么样，考核分数"说话" .农民日报（第 7 版）.

冯佳，吴珊 .2011-09-30.慈善事业发展，透明与监管并行 .中国社会报 .

冯丽霞 .2002.企业财务分析与绩效评价 .长沙：湖南人民出版社 .

付亚和，许玉林 .2009.绩效管理 .第二版 .上海：复旦大学出版社 .

古银华 .2008.关键绩效考核指标方法综述 .内江科技，(2)：26.

顾言慧，潘敏，万后芬 .2008.欧、美、日、中质量奖及与 ISO9000(2000) 的比较研究 .市场营销导
　　刊，(1)：25-28.

国家自然科学基金委员会 .2008-08-18.管理科学"十五"优先资助领域论证报告 .http://www.amss.
　　ac.cn/managesci/manage.html.

胡红卫 .2005.企业绩效管理 (BPM)——让战略有效执行 .新理财，(1)：54-55.

胡萍 .2007.平衡计分卡在设计企业绩效考核中的应用 .中国勘察设计，(9)：101-104.

扈欣华 .2008.标杆式组织管理体系与组织职能定位 .人才资源开发，(7)：88-89.

黄刚，王蓓 .2004.平衡计分卡的应用 .中国人力资源开发，(6)：50-52.

黄昆 .2006.BPM,让绩效管理动起来 .中国计算机用户，(18)：40-41.

黄莉 .2015.效考核在企业人力资源管理中的误区及对策 .黑龙江科技信息，(9)：277.

黄升旗 .2009.企业管理人员绩效评价问题刍论 .现代商业，(4)：68-69.

郑宝云 .2007.试论企业组织的使命管理 .经济师，(11)：169-170.

江林 .2002.知识型员工的特点与管理 .经济理论与经济管理，(9)：58-62.

姜方桃 .2010.金融危机背景下的供应链企业战略合作伙伴关系运行机制 .统计与决策，(21)：55-57.

蒋小凤 .2010.对企业绩效管理 PDCA 循环系统的思考 .人才资源开发，(8)：90-91.

雷盟 .2004.平衡记分卡应用案例 .人才瞭望，(3)：24-25.

李俊荣 .2002-09-12.如何提高培训的投资回报率 .市场报 .

李娜，姜勇 .2011.我国公共部门绩效管理存在的问题及对策分析 .农村经济与科技，(6)：259-260.

李文静，王晓 .2008.绩效管理 .大连：东北财经大学出版社 .

李杨，南峰 .2010.公共服务性企业绩效评价体系构建 .人民论坛，(29)：238-239.

李源清，李新新 .2007.当前我国国有企业绩效管理中存在的问题及对策 .商情 (教育经济研究)，(4):131.

李月萍 .2007.试析当前我国企业实行绩效管理中存在的问题 .科技创业（月刊），(3)：114-115.

刘海山，程贯平 .2009.如何建立部门层级的平衡计分卡——以 Z 啤酒公司为例 .中国人力资源开发，(12)：38-41.

刘尚娴，刘爱莲 .2007.试论我国政府部门绩效管理问题 .现代管理科学，(1)：27-28.

刘伟 .2005.绩效计划的制定流程 .中国劳动，(4)：51-52.

卢少华 .2009.企业绩效管理研究综述 .武汉理工大学学报 (信息与管理工程版)，31(1)：103-108.

栾庆伟，尹洪亮 .2002.平衡绩效卡——新的战略评估和管理系统 .辽宁财税，(2)：33-34.

罗明，于明 .2004.基于 Web 的集成化动态企业绩效评价系统框架 .计算机集成制造系统 - CIMS，10 (S1)：158-162.

马璐，黎志成 .2004.企业绩效评价系统的问题与内涵.武汉理工大学学报 (信息与管理工程版)，26(4)：99-102.

聂俊华 .2012.对标是场精心策划的"管理".施工企业管理，(12)：67-69.

欧阳洁，曹晓峰，陈竞晓 .2003.粤高速"一岗一表"绩效考评体系研究 .中国劳动，(1)：32-36.

潘菊莲，周玉林 .2008.知识型员工激励问题刍议 .企业家天地，(9)：204-205.

彭剑锋 .2008.人力资源管理概论 .上海：复旦大学出版社 .

钱常胜 .2005.知识型员工的特点与激励模式 .经济管理，(20)：51-55.

全刚，李鹏 .2007.绩效反馈的原则和方法 .技术与市场（月刊），(10)：65-66.

饶征，孙波 .2003.以 KPI 为核心的绩效管理 .北京：中国人民大学出版社 .

沈军正，王都旺，应建明 .2005.平衡记分卡：活银行绩效考核 .农村金融研究，(4)：25-27.

沈沂 .2007.把战略细化到组织的细胞 .21 世纪商业评论，(3)：96-97.

宋剑 .2012.试论如何提升企业中层管理者的领导力 .经济师，(12)：226-228.

孙燕 .2008.建立非营利组织评估指标体系的几点思考 .社团管理研究，(3)：35-37.

孙永玲 .2006.平衡计分卡的成功案例展示 .现代商业银行，(7)：50-52.

孙泽厚，罗帆 .2007.人力资源管理——理论与实践 .第二版 .武汉：武汉理工大学出版社 .

涂辉文 .2001.战略竞标 :21 世纪企业立足之道 .经营与管理，(1)：18-19.

王佳 .2004.目标管理法及其应用 .企业改革与管理，(10)：54-55.

王建敏 .2010.KPI 在汉嘉公司绩效管理中的应用研究 .大连理工大学硕士学位论文 .

王青，李清，陈禹六 .2007.基于条件概率关系的企业性能建模方法改进 .计算机集成制造系统 -CIMS，13(2)：275-281.

王锐兰，谭振亚，刘思峰 .2005.我国非营利组织绩效评价与发展走向研究 .江海学刊，(6)：97-102.

魏钧 .2010.绩效指标设计 .北京：北京大学出版社 .

闻丛 .2011.国外慈善组织监管的基本做法 .学习月刊，(6)：31.

吴志明 .2011.KPI: 帮你解决绩效评估中的难题 .中外管理导报，(1)：26-28.

武欣 .2005.绩效管理实务手册 .第二版 .北京：机械工业出版社 .

熊英子，刘爽 .2004.KPI 设计误区分析及解决思路 . 中国劳动，(10)：56-58.

徐兰 .2008. 公共部门绩效管理存在的问题及对策分析 . 人才资源开发，(9)：40-41.

徐学军，邹明信，梁朝华 .2006. 制造企业运作绩效评价体系研究 . 工业工程，9(2)：53-57.

徐艳茹 .2011. 电力企业绩效管理存在的问题及对策 . 中共银川市委党校学报，13(1)：94-96.

徐迎霞 .2008. 知识型员工组织公平感与工作满意度关系研究 . 武汉理工大学硕士学位论文 .

许瑛 .2002. 标杆瞄准：绩效评价标准新发展 . 科技进步与对策，(6)：94-96.

薛家海 .2012-12-24. 论绩效考核之一二三 . 中国营销传播网 , http://www.emkt.com.cn/article/579/57905. html.

姚常升，李锦飞 .2009. 平衡记分卡在国内制造企业绩效评价中的应用 . 中国管理信息化，(3)：82-83.

扬言 .2004.Hyperion 向左走，BO 向右走 . 软件工程师，(7)：16-20.

杨飞，王丹，李涛，等 .2008. 绩效管理案例与案例分析 . 北京：中国劳动社会保障出版社 .

杨锡怀，周鹏，孙先定 .2002. 中国钢铁行业重点企业中战略集团与绩效关系的研究 (1993-1994 年). 东北大学学报 (自然科学版)，(1)：75-78.

佚名 .2003-03-10. 如何实现短期业绩与长期战略协同发展 . 中国经营报（F02 版）.

佚名 .2012-01-13. 广东引入第三方独立评价财政支出使用绩效 . 南方日报（A07 版）.

佚名 .2012-11-06. 信息化：集约化管理的坚强支撑 . 国家电网报 .

俞宏，许丽娟 .2006. 高科技企业知识型员工的激励问题探讨 . 内蒙古煤炭经济，(8)：59-61.

袁俊 .2006. 世界三大质量奖介绍 . 船舶标准化工程师，(11)：29-33.

袁新 .2010. 企业高级管理人员的激励 . 商场现代化，(9)：136-137.

臧乃康 .2004. 政府绩效评估及其系统分析 . 江苏社会科学，(3)：141-147.

臧树伟 .2012. 叫停偷懒，让团队动起来 . 销售与市场 (评论版)，(3)：66-67.

张爱云 .2004. 平衡计分卡 (BSC) 在商业银行绩效考核中的应用 . 新疆金融，(4)：15-17.

张红梅，刘磊 .2006. 以 KP I 为核心的部门绩效考核设计 . 中国人力资源开发，(5)：83-86.

张建卫，刘玉新 .2006. 绩效管理与员工发展——一种发展心理学视角 . 商业经济与管理，18(8):29-32.

张蕊 .2012. 企业战略经营绩效评价指标体系研究 . 北京：中国财政经济出版社 .

张体勤，沈荣芳 .2002. 知识团队的绩效评价 . 德州学院学报，18(1)：1-5.

张兆国 .2002. 高级财务管理 . 武汉：武汉大学出版社 .

赵日磊 .2003-05-27. 企业绩效管理谨防误区 . 中国企业报 .

郑君君，谭旭，范文涛 .2005. 基于委托—代理理论的股权激励模型的研究 . 管理科学学报，8(1):24-29.

郑晓明，吴志明 .2000. 绩效考核之误区——来自一个国有企业的人力资源咨询报告 . 中国劳动，(4)：30-32.

中华人民共和国财政部 .2008-08-18. 企业集团内部效绩评价指导意见 .http://www.mof.gov.cn.

周志忍 .2000. 公共性与行政效率研究 . 中国行政管理，(4)：41-45.

Amygdalos C,Bara N,Moisiadis G.2014.Performance appraisal in greek public sector.Procedia-Social and Behavioral Sciences,(8)：142.

Andy N, John M, Ken P.2000.Performance measurement system design:developing and testing a process-based approach. International Journal of Operations & Production Management,20(10)：

1119-1145.

Bemardin H J,Beany R W.1984.Performance Appraisal: Assessing Human Behavior at Work.Boston：Kent Publishers.

Borman W C, Motowidlo S J.1993.Expanding the criterion domain to include elements of contextual performance.*In*:Schmitt N,Borman W C.Personnel Selection in Organization.San Francisco：Jossey-Bass.

Campbell J P, McCloy R A, Oppler S H，et al.1993. A theory of performance.*In*:Schmitt N,Borman W C. Personnel Selection in Organizations.San Francisco：Jossey-Bass.

Deborah G A, David F C.1992.Demography and design:predictors of new product team performance. Organization Science,3(3)：321-341.

Don Galagedera U A.2014.Modeling risk concerns and returns preferences in performance appraisal: an application to global equity markets.Journal of International Financial Markets, Institutions & Money，33：400-416.

Folan P, Higgins P, Browne J.2006.A communications framework for extended enterprise performance measurement. International Journal of Computer Integrated Manufacturing,19(4)：301-314.

Goldstein I L.1974.Trainng：Program Development and Evaluation.Oxford：Brookslcle.

Hyland P W, Mellor R, Sloan T.2007.Performance measurement and continuous improvement:are they linked to manufacturing strategy. International Journal of Technology Management,37(3~4)：237-246.

Irbagm D,Tekinkusm T E.2006.An analysis of the relationship between TQM implementation and organizational performance:evidence from Turkish SMEs. Journal of Manufacturing Technology Management,17(6)：829-847.

Kung C Y,Wen K L.2007.Applying grey relational analysis and grey decision-making to evaluate the relationship between company attributes and its financial performance:a case study of venture capital enterprises in Taiwan. Decision Support Systems,43(3)：842-852.

Laiv S, Wong B K.2005. Business types,e-strategies,and performance.Communications of the ACM，48(5)：80-86.

Lu Y, Xue J S, Gao Z.2004. A Framework of performance management based on an analysis and evaluation model for manufacturing systems. International Journal of Manufacturing Technology and Management，6(1~2)：43-54.

Michael A C, Ellen M P, Gina J M.1996. Relations between work team characteristics and effectiveness：a replication and extension.Personnel Psychology，49(2)：429-452.

Michel R.2005.Revving up performance.Modmater Handle，60(1)：45-47.

Neely A Y.2002.Business Performance Measurement: Theory and Practice.London：Cambridge University Press.

Oakes K.2007.Performance management lacks consistency.Training & Development,61(4)：50-55.

Pälli P,Lehtinen E.2014.Making objectives common in performance appraisal interviews.Language and Communication,(9)：92-108.

Robert S K, David P N.1996.The Balanced Scorecard: Translating Strategy into Action. Boston：Harvard Business School Press.

Sanford J G,Oliver D H.1983.An analysis of the principal-agent problem.Econometrica，51(1)：7-45.

Sanyal M K，Biswas S B.2014.Employee motivation from performance appraisal implications:test of a theory in the software industry in West Bengal (India).Procedia Economics and Finance，11(14)：182-196.

Sar I B,Ama Itik S,Kilic S E.2007.A neural network model for the assessment of partners' performance in virtual enterprises.International Journal of Advanced Manufacturing Technology，34(7~8)：816-825.

Stijn C,Simeon D.1999.Enterprise performance and management turnover in the Czech Republic. European Economic Review，43(4~6)：1115-1124.

Tan W A,Shen W M,Zhao J M.2007.A methodology for dynamic enterprise process performance evaluation.Computers in Industry，58(5)：474-485.

Wang H M,Yang Z J，Li S K.2014.An organizational performance appraisal system construction based on key elements. International Journal of Plant Engineering and Management，19(1)：1-5.

Williams R.1998.Performance Management.London: International Thomson Business Press.

Wu L W,Song Y T.2005.Measuring integrated supply chain performance.In Proceedings of 2005 International Conference on Services Systems and Services Management.

Wu L Y.2006.Resources,dynamic capabilities and performance in a dynamic environment:perceptions in Taiwanese IT enterprises.Information and Management，43(4)：447-454.

附录："绩效管理"课程设计

附录1 "绩效管理"课程设计大纲

课程名称：绩效管理课程设计 /Performance Management Course Exercise
周数 / 学分：2/2
先修课程：专业导论、管理学、管理心理与行为、绩效管理
适应专业：人力资源管理、工商管理

一、课程设计目的

绩效管理课程设计是在系统地学习绩效管理的相关理论与操作技巧之后，针对特定的现实组织，全面、全过程地进行绩效管理方案设计和实施。通过课程设计的过程，加深对相关理论的理解与方法的掌握，加强理论联系实际、灵活运用知识的能力。同时，培养和提高学生的创新能力，建立对企业人力资源系统的感性认识。

二、课程设计的内容与要求

1. 工作内容

（1）根据基础信息，分析组织的关键成功因素，确定组织绩效评价指标。

（2）制定或优化部门与岗位工作说明书，并确定部门与岗位关键绩效指标。

（3）建立完整的绩效评价指标体系（绩效要素、关键指标、权重、目标值等）。

（4）设计绩效考核实施过程的辅助工具，如相关表格、文档等，并设计绩效管理相关的保障措施。

（5）制订组织绩效管理实施方案。

2. 工作要求

（1）深入讨论与分析对象组织的相关信息，理解并合理分解战略目标、识别并优化关键业务流程，明确各层级目标的关键成功因素。

（2）在理解相关理论的前提下，基于战略绩效管理的思想，合理应用目标管理、关键绩效指标、平衡计分卡等方法，系统地建立组织的绩效指标体系。

（3）针对对象组织的具体情况，设计合理可行、操作性强的绩效管理保障措施，形成完整的绩效管理实施方案，并以制度文档的形式固定下来。

（4）通过绩效管理课程设计，应该对绩效管理与人力资源管理的其他职能之间的关联形成清晰的认识。

三、课程设计进度安排

课程设计的时间为两周。工作内容及具体时间安排如附表 1 所示。

附表 1   课程设计进度安排

序号	工作内容	时间分配 / 天
1	分析组织战略的关键成功因素，确定组织层面的绩效指标	1
2	甄别组织内部的关键业务流程，分析各流程的合理性并酌情优化	1
3	明确各关键业务流程的责任部门，确定各部门的关键绩效指标	0.5
4	根据部门职能与工作分析，确定各相关岗位的关键绩效指标	1
5	审核各层级关键绩效指标的合理性与规范性	0.5
6	建立对象组织的绩效指标体系：用层次分析法等方法与工具，确定指标的相对权重；根据组织经营目标分解、历史数据等途径确定指标的目标值	1
7	为不同部门与岗位设计相关的考核表格与考核方法	1
8	设计实施绩效管理的保障措施	2
9	汇总制定组织绩效管理制度，规范整个绩效管理过程	1.5
10	课程设计答辩	0.5

四、课程设计基础数据与产出成果

1.课程设计所需的基础数据

每个设计团队将被给予一个具体组织的资料，作为分析的起点与设计的依据。为了保证能够提供设计过程所需的尽可能充分的信息，背景资料包括以下基本内容：①组织的竞争状况及战略规划；②组织结构情况及主要业务过程；③关键部门的职能及关键职务的工作说明书；④组织绩效管理现状简介。

在设计过程中，如果出现基础数据不足，或者需要额外的数据支持，在条件允许的情况下可以通过补充调研、资料查阅等途径获取；否则可以根据对象组织所在的行业、地域等特征进行适当地假设作为补充。

2.成果提交

课程设计以团队任务的形式完成。最终提交成果由两部分组成。

（1）课程设计工作报告，每人 1 份。记录各成员的工作内容、工作过程和工作成果，以及对课程设计工作的个人体会。

（2）团队工作报告，每组 1 份。反映团队的内部分工情况、协作过程及团队工作成果（即对象组织的完整的绩效管理方案设计和实施方法）。

五、课程设计评分标准

"绩效管理"课程设计成绩评价由设计报告的成绩及设计方案答辩过程成绩两部分构成。课程设计报告和设计方案答辩的评分标准分别如附表 2 和附表 3 所示。

附表 2　课程设计报告评分标准

评定项目	评分成绩
1. 分析方法选用得当，分析结论正确（15分）	
2. 设计方案具有可操作性、可行性（20分）	
3. 设计思路清晰，方案表达清楚，具有逻辑性（15分）	
4. 设计方案具有创新性 (10分)	
5. 态度认真、遵守纪律（15分）	
6. 报告规范、参考文献充分（不少于5篇）（5分）	
7. 答辩（20分）	
总分	

注：成绩等级为优（90~100分）、良（80~89分）、中（70~79分）、及格（60~69分）和不及格（60分以下）

附表 3　课程设计答辩评分标准

项目	优秀	良好	及格	不及格
成果与见解	有新见解，成果突出，有独到的理论分析或进一步解决了实际问题（30>X≥27）	有新见解，成果较突出，有较好的理论分析或实用价值（27>X≥22）	有新见解，成果在理论和实际上有一定意义（22>X≥18）	没有新见解，没有取得有意义的成果（18>X）
方法或工具应用	方案设计合理，观点新，方法先进，理论工作可靠，结果可靠，可操作性强（30>X≥27）	掌握较好的设计方法，理论工作可靠，结果正确，技巧较熟练（27>X≥22）	设计基本合理，掌握基本方法，结果正确（22>X≥18）	设计不够合理，方法较落后或缺乏必要的验证，结果不正确或有缺陷（18>X）
报告情况	在规定时间内，简明扼要、重点突出地阐述论文的主要内容并能准确、流利地回答提出的各种问题（30>X≥27）	在规定时间内，较流利、清晰地报告论文主要内容并能恰当回答论文有关问题（27>X≥22）	在规定时间内，基本叙述出论文主要内容并基本答出论文有关的问题（22>X≥18）	在规定时间内，不能阐述论文的主要内容并不能正确回答提出的问题（18>X）
答辩准备工作	有明确的分工，答辩过程中配合良好，PPT制作精细（10>X≥9）	有一定的分工，答辩过程中有配合，PPT内容完整（9>X≥7.5）	有分工，PPT完整，但答辩过程中配合不明显（7.5>X≥6）	分工不清，PPT制作粗糙，答辩过程中无配合（6>X）
合计	100>X≥90	90>X≥75	75>X≥60	60>X

六、课程设计案例材料

详见附录 4 "绩效管理"课程设计案例材料。

执 笔（撰写人）：　　　　　　　　日 期：

审 阅（系主任）：　　　　　　　　日 期：

审 定（教学院长）：　　　　　　　日 期：

附录2 "绩效管理"课程设计任务书

"绩效管理"课程设计任务书

学生姓名：＿＿＿＿＿＿＿＿ 　　专业班级：＿＿＿＿＿＿＿＿＿

指导教师：＿＿＿＿＿＿＿＿ 　　工作单位：＿＿＿＿＿＿＿＿＿

设计（案例）题目：＿＿＿＿＿＿＿＿＿＿＿＿＿＿＿＿＿＿＿＿＿

一、初始条件

1.给定组织的基本信息，包括组织的竞争状况及战略规划、组织结构情况及主要业务过程、关键部门的职能及关键职务的工作说明书、绩效考核现状等。

2.关于所研究组织的其他相关信息，通过文献查阅或从指定的网址获得。

二、要求完成的主要任务

1.工作内容

要求完成以下工作任务：①根据基础信息，分析组织的关键成功因素，确定组织绩效评价指标；②根据部门职能及关键业务流程分析，分解组织战略目标，确定关键部门与岗位的绩效指标，建立指标库并制作详细的指标词典；③建立完整的绩效评价指标体系（包括绩效要素、关键指标、权重、目标值等）；④设计绩效考核实施流程及必需的辅助工具，如相关表格、文档等；⑤制订组织绩效管理设计与实施方案。

2.提交工作成果

要求提交以下工作成果：①课程设计工作报告，每人1份，反映各成员的工作内容、工作过程和工作成果，以及对课程设计工作的个人体会；②对象组织绩效管理方案，每组1份，作为课程设计的最终成果。

三、时间安排

本课程设计的时间为两周（第 × 周至第 × 周）。设计期间具体工作内容及时间安排如附表4（同附表1）所示。

附表4 课程设计进度安排

序号	工作内容	时间分配/天
1	分析组织战略的关键成功因素,确定组织层面的绩效指标	1
2	甄别组织内部的关键业务流程,分析各流程的合理性并酌情优化	1
3	明确各关键业务流程的责任部门,确定各部门的关键绩效指标	0.5
4	根据部门职能与工作分析,确定各相关岗位的关键绩效指标	1
5	审核各层级关键绩效指标的合理性与规范性	0.5
6	建立对象组织的绩效指标体系;用层次分析法等方法与工具,确定指标的相对权重;根据组织经营目标分解、历史数据等途径确定指标的目标值	1
7	为不同部门与岗位设计相关的考核表格与考核方法	1
8	设计实施绩效管理的保障措施	2
9	汇总制定组织绩效管理制度,规范整个绩效管理过程	1.5
10	课程答辩	0.5

四、参考资料

略(根据课程设计案例选题,酌情指定相关的教材、学术论文及网络资料)。

指导教师签名:_____   系主任签名:_____

年 月 日   年 月 日

附录3 "绩效管理"课程设计指导书

一、课程设计目的

绩效管理课程设计是在系统地学习绩效管理的相关理论与操作技巧之后，针对特定的现实组织，全面、全过程地进行绩效管理方案设计和实施。通过课程设计的过程，加深对相关理论的理解与方法的掌握，加强理论联系实际、灵活运用知识的能力。同时，培养和提高学生的创新能力，建立对企业人力资源系统的感性认识。

二、课程设计任务与要求

1.课程设计任务

课程设计要求完成以下工作任务：①根据基础信息，分析组织的关键成功因素，确定组织绩效评价指标；②制定或优化部门与岗位工作说明书，并确定部门与岗位关键绩效指标；③建立完整的绩效评价指标体系（绩效要素、关键指标、权重、目标值等）；④设计绩效考核实施过程的辅助工具，如相关表格、文档等，并设计绩效管理相关的保障措施；⑤制订组织绩效管理实施方案。

2.课程设计要求

在课程设计过程中，各设计团队内部应该进行明确的分工和密切的协作，共同完成一个组织相关部门和岗位的指标体系设计，制定统一的绩效管理制度文档，作为本团队的工作成果。

对相关知识掌握和工作过程产出的具体要求为：①深入讨论与分析对象组织的相关信息，理解并合理分解战略目标、识别并优化关键业务流程，明确各层级目标的关键成功因素；②在理解相关理论的前提下，基于战略绩效管理的思想，合理应用目标管理、关键绩效指标、平衡计分卡等方法，系统地建立组织的绩效指标体系；③针对对象组织的具体情况，设计合理可行、操作性强的绩效管理保障措施，形成完整的绩效管理实施方案，并以制度文档的形式固定下来；④通过绩效管理课程设计，应该对绩效管理与人力资源管理的其他职能之间的关联形成清晰的认识。

工作过程中的问题及时反馈，若团队讨论无法解决，则需及时向指导老师提出。

三、课程设计工作步骤

可以根据以下步骤对任务案例进行分析，设计相应的绩效管理方案，并形成绩效管理制度文档。

（1）分析与分解组织的战略目标，分析组织战略的关键成功因素，确定组织层面的绩效指标。

（2）识别组织工作的核心产出，甄别组织内部的关键业务流程，根据组织战略要求，分析各流程的合理性并酌情进行优化。

（3）分析组织结构，结合部门职责与工作分析，明确各关键业务流程的责任部门，应用"目标分解＋流程分析"的方法，确定各部门关键绩效指标。

（4）根据部门职能与工作分析结果，确定各相关岗位的关键绩效指标（包括指标的定义、计算方法、数据来源等）。

（5）集中讨论所得指标，审核各层级关键绩效指标的合理性与规范性。

（6）用层次分析法等方法与工具，确定指标的相对权重。

（7）根据组织经营目标分解、历史数据、或者标杆分析等途径确定各指标的目标值。

（8）为不同部门与岗位设计相关的考核表格与考核方法。

（9）汇总制定组织绩效管理制度，规范整个绩效管理过程。

四、课程设计进度安排

设计期间具体工作内容及时间安排如附表 1 所示。

五、课程设计评分标准

课程设计成绩评价由设计报告的成绩及设计方案答辩过程成绩两部分构成。课程设计报告和设计方案答辩的评分标准分别如附表 2 和附表 3 所示。

附录 4 "绩效管理"课程设计案例材料

📖 案例材料一

YC 地铁公司的员工绩效评价

一、YC 地铁公司简介

YC 地铁公司成立于 20 世纪 90 年代初期，在 20 多年的发展中，YC 地铁营运模式也从传统国有垄断向市场化转变。2000 年事业部制改革以来，经过 10 多年的探索，在"以人为本"的核心价值观导向下，形成了"建设为运营、运营为资源、资源为效益"的一体化管理，肩负着地铁为城市提速的社会使命。

近年来，YC 地铁公司的资产规模和经济效益都得到了快速发展，面临着挑战和机遇并存的高速发展局面，但在员工绩效管理体系上，老国有企业所固有的员工绩效评价弊端也逐渐显现。为了适应市场竞争的需要，保证公司稳步与良性发展，应在现有基础上进一步优化员工绩效评价体系，以此来规范公司的内部员工管理。

YC 地铁公司目前还沿用早年制定实施绩效评价体系，以《YC 地铁公司员工评价管理办法》为依据。作为国有企业的地铁公司，在发展中也不断地推动绩效评价工作的改进，但整体变化不大，特别是在近几年地铁对人员需求量大、每年近 2 000 人的膨胀速度面前，绩效评价更多的是停留在"走过场"的层面。

二、YC 地铁公司员工绩效评价的方式

从事业单位向企业化的转变过程中，YC 地铁公司确定员工绩效评价办法并赋予实施，从初期的 360 度的评价，到简化了的"直接上级对下级进行评价"方式进行，并认为"企业的使命和任务，必须转化为目标"。其评价方法类似于"目标管理"的运用，管理者必须通过目标对下属进行管理，当高层管理者确定了 YC 地铁公司的目标后，必须对其进行有效分解，转变成为部门及个人的目标，管理者根据分目标完成的情况对下属进行评价、评估和奖惩。

在选择这一方法时，它通过一种程序使 YC 地铁公司中的上、下级一起协商，根据 YC 地铁公司的使命确定一定时期内 YC 地铁公司的总目标，由此决定上级、下级的责任和分目标，并把这些目标作为 YC 地铁公司对员工经营、评估和奖励的标准。

在对员工进行评价时，YC 地铁公司注重员工短期的工作业绩，而这种行为表现受很多因素的影响，在进行员工绩效评价的实际操作中，也并未有清晰的职位描述信息，仅仅是将岗位工作分解到各员工的日常岗位工作中。

在评价方法上，YC 地铁公司主要是按照"目标管理法"的原理，对员工工作业绩进行评价，

整个评价过程由设定工作目标、制定实施阶段、完成情况评价阶段、结果反馈阶段、结果运用阶段等对员工绩效进行评价与管理。

1.设定工作目标阶段

在设定工作目标阶段，员工按照岗位职责、部门分解目标和岗位工作任务提出工作计划与目标，并与直接上级沟通，在直接上级指导下修正、完善工作计划，填写《工作绩效评价文件》，列出所需完成的主要工作任务、重要性排序和评价标准等，并由双方签字确认。在这一阶段，对于地铁员工来说，设定绩效指标主要针对本职岗位进行设定。

2.制定实施阶段

在制定绩效目标并实施的阶段，主要是由下级员工提出，直接上级确定的形式进行，员工的绩效按照本职岗位进行确定和完善，并认为可足以反映本岗位绩效；同时，双方对主要工作任务的重要程度达成一致意见，并经双方签字确认。

3.完成情况评价阶段

员工对工作完成情况进行自我评价。直接上级根据设定和调整员工的工作计划及目标，对员工实际工作业绩表现做出评价，评定评价结果等级，并写出评语及工作改进建议。在评价阶段，依据就是在绩效期间开始时双方达成一致意见的关键绩效指标、计划，直接上级对下属的绩效目标完成情况进行评价。

4.结果反馈阶段

在制度中规定，在结果反馈阶段，直接上级还需要与下属进行一次面对面的交谈。通过绩效反馈面谈，使下属了解直接上级对自己的期望，了解自己的绩效，认识自己有待改进的方面；并且，下属也可以提出自己在完成绩效目标中遇到的困难，请求上司指导。

5.结果运用阶段

对于YC地铁公司来说，它需要保留住那些能够取得良好绩效的员工，并且不断地促使他们做出更好的绩效。因此，绩效评价结果在YC地铁公司表现有几种用途，在《YC地铁公司综合评价办法》中也做了明确规定："年度综合评价结果作为竞聘评分要素之一或选聘上岗的参考依据。评价结果为基本称职的，第一年实行在岗培训或转岗；年度综合评价结果为不称职或连续两年为基本称职的员工，根据其实际工作能力和岗位需要安排工作，经过培训或调整工作岗位后仍不能胜任工作的，可解除劳动合同"；其次，绩效评价结果是作为年度评先的参考依据。"

三、YC地铁公司员工绩效评价体系中存在的问题

通过调研发现，现有的评价体系在多年的实际操作过程中，主要存在以下几个方面的问题。

1）评价定位模糊偏差

YC地铁公司现有体系对绩效评价定位比较模糊且存在一定的偏差，主要表现在评价缺乏明确的目的上，仅仅是为了评价而进行评价。几年的绩效评价工作，未能随着企业的高速发展而不断与时俱进，绩效评价通常是流于形式，评价结束后，评价的结果不能充分利用起来，耗费了大量的时

间和人力、物力，结果不了了之。绩效评价的定位模糊与偏差，也导致绩效评价推进不力，造成在员工心理认识上可有可无；定位出现偏差，导致绩效评价的目的和内容变得很不清晰，直接带来实施方法上的差异，影响到评价的实施效果。

2）绩效指标缺乏科学性

选择和确定什么样的绩效指标是评价中一个重要的，同时也是比较难以解决的问题。YC 地铁公司所采用的绩效指标，指标要求上过于随意，不能较好地反映出组织目标的发展要求，指标设置随意性较大，目标设置短视行为严重，选择对自己有利的指标，而不选择难以完成的指标。在对于科学确定绩效评价的指标体系及如何使评价的指标具有可操作性，YC 地铁公司是考虑得很不周到的。

在这个评价体系中，员工绩效评价指标中有一部分是与其工作内容是直接相关的，可以直接对其工作结果或短期目标的实现情况较好进行评价；另一部分绩效指标是对工作结果造成影响的因素，但并不是以结果的形式表现出来的绩效，这样的评价指标缺乏科学性，选择的绩效指标不够完善。另外可以看到在任务绩效方面仅仅是从经营指标去衡量，过于单一化，很多指标没有囊括进去。在对管理者的评价中，往往仅仅从经营指标去衡量，而没有衡量其管理能力，把对管理者的评价等同于对普通员工的评价，这样不能通过绩效评价来判定其工作是否达到了任职资格。

3）绩效评价衔接不好

要想做好绩效评价，还必须做好评价期开始时的工作目标和绩效指标确认工作，以及评价期结束时的结果反馈工作。这样的前提是将绩效评价放在完整的员工绩效管理过程中，YC 地铁公司没有将绩效评价放在员工绩效管理的体系中考虑，孤立地看待评价，不重视评价前期与后期的相关工作。例如，在评价之前，直接上级需要与员工沟通，共同确认工作的目标和应达成的绩效标准，实际操作中，直接上级对下属递交的评价表不认真核对，签名了事。在评价结束后，直接上级需要与员工进行绩效面谈，共同制订今后工作的改进方案，而 YC 地铁公司在评价前后评价者都没有和被评价者进行必要的沟通，使员工对绩效评价认可度低，抵触情绪大。

资料来源：由武汉理工大学管理学院 MBA 学员邱志红编写

案例材料二

DL 物业经营管理公司的人员绩效评价

一、DL 物业经营管理公司的基本情况

DL 物业经营管理公司是 2006 年成立的，经营范围涉及物业管理、房屋销售及租赁、清洁卫生服务、企业营销策划、服装批发和零售等。负责经营管理某品牌服饰批发广场，一期工程建筑面积近 16 万平方米。广场拥有完善的软硬件设施和现代化的管理及服务功能，近 3 000 家国内外品牌商户入驻，荟萃精品男装、女装、童装和休闲装。广场共七层，其中地下两层，地上五层，地下二层为停车场和仓库，地下一层为童装大世界，一层为品牌男装，二层为品牌女装，三层为精品女装展示厅，四层、五层为精品男装展示厅。公司汇聚业内精英管理团队，长期负责某品牌服饰批发广场的形象维护、物业管理、交易监管、营销企划、广告推广等工作。主要部门为行政人事部、财务部、招商部、工程部、保安部、保洁部、现场部、策划部。DL 物业经营管理公

司的组织结构如附图 1 所示。

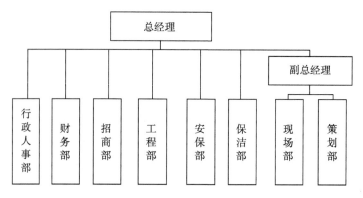

附图 1   DL 物业经营管理公司组织结构图

各个部门的工作职责分别如下。

（1）行政人事部主要负责公司的行政事务，人员的招聘、培训、评价；各项管理制度的制定；员工劳资及各项保险的缴纳。

（2）财务部负责公司的采购及物料的管理；公司各项费用的预算、审核；往来账目的记载与报送等。

（3）招商部根据广场定位、市场规划拟定招商方案并组织落实。

（4）工程部负责批发广场所有设施的日常运行维护、维修。负责客户委托的改造工程方案的确定及组织实施。

（5）保洁部负责批发广场内外的公共部分的地面、墙面、天幕、围栏、栏河、花槽、卫生间、电梯镜面、扶手、玻璃及辅助设备、设施的日常和定期清洁、抛光、上蜡、除垢工作。

（6）安保部负责批发广场外围的道路疏通，安全保卫工作，大厦停车场的车辆进出、停放管理，大厦的消防安全管理。

（7）现场部负责与客户联系、沟通，全面了解客户的需求，并反馈给各个部门，以对客户进行服务。

（8）策划部负责制定公司的年度营销、广告等战略，并组织年度工作计划完成；协助主管副总完成公司的战略目标；对策划中心进行日常管理和部门建设。

DL 物业经营管理公司现有员工 196 人，其中，临时人员 63 名，保安队员 57 名，其他管理人员 76 人；年龄在 30 岁以下的人员 80 人，30~40 岁有 27 人，40 岁以上 89 人；初中以下文化程度 67 人，中技高中文化程度 84 人，大专文化程度 34 人，本科文化程度以上 11 人。从员工年龄结构上看，30~40 岁年龄段的人数只占到总人数的 13.8%；学历方面，76 名管理人员中大专以上学历占 52.6%，临时人员和保安队员学历以初中、高中为主。

目前，DL 物业经营管理公司实行的是核定收支、定额或定向的财务管理模式。企业的收入来源主要是物业费、空调费和广告经营收入，但广告经营收入所占的比重很少。

二、DL 物业经营管理公司人员绩效评价概况

DL 物业经营管理公司人员在 2006 年成立之时设立了行政人事，由一名行政人事部经理负责

企业的人力资源工作，包括经理 1 人、人事主管 1 人、人力专员 1 人。这些人员都未经过专门的人力资源管理的系统教育，只是在企业成立之时竞聘上岗。经过不定期的培训和长时间工作经验的积累，人员素质有了一定的提高，但在员工绩效管理上仍停留在绩效评价阶段，缺乏完善的绩效管理制度。每年年底进行统一的绩效评价，所有员工填写"一般员工评价评分表"，见附表 5。

附表 5　_____年一般员工评价评分表

姓名				岗位		
KPI 指标	序号	指标	权重 /a_i%	评价目标值	完成情况	得分 /A_i
	1					
	2					
	3					
	4					
GS 指标	序号	指标		权重 a_i%	评分等级	得分 /A_i
	1					
	2					
	3					
常规性指标	$B \in (-5\sim5)$ 由上级给一分值					
	备注：说明加分或减分的理由					
"单项否决"指标：				完成情况：		
备注						
评价指标签字确认	被评价人签字		年　月　日	直接上级签字		年　月　日
评价结果签字确认	被评价人签字		年　月　日	直接上级签字		年　月　日

注：本表由行政人事部汇总统计，并备案

普通员工的评价采取交替排序法和强制比例法，各单位领导根据员工的工作目标和一年的工作情况，对所有员工排序，从第一名到最后一名，然后分为优秀、良好、一般、差四类，其中规定优秀人数不超过总人数的 10%。排序、分类后将名单上报行政人事部，既没有与职工的直接沟通，也没有进一步的改进措施。企业规定，绩效为差的人员将受到扣除一个季度绩效奖励的惩罚，其他三种类别不奖不罚。一般没有犯相当严重的错误，绩效是不会评为差的，事实上企业各单位基本没有绩效为差的员工。

一般员工包括部门负责人以下所有非计件员工。根据员工年度评价综合得分，行政人事部以部门为单元进行强制排序，按照一定的比例进行评判等级（具体参见附表 6）。一般员工绩效评价结果分布符合正态分布。等级评定结果最终上报行政人事部。

附表 6　一年度绩效评定等级比例限制表（单位：%）

综合评定等级	A 优	B 良	C 合格	D 基本合格	E 亟待改进
比例	10	20	55	10	5

行政人事部接到各个部门的排序和分类表之后，只对绩效为"差"的员工进行处理，然后存档。

中层领导评价采用 360 度评价法，评价主体分为企业领导、其他中层领导和部门职工，评价表见附表 7，权重分别占 50%、30%、20%，根据算出的分数将所有领导排序。中层领导分别在干部会和本单位做述职报告，报告结束后，通过量表考绩法由领导、同事和职工对中层管理人员的绩效进行打分。所有考评的结果交行政人事部存档。

附表7　一年中层管理人员能力评价表

姓名				岗位		
能力指标	序号	指标	权重%	评分等级		得分
	1	人际交往能力	10			
	2	影响力	10			
	3	领导能力	20			
	4	沟通能力	15			
	5	判断决策能力	20			
	6	计划执行能力	15			
	7	学习能力	10			
		加权合计				
备注						
评价结果签字确认	被评价人签字　　　　　　年　　月　　日			直接上级签字　　　　　　年　　月　　日		

注：本表由行政人事部汇总统计，并备案

三、DL 物业经营管理公司人员绩效评价存在的问题

1. 没有建立完整的绩效管理系统

绩效管理包括绩效计划、绩效实施、绩效评价、绩效反馈四个方面，是一个 PDCA 的闭环，而 DL 物业经营管理公司的绩效管理系统是不完整的，这主要体现在两个方面：一是缺乏系统的绩效目标和刚性的制度约束，组织绩效与员工绩效相分离；绩效评价与人力资源管理的其他环节相分离，激励与约束不对称，缺乏一致性。绩效目标得不到有力的支持，公司目标没有很好的着地。二是绩效管理系统内部缺少绩效沟通、绩效反馈和依据绩效评价结果来改进绩效的过程。由于评价的不科学性，没有将绩效评价的结果作为组织进行决策的重要依据，如指导招聘、培训、职位调整、修改职位说明书等。缺乏系统管理的思想作为指导，致使绩效管理工作缺乏系统性。

2. 各部门、员工对绩效评价的理解不够

由于绩效管理是企业很重要的管理手段，公司领导要求行政人事部建立绩效评价体系，而事实上在当时公司的职位分析体系和培训体系还没有建立起来，人力资源管理基础薄弱导致绩效评价在执行上存在许多问题：单纯地为了评估员工表现做绩效评价，主管和下属就像总在做着"审判"和"被审判"的工作，双方都费力不讨好。直线主管觉得做绩效评价是得罪员工，会影响关系，思想上反对；员工觉得公司不信任自己，有抵触情绪，而不明白完整的绩效评价对自身、部门、对公司都是有益处的。

3. 各级管理者参与绩效管理不够

绩效管理是保证战略实施的有效管理工具，从这个意义上讲企业所有管理者都应当承担绩效管理的责任。绩效管理成为各级管理者的主要管理工作，但是不同层次和不同职能的管理者在绩效管理中的责任是有所区别的。在 DL 物业经营管理公司执行绩效评价的过程中，行政人事部不遗余力地推行，但其他各个部门不清楚该做些什么，使行政人事部单兵作战，非常孤立。

4.员工对公司总体目标和发展规划的落实不明确

员工不了解公司的目标；大部分部门的工作计划不明确，无法激发员工的积极性、主动性和创造性，导致工作效率偏低，责任心缺位。员工对绩效评价反应冷淡，觉得只是约束自己遵守纪律的工具和年终分配的形式，看不到评价带来的实际效果，也不清楚对公司发展有何意义。一些主管也希望评价标准简单一点，这样既省时也不费事。

5.绩效沟通渠道不畅通

公司没有建立经常性的沟通机制和员工活动平台，除了处理临时的突发事件或遇到困难主动请示外，员工很少得到主管的指导和建议；部门之间各自为政，沟通不足；而主管对员工工作过程缺乏深入了解，经常是出现问题或者业主投诉后才急忙进行"救火"。绩效评价没有促进工作的检查和改进。

资料来源：由武汉理工大学管理学院 MBA 学员程军编写

📖 案例材料三

H食品药品监督管理局的绩效管理体系

一、H食品药品监督管理局的基本概况

H食品药品监督管理局是中华人民共和国H省人民政府综合监督食品、保健品、化妆品安全管理和主管药品监督管理的部门管理机构，为省卫生厅管理的行政机构。

H食品药品监督管理局设10个内设机构，如下所示。

1）办公室

承担局机关日常政务工作的综合协调和检查督办；负责文电、会务、机要、档案等机关日常运转工作及安全保密、政务公开、来信来访、新闻发布、宣传报道、统计管理等工作；负责应急管理的组织协调；指导本系统的信息化建设；负责局机关国有资产管理；指导局机关行政审批服务中心和后勤服务中心工作。

2）政策法规处

组织开展食品药品监督管理政策研究；拟订食品药品监督管理有关地方性法规草案和规范性文件；承担有关规范性文件的合法性审核工作；承担行政执法监督及有关行政复议、行政应诉、听证和法制宣传教育等工作；指导本系统法制建设。

3）餐饮服务监管处

承担餐饮服务环节食品卫生许可和食品安全监督管理工作；拟订餐饮服务环节食品安全管理规范并监督实施，承担餐饮服务环节食品安全状况调查和监测工作，发布与餐饮服务环节食品安全监管有关的日常监督管理信息；组织开展餐饮服务环节食品安全事故的处理工作。

4）保健食品、化妆品监管处

承担保健食品许可、化妆品卫生许可及监督管理工作；承担保健食品初审和有关化妆品的初审、备案工作；监督实施保健食品标准和生产经营质量管理规范；监督实施化妆品卫生标准和技术

规范；承担保健食品、化妆品广告审查与监督管理工作；承担保健食品、化妆品安全监测和风险评估工作；发布与保健食品、化妆品安全监管有关的信息；承担保健食品、化妆品检验检测机构监督管理工作。

5）药品注册处

监督实施国家药品标准及直接接触药品的包装材料和容器产品标准；承担药品（含医疗机构制剂）、直接接触药品的包装材料和容器、药用辅料的有关注册工作；监督实施国家中药饮片炮制规范并拟订地方规范；负责初审非处方药物；监督实施药物非临床研究、药物临床试验质量管理规范；实施中药品种保护和药品行政保护制度。

6）医疗器械监管处

监督实施医疗器械标准；承担有关医疗器械的注册管理工作；监督实施医疗器械临床试验、生产质量管理规范；承担医疗器械生产许可的监督管理；组织开展医疗器械不良事件监测、再评价和淘汰工作；承担医疗器械检测机构监督管理工作。

7）药品安全监管处

监督实施中药材生产、药品生产及医疗机构制剂等质量管理规范；组织实施药品分类管理制度；承担放射性药品、麻醉药品、毒性药品及精神药品、药品类易制毒化学品、药源性兴奋剂等监督管理工作；承担药品生产、医疗机构制剂配制和放射性药品使用许可的监督管理；组织开展药品不良反应监测、再评价和淘汰工作。

8）药品市场监督处

监督实施药品、医疗器械经营质量管理规范；承担药品、医疗器械经营许可的监督管理；监督实施药品流通领域药品分类管理制度；承担国家基本药物经营的监督管理及相关制度的实施；承担药品、医疗器械广告审查与监督管理；承担互联网药品信息服务和交易行为的监督管理；承担中药材专业市场监管工作；组织开展农村药品监督网和供应网建设。

9）财务规划处

贯彻执行国家财经政策和法规；负责全省系统财务管理工作；拟订本系统中长期发展规划、基础设施建设规划和装备条件规划并组织实施；承担行政事业性收费项目及标准的申报、行政收费收入、罚没收入按照国家规定实行收支两条线管理等工作；承担本系统国有资产管理工作；承担对局机关财务和直属单位的审计监督工作。

10）人事教育处

负责全省系统的人事、机构编制管理、组织建设和队伍建设；研究拟订教育培训规划并组织实施；协助局党组对市（州）、直管市、神农架林区食品药品监督管理机构领导班子行使管理职责；组织实施奖励工作；负责药品、医疗器械、保健食品、化妆品行业执业人员资格准入、注册管理和教育培训工作；承担社团的指导工作；承担对外交流与合作工作。

机关党委负责局机关和直属单位的党群工作。设立机关党委办公室，承担机关党委的日常工作；纪检监察机构按有关规定设置；离退休干部处负责局机关离退休干部工作，指导直属单位的离退休干部工作。

H食品药品监督管理局机关行政编制为82名。其中局长1名、副局长4名、纪检组长1名；正处级领导职数16名、副处级领导职数15名。

二、H食品药品监督管理局的发展目标

1）食品安全国家标准"十二五"规划分析

《食品安全法》公布施行后,食品安全标准工作力度逐步加大,主要工作内容包括:完善食品安全标准管理制度;加快食品标准清理整合;制定公布新的食品安全国家标准;推进食品安全国家标准顺利实施;深入参与国际食品法典事务。食品安全国家标准"十二五"规划中明确规定了"十二五"期间食品安全工作的主要任务和保障措施,里面多处提及食品安全监督管理部门的权责任务。这对H食品药品监督管理局制定"十二五"期间的具体工作任务和目标起到了指导性作用。依据食品安全国家标准"十二五"规划,可以得到如下的一些工作目标,见附表8。

附表8 食品安全目标分解表

序号	目标
1	开展对各市(州、地)餐饮服务食品安全监管工作绩效评价,落实监管责任追究制
2	进一步完善餐饮服务食品安全事故应急体系。制订餐饮服务环节食品安全应急预案,建立健全餐饮服务食物中毒事故报送体系,实行专人负责
3	加强餐饮服务食品安全专项整治工作。加强对学校食堂等重点区域、进货查验、索证索票、台账建立等关键环节,餐饮服务环节采购和使用乳制品、食用油、调味品、食品添加剂等重点品种的专项整治,严厉打击无证经营、违法使用非食用物质和滥用食品添加剂等违法行为
4	组织开展全省餐饮服务食品安全监督抽检、风险监测和调查与评价工作
5	贯彻落实国家局保健食品、化妆品行政许可受理审查要点和技术审评要点。建立健全保健食品、化妆品监管工作程序。开展保健食品、化妆品安全风险监测工作及再注册工作
6	加大保健食品、化妆品监管力度。加强保健食品、化妆品日常监督检查力度,重点加强对安全风险较高的产品、产品原料和委托加工行为的监管。根据国家局部署深入开展打击违法添加等专项整治及虚假宣传行为

2)《国家药品安全"十二五"规划》分析

药品安全是重大的民生和公共安全问题,事关人民群众身体健康与社会和谐稳定。为进一步提高我国药品安全水平,维护人民群众健康权益,促进医药产业持续健康发展,依据《中华人民共和国国民经济和社会发展第十二个五年规划纲要》和党中央、国务院有关方针政策,制定了国家药品安全"十二五"规划。

《国家药品安全"十二五"规划》明确提出了规划的量化目标。

（1）全部化学药品、生物制品标准达到或接近国际标准,中药标准主导国际标准制定。医疗器械采用国际标准的比例达到90%以上。

（2）2007年修订的《药品注册管理办法》施行前批准生产的仿制药中,国家基本药物和临床常用药品质量达到国际先进水平。

（3）药品生产100%符合2010年修订的《药品生产质量管理规范》要求;无菌和植入性医疗器械生产100%符合《医疗器械生产质量管理规范》要求。

（4）药品经营100%符合《药品经营质量管理规范》要求。

（5）新开办零售药店均配备执业药师。2015年零售药店和医院药房全部实现营业时有执业药师指导合理用药。

H食品药品监督管理局可以参照规划的量化目标执行,执行过程之中,注重突出H食品药品监管管理局工作的特点,具体目标见附表9。

附表9 药品安全目标分解表

序号	目标
1	强化对药品零售药店执业药师在岗履职情况和处方药凭处方销售督查
2	按照国家局部署,实行四大类药品和基药的电子监管,力争减少预警次数
3	开展流通领域抗菌药物专项检查;开展药品经营企业疫苗专项检查;发布药品质量公告;发布全省药品市场监管工作情况通报
4	加强药品配送企业(企业资质条件、药品配送情况)的监管
5	按照国家局令第24号及相关文件对药品说明书、标签进行备案审查,确保说明书、标签符合相关规定,保障消费者用药权益
6	强化药物研究全程监管。对药品研制现场和生产现场进行全面检查,确保药品注册申报资料的真实性
7	根据零售药店的申请,按时完成GSP认证;完成零售药店GSP认证跟踪检查
8	实行高风险生产企业驻厂监督制度,推行质量受权人制度
9	加大重点品种安全监管。加强中药生产监督检查,开展麻醉药品和精神药品生产经营专项检查
10	对药品生产企业、医疗机构制剂室监督检查每年每家不少于1次,对存在问题的企业应进行督促整改跟踪检查,有检查记录,建立一企一档监管档案
11	对有国家基本药品目录、含特殊药品的生产企业每年检查不得少于2次,对存在问题的企业应进行督促整改跟踪检查,有检查记录,建立一企一档监管档案
12	加快推进医疗机构"两房"规范化建设步伐,加强医疗机构药品购进、储存、使用等环节的质量管理
13	加强对省级药品广告监管,对监测发现的违法药品广告及时移送省工商局并上报国家局
14	做好医疗器械注册管理工作。规范审评审批程序,完善审评审批责任制,加强时限管理。做好医疗器械注册申报资料核查,认真开展医疗器械注册现场核查
15	加强医疗器械生产经营监管。强化医疗器械生产企业的日常监管,在无菌和植入性医疗器械生产企业实施《医疗器械生产质量管理规范》
16	进行全省药品抽验
17	进行全省医疗器械抽样
18	严格依法办理行政案件,严肃查处制售假劣药品、医疗器械的违法行为

3)H食品药品监管工作环境分析

从上述对外在环境的分析可以发现,食品药品安全监管工作所处环境复杂,要较好地完成监管工作,需要对所处环境有清晰地认识,抓住主要矛盾,下大力气解决,下列几点为当前H食品药品监督工作需要解决的主要问题。

(1)一些食品药品生产经营企业法律意识淡薄,诚信道德低下。目前,一些食品药品生产企业、食品加工企业和从业人员唯利是图,置法律、道德和人民群众的生命健康于不顾,肆无忌惮地生产加工有毒有害食品药品,而且手段不断翻新。

(2)一些地方和部门监管缺失,对违法行为打击不力,使食品药品领域违法犯罪行为得不到有效遏制。目前,食品安全源头监管薄弱,是一个相当突出的问题。近年来的食品安全案件,大多发生在食品生产源头和初加工环节。因此,依法加强源头监管、消除安全隐患,是需要各级政府高度重视并尽快予以解决的重大问题。

(3)体制调整尚未完全到位,某些职责分工不明确,造成一些环节监管缺失。在实际监管工作中监管交叉和监管空白同时存在,一些地方在发生问题后甚至出现相互推诿的现象。食品药品安全综合协调的体制机制尚未理顺。

(4)法规和标准不健全,影响了法律的实施效果。从国家层面看,一些监管工作方面需要的法规、规章和制度还存在空白。从地方层面看,应由地方制定的食品生产加工小作坊和食品摊贩管理办法,目前仅有个别省(区、市)出台。

(5)检验检测资源配置不合理,影响监管工作效率。

(6)法律的宣传贯彻不够深入,特别是对生产经营人员的教育薄弱,以至一些食品药品生产经营企业的从业人员对法律规定不了解、不熟悉的情况还比较普遍。

从绩效方面来看，对应的有如下的工作目标，如附表 10 所示。

附表 10　环境目标分解表

序号	目标
1	加强领导班子建设，认真贯彻落实民主集中制，健全和落实谈心和谈话制度，述职述廉制度，严格执行科级干部报告个人有关事项规定。认真开好党员领导干部民主生活会
2	认真制订年度干部教育培训计划，组织开展形式多样的理论和业务知识培训、学习
3	规范日常人事管理，严格按有关政策、程序及时办理工作人员的评价、晋升、增资、奖惩、退休等工作
4	组织好药品从业人员岗位培训工作
5	组织好药品从业人员继续教育工作
6	执行相关法律法规、落实依法行政实施纲要，建立健全执法相关配套制度
7	规范行政权力运行，行政决策、行政审批、行政处罚等行政行为合法、适当
8	严格执行行政过错责任追究制度，做好案件的审核、听证、行政复议和应诉工作，做好规范性文件的审查、备案工作
9	做好机关工作制度的汇编工作，做到工作运转规范有序
10	健全应急工作组织协调机制，确保应急工作迅速、高效、有序开展。加强值守应急工作管理，落实24小时值班制度，不定期对值班人员在位情况进行检查
11	落实综合治理工作责任制，确保系统稳定。签订安全工作目标责任书、驾驶员安全工作责任状、落实安全防范责任制
12	加强新闻宣传和政务信息工作，做好大事记编写工作
13	认真完善和落实政务公开工作制度。做好群众来信来访接待和回复工作，按时上报信访统计报表
14	按时接收、处理各类公文，公文运转规范有序，加强档案和印鉴使用管理
15	建立健全单位内部财务管理制度
16	严格执行专款专用制度，严格执行政府采购制度和固定资产处置报批制度
17	认真落实党风廉政建设责任制，规范领导班子成员廉洁从政行为
18	深入开展民主评议政风行风和机关效能建设工作，促进依法行政，改善服务态度，提高服务质量，切实维护群众利益
19	加强对机关工作人员的廉政教育和监督，提高遵纪守法自觉性。认真受理群众举报，及时调查核实，严肃查处违法违纪行为
20	党组（党委）至少听取一次机关党组织汇报并提出指导性意见
21	党建工作纳入单位总体工作安排
22	落实党员领导干部党建工作述职制度
23	领导班子组织学习《中国共产党党和国家机关基层组织工作条例》
24	加强党务干部队伍建设，配强配齐机关党组织班子
25	建立并落实领导班子民主议事制度
26	建立落实党组（党委）中心组学习制度
27	党组（党委）成员带头参加调研
28	积极开展创先争优活动

4）上级部门下达任务分析

H食品药品监督管理局是由省卫生厅管理，分管省长负责的省级单位，工作任务除了日常为民服务的食品药品监督管理任务和自身安排的职工各项素质提高的工作外，还有一部分是上级部门下达的需配合完成的工作任务，这部分工作是主管部门工作目标任务的一部分，完成的质量会直接影响上级主管部门的绩效评价工作，所以要分解到本单位的工作发展目标中去，以便能够保质、保量完成各项工作，对上级单位负责。具体任务目标分解见附表11。

附表11   下达任务目标分解表

序号	目标
1	按时、保质完成国家局、省委、省政府确定的年度重点工作
2	按时、保质完成国家局、省委、省政府领导批示（交办）的事项
3	按时、保质完成国家局、省委、省政府批转的信访件
4	按时、保质完成省人大代表建议和政协委员提案
5	按时、保质完成省国家局、省委、省政府及其上级业务对口部门下达的各项任务或工作指示，反馈材料做到内容全面、表述清楚、言简意赅

5）H食品药品监督管理局总体发展目标

整理以上分析，由各分解目标综合得到H食品药品监管局的总体发展目标如下，其执行期为五年：经过五年的努力，全面实现新一轮食品药品监管体制和机制改革履职到位；监管队伍素质进一步提高，依法行政能力进一步提升；基础设施和执法装备进一步强化；全省药械生产经营秩序明显好转；食品药品安全信息化建设取得明显成效；食品餐饮服务秩序、保健品、化妆品经营秩序明显好转；食品医药产业结构调整取得重大进展；食品药品安全质量可控，人民群众饮食用药安全得到更好的保障。

三、H食品药品监督管理局的绩效管理现状

当前H食品药品监督管理局的绩效管理仍然停留在绩效考评上，主要从工作的业绩、思想政治素质等方面对员工进行绩效考评，评价按照管理权限，全面评价干部、职工的德、能、勤、绩、廉，重点评价工作实绩。

H食品药品监督管理局的评价种类分为两种。

（1）能力评价，就是参照职责标准，以干部、职工在一定时间内职务的能力，进行评定。

（2）业绩评价，就是参照职责标准，对干部、职工在一定时间工作任务完成的情况，进行评定。

评价的结果主要用于提高干部、职工的能力和人事管理的待遇方面。

（1）教育培训：在进行教育培训工作时，应把人事评价的结果作为参考资料。

（2）调动调配：在进行人员调配工作或岗位调动时应该考虑评价结果。

（3）晋升：在根据职务进行晋升时，应该把能力及业绩评价的评语，作为参考资料加以运用。

（4）奖励：为了能使奖励的分配对应于所做的贡献，应该参照业绩评价的评语进行。

评价的对象为在职的职工，其评价工作的管理为人事教育处。这样的绩效管理体系在一定程度上提升了H食品药品监督管理局的绩效，绩效评价的结果对应相应的待遇，一定程度上有效刺激了员工的工作热情和积极性。

四、H食品药品监督管理局绩效管理存在的问题

随着绩效评估工作的开展和深入，整个H食品药品监督管理局各部门的政治觉悟、精神风貌、办事效率、工作态度等都在工作业绩中反映出来，都有了明显的改善。在一定程度上，促进了行政效率的提高，使监管水平、能力得以提升。这是现行绩效评估实施的优势所在，其目的是希望能够达到互相促进、提升能力、改进效率。但在具体的执行和操作过程中，H食品药品监督管理局的绩效评价体系还有待进一步完善，主要存在以下几个问题。

1）评价内容不全面

H食品药品监督管理局的绩效评价指标和内容是能力评价和业绩评价，其实质为个人作业绩

效。在绩效评价内容中需进行补充，除评价个人作业绩效外，可以加上关系绩效，或同团队绩效进行挂钩。

2）评价主体不健全

H食品药品监督管理局的绩效评价同我国其他部门的公务员绩效评价一样，主要是内部进行。内部进行的这种评价方式的主体就是该部门在职的公务员，这种评价方式的主体已经不能适应当前社会发展的需要。一般公务员或部门领导的工作业绩一定是同公众的感受成正比的。但是，公众并没有参与到评价之中。

3）评价程序监督不够

现行的评价机制所对应的评价过程主要包括个人总结自述、领导意见和评价、评价委员会意见，最后确定成绩。在这个过程中，个人的总结都会倾向于轻写自己的工作失误和缺点，而夸大优点和成绩；领导和评价委员会对职工的意见主要参考该职工的个人总结，再结合自己对该职工的个人印象进行评价。这样，平时态度端正，业绩并不突出的职工都可以轻松过关，甚至严重不履行岗位职责的职工也可以轻松过关。

4）平时评价与年终评价档次不对等

平时评价是领导对单个职工日常工作的评价与记录，未形成强制性要求。经常出现工作忙时无记载，闲时有记载的现象，这无法为年终评价提供支撑。同时，年终评价是强制要求的，基本上是固定时间的评价，在评价期临近，职工都会认真履行职责，给领导留下好印象，从而轻松通过评价。

5）绩效评价与反馈无联系

绩效评价是手段，不是目的。目的是更好地完成工作，达到工作目标。但现阶段的评价仍然是以总结的形式出现，仅仅能够反映评价期间内的工作状况，并对表现优异者给予奖励，未能指出不足，告之如何弥补，并激励其更好完成工作。

6）绩效管理配套措施未跟上

H食品药品监督管理局与其他政府部门或企业一样，对于绩效管理在管理中的应用很热心，但很少关心绩效管理的配套保障措施的开展，使绩效管理就像一叶孤舟，独自航行在管理海洋之中。

五、H食品药品监督管理局绩效管理问题的原因分析

针对如上问题，只有对其产生的根本原因进行分析，才能制订出与发展目标发展需求相一致、符合全体职工激励需求的绩效管理系统方案。

1）对绩效及相关概念的理解模糊

绩效评价的内容包括两大部分，即业绩评价和行为评价。

绩效评价主体是组织绩效评价人，合格的绩效评价者应了解被考评者职位的性质、工作内容、要求及绩效评价标准，熟悉被考评者的工作表现，最好有近距离观察其工作的机会，同时要公正客观。主体可分为主管考评、自我考评、同事考评、下属考评及外部考评。从绩效管理的理论可以看出，H食品药品监督管理局的绩效评价对内容和主体的理解是不到位的。因此，对绩效及其相关理论理解模糊，导致绩效内容不全面、主体不健全、配套措施未跟上等问题的产生。

2）缺乏科学先进的绩效管理思想与方法

绩效管理要想取得理想的效果，必须借助于科学的技术方法与先进的思想理念，还要因地制宜地借鉴和采用适合政府机构的组织特点，如绩效目标与指标的确定，要遵循目标管理、关键绩效

指标、平衡计分卡和 SMART 原则；经济核算指标要有利于社会效益的确立；绩效评价要按照层级原则选择不同的评价维度；评价结果的应用要以公平理论、需要层次理论和强化理论等现代激励理论为基础；绩效管理系统的设计和运行要以系统管理理论和人本管理思想为指导等。现有的绩效评价过程与方法，其科学性、先进性离这些要求相差甚远。先进管理思想和方法的缺失直接导致评价程序监督不够、平时评价与年终评价档次不对等问题的产生。

3）没有形成系统化的绩效管理体系

绩效管理是一个系统工程，在实施上要遵循"PDCA"循环法则，构成一个循环回路才能发挥作用。具体地讲，就是绩效计划、绩效辅导、绩效评价、结果应用这四个环节缺一不可，并且每个环节都要有相应的制度做保证。H食品药品监督管理局现行绩效管理制度，在实质上同国内其他政府机关一样，目前还停留在"绩效评价"这一绩效管理循环的中间环节上，缺乏绩效计划使职工工作没有目标或随意性强；缺乏绩效辅导使职工工作技能得不到提高；结果没有反馈或应用过于单一使绩效管理的激励作用大打折扣。

4）缺乏对绩效管理的专门培训

绩效管理是业务管理的基础，业务管理是绩效管理的内容。加强绩效管理操作培训，可以使业务培训起到事半功倍的效果。H食品药品监督管理局在平时只重视对职工进行业务和技术培训，对绩效管理及其操作未进行过培训。无论是管理层，还是普通职工对绩效管理的目的、作用和意义都缺乏了解，更不用说评价指标的筛选，标准的制定，实施过程中的沟通与辅导，控制与纠偏了。在实际评价过程中，评价者和被评价者都不了解评价的尺度和标准，仅靠个人感觉来做出某人的绩效评价，评价的公平性无从谈起。日常工作中出现问题只知道照章处理，不知道分析原因帮助其提高技能。评价结果一公布，奖金一发放就万事大吉，不知道总结个人工作的得失，进行工作目标的修订。这些原因都直接导致绩效管理的效果大打折扣。

通过以上分析可以看出，H食品药品监督管理局曾实行以年度机关事业单位评价为主的绩效管理制度，对职工积极性的调动只能发挥有限的作用。必须建立一套科学的绩效管理体系，把社会效益放在首位，把持续提高服务质量和改进监督管理水平作为绩效管理的核心内容，综合应用多种激励手段，促进和谐发展，才能在政府机构的竞争、比拼中获得好成绩。

资料来源：由武汉理工大学管理学院 MBA 学员徐双庆编写

案例材料四

GT 公司监理人员的绩效评价

一、GT 公司概况

近年来，通信技术的飞速发展，尤其是在移动通信普及、宽带普及提速、3G 商用、三网融合等方面各通信运营商建设投资规模巨大，给 GT 公司带来了空前的发展良机，公司步入了快速成长期，年业务收入以 30% 左右的速度逐年增长，2014 年业务收入已突破亿元大关。公司的客户主要为电信、移动、联通等通信运营商，业务区域以珠三角地区为中心，向部分周边省区市辐射，其中珠三角地区业务量占总业务量的 70% 左右，粤东、粤西、省外业务，分别占总业务量的 10% 左右。

GT 公司现设有一个业务部门——项目管理部，六个监理生产部门，分别为第一监理事业部、第二监理事业部、第一分公司、第二分公司、第三分公司、第四分公司，每个监理生产部门下设若干个监理项目部。组织结构如附图 2 所示。

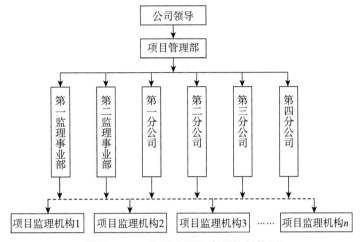

附图 2　GT 公司监理生产组织架构图

各部门主要工作职能如下。

第一监理事业部主要负责通信工程数据、交换、接入网、动力、无线等专业的监理工作。业务区域主要在公司的大本营——广州市。

第二监理事业部主要负责通信工程管道、线路等专业的监理工作。业务区域主要在公司的大本营——广州市。

第一分公司主要负责珠三角及广东东部等地市的监理工作。业务区域主要在东莞、佛山、中山、珠海、清远、惠州、河源等市。

第二分公司主要负责广东西部等地市的监理工作。业务区域主要在湛江、茂名、阳江、肇庆、云浮等市。

第三分公司主要负责广东省外的监理工作。业务区域主要在广西、湖南、福建等省区。

第四分公司主要负责广东省外的监理工作。业务区域主要在湖北、江西、重庆等省市。

二、GT 公司人力资源概况

GT 公司属于知识密集型企业，业务具有一定的技术含量，对人力资源的综合素质和工作经验要求较高，GT 公司拥有一批通信技术专家和大量技术型人才。

截至 2014 年年底，公司共有员工 700 余人，其中监理人员占人员总数的 80% 左右，业务人员占人员总数的 15% 左右，管理人员占人员总数的 5% 左右。近年来，随着公司业务规模的快速扩大，新增员工主要以应届大学本科毕业生为主。

1. 监理人员的学历结构

监理人员普遍具有大学本科及以上学历，本科学历人员约占监理人员总数的 50%，硕士研究生学历人员约占监理人员总数的 5%，大专学历人员约占监理人员总数的 40%，大专以下学历人员约占监理人员总数的 5%。

2. 监理人员职责及构成

监理人员主要由四大部分构成，即项目总监、专业监理工程师、现场监理员、资料员，GT 公司的项目总监、专业监理工程师、现场监理员、资料员比例为 10%：30%：50%：10%。

3. 监理人员工作分工情况

1）项目总监的工作分工

项目总监负责监理资料的管理，并指定专人具体实施；指定一名专业监理工程师负责编写《监理总结》，并完成对《监理总结》的审核；安排一名监理工程师负责监理资料汇编；审核签字后交资料员装订，在装订后，再次核对无误后正式出版，送交给项目管理部审核通过后才能正式发出；负责编写《工作总结》；负责对汇总移交归档的监理资料进行审核，将移交归档的监理资料送至项目管理部审核。

2）专业监理工程师的工作分工

每天及时从各现场监理员处收集各种监理资料、表格，并进行登记、整理、审核，做好分类保管，包括收集参建单位的营业执照、资质证书和合同或委托书复印件，以及由施工单位提交监理单位审核批复的各种报审表等原始资料；按监理总结编写要求，完成《监理总结》编写；按照《监理竣工技术文件目录》负责编制《监理竣工技术文件》；修正错误，补充资料；把监理案例做成 PPT 课件；负责完成移交归档监理资料的汇总、整改。

3）现场监理员的工作分工

同步收集参建人员的资质证书和施工人员的特种作业操作证复印件，以及在施工现场产生的各种检查、旁站等监理表格，提交监理日记；协助专业监理工程师完成移交归档监理资料的汇总。

4）资料员的工作分工

资料员的工作为完成日/周/月报表；负责装订、出版；负责向公司项目管理部及时办理归档登记手续。

三、现行监理人员绩效评价概况

GT 公司现行的监理人员绩效评价主要是以监理人员创造的监理费为业绩衡量依据，每年度对不同类别的监理人员下达业绩指标，每年度评价一次，以 2014 年为例，具体指标见附表 12。

附表 12　GT 公司监理人员 2014 年度监理费业绩指标表（单位：万元）

监理人员类别	项目总监	专业监理工程师	现场监理员	资料员
年度监理费业绩指标	50	30	15	15

监理行业的监理费计算方式是以项目投资额作为基数，乘以监理费取费费率，计算得出整个项目的监理费。经过测算，在 GT 公司监理费是按照如下分配比例计算各类监理人员的业绩，以专业监理工程师为例。

某项目的专业监理工程师业绩之和 = 项目监理费 × 专业监理工程师的监理费业绩分配比例（注：专业监理工程师、现场监理员、资料员的业绩计算方式同项目总监）。

一般情况下一个项目仅有一个项目总监，根据项目的大小配备若干个专业监理工程师、若干个现场监理员、若干个资料员。专业监理工程师根据各自分工情况和工作量大小分配专业监理工程师的业绩之和。监理费业绩分配比例如附表 13 所示。

附表 13 GT 公司监理人员 2014 年度监理费业绩分配比例表

监理人员类别	项目总监	专业监理工程师	现场监理员	资料员
监理费业绩分配比例 /%	30	30	32	8

监理人员的绩效评分按照如下公式计算：

年度绩效评价分数 = 年度实际完成的监理业绩 ÷ 年度监理费业绩指标 ×100 分

监理人员的绩效评价分数的应用：在 GT 公司，监理人员的年度绩效评价分数主要用作年度绩效工资分配的依据，其监理人员年度绩效工资 = 年度绩效评价工资基数 × 年度绩效评价分数 ÷100。

四、GT 公司监理人员绩效评价的问题

1）评价指标设置不全面

GT 公司现行的监理人员绩效评价体系有一定的依据性，其能够以监理人员绩效评价的本质点出发，抓住监理人员绩效的最重要的财务指标部分作为评价点，但评价点过于单一，指标设置不全面，忽视了监理人员的其他绩效本质点，如在顾客、内部业务流程、学习与成长等方面。

2）监理人员的财务指标量化方式不合理

虽然对监理人员的财务指标进行了量化，但量化方式不够合理，忽视了专业与专业之间的差异，不同专业投入产出率的差异性没有在绩效评价中体现。在同等条件下，投入小、产出大的专业获得的绩效工资明显大于投资大、产出小的专业，而通信建设行业的特点是全程全网，投入产出率小的专业又是必不可少的，放弃投入产出率小专业、只开展投入产出率高的业务就无法实现全业务运营，从而会失去更大的市场。

3）监理人员的绩效评价周期过长

由于绩效评价需要耗费一定的人力、物力，因此评价周期过短，会增加企业管理成本的开支；但是，绩效评价周期过长，又会降低绩效评价的准确性，不利于员工工作绩效的改进，从而影响绩效管理的效果。GT 公司监理人员的绩效评价周期为 1 年，设置如此长的评价周期，虽然能有效规避项目时间分布不均导致的业绩波动过大等问题，但不利于上级对监理人员的绩效指导，从而影响绩效评价的效果。

4）评价结果缺乏利用价值

监理人员的绩效评价结果仅仅作为绩效工资的计算依据，与员工收入硬挂钩，在岗位晋升、培训、储备人才等方面应用不足，没有很好地服务于人力资源管理，同时也无法为培训、规划个人职业生涯等方面提供强有力的支持，利用价值不大。

资料来源：由武汉理工大学管理学院 MBA 学员杨光编写

案例材料五

Z 海关基层业务人员的绩效评价

一、Z 海关基层业务人员简况

1.Z 海关的组织机构及职能

Z 海关是一个设置在对外开放港口的隶属海关。该海关下设通关科、物流监控科、加工贸易监

管科、人事政工科、办公室、缉私科、查验科、稽查科等业务科室，这些基层业务科室承担海关具体业务职能，代表国家行使进出境监督管理权力。通关科的职能是办理货物进出口通关手续、征税关税和其他税、费，贸易统计、减免税审批等。加工贸易监管科承担加工贸易企业备案、保税货物监管等职能，查验科负责对进出口货物实施查验。物流监控科则承担进出境船舶监管、海关监管场所监管、征收船舶吨税等职能，稽查科承担企业管理、稽查、风险管理等职能，缉私科负责查缉走私。组织机构图如附图3所示。

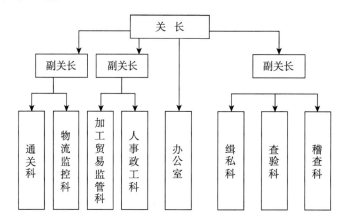

附图3 Z海关的组织机构图

2. 海关基层业务人员情况简介

海关基层业务人员是指工作岗位在海关基层业务科室的海关工作人员，这些工作岗位分布于不同基层业务科室中。海关基层业务人员的职务级别一般包括办事员、科员、副主任科员和主任科员，他们承担着大部分海关业务工作，如办理进出境货物的通关手续、征收进出口关税和其他税费、对保税货物实施监管、监管进出境货物、物品和运输工具、查验货物及打击走私等。基层业务人员的工作效率对本国进出口贸易发展、对外经济技术交流、加工贸易业务开展、进出口运作秩序等与进出境活动产生直接影响。

Z海关基层业务人员共120名，占全关人员的75%，其中办事员10名、科员42名，副主任科员51名、主任科员17名。他们的工作岗位分布于通关科、物流监控科、加工贸易监管科、查验科、稽查科、缉私科六个科室。从年龄段来看51岁以上的3人，40~50岁的31人，30~40岁的54人，20~30岁的38人。从文化层次来看，研究生8人，本科68人，专科31人，中专13人。

二、Z海关基层业务人员绩效评价的基本情况

1.基层业务人员现有评价程序

Z海关现有的绩效评价主要是依据《公务员法》和《国家公务员评价暂行规定》进行评价分年度评价和季度评价。年度评价方面，海关总署人事部门每年都下发关于年度评价工作的通知，直属海关人事部门根据通知内容制订本年度评价工作方案，基层海关以评价方案为指导开展评价工作。季度评价方面，直属海关人事部门制定了季度评价工作办法，基层海关根据自身实际情况加以执

行。目前，Z海关的公务员评价工作季度评价和年度评价情况如下。

1）季度绩效评价

平时绩效评价由本科室根据工作需要每季度定期进行。评价的内容是被评价人的德、能、勤、绩、廉方面的表现，重点评价工作实绩，评价等次分为优秀、称职（合格）、基本称职（合格）、不称职（不合格）等。评价的程序是，评价时由主管领导对被评价人履行工作职责、日常工作表现、上级交办的工作任务与实际完成情况、取得的成绩和存在的不足等内容考评。科室领导据此确定考评结果。评价完毕后，科室填写《Z海关季度评价情况表》，交人事部门。评价结果由上一级领导集体研究决定。最后在本单位公布评价结果。对于评价优秀者本单位给予一定奖励。

2）年度绩效评价

年度绩效评价由基层海关根据直属海关年度评价工作方案具体组织实施。由于海关没有专门的绩效评价规定，因此绩效评价一般在年底结合目标评价、公务员年度评价一并进行。年度绩效评价的基本程序为如下。

（1）准备评价工作。成立本海关评价办，组织召开年度评价工作会议，布置有关工作；各基层单位评价领导小组认真领会有关评价工作精神，研究部署开展本单位的评价工作，召开评价动员大会进行宣传动员。

（2）撰写总结报告。被评价人对照评价的内容，对一年来的思想、工作情况进行回顾、总结，认真总结报告，并填写一份《国家公务员年度评价登记表》。

（3）召开总结会议。由部门负责人召集本部门全体人员召开总结会议，被评价人员在会上总结。

（4）量化测评。由全体参加总结会议的人员实施量化测评。

（5）确定评价等次。主考人将量化测评结果、民主评议情况与平时工作情况相互印证、综合分析后，拟定评价评鉴意见，提出被评价人的评价建议等次。评价小组对被评价人年度评价登记表上的内容进行审核，党委（组）审定被评价人的评价等次。

（6）反馈评价结果。评价结果确定后，评价等次为优秀的由所在单位在本单位公示，公示时间为一周。对确定的评价结果，要向本人反馈。被评价人若对评价结果无异议，就在本人的年度评价登记表上签名。

这种传统的评价方法的主要特点是以领导评价为主，结合群众评价。首先，绩效评价中领导评价处于主导地位。从评价工作的准备到组织实施领导在整个评价工作中居于主导地位。评价结果由领导结合被评价者自我考评情况、民主测评结果综合考虑决定。其次，发挥群众在评价中的作用。群众参与测评主要是发挥群众在评价中的重要作用。因为立场、视角等原因，单纯领导评价存在局限性，让群众直接参加评价，多层次、多角度地对公务员进行全面评价，克服片面性。最后，评价中的结果公示、反馈等环节是要增加评价工作的透明度，避免评价中存在暗箱操作，维护被评价人的合法权益。

2. Z海关基层业务人员绩效评价结果标准

海关基层业务人员的绩效评价结果分为优秀、称职、基本称职、不称职（不合格）四个等次。各等次的标准如下。

1）优秀

正确贯彻执行党和国家的路线、方针、政策，模范遵守各项规章制度，思想政治素质高，精通业务，工作能力强，工作责任心强，勤勉尽责，工作作风好，工作实绩突出，清正廉洁，且年度评价量化测评"综合评价"栏"优秀"项目得票超过半数。

2）称职

正确贯彻执行党和国家的路线、方针、政策，能较好地遵守各项规章制度，思想政治素质较高，熟悉业务，工作能力较强，工作责任心强，工作积极，工作作风较好，能够完成本职工作，廉洁自律。

3）基本称职

具有下列情况之一的评定为基本称职：①思想政治素质一般；②履行职责的工作能力较弱；③工作责任心一般，或工作作风方面存在明显不足；④能基本完成本职工作，但完成工作的数量不足、质量和效率不高，或在工作中存在较大失误；⑤能基本做到廉洁自律，但某些方面存在不足。

4）不称职（不合格）

具有下列情形之一的，应确定为不称职（不合格）等次：①思想政治素质较差；②业务素质和工作能力不能适应工作要求；③工作责任心或工作作风差；④不能完成工作任务，或在工作中因严重失误、失职造成重大损失或者恶劣社会影响；⑤存在不廉洁问题，且情形较为严重。

三、Z海关基层业务人员绩效评价中存在的问题

随着《公务员法》和《国家公务员评价暂行规定》颁布实施，公务员绩效评价工作已进入更加规范、更加科学的发展轨道，公务员绩效评价更加透明。在绩效评价中日益重视对工作实绩的评价，使绩效评价对激发公务员的工作积极性，客观评价公务员的工作绩效发挥了重要的作用。但是现有绩效评价中仍然存在不少问题，对加强基层业务人员管理、科学评价其工作绩效、有效激励其积极性发挥、对其职业生涯发展起到良好的促进作用等方面都存在不利影响。

1. 绩效评价法律制度不健全

一个成熟的绩效评价应以完善的绩效评价制度存在为前提。海关是国家的进出关境监督管理机关。海关基层业务人员绩效评价依据《公务员法》和《公务员评价规定（试行）》规定执行。但是《公务员法》涉及评价的规定只有五条，对公务员评价只是做出了原则上的规定，内容不完善且缺乏可操作性。《公务员评价规定（试行）》是关于公务员评价的具体法规，但也同样存在内容不具体、操作性不强等问题。在海关总署及直属海关层面则缺乏关于评价实施细则的相关规定。由于缺乏具体、规范、操作性强的评价法规，导致海关基层业务人员评价工作的权威性不够、评价方法不科学、评价监督机制不健全的问题比较突出。

2. 缺乏操作性强的评价指标

绩效评价指标体系是公务员评价的具体参照标准，是评价公务员实绩的客观尺度。科学有效的绩效评价指标体系是确保公务员绩效评价准确可信的关键前提。不仅如此，科学有效的绩效评价指标同时反映出组织的目标和对公务员的工作要求，是公务员日常工作的指针。《公务员评价规定（试行）》第2章第4条规定"公务员的评价，以公务员的职位职责和所承担的工作任务为基本

依据，全面评价德、能、勤、绩、廉，重点评价工作实绩"，并对德、能、勤、绩、廉做出了原则性规定。第6条规定"年度评价的结果分为优秀、称职、基本称职和不称职四个等次。"并且在第7条、第8条、第9条和第10条中分别规定四个评价等次的评定标准。《公务员评价规定（试行）》对于绩的规定是"完成工作的数量、质量、效率和所产生的效益。"由于海关各级机构都没有根据海关工作实际制定具体的评价指标体系，海关基层业务人员绩效评价基本是参照这一指标体系执行的。

细化、明确、科学的评价指标是客观公正展现工作绩效的必要条件。海关基层业务人员主要从事常规性、程序性工作，对于评价者而言，其工作绩效不是显而易见的。这就需要针对被评价者的工作特点制定明确具体的评价指标，使被评价者的工作可以通过量化的指标反映出来。现行指标体系对绩效评价只做出了原则性规定，这样的指标体系存在指标设置粗糙、可操作性不强等缺点。在实际评价中，公务员工作的实绩需要通过能够客观量化的指标体系反映出来，否则在实际评价中就有可能无的放矢。公务员的工作性质、工作特点差异大，部门之间、被评价者之间差异大，国家难以制定全国统一的评价指标体。因此各执行单位应结合本单位实际工作特点，制定出与评价内容相对应的评价指标体系。然而由于海关工作的特殊性，指标体系的研究和设置大大落后于实际评价需要，海关总署、直属海关及隶属海关都没有制定出与海关基层工作特点相适应的评价指标体系。因此在海关基层业务人员的绩效评价中只能参照执行全国统一的绩效评价指标，造成绩效评价难以操作及评价结果失真等问题。这样的评价违反了公务员评价客观公正的原则，评价的结果往往缺乏科学性和违反公平。

3. 评价方法不科学

科学的评价方法是客观、全面、有效评价公务员绩效的重要保证。评价方法是否选择得当，使用是否合理、是否随工作发展而不断改进，对评价是否有效具有重要影响。根据《公务员评价规定（试行）》，公务员评价分为平时评价和定期评价，定期评价以平时评价为基础。平时评价重点评价公务员完成日常工作任务、阶段工作目标情况及出勤情况，可以采取被评价人填写工作总结、专项工作检查、考勤等方式进行，由主管领导予以审核评价。定期评价采取年度评价的方式，在每年年末或者翌年年初进行。可以看出我国现阶段公务员的绩效评价主要是以平时评价和年度评价为主，评价方法也是在自我评价的基础上，由群众评价和领导评价决定。这种评价方法虽然将领导、群众和本人从不同角度的评价综合起来并对被评价者平时表现和阶段表现结合起来考虑，但是在评价方法的实际运用上存在问题。

1）平时评价缺乏客观量化依据

为使评价结果客观准确，平时评价需要建立在客观量化的数据之上，通过比较量度工作实绩的客观数据，才能得出客观公正的评价结果。在基层业务人员平时绩效评价中普遍存在仅凭领导和群众评价确定评价结果的情况。这种评价主要是建立在领导和群众对被评价人在工作出勤、日常工作表现形成的印象的基础上，这种印象还会受到被评价人与领导及周边同事人际关系的影响，而且领导对被评价人的印象在评价中所占比重很大。评价者的主观印象在一定程度上可能反映被评价者的日常表现，但这种反映与被评价者的实际业绩之间存在普遍差异，这样的评价方法缺乏客观性和说服力。

2）年度评价与平时评价脱节

科学客观的年度评价需建立在规范科学的平时评价基础之上。海关基层业务人员评价工作中存在轻平时评价，重年度评价，年度评价与平时评价脱节的现象。脱离平时评价的年度评价更加偏向于主观评价和态度评价，容易出现最近印象错误，即评价期末公务员工作表现的好坏在很大程度上决定了对其整个工作年度的评价。对于那些平时一直表现优秀，但是年度评价前表现一般的员工来说，年度评价结果难以反映出实际工作绩效，评价科学性受到影响。

4. 个人评价与组织评价脱节

海关作为国家行政管理机关，其目标是通过合理配置自身资源，在依法行使管理职能、执法职能的同时为进出口经济活动提供服务和支持。在现实中海关各级组织都会根据本身承担的工作任务制定相应的工作目标。根据组织的工作目标，各个管理层级为下级组织制定了工作任务和评价指标，并定期对下级组织进行绩效评价。组织任务的完成依赖组织内部个体的努力。组织只有将自身目标分解给组织内个体，并制定相应的个人绩效评价指标，才有助于完成自身的任务。海关基层业务人员的绩效评价与基层海关绩效评价脱节体现在以下两个方面。

1）个人绩效评价指标与基层海关评价指标脱节

基层海关的绩效评价指标包括税收数量、价格水平、审批差错率、通关效率等，这些指标可以反映出基层海关实际工作绩效，是上级组织对基层海关绩效评价的主要依据。海关基层业务人员的绩效评价却没有相应的评价指标，这就造成组织绩效评价目标无法分解为个人评价目标，使个人绩效评价与组织绩效评价脱节。

2）领导绩效评价与群众绩效评价脱节

作为组织的负责人，对组织的绩效评价基本落在对领导个人的绩效评价上，领导个人为组织绩效评价的后果负责。群众的绩效评价与组织绩效评价基本脱节，组织绩效评价结果对群众个人绩效评价基本没有影响。基层业务人员绩效评价与基层海关绩效评价脱节造成个人的工作目标与组织目标脱节，不利于基层海关业务运作和发展。

5. 评价过程走形式情况严重

评价结果是否真实反映出被评价者的工作绩效决定了绩效评价激励效果。只有依据客观科学的评价结果实施奖励和惩戒才能真正起到激励作用。海关基层业务人员评价基本采取个人总结加领导评价的模式。首先由个人对所完成的工作做出小结，其次在民主评议的基础上由主管领导写出评语，确定评价等次。评价对员工一年中所有工作和表现做出综合评价，其中包括了员工的绩效评价评价。由于不存在具体科学的绩效评价指标及完善的评价程序，海关基层业务人员绩效评价基本是走过场，大大弱化了绩效评价对员工的激励作用。评价中存在的问题包括自我评价不客观；领导评价基本左右了评价结果；民主测评对绩效评价产生了重要影响。

6. 评价结果使用不合理

绩效评价结果的使用才是绩效评价的目的所在。以绩效评价结果为依据实施公务员奖惩、职务升降、级别和待遇调整等，将绩效评价与公务员切身利益紧密联系起来，才能发挥绩效评价奖优惩劣的激励功能。海关基层业务人员绩效评价结果反映为个人年终评价的等次和领导评语。由于评价结果与职务升降、待遇调整、福利发放等切身利益基本无关，导致绩效评价激励功能难以发挥。绩效评价结果往往只是作为个人工作的一种记录，保存在档案中。

7. 评价结果反馈尚待改进

通过反馈将绩效评价标准和绩效评价工作与被评价者进行沟通，使被评价者了解自身在工作中存在的问题及今后努力的方向，这有助增加被评价者对绩效评价的认同，以及帮助被评价者改进工作提高效能。通过书面反馈，被评价者可以知道评价等次和领导评语。但是这样的反馈缺乏评价者和被评价者之间面对面的沟通、缺乏评价者对被评价者绩效改进的指导意见，因此反馈效果大打折扣。

资料来源：由武汉理工大学管理学院 MBA 学员周洋编写